U0895968

武汉历史文化风貌丛书

武昌旧城

武昌区地方志办公室／编著

武汉出版社

(鄂)新登字 08 号

图书在版编目(CIP)数据

武昌旧城/武昌区地方志办公室编著.
—武汉:武汉出版社,2017.12
(武汉历史文化风貌丛书)
ISBN 978—7—5582—1801—9

Ⅰ.①武…　Ⅱ.①武…　Ⅲ.①武昌区—地方史
Ⅳ.①K296.34

中国版本图书馆 CIP 数据核字(2017)第 310174 号

编　　著:武昌区地方志办公室
责任编辑:徐建文
装帧设计:刘福珊
出　版:武汉出版社
社　址:武汉市江汉区新华路 490 号　　邮　编:430015
电　话:(027)85606403　85600625
http://www.whcbs.com　　E-mail:zbs@whcbs.com
印　刷:武汉市金港彩印有限公司　　经　销:新华书店
开　本:787mm×1092mm　1/16
印　张:18.125　　字　数:390 千字
版　次:2017 年 12 月第 1 版　　2017 年 12 月第 1 次印刷
定　价:48.00 元

版权所有·翻印必究
如有质量问题,由承印厂负责调换。

《武汉历史文化风貌丛书》
编委会

主　任：万　勇

副主任：龙正才　刘英姿

顾　问：章开沅　冯天瑜

委　员：严昌洪　廖明辉　唐惠虎

盛洪涛　周学云　邓万想　朱向梅　何　伟

张　侠　左绍斌　谭本忠　周　耕　刘奇志

王汗吾　邹德清　张宏斌　邓绪海　卢　彬　李杏华

本书编委会

主　　任:刘　洁
副 主 任:向　悦
主　　编:曹绍桥　景　萍
执行主编:石华丽
特约撰稿:方东平
编务人员:刘依妮

武汉历史文化风貌丛书

总序

历史是城市的记忆，一页风云，见证一段文明的演进轨迹。

文化是城市的灵魂，一抹风情，彰显一方水土的气质神韵。

在人类历史长河中，武汉就像一叶扁舟，划出了一道又一道年轮，一划就是煌煌三千五百载。两江三镇，是她的自然身份；白云黄鹤，是她的诗意化身；凤舞九天，是她的精神图腾；楚风汉韵，是她的厚重底色；人才辈出，是她的耀世光芒。伴随着长江汉水的潮起潮落，武汉的人文历史亘古流传，恰如穿城而过的两江之水，奔流向东，绵绵不息。

品味武汉，这里有道不尽的岁月沧桑、历史悠长。从商代盘龙城开启城市文明之光，到三国夏口城构筑武昌古城之始；从明末汉口镇跻身“天下四大名镇”之列，到清末汉口港享有“东方茶港”之誉；从辛亥首义之城到全民抗战中心；从我国近代工业重要发祥地，到新世纪享誉世界的中国光谷……

品鉴武汉，这里有赏不够的名胜古迹、文物璀璨。漫步三镇，徜徉武昌昙华林、汉阳古琴台、汉口历史文化风貌街区，或以古朴清幽而著称，或因异域风情而惊艳，传递的是悠远凝重的城市历史，演绎的是绚丽多彩的汉派文化。归元佛刹、汉阳铁厂、八七会址、江汉关大楼……如同珠玉般镶嵌在江城，或浓缩一段

武汉历史文化风貌丛书

总序

历史，或诉说一则往事，衬托出城市的古韵流芳。

品读武汉，这里有吟不完的诗词歌赋、文采风流。“晴川历历汉阳树，芳草萋萋鹦鹉洲”。武汉外揽山水之幽、内得人文之胜，借两江春水，汇百里风光，咏千古诗章。屈原的“与天地兮同寿，与日月兮齐光”、崔颢的“黄鹤一去不复返，白云千载空悠悠”、李白的“孤帆远影碧空尽，惟见长江天际流”……每一句都是脍炙人口的绝唱，每一首都是永恒传世的经典，闪耀文学光芒，绽放城市华章。更有一代伟人毛泽东，留下了“茫茫九派流中国，沉沉一线穿南北”“一桥飞架南北，天堑变通途”的不朽诗句，写尽了大武汉气吞山河的雄浑气势。

历史需要铭记，文脉自当传承。站在历史与未来的交汇点上，守护先人的馈赠、延续城市记忆、彰显武汉魅力，是时代赋予我们的神圣使命。武汉人民有责任呵护城市历史文化基因，护其貌、扬其韵、传其神、铸其魂，推动历史遗存与现代文明交相辉映、和谐共生。

怀古以励志，掩卷当奋发。让我们追寻历史脚步，走进岁月深处，激扬家国情怀，书写大武汉未来。

2017 年 1 月

目录

目录

武昌旧城风貌概述

武昌是湖北省会所在地，是湖北政治、文化、教育中心，是华中交通重要枢纽，“九省通衢”的要冲，江南经济重镇。

武昌位于今武汉市东南部，踞长江中游南岸，与汉口、汉阳隔长江相望。今武昌区为武昌城的核心区域，土地面积107.76平方公里（含水域面积），人口达107.67万人。

武昌旧城“依山傍水，开势明远”，历史上曾有夏、鄂渚、夏口、江夏、郢城、鄂州等称谓，历为省、州、府、县之所，史称湖广会城、湖北省垣，为华夏中部军事战略要地，区域政治文化中心，江南著名的历史文化名城。

1881年《江夏县志》上的武昌城图

一、武昌是江南重镇

地处武昌东湖西岸的放鹰台，是新石器时代武昌先民定居遗址，距今5900—5100年。这是一个主食稻谷的原始农业部落，在原始农耕的同时开始饲养家禽，发展原始手工业、纺织衣服。随着武昌地区“民食鱼稻”“男耕女织”，农业耕作的居民点增多，部落领地的疆界逐渐明晰起来。

尧舜禹统治中原时代，武昌为禹领九州之一的荆州领地。商代，武昌属荆楚地。春秋战国时，武昌称夏，属楚地，设有封君夏侯，从鄂王熊红都武昌到楚庄王把武昌作争霸中原的前哨阵地之一，武昌的战略地位显现。秦始皇统一中国后，划天下为36郡，武昌属南郡。西汉王朝后，武昌隶属荆州江夏沙羡县；至东汉末年，武昌作为一个军事滩头阵地为兵家所瞩目。清代历史地理学家顾祖禹说：“以天下言之，则重在襄阳；以东南言之，则重在武昌；以湖广言之，则重在荆州。”后来的许多军事活动也证明，武昌的确是一个极具战略意义的城垣。

三国时期，魏、蜀、吴争霸。东吴孙权为军事战争需要，在武昌黄鹄山（蛇山）筑夏口城，为武昌旧城之发端。夏口城为武汉三镇最古老城堡之一，迄今已近1800年，对形成武汉后来的双城建制及三镇鼎立具有重要的奠基意义。

早在六朝时期，武昌城外的鹦鹉洲（靠武昌江中陆地，上起鲇鱼口，下至黄鹄矶，史称“古鹦鹉洲”）一带形成初具规模的军事港口和商贸集散地。至唐代，武昌旧城为“鄂州”治所，鄂州已发展成中原重镇。到了宋代，武昌城空前繁荣，与对岸汉阳比翼齐飞，形成华中大都会。北宋元丰年间（1078—1085年），鄂州城颇具规模，居民达12.6万户。南宋著名诗人陆游在《入蜀记》中对鄂州作过精彩的描绘：江边，“贾船客舫不计其数，衔尾不绝者数里”，“市邑雄富，列肆繁错”，“城外南市亦数里”，他对鄂州的总体印象是“虽钱塘（今杭州）、建康（今南京）不能过”，“隐然一大都会也”。元末，鹦鹉洲发展盛极，“鼓角沉雄遥地动，帆樯高下乱维舟”（明代诗人胡应麟诗《梦武昌》）。但随着鹦鹉洲两度从水面消失，鄂州商贸移师金沙洲。金沙洲位于今杭州新桥正街、陆家街、万佛林一带，明万历年间，发展成为“商民聚集、车船辐辏”的“东南都会”。明崇祯十五年（1642年），行伍出身的左良玉率10万军队进驻金沙洲，洲上河街被焚，堤外塔埠遭劫，元气大伤。此后武昌商贸由城南转向北塘角（今新河街沿江）一带。明末清初，这里就有商民聚集，舟车停泊。清嘉庆末年（1820年）前后，这里开辟了一条新河，给塘角带来了繁荣和昌盛，出现了“舟车络绎，熙来攘往”、“连樯上灯火，百产缩精华”的景象。

武昌今解放路始于宋代。原从望山门（今解放桥处）至蛇山脚下，明代又凿通蛇山，北延至司门口，长通延绵，亦称长街。这推动了武昌城建和商贸的长足发展。长街的司门口至王府口（今解放路与紫阳路交会处）一带，发展成为百业兴旺的闹市。

二、武昌城是历史文化名城

孙权所筑夏口城堡，“因山附丽，止开二门，周环不过三二里”。唐敬宗宝历初(825年)，牛僧孺以武昌军节度使驻鄂州，以夏口城为基础向北、东、南扩建武昌城，城域南至紫阳湖，西至蛇山西端，东至曹公城，北临沙湖，城廓约15里。武昌旧城的较大发展始于明代。明洪武三年(1370年)，朱桢被封为楚王(楚昭王)，他便在北起蛇山、南至紫阳路、东抵今阅马场、西接长街的城中心地带大兴土木，至洪武十二年建成一座城中城，曰王城，即楚王府。楚王府内建有豪华宫殿、楼台亭阁及各类宫室八百余间。此后，共有9代楚王(一说8代9王)就藩武昌，历时262年，武昌城亦为楚王府的天下。楚王府的建设，推动了城内商贸、交通的发展。明崇祯十六年(1643年)，农民起义领袖张献忠率部攻克武昌，火烧楚王府，楚王府盘踞武昌城的历史终结。

清代武昌城亦为湖广总督、湖北巡抚、武昌府、江夏县等所在地，“官署林立，冠盖如云”是其真实写照。时有“汉口的银子多，武昌的帽子(官帽)多，汉阳的故事多”之俗语。光绪十五年(1889年)8月张之洞调任湖广总督后，驻节武昌主持两湖大政达18年，效西法图富强，推行“新政”，建树颇多，中外瞩目。在武昌，他兴办湖北布、纱、丝、麻四局及造纸、制皮、毡呢、模范诸厂，修筑卢汉铁路，策划武昌开埠，创办两湖创业场，开通湖北有线电报、电话，创办两湖等书院及新式学堂，派遣留学生，编练湖北新军，改革币制，创设近代警察机构等，使武昌迅速向现代城市崛起。

武昌素有风景如画之风物和文化古城之盛名。古城武昌，山重水复，开门见山，举步遇水，山水星罗棋布，构成了独具特色的都市风光。至明以后，武昌城内山水风物景观便有“三台、八井、九湖、十三山”之说。三台即楚望台、梳妆台、望儿台；八井即清风井、明月井、八卦井、九龙井、白鹤井、义井、双眼井、霸王井；九湖即司湖、西川湖、宁湖、都司湖、西湖、歌笛湖、教唱湖、长湖、紫阳湖；十三山即黄鹄五山(黄鹄山、高观山、蔡东山、殷家山、棋盘山)、炮架山、崇府(福)山、凤凰山、胭脂山、一字山、朱石山、梅亭山、萧山。主要风景名胜为黄鹤楼、东湖、紫阳湖、阅马场、长春观、宝通寺等。清人胡凤丹在《黄鹄山志》中记有“武昌十景”：黄鹄山(蛇山)、黄鹤楼、南楼、石镜亭、凤凰山、龟蛇夹江对峙、江汉二水合流、洪山及洪山宝塔、与三国名士祢衡有关的鹦鹉洲，与屈原有关的南浦。武昌这座历史名城，引来历代文学巨匠、骚人墨客、官吏名绅在此游览题咏，赞风光之壮美，抒忧国之情怀，写下了历经不朽的瑰丽篇章，给古城文化增添了灿烂的光辉。“乘鄂渚而反顾兮，欸秋冬之绪风”，“子交手兮东行，送美人兮南浦”，战国时楚国贵族屈原随顷襄王逃离郢都时沿江东下，又溯江而上，抵达鄂渚(今武昌)，行吟泽畔，彷徨山泽，忧国忧君，寄悲愤于吟咏。“黄鹤楼上吹玉笛，江城五月落梅花。”李白诗句一出，武昌有了“江城”之美誉。“黄鹤一去不复返，白云千载空悠悠。”崔颢的《黄鹤楼》千古绝唱，武昌成了“白云黄鹤”的故乡。

“南浦柔条拂地垂，攀翻聊寄我西悲。武昌官柳年年好，他日春风忆此时。”北宋政治家、文学家、思想家王安石对故都满城旖旎风光的武昌官柳，禁不住发出了由衷的赞叹！南宋抗金名将岳飞在武昌写下了感人肺腑的词章《满江红·登黄鹤楼有感》。他伫立黄鹤楼上，“遥望中原”，悲“铁骑满郊畿，风尘恶”，叹“江山如故，千村寥落”，哀“民安在，填沟壑”，盼“何日请缨提锐旅，一鞭直渡清河洛……”抒发了忧国忧民之激情，表达了收复失地、重整山河之气节，撼人心扉，励人斗志。“昔贤整顿乾坤？缔造皆从江汉起；今日交通文轨？登临不觉欧亚遥。”张之洞督鄂驻武昌，进京后为奥略楼写下此联，高屋建瓴地表达了他对在鄂推行新政的喜悦心情和谋求振兴中华的勃勃雄心。当代伟大的革命家毛泽东于1927年写下《菩萨蛮·黄鹤楼》，“烟雨莽苍苍，龟蛇锁大江”，气势磅礴，脍炙人口。他老人家还写下了《水调歌头·游泳》，“万里长江横渡，极目楚天舒。不管风吹浪打，胜似闲庭信步。”是他勇于搏击，洒脱豪迈的真实写照。

悠久的历史、荟萃的文人，给古城武昌留下了众多的名胜古迹。从古代的放鹰台、楚天台、楚城、黄鹤楼、卓刀泉、宝通寺、长春观、洪山宝塔到近现代的九女墩、抱冰堂、庚子烈士墓、阅马场、辛亥武昌起义纪念馆、黄兴拜将台、起义门、烈士祠、花园山天主教堂、北伐独立团攻城阵亡烈士墓、毛泽东同志举办的中央农民运动讲习所、中共“五大”会址、周恩来故居……实乃星罗棋布般的璀璨明珠。它们标志着武昌古城文明发展的历史进程和演化变革，反映了在中华民族关键时期古城武昌所发挥的突出作用。这些名胜古迹，名实俱存，可望可及，是人们瞻仰、凭吊、游览之圣地，对提升武昌名胜的历史品味和文化价值，开发和建设新武昌，以及激发市民对民族、祖国和家乡之热爱，起着十分重要的作用。

三、武昌历为长江中游江南地区和湖北的政治中心

自西晋太康二年(281年)沙羡县治移至夏口城起，武昌即为县级政治中心。南北朝时期，南朝宋设置郢州，隶属江夏郡，郡、州、县治所同设在夏口，从此夏口城又有了“郢城”之称，郢城即为州级政治中心(此时的州相当于以后的府)。隋朝于开皇九年(589年)统一中国，改郢州为鄂州，置江夏郡，其郡、州、县的治所均设在江夏，今武昌因而又有鄂州之称。唐代中期，鄂州为贡赋转运中心，设有武昌军节度使。宰相牛僧孺初为鄂州刺史，兼武昌军节度使，鄂州兼有武昌之称。北宋时期，江夏属荆湖北路，为鄂州治所；南宋初年，荆湖北路军事中心由江陵移至鄂州，抗金名将岳飞曾镇守于此。元代设湖广行省，置鄂州路(后改为武昌路)，江夏(今武昌)是湖广行省、武昌路和江夏县的治所，武昌开始成为行省级大区域行政中心。至此，今武汉市江南部分正式有了“武昌”之地名。洪武九年(1376年)，明太祖废行中书省，设湖广承宣布政使司、提刑按察使司和都指挥使司等“三司”，衙门均设在武昌。明正统十年(1445年)，设置湖广巡抚，随后又设置湖广总督等省军务和地方总兵官，所任巡抚、总督和总兵也多驻武昌，因此武昌城内衙门林立，既有高于省级的总督衙门，又有省级的三司衙门，还有武昌府、江夏县署，因此称之为“湖广会城”。

清康熙三年（1664年），湖广布政司分为湖南、湖北两个布政司，上设湖广总督。湖北布政司辖包括武昌在内的8个府，武昌城仍为湖广总督、湖北布政司和武昌府、江夏县衙门所在地。

清道光十七年（1837年）四月，曾任江苏巡抚的林则徐，抵武昌接任湖广总督。次年，他在这里领导了卓有成效的禁烟运动，为著名的“虎门销烟”的奠基之举。清咸丰三年（1853年）一月，太平天国领袖洪秀全领导的太平军攻克武昌，取得了出师以来首克省城的重大胜利，为攻克南京，并建都于此打下了基础。清宣统三年（1911年）10月10日，在武昌爆发了举世瞩目的辛亥首义，敲响了统治中国二千余年的最后一个封建王朝的丧钟。革命党人在这里废帝制，兴共和，宣布成立“中华民国军政府湖北都督府”，设于原清廷湖北省谘议局所在地（今阅马场红楼），是中国历史上第一个共和制地方政权的雏形。此后，其他省份相继效仿，建共和制地方政权机构。

民国元年（1912年）军政府废武昌府，改江夏县为武昌县。原武昌县（今鄂州市）于1913年改为寿昌，次年又改为鄂城。武昌遂为区境专有地名。1926年10月，国民革命军攻克北洋军阀统治的武昌城，改武昌县为武昌市，设武昌市政府。1927年1月，由广州迁都武汉的国民政府划汉口、武昌、汉阳为京兆区，定名武汉，武昌设有市政厅，仍称武昌市。1929年6月，武昌、汉口（含汉阳）分治，武昌为湖北省会市。1937年，湖北省政府决定武昌县城乡分治，城区部分成立武昌市政府，直属湖北省政府管辖，设市政筹备处，兼管汉阳城区。1938年10月日军侵占武昌。次年，汪精卫的傀儡政府建立武汉特别市政府，武昌划归伪武汉市政府管辖，设办公处（后改称武昌办事处）。1941年又将武昌划归伪湖北省政府管辖，成立市政筹备委员会。1945年抗战胜利后，湖北省政府由恩施“还治武昌”，分武汉为汉口、武昌两市，武昌为省会市，辖武昌、汉阳两镇。1949年5月17日武昌解放，至1952年8月成立武昌区人民政府。

辛亥革命后，许多共产党人和爱国进步人士在武昌城进行了艰苦卓绝的革命活动。1920年，董必武、陈潭秋等在武昌抚院街建立了湖北第一个共产主义小组。1926年秋，国民革命军为攻克武昌城，曾在城垣外进行了43天的浴血奋战，取得了北伐以来的一次重大胜利。1927年2月，中央军事政治学校（黄埔军校）武汉分校在武昌兰陵街原两湖书院旧址开办，许多共产党人和国民党进步人士在此担任领导和教学工作，为革命培养了大批军事、政治骨干。同年3月，毛泽东在武昌都府堤举办中央农民运动讲习所，为中国农民运动乃至中国无产阶级革命造就了大批人才。毛泽东还在此写成了对中国革命极富指导意义的《湖南农民运动考察报告》。4月，在武昌都府堤武昌高师附小举行了中国共产党第五次全国代表大会开幕式，在中国革命的紧急关头纠正了陈独秀机会主义错误，决定党的重大方针政策，并决定设立中央监察委员会（后称中共中央纪律检查委员会）。5月，共青团“四大”亦在此举行。

1938年4月，在全国抗战中心武汉的抗日救亡运动蓬勃发展之时，以郭沫若为厅长的国民政府军事委员会政治部第三厅在武昌昙华林成立，掀起了一系列声势浩大的宣传活动和献金活动，推动全国的积极抗战。

在近代民主主义革命和无产阶级革命中，许多爱国进步革命志士和共产党人在武昌英勇奋斗，抛头颅、洒热血，可歌可泣。清末维新派自立军起事领导人、庚子烈士唐才常等血染紫阳湖畔，辛亥首义烈士彭楚藩、刘复基、杨洪胜血溅湖广总督衙门。“二七”工人运动的伟大先驱、律师施洋血洒洪山。工人运动领袖、青年共产党人陈定一，在武昌长街火巷献出宝贵的青春年华。还有九女墩里长眠的太平天国革命军女杰，北伐军攻城阵亡官兵公墓里的191名英灵……他们以革命业绩谱写的辉煌篇章，成为武昌乃至全国人民进行革命和爱国主义教育的生动教材，也为武昌城成为革命的政治中心增添了光彩。

四、武昌是湖北的教育中心

武昌的教育历史悠久，源远流长，为湖北核心，全国领先。

早在宋代，鄂州设有州学，即儒学。“在宋仁宗康定元年（1040年），始建鄂州州学于州之南，黄鹤山下，州学左为长街，右为城隍庙。”明代古城武昌，已有府学、县学和贡院、文庙、书院等机构，并逐渐成为湖北布政司的文化教育中心。明洪武二年（1369年），提学使葛寅亮建江汉书院，以长江、汉水为楚之望而得名。初址在武昌文昌门内，清顺治年间迁至巡道岭（今武汉中学处）。书院招收全省学子，在湖北“唯此为盛”，相当于一所省立大学，为湖北三大书院之一。明代武昌还建有东山书院和濂溪书院。自道光二十年（1840年）至光绪三十一年（1905年），清廷先后委派25任学政（提学使）驻省会武昌，主管府、县学和书院，主持历届贡院“乡试”。清末，湖北三大书院均设在武昌，除上述江汉书院外，还有经心书院和两湖书院。经心书院以张之洞在此设全国第一所存古学堂而闻名。两湖书院则以其规模、影响、名声巨大而享誉全国，与广东广雅书院齐名，时称清末两大书院。

张之洞督鄂后，力推新式教育，使湖北暨武昌教育发生前所未有的变化。他将“兴学育才”作为洋务新政的重要举措，以“中学为体，西学为用”为指导思想，将湖北暨武昌教育变革推向了鼎盛时期。具有代表性的举措有：光绪十九年（1893年）开办自强学堂，是国内最早开办的近代高等学校之一；光绪二十三年两湖书院实行教育改革，增设地理、数学、博物、化学等学科，对全国影响极大。教育兴革和近代学堂的创办，开拓了武昌近代教育事业，武昌初步形成了从蒙养院到高等学堂，从普通学堂到实业学堂，包括工、农、商、医、师范、军事、铁路、矿业、测绘、外语等门类齐全的近代教育体系。一时间，武昌成为全国瞩目的近代教育发端之地。“当清季兴学令下，各省考察制学者必于鄂，延聘教员者必于鄂，外地生员负笈远来者尤夥”，武昌遂成为全国教育之楷模。

民国时期，省立武昌高级商业职业学校、武昌高级中学、武昌实验中学、省立一中、省立一女中等一批在全省有影响的中等教育学校先后开办，高等教育也有了明显的进步和发展。国立武昌高等师范学校的兴办，使武昌成为全国六大高师学区之一，由此奠定了武汉高等师范教育在全国的重要地位；私立武昌中华大学的创办，开全国私立大学之先河；国立武昌中山大学的组建，是国共两党的第一次合作办学的结晶；武昌文华大学内的私立武昌文华图书馆学专门学校，为全国唯一的图书馆学专科学校。

1927 年，国民政府由南京迁至武汉后，在毛泽东、恽代英、陈潭秋、邓演达、李汉俊、林育南等中国共产党和国民党左派人士的共同努力下，中央军事政治学校（黄埔军校）武汉分校、中央农民运动讲习所及各类工人学校和董必武、陈潭秋、钱介磐、吴德峰等人创办的武汉中学、共进中学、崇实中学等，为中国革命培养了大批军政和农运骨干，武昌教育在全国产生了巨大影响，为湖北近现代教育史写下辉煌的红色篇章。

自清末到民国时期，武昌一直是省内外学子翘首向往的教育名城。许多有志于救国兴邦的青年，曾负笈千里来此求学问知；许多蜚声国内外的革命家、专家学者在青年时代曾在此受到近代先进教育的沐浴和熏陶，宋教仁、黄兴、董必武、陈潭秋、闻一多、李四光、伍修权等是其中最杰出的代表。武昌不仅是培养湖北省各类人才的主要摇篮，也是邻省乃至全国许多人才求知的重要基地。

第一章　古城时空源流

第一节　环境、先民与聚落

上古时代，天地苍苍，遍野洪荒，武昌地区历经海底隆起为山势、沼泽和陆地，形成"山水丛林"之胜地，成为白云黄鹤的故乡。人类开始在江汉地区聚族而居、繁衍生息。武昌地区有人类活动的历史，至少可以上溯到距今五千年前的新石器时代。从武昌水果湖畔的放鹰台遗址的发掘，可以较清晰地看出武昌先民聚族而居的生活场景。春秋战国时期，武昌为楚东扩之尾，积淀了先楚文化。商周之际芈族从北方迁至南方江汉流域，与长江中下游地区土著荆蛮"合二为一"，今武昌即属于之一地区。秦汉时期，武昌城邑文明进程加快，直至东汉末。夏口城堡建立后，武昌开始了行政建制初创，为向大都市迈进奠定了原始基础。

一、原始生态风貌

武昌位于长江与汉水交汇的长江南岸。立足武昌，长江南来，汉水西下，两江合流作丁字形，武昌黄鹄矶是观察这一形势的最佳点之一。武昌地属残丘性平原地形，具有江河湖泊交错、山水丛林相间的地貌特征。

武昌有两列近似东西走向、南北平行的山系，起伏延绵，这在武汉中心城区是不多见的。南列为蛇山、洪山、珞珈山、磨山等，北列为紫金山、凤凰山、小龟山、狮子山等，共计达 16 座。两列山系均头枕长江，向西延伸至东，形成武昌的"脊背"，珞珈山海拔达 118.5 米，为城区内地形最高点。山南山北地势逐渐走低，大多为剥蚀性丘陵岗地。南有穿境而过的巡司河冲击形成的平原、沙湖、泽地，其中南湖一带，海拔仅 20.8 米，为今武汉市的最低陆地，北为沿江平原。

在距今大约 4 至 3 亿年前的泥盆纪和石炭纪时期，武昌蛇山一带是浅海区。在距今大约 1 亿年前的燕山运动，地壳隆起，海水退出，经过漫长的水陆交替变迁，最后蛇山才隆起为陆地，再掀起为山。在形成蛇山的同时，周围的浅海也有了沧海桑田的变化。由于海面的下降和泥沙的堆积以及江河的冲击，逐渐露出了一片片沼泽地。武昌属古云梦泽沼泽地，以后又经过武昌沿河一带和巡司河一带形成成片沼泽冲积平原，构成山、湖、陆地相间的地貌特征。武昌东湖与以后划入中心城区的汤逊湖，则是全国最大的城中湖。东湖，民国时期水域面积约 130 平方千米，由地质断层陷落和冲击而成。在武昌旧城区蛇山南北两侧的"十三山"之间，散布有大小湖泊 9 个，民间称武昌旧城风貌为"九湖十三山"。

武昌起伏的丘陵低山，海拔高度为 60～120 米，山上多为中亚热带常绿阔叶植物，苍松叠翠。武昌城的十三座山，都充满了神话传说、逸闻趣事。《湖广武昌府志》载有"鄂渚多名山，蜿蜒绕江介"的诗句。武昌蛇山有长春观、洪山有宝通寺、蟠龙山有莲溪寺，这些都是僧侣云集的风水宝地。武昌素有"山水丛林之都"的美名。

武昌有"白云黄鹤"故乡之美誉。在古代，武昌蛇山前江中的鹦鹉洲，曾是天鹅群居之所。天鹅，古名黄鹄，又称黄鹤。据历史文献记载，古代鹦鹉洲，在靠近武昌城外的江中，为与汉阳县在大江中的分界标志，它头枕鲇鱼套，尾接蛇山下的黄鹄矶，面积约 15 平方公里。该洲"红叶林茂"，为天鹅（黄鹤）聚居提供了环境。明《嘉靖汉阳府志》有"向皇帝进贡天鹅"之记载。"江南第一名楼"黄鹤楼之名即源于此。武昌地处江汉平原的东端，没有高山群峰，却有江河湖泊，水域面积广，空气湿度大，给上空提供了丰富的水汽来源。由于地面和水域受晴天阳光照射而增温，加快了水滴向空中蒸发的速度，在热力对流活动作用下，造成热气流上升空中，又由于水汽在空中逐渐遇冷，凝结成水滴，便形成不同形状、不同高度、不同结构的云。一般说来，武昌天气万里无云之日仅三天左右，除阴雨天乌云密布外，大多数晴到多云天气时，则是与云相伴。唐代诗人崔颢以"黄鹤一去不复返，白云千载空悠悠"之诗句，把黄鹤与白云紧紧联系在一起，从此武昌是"白云黄鹤的故乡"传开了。

武昌及武汉历史上曾经历过冰川时代。在我国地质史上有两个冰川遗迹：震旦纪冰川沉积的标准地层——湖北宜昌南沱冰积层和地质学家李四光在庐山发现的第四冰川层，都距武汉不太远。在武昌青山发现了具有明显冰川擦痕的冰渍石——第四冰川遗迹。另据考古和文献记载，在有人类的历史时期，武汉地区的寒暑更迭也很频繁。1985 年，武昌八分山白云洞曾出土乳齿象及其他化石十余种，距今大约 10 万年至 1 万年。因为野象只能在热带丛林中生活，表明这时期，武昌为热带丛林期，直到南北朝齐永明十一年（493 年），文献上有"白象九头见武昌"的记载。武汉的气候历来特别暖和，然而在明代和清初，长江曾 5 次封冰、汉水 14 次冰结，武汉又经历了"小冰河时期"。

近现代武昌属于亚热带湿润季风气候。武昌与汉口、汉阳在地理坐标上所处的经纬度相差无几，温度差别一般在 ±1℃～2℃。武汉的春天短促，每年 3— 5 月中旬为“杏花春雨江南”，天气像孩儿脸一样，时晴时雨，更多的是细雨绵绵，温差则是乍暖还凉，不时有倒春寒，但总体上平均温度微微上升。夏天一般有 4 个月（5 月至 9 月），每年有 60 天左右的“暑热日”、3—14 天“酷热日”（37℃）。武汉三镇位居江河谷地，海拔低，空气密度大，对削弱太阳辐射人体的程度小，而稠密的大气又阻止了地面热量向太空辐射冷却，加大了武汉大气的湿度。高温加高湿，人体汗水不易蒸发，使人觉得特别闷热，因此武汉素有“火炉”之称。武汉的秋天一般较为凉爽，冬天虽没有北方寒冷，但由于空气湿度大，加上室内没有防寒增温设施，所以人们普遍感到武汉的冬天较冷。至近现代，武汉三镇气候的特征是：四季分明，光照充足，热富水丰，热雨同季，冬冷夏热，无霜期长。这些特征，对城市的发展和居民生活产生一定的影响。简而言之，武昌地理位置在东经 114°17′～114°30′，北纬 30°32′～30°37′。地形属残丘性冲积平原，城内湖山交映，岗岭起伏，河流、沟渠纵横交错，湖塘、港汊星罗棋布，属亚热带季风气候，四季分明、空气湿润、光照充足、雨热同季、冬冷夏热、无霜期长；水资源丰富，自然环境较优越。

二、原始居民聚落和先民活动

武汉地区发现最早有人类活动的，是距今 5～1 万年的“汉阳人”。武昌与汉阳仅一江之隔，自然环境同等优越，文明发展史基本相同，这时期武昌也极有可能有人类活动。现今为止，发现武昌有人类活动，至少可以上溯到距今五千年前的新石器时代。

武昌珞珈山北麓、水果湖南岸，有个放鹰台，是一个面积为 2500 平方米的土台。1965 年，在这里考古发现掘出了石镞、石斧、石锛、石铲等生产工具和大量的以黑色陶器为主的陶纺轮、陶鼎、陶甑、陶壶、陶豆、陶篮、陶碗、陶杯、陶罐等生活用具，还有鸡、鸭、鱼、象等小型陶制动物，以及属于湖北京山屈家岭文化的稻谷壳、红烧土等，这些都留下了当时定居武昌的先民繁衍生息的印记，证明了“放鹰台”先民生活在距今五六千年的新石器时代晚期。当时先民择边、傍山、墩台，以稻草、稻壳、杂草和泥，制作红烧土建房而居，有取水的便利，而无被水淹的危险，这对生产力水平还很低下的原始先民而言，是较理想的生活环境和条件。附近的山林，有禽兽可狩猎，有野果野菜可采集食用；湖泊不仅可提供水源，还有鱼虾等水产品可捕捞；湖边岸地，土地肥沃，灌溉便利，可种植农作物。先民们用石斧、石铲、石镞等生产工具，开辟这块土地，种植稻谷，是一个主食稻谷的原始农业部落。同时，先民们饲养鸡、鸭等家禽，发展原始手工业，制作纺轮，用来纺织麻类缝制衣服，用陶制器皿取水、炊煮或储存食物，这些都充分说明，这里的先民已由游牧生活转向定居生活。此外，从武昌南湖老人桥新石器文化遗址（距今 4500—3500 年前，属新石器时代晚期人类聚居文化遗址）到武昌周边众多遗址中均可发现在新石器时代晚期，武昌地区居民点均为“民食鱼稻”“男耕女织”、经营农业的先民聚落。

原始社会末期，武昌地区居有三苗部族。我国历史传说中的黄帝族部落和炎帝族部落曾联合起来，在中原地区的“涿鹿之战”中，打败了九黎族部落（九个部族联盟），杀死了酋长蚩尤。被打败的九黎族部落中，有一个三苗（又称“有苗”“苗民”“苗蛮”）的民族部落，从中原迁移退避到称荆蛮之地的以武昌为中心的长江流域，使中原文化与荆蛮之地文化相互影响和融合，史称三苗之国。据《史记·五帝本纪》“三苗在江、淮、荆州”和唐代张宗节《史记·正义》“今江州、鄂州（唐代武昌之称）、岳州三苗之地也”等记载可以看出，三苗在洞庭湖、鄱阳湖之间，东起今九江，经武昌，西至岳阳。武昌地区则位于三苗的中心地带，有人则认为三苗为武昌最早的名称。

至尧、舜、禹统治中原时代，三苗因被禹部落打败而归附于中原，武昌则为禹领九州中的荆州的领地。公元前16世纪，周武王灭商建立周朝后，实行分封制，在武昌、鄂州一带，建立鄂国，史称“东鄂”，于是武昌之地便有了“鄂”的称谓。当时被封为诸侯国的还有在汉水中游以南荆山的楚国，其部族称“楚蛮”。从传说到西周时期，来自中原的芈族与江汉流域的土著荆蛮逐步融合。

武昌先民除有原土著、三苗、芈族人丁外，还有因两次“蛮”族东涉的加入。一次是以东汉建武二十三年（47年），南郡“潳山蛮”（居今长阳县境）雷迁等起兵反汉，光武帝遣武威将军刘尚，率兵万余前往镇压，俘虏族众7000余口，安置于江夏郡诸县，当然包括武昌所在的沙羡县。另一次是东汉永元十四年（102年），“巫郡蛮”（居今川东一带）因东汉征税不合理而反抗，荆州诸郡发兵万余征讨，将俘虏的大批族众东涉，迁居于江夏。随着移民的迅速增加，武昌地区无论是平原还是山间岗地，便布满了居民点，田连阡陌。此外，《武汉通览》认为：“到东汉末，江夏已多达10余万人。”正是由于远古居民的这种频繁迁徙等生活方式的影响，延缓了武昌城邑的诞生。

三、鄂王城与屈原武昌泽畔行吟

鄂王城

周朝诸侯国楚国熊扬之子熊渠为国君后，深得江、汉间各族的拥戴。在周夷王衰弱时，熊渠乘机向外扩张，进入长江中游的扬粤，后又东进至江南的鄂。熊渠将所占之地分封给三个儿子为王，立次子熊红为鄂王（领今武昌、鄂州一带），都武昌。《史记·楚世家》载：“熊渠生子三人。当周夷王之时，王室微，诸侯或不朝，相伐。熊渠甚得江汉间民和，乃兴兵伐庸、扬粤，至于鄂。熊渠曰：‘我蛮夷也，不与中国之号谥。’乃立其长子康为句亶王，中子红为鄂王，少子执疵为越章王，皆在江上楚蛮之地。”武昌为鄂王旧都之驻地，建有鄂王城。该城原属武昌县马迹乡，位于梁子湖以南、今咸宁贺胜桥以东约15公里。为方形土垣，东西长约500米，南北宽约400米，城内面积约11万平方米，外有护城壕。城内有建筑遗迹，可采集到东周瓦片及鬲、豆、盂等日用陶器残片，还有铜戈、矛之类的兵器。《水经注》称之为东鄂。据明陈循《寰宇通志》卷十五载："鄂王城在武昌西南二里，东西九十步，南北百步，即楚熊渠子与红封国城也。"鄂王熊红驻武昌共15年（公元前894年—前879年）。相传，今东湖梅岭饮马池为郡王筑地饮马之处；九女墩后有楚王墓，所葬为郡王；东湖磨山东长咀的清河桥与鼓架山，为楚庄王与叛军斗越椒作战击鼓督战的地方。

到周厉王初年，熊渠畏惧周厉王伐楚，取消王号，鄂王熊红便率部返回汉西。熊渠死后，熊红继位楚君，传至楚庄王，楚国壮大为春秋五霸之一，武昌地区为"三楚之地"的南楚范围。鄂王之封及鄂王城，使武昌地区有了鄂州之称，湖北省的简称"鄂"，也源于此。

屈原到武昌传说

屈原半身雕塑

相传屈原在放逐江南时，"涉水九里，折到下游武汉"，到武昌泽畔行吟。

屈原（约公元前340—前278年），名平、字原，出生于湖北秭归，是战时楚国贵族、诗人。楚怀王时曾任左徒、三闾大夫，参与国家政令的起草和外交工作。他在政治上主张"修明法度"、富国强兵，联齐抗秦。但并不受信任，难酬其救国之志。因遭谗言中伤，一再被放逐，流放沅、湘二十余年。公元前278年，秦将白起攻破楚国都城郢都。屈原看到楚国前途已经绝望，于当年五月初五，自沉于汨罗江而死。在长期的流放过程中，屈原彷徨于山麓、水泽，忧国忧君，悲愤感怀，披发行吟，留下了《离骚》《九歌》《天问》《九章》等反映他进步政治理想，坚决与现实抗争的性格和热爱祖国精神的壮丽诗篇。

屈原到过武汉、武昌，在他的诗作中可得以寻踪。一是屈原《九章·涉江》有"乘鄂渚而反顾兮，欸秋冬之绪风"的诗句。"鄂渚"相传为东湖的小岛。南宋哲学家、教育家朱熹在《楚辞集句》中有"鄂渚，今鄂州也"的注释，而在朱熹之前，鄂渚已成为今武昌的代称。北宋地理总志《太平寰宇记》中有"隋平陈，改为鄂州，取为鄂渚以为州名"。当然，南宋地理总志《舆地纪胜》则称，鄂渚在"江夏西，黄鹄矶上三百步"，此地在今巡司河入江口鲇鱼套一带（武昌造船厂处）。但不管怎样，鄂渚在今武昌无疑。从上述诗句我们可以推断：屈原随顷襄王逃离郢都，沿江东下，后又溯江而上抵达鄂渚，行吟泽畔。二是屈原《九歌·河伯》有“子交手兮东行，送美人兮南浦”的诗句。美人为屈原之自谓。由此说明屈原在放逐期间曾到过南浦。对于南浦，李白《江夏行》有“适来往南浦，欲望西江船”诗句，意思很清楚，南浦即今武昌。明代杨士奇《武昌十景图诗序》中写道：“屈原所称南浦在鹦鹉洲之东，皆纪于载籍，以为是邦之盛。”杨士奇为明代中期重臣，曾任兵部尚书。他所指的是鹦鹉洲，应为靠近武昌江岸的古鹦鹉洲（明末清初，该洲才湮灭，新鹦鹉洲则在清代移名于汉阳）。元末明初诗人丁鹤年则认为，武昌城内之“南湖”（紫阳湖之别称）就是“南浦”（他在《武昌南湖度夏》中有“南浦幽栖地，当门罨画开”之诗句）。由此又可以推断：屈原曾到过武昌紫阳湖。三是屈原《九章·哀郢》有“登大坟远望兮，聊以舒吾忧心”的诗句。据郭沫若考证：大坟，即今汉阳龟山。汉阳龟山东脊有“屈原望远台”，传是屈原披发行吟之地。龟山在鄂渚对岸，处于涉江彷徨中的屈原，到龟山（汉阳）前后曾到鄂渚（武昌），也为常理。李白到武汉时，就经常往返于鄂州（今武昌）、沔州（今汉阳）之间。

位于东湖风景区的屈原纪念堂

战国时期，武昌及鄂东南产铜基地大冶，是楚国长期苦心经营的战略要地，楚文化、土著文化、华夏文化及其他文化在这里交流与融合。屈原在流放期间写的大量爱国主义的辉煌诗篇，成为楚文化的代表和中国文化的源流之一，对作为荆楚要地之武昌的影响永世长存。屈原的传说，长存于民间，在江汉大地广泛流传，纪念屈原的活动，如端午节纪念及划龙舟、吃粽子、踏青等，则成为中华民族的风情民俗。武昌东湖后来建有行吟阁、屈原像等，是屈原思想文化影响的具体体现。

第二节　城堡、县城与郢城

一、军事城堡夏口城

东汉末年，北方的曹魏欲下江南，谋求统一中国；南方的孙权、刘备割据长江上、中、下游。魏、蜀、吴都非常看重长江与汉水交汇之处的汉阳与武昌。司马懿曾有“夏口、东关(今濡须口一带)，贼之心喉”的说法。这一时期，南方人口有较大增长，经济亦有所发展，为孙权、刘备抗衡曹操军事势力创造了条件。在长江对岸的汉阳，已于东汉建安元年(196年)前建了却月城。而武昌在建制上虽然没有行政中心的名位，但与汉阳一样，处在“龟蛇锁大江”之势，控长江中游之咽喉，扼南北交通之要冲，为三国军事争夺的前哨阵地，战略地位日显重要，为兵家所瞩目。正如清顾祖禹编著的《读史方舆纪要》所说：“夫武昌者，东南得之而存，失之而亡者也。汉置江夏郡，治沙羡。刘表镇荆州，以江汉之冲，恐为吴侵轶，于是增兵置戍，使黄祖守之。孙策破黄祖于沙羡，而霸基始立。孙权知东南形胜必在上流也，于是城夏口，都武昌。”孙权在武昌“得之而存，失之而亡”的历史背景下，为巩固自己的基业并钳制魏、蜀势力的进一步扩张，决定筑夏口城。

东吴孙权于黄武二年(223年)开始筑的夏口城，最初属于军事城堡。夏口城建于黄鹄山(又名江夏山，今名蛇山)上，依山负隅，濒临长江，“周回二三里”。有意思的是，夏口之名原为其对岸处汉阳的汉水入江口处，因在黄鹄山所筑之城，正对汉水入江口之夏口，故取名夏口城，就像后来的城门正对汉阳而命名为汉阳门一样。从此，夏口之名由江北移于江南。

孙权筑夏口城的起因，除了总体战略上的需要外，还有三国初魏、蜀、吴对荆州的争夺。当时，东汉建安十三年(208年)，江夏太守黄祖败于汉阳却月城，荆州牧刘表病死于襄阳，曹操大军南下，与孙权、刘备大战于赤壁。战后，曹、孙、刘三分荆州，曹据有荆州的南阳郡、南郡和江夏郡的江北部分；刘据有荆州的武陵、长沙、桂阳、零陵四郡；孙据有荆州南郡的南部和江夏郡江南的部分，并牢固控制了武昌(今武昌)，以周瑜、程普先后为南郡、江夏太守，对武昌加以管辖，“常以重兵镇之”。刘备被任为荆州牧，因州治治所襄阳在曹操手中，只得领兵守油口(今湖北公安县境)。刘备按照诸葛亮《隆中对》提出占据荆州、直下宛洛的策略，于东汉建安十五年(210年)向孙权借得荆州南郡南部的部分地盘。而“刘备借荆州，有借无还”，孙权遂于建安二十年向刘备索还所借的荆州。刘备迫于形势，只得以长沙、桂阳两郡换取所借“荆州”。孙权当然不满意，便于建安二十四年率吕蒙夺取油口，占领江陵，袭击关羽，逼得“关羽走麦城”。刘备决意夺回南郡，于两年后率军东征孙权。孙权为应付刘备的进攻，为便于指挥抗击刘备，把都城从建业（今南京）迁到鄂（今鄂州市），依“因武而昌”之意，改鄂名为武昌（今鄂州市）。同时在武昌（今鄂州市）之东南的战略要地江夏山（今蛇山）筑夏口城与武昌（今鄂州市）遥相呼应，作为巩固扩大其疆域、阻止敌军来袭的重要堡垒和屏障。

孙权所筑夏口城堡，在今蛇山西端北麓，其范围大体为：南依蛇山，北对沙湖，西临长江，东至今民主路横街头处，是一座“欲牢不欲广”的土石结构军事堡垒。据《南齐书》记载：“夏口城，据黄鹄矶，边江峻险，楼橹高危，瞰临沔汉，应接司部……以分荆楚之势。”北魏地理学大家、散文家郦道元注《水经》，赞扬夏口城“依山傍江，开势明运，凭墉借阻，高观枕流”。为突出其军事作用，孙权在筑城的同时，于城西临大江的蛇山前的黄鹄矶上，修建了一所军事哨所和具有前沿指挥功能的岗楼，这就是名扬天下的黄鹤楼。唐代曾任宰相的李吉甫所纂《元和郡县志》记载：“吴黄武二年城江夏，以安戍地也。城西临大江，西南角因矶名楼黄鹤楼。”所以说，孙权出于军事目的，在黄鹄山（今蛇山）上筑城建楼，战守防敌。与此相配合，孙权还委派了江夏都督为统领夏口兵马的东吴军事长官，形成稳固的军事战略态势。

夏口城临长江，西望汉水出江口，是一个规模相当大的军港。据《三国志》记载，周瑜曾“请得精兵数万屯夏口”，如此多的水军屯扎夏口，足以说明三国时夏口古城港的规模，应该比此前的黄祖之沙羡屯和却月城大许多。此外，夏口城周围不远处还有鹦鹉洲、南浦、黄军浦等都是重要的军港。有记载表明，赤壁之战前，孙吴驻扎在夏口的军队共达 5 万多人。夏口城和上述三个军港，既是水师基地，又是商舟之会处所，构建了城港一体化的水陆军事屏障和运输体系。

夏口城是东吴孙权为适应当时军事斗争需要而构筑的一座军事城堡，也是武昌历史上出现的第一座古城。伴随夏口城的构筑，标志着武昌城邑地位的确立。夏口城虽较隔江对岸的汉阳却月城晚建二三十年，但随着武昌地位的不断提升，其城池逐渐扩大，不久与汉阳形成武汉历史上所特有的双城对峙，也为以后的武汉三镇鼎立形成奠定最初的基础。

二、沙羡县治夏口城

晋太康元年（280 年），晋军克夏口（今武昌），占武昌（今鄂州市），破建业（今南京市），东吴灭亡，西晋形成全国大统一的局面。次年，晋武帝调整行政建制，在武昌郡下重设沙羡县，并将县治从涂口移至夏口城，辖境除原有沙羡县辖地（西南境有部分属沙阳县），还包括夏口对岸入江处之前沿江地带。

把沙羡县治移至夏口城，夏口城即成为一个县级政治中心。在西晋统一的形势下，夏口城的军事地位有所下降。但在夏口城建立后，其沿江一带开辟港埠，屯兵藏船，从而为长江中游营造了城港一体的重要屏障。也由于攻守、战备和居民生活所需，其军需手工业、民间经济、物资贸易及农业生产有了很大发展。据《武汉通览》

载:“孙壹为夏口都督时,有部曲千余口,平时屯田,春种秋收,对夏口地区的水稻种植有所推进。”东晋义熙年间(405—418 年),刘裕灭桓玄之后主持朝廷大政。刘裕及其部将对夏口地位的重要性的认识提升,把江夏郡治从沌阳城移至夏口,夏口城又一次成为郡治政治中心,当地居民得到短暂的休养生息。然而好景不长,不久,由于南方的东晋王朝在战乱中覆亡,夏口城再次成为战乱中各方争夺的军事城堡。晋义熙年间,汝南郡(今河南汝南县)土族大量流寓夏口,遂侨置汝南县于涂口(今江夏区金口),汝南县的县名代替了沙羡县名。沙羡县作为县名消失,夏口城则一时称汝南。但夏口城仍为江夏郡的治所,故又有江夏郡的称谓。

三、州治郢州城

南朝宋孝建元年(454 年),实施“分荆置郢”。尚书何尚之认为:“夏口在荆、江之中,正对沔口,通接维、梁,实为津要由来,旧镇根基不易。今分取江夏、武陵、天门、竟陵、隋五郡为一州,镇在夏口,既有见城,浦大容舫……诸郡至夏口皆从流,并为利便。”孝武帝采纳何尚之的建议,加强对夏口战略要地的控制,为屏障京都建康(今南京),削弱荆、湘、江、豫等州的权利,并从这些州分出一部分设立郢州,以夏口城为郢州刺史治所,辖五个郡共 39 县,境域相当于今湖北钟祥以下的江汉流域,监利、阳新间的长江流域和湖南沅江流域以北地区,于是夏口城有了“郢州城”之称。郢州城的出现,使夏口城由郡治和县治上升到一个州治地位。

刘宋在提高夏口行政地位的同时,以国戚萧思话为郢州刺史,着手构筑郢州城。萧思话以东吴始建的夏口城为基础,进行了城垣的修葺和扩建。郢州城建有高大的城墙、子城、瞭望岗楼和侦察防御高台等。据宋文帝时成书的《荆州图经》载,当时的黄鹄山(今武昌蛇山)中建有“高廓”,即高大的城墙。稍后的《南齐书》记载:“夏口城,据黄鹄矶……边江峻险,楼橹高危,瞰临沔、汉,应接司部。”句中的“楼橹”就是古代作战时用以侦察、防御而修建的高台,类似于后来的碉楼或现代的碉堡。郢州城城基坚实,用工缜密,曾抵御过十数次敌兵的进攻。这说明郢州城修缮非常坚固。郢州城垣的兴筑,是武汉城市建设史上的一件大事。今蛇山仍保有郢州城垣的断石墙基遗址,是今武汉市所遗最古老的城垣遗迹。

古城郢州城垣遗址

第三节　鄂州城、武昌城与省会城

一、唐宋鄂州城

隋文帝统一中国后，对地方实行州、县二级制，改称郢州为鄂州。大业年间（605—616 年）又改置江夏郡（在此以前，曾迁汝南县治于郢城，后又改汝南为江夏县）。鄂州州治在江夏县（今武昌城），鄂州辖江夏、武昌（今湖北鄂州市）、永兴（今湖北阳新）、蒲圻 4 县。大江以北，于大业初年改置沔州。开皇十七年（597 年），设置汉津县；大业二年（606 年），改汉津县为汉阳县。至此，初步确立了以后武昌（鄂州）、汉阳（沔州）双城并立的武汉城市建制。

唐朝之初，对鄂州与汉阳的行政建制进行了一次合理的调整。唐武德四年（621 年）改江夏郡为鄂州，州治江夏县（今武昌），下领江夏、永兴、武昌（今鄂州市）、蒲圻、唐年（今崇阳西）五县。又在大江以北设置沔州，州治汉阳城。至此，大江两岸两个作为区域性政治中心的城市，隔江对峙的格局与武汉双城建制最后形成。

"安史之乱"爆发后，为了迅速平定叛乱，唐王朝将边境实行的藩镇节度使制度扩大到内地。唐永泰元年（765 年），设置鄂、岳、沔三州团练使，坐镇鄂州；贞元元年（785 年）又以鄂岳镇观察使领鄂、岳、沔、蕲、黄、江六州。元和二年（807 年），安州划归鄂州统辖，设武昌军节度使。这样，使鄂州治所（武昌城）成为统辖数州的较大区域（大于州）的政治、经济中心和唐朝统治江汉地区的支柱，同时也控制了北方藩镇势力的向南扩张。

唐中期，河淮藩镇割据，而长江中下游相对平静。尤其是东南贡赋转运中心的鄂州（武昌）地位显得更为重要。宝历元年（825 年）特在鄂州置武昌军，设武昌军节度使，管鄂、岳、蕲、黄、安、申、光等七州。同年，以宰相牛僧孺为鄂州刺史、武昌军节度使、鄂岳沔蕲黄观察使，坐镇江夏五年。次年，奏请取消沔州建制，将所属的汉阳、汉川两县划归鄂州统一管辖，得到朝廷批准，这就是历史上首次将大江两岸的今武汉地区统一于一个行政建制进行管理，时间长达 130 年，直到五代显德五年（958 年）平定淮南后，才设置汉阳军，汉阳、汉川两县从鄂州析出。

牛僧孺镇鄂之前的鄂州城，其城墙为夯土结构，每逢江上大风，尘土飞扬，既损墙体，又污染环境，不利居民。地方官吏借鄂州城要经常进行保护性维修，因而向鄂州民众横征暴敛，此乃鄂州地方一大弊政。牛僧孺以陶砖结构代替夯土结构兴筑鄂州城新的城垣，称为"陶瓮以城"。历经五年，陶砖城墙工程完工。既大大加强了鄂州城的防护能力，也从此减轻了由于频繁维修而给民众带来的负担。土城改为砖城，也反映了筑城技术的进步和手工业的发展水平。牛僧孺筑鄂州陶砖城也是武汉古代城市建设史上，继东吴孙权始建夏口城和刘宋时期修葺扩建郢州城之后的又一件大事。

北宋开宝七年(974 年)，鄂州与汉阳以长江为界划为两个行政区域，同隶属于荆湖北路(治所在江陵)。鄂州下辖江夏(今武昌)、武昌(今鄂州市)、蒲圻、嘉鱼、崇阳、咸宁、通城七县，州治江夏(武昌)，改武清军节度使为武昌军节度使。到南宋后，由于金军大举南下，鄂州的战略地位显著上升，又一度成为荆湖北路的军事中心。

南宋绍兴四年(1134 年)，岳飞率军从江州(南京)来鄂州(今武昌)，将府衙设在蛇山黄鹤楼下(今司门口原武昌区委机关办公处)，率军北上襄阳，占领郢州(今钟祥)全城，歼金兵 7000 余人；再战隋州，活捉伪齐知州王嵩；接着又在襄阳近郊击败伪齐军 10 万之众。不到三月就收复襄阳等六州，取得了南宋建立以来的第一次反攻的胜利。高宗赵构授岳飞清远军节度使，湖北郢、荆、襄、潭州制置使等职，屯军鄂州(政区、防区达今河南、湖北、湖南地区)，不久又封其为武昌县开国子，以此又晋封为武昌郡开国侯。此时，鄂州的战略地位日趋重要，鄂州既是南宋镇压南方人民反抗斗争的基地，又是北伐中原以收复失地的前哨堡垒，也是南宋水军基地和重要军港。宋诗人陆游在《入蜀记》中描绘到："大舰七百艘，皆长二三十丈，上设城壁楼橹，旗帜精明，金鼓鞺鞳，破巨浪往来，捷如飞翔。观者数万人，实天下之壮观也。"岳飞在鄂州及襄阳领兵驻屯 7 年，打退了金兵、伪齐、盗匪的侵扰，保障地区人民的安全，广置屯田、营田，减轻人民的负担，恢复和发展经济。绍兴十一年十二月二十九日(1141 年 1 月 29 日)赵构、秦桧以"莫须有"罪名将岳飞杀害。次年，鄂州有一军士作诗悼念：

> 自古忠臣帝王疑，全忠全义不全尸。
>
> 武昌门外千株柳，不见杨花扑面惜。

唐代"荆吴江汉冲要"的鄂州，由于优越的地理和交通环境，其转运贸易特别繁荣。尤其是"安史之乱"后，北方战乱不已，运河漕运中断，江淮税赋改道鄂州、荆州、襄州北运，鄂州遂成为江汉漕运的重要枢纽。有一个时期，甚至为"总东南贡赋"。南方的税赋和米、茶、丝麻及手工业品等也经过鄂州转输北方。

宋代重视商业贸易，地处江汉交汇通衢的鄂州，商旅往来频繁，是当时湖北地区重要的物资集散地和手工业产品中转站，在北宋时期已经发展成为长江中下游最大的商业城市之一。进入南宋，宋金对峙有相当长的时期，又因绍兴议和与隆兴议和，使得南宋朝廷偏安南方，鄂州的经济因此得到复苏和发展，遂成为长江中下游的一大都会。出现了"武昌十万户""江渚鳞次十万家，淮楚荆湖一都会"的繁荣景象，号称"东南巨镇"。

鄂州商业的发展，还表现为作为贸易中心的商市兴起。其中，以南市最为繁荣。南市是在南北朝时南浦(今鲇鱼套以及附近地区)的基础上发展起来。这里外通长江，内连汤逊、梁子等诸湖，处里河入江口，与古鹦鹉洲临近，水势舒缓，便于船只靠泊，为"商旅往来"的避风良港。因该商市地处鄂州城南，人们习惯称之为"南市"。由于宋代实行当街开店、随处经营的政策，依港而兴的南市发展很快。南市的码头作业区称为"南浦"，是商船停泊之所。港区位置在鹦鹉洲与鄂州江岸之间所形成的狭长带水域，便于停泊木船，并延伸至巡司河内，港区规模十分庞大。陆游途经鄂州，亲眼所见：税务亭堤下"贾船客舫，不可胜计，衔尾不绝者数里"，成为繁盛的商业港埠和货物集散地。由于商贸的发展，鄂州的商税收入也相当可观。北宋熙宁十年（1077年），鄂州、汉阳两地销税合计44000余贯，商税收入占全国商税总收入的0.5%—1%。到南宋，鄂州商贸地位进一步提升，与平江（苏州）、建康（南京）、江陵号称四大平起平坐的沿江大商业、手工业城市。此时，鄂州虽设有铸钱监，但仍供不应求，继而发行一种"湖会"，又称"直便会子"的钱币（即纸币），最先在湖北地区流通。随着湖北地区商业的发展，"湖会"后来的流通领域又扩大到京西和广南。

南宋时，朝廷设湖广总领所于鄂州城。绍兴十一年（1141年），南宋与金国签订了屈辱的"绍兴议和"，为守住其半壁江山，保证边关驻军的粮饷供应，便在沿江各地正式设置了湖广、淮东、淮西三处总领所。湖广总领所掌管、调拨鄂州、荆南、江州诸军钱粮，治所设在鄂州。此外，还负责"专一报发御前军马文字，直接参与军政大事，总领之官由朝臣充任，其职权在转运使之上。"湖广总领所设在武昌城内，其受纳赋饷范围为：南达两广，北至襄阳，东到江西，西抵江陵，远远超出路一级行政长官的管辖区域。湖广总领所掌管、调拨的驻军粮饷等军用物资运输主要依赖于船舶，这就为武昌港口和航运业的进一步发展提供了很好的机遇，促使鄂州城商业、航运进一步繁荣。北宋时，武昌城与钱塘（今杭州，南宋都城）、建康（今南京，六朝旧都）一样，成为"大都会"。陆游说："虽钱塘、建康不能过，隐然大都会也。"

唐代的武昌城为佛教文化的鼎盛时期，建有石窟寺、东岩寺、修静寺、城隍寺、清净寺、宁湖寺、大寂寺、兴唐寺等（除石窟寺外，今均已毁不存）。在武昌八分山白云洞石窟寺内，有一高3.5米的石佛像。白云洞由天然石灰岩、溶洞、前洞、中洞、天井和后洞组成，可谓境地幽深、别有洞天，堪称武昌最具自然特色的山。该寺是武汉现存的唯一的石窟寺。

唐代有众多的历史人物、文人骚客在鄂州留下足迹、传下佳话。文选学大师李善（610—690年），鄂州江夏县（今武昌）人，中国古代著名学者，其《文选注》60卷，保存了许多已无法见到的文献资料，病逝于今武昌，葬于江夏龙泉山，后迁葬于九峰盘龙山。曾任北海太守李邕（678—747年），世人尊称其为李北海，居江夏洪山西麓半里处，为一代英才，著有《文集》70卷；亦为杰出的书法家，撰文并书写碑文800余篇。大诗人李白（726—760年），漫游江汉前后共30余年，仅在江夏（今武昌）就写诗文17篇。"黄鹤楼中吹玉笛，江城五月落梅花"之诗句，给鄂州乃至今武汉留下了"江城”的美称，还留下了许多传说和遗址，如放鹰台、太白亭、太白堂、搁笔亭、李白诗书处等。

唐宋时期，鄂州黄鹤楼为当时文人题咏的名胜景点之一。唐代诗人崔颢以一首《黄鹤楼》诗，诗楼俱名，广为流传，致使大诗人李白搁笔而发出了“眼前有景道不得，崔颢题诗在上头”的无奈感慨。当然，李白作《黄鹤楼送孟浩然之广陵》诗：

故人西辞黄鹤楼，烟花三月下扬州。

孤帆远影碧空尽，唯见长江天际流。

也是名家绝唱，传诵千古。唐代题咏黄鹤楼的还有王维、孟浩然、宋之问、刘禹锡、白居易、贾岛、顾况、孟郊、卢郢、李群玉等著名诗人，足显黄鹤楼诗词文化之宏富。北宋时期，一些著名官员、文豪、文人纷纷游览题咏黄鹤楼。他们是：北宋进士张泳、著名逸士张愈、礼部尚书薛映、鄂州宝泉监贺铸、大文豪苏轼及其胞弟文学家苏辙等。南宋著名词家、音乐家姜夔和诗人戴复古，亦有诗文描述黄鹤楼。

北宋元祐年间（1086—1093 年），鄂州知州方泽在黄鹄山（今蛇山）上重建南楼，与附近的北榭合成“南楼北榭”。唐宋八大家之一的著名诗人黄庭坚对南楼建造之美赞叹有加：

江东湖北行画图，鄂州南楼天下无。

高明广深势抱合，表里江山来画图。

雪延披襟夏簟寒，胸吞云梦何足言。

庾公风流冷似铁。谁其继之方公悦。

他还作《鄂州南楼书事》诗，盛赞南楼周边美景：“四顾山光接水光，凭栏十里芰荷香。”流传至今。

东汉名士祢衡在靠近黄鹄矶中的一沙洲上，应江夏太守黄祖之子黄射之邀宴时，写成著名的《鹦鹉赋》。后来他被黄祖杀害并埋葬于该洲，洲以该赋而名，取名鹦鹉洲。唐宋时期著名文人、诗人对洲之景色多有描述，他们是：崔颢、白居易、李白、孟浩然、陆游、罗愿等。

二、元代行省武昌城

元至元十六年（1279 年），随着南宋小朝廷的彻底覆灭，元朝终于完成了规模空前的统一。忽必烈对地方行政体制进行了一系列重大改革，实行行省制度。至元十八年，原来迁于潭州的湖广省治所又迁回鄂州，于是鄂州取代江陵而正式成为行省级的大区域行政中心。元代的湖广行省大体上包括今湖北南部，湖南、广西和贵州的大部，广东的部分地区，实为一幅员辽阔的大区。鄂州在湖广行省的北缘，改为鄂州路。大德五年（1301 年），改鄂州路为武昌路。今武汉市江南地区正式有了武昌这个地名，且延续至今。武昌路下辖 7 县，今武昌区原属江夏县（即武昌城），武昌城同为江夏县、武昌路、湖广行省的治所，即为湖广行省的行政中心。

元至元二十一年(1284 年),在忽必烈征讨时期,主持东征(日本)南伐(越南)军事行动的是他的第九子镇南王脱欢。脱欢曾受命镇守武昌，但他并未足履武昌之地。而在泰定王即位后,将武昌封给了脱欢的儿子威顺王宽彻普化,从而开始了蒙古藩王对武昌的罪恶统治。今蛇山黄鹤楼前的孔明灯,正名为胜像宝塔或宝像塔,建于至正三年,或说是威顺王世子墓,或说是威顺王世子建,是一件真正的元代遗物。时至今日,虽然当年奢侈豪华的广乐园基址已荡存无遗,而胜象宝塔却成为威顺王父子对武昌进行血腥统治的历史见证。

元朝末年,社会矛盾日趋激化,反元起义席卷全国。至正十一年(1351 年)八月,彭莹玉、赵普胜、倪文俊、徐寿辉等领导的南方红巾军在汉江地区纵横驰骋,他们与元朝官府和镇守武昌的藩王宽彻普化父子在武昌、汉阳进行了激烈的争夺战,武昌、汉阳有史以来成为农民起义的革命中心——天完红巾军的大本营和首府。至正十二年,徐寿辉的部将邹普胜攻陷了湖广行省的中心武昌,宽彻普化与元朝湖广省平章政事和尚弃城驾舟而逃;红巾军大将丁普郎、徐明远也同时攻克了汉阳。一时间,农民起义的浪潮席卷了以武昌、汉阳为中心的长江中下游流域及南方广大地区。此后,元军与红巾军展开拉锯战,宽彻普化曾一度还镇武昌,直至至正十四年败走陕西。至正十六年,天完红巾军夺回汉阳,在汉阳建宫室,汉阳正式成为红巾军之“天完国都”。此时,天完的首领名义上是徐寿辉,但实际大权已完全掌握在倪文俊手中。倪文俊野心勃勃,企图谋杀徐寿辉,不料阴谋败露,反被部将陈友谅杀死,陈友谅遂成为天完政权的平章政事,掌握天完的军政大权。此后,他又相继杀害了赵普胜和徐寿辉,改天完为大汉。陈友谅的大汉虽然没有明确建都武昌,但实际上武昌一直是大汉的政治和军事中心。至正二十三年(1363 年),陈友谅与朱元璋在鄱阳湖激战中战败身亡,他的尸体被忠于他的大将张定边运回武昌,安葬于黄鹄矶头。今武汉长江大桥武昌桥头堡南侧下桥,行至半腰,即可见陈友谅墓,此系武汉市唯一的封建帝王陵墓。陈友谅死后,张定边还辅弼陈友谅的幼子陈理即位于武昌,武昌因此做过一段大汉的都城。至正十四年,朱元璋及其部将兵临武昌城下,先后攻占制高点洪山、高观山等处。在夺袭汉阳门后,武昌城中的陈理、张定边见大势已去,只得献城肉袒请降。至此,历时 4 年的大汉政权结束,武昌城成为朱元璋的统治区域。

元朝统一全国后,在汉民族集中居住的各地采取“柔化政策”,尊孔崇儒,提倡程朱理学,保护学校教育。作为湖广行省会城的武昌路学,在元初得以恢复。元延祐七年(1320 年),武昌路学恢复重建,其规模在湖北最为宏大。武昌路学这次重建,使得“庙”的部分较宏大、华美,“学”的部分修葺一新,原来被豪夺的校产也得以收回使用。据元湖广行省参职政事元明善所著《武昌路重建庙学记》载,在宋是屯粮锻兵“边垒”、作为军事重镇的武昌,到元一统的所谓“武弛文张”的时代,成为行省会城的重镇,自然应该将简陋的庙学加以重建而成为“文张”标志。重建后的庙学,“礼殿、东西尾、戟门仪门、斋庐共50余间，端大坚微，丹碧藻绘，象设筵帘，皆视仪度，美至镜磬，不爽典祀；虽讲堂经阁，诸室不创而葺”，“学后有鹄山书堂者，废而入于豪夺，征剂归功”。武昌路学的恢复重建，促进了湖广地方学校的保持和发展，也使武昌城作为湖广的教育文化中心地位得以巩固和提高。

元代给武昌留下了洪山宝塔、长春观、胜像宝塔、陈友谅墓等胜迹。

洪山宝塔即宝通塔，原名灵济塔，位于武昌洪山宝通寺后，始建于元至元十七年（1280年），至元二十八年竣工，历时11年。为纪念开山祖师灵济慈忍大师，而命名“灵济”。塔为砖石砌成仿木结构的楼阁式建筑，八角七级，高44.1米，塔基周长37.3米，塔顶径宽4米，安装有文笔峰式铸铜宝刹，高出洪山主峰。塔身内空，有石级盘旋至上，各层有专门名称。1956年，被湖北省公布为省级文物保护单位。

元代时，全真龙门派创始人邱处机受到太祖成吉思汗的封赏，掌管天下道教。邱处机为创道教十方丛林制度，派门下弟子南下荆湖之地的武昌等地创办道教丛林。邱处机弟子为纪念此事，于元顺帝时（1333—1367年）在南北要冲的松岛，修建长春观（邱处机道号“长春子”，故名）。长春观以“三绝”闻名于世。“三绝”即带有藏族风格和欧式风格的建筑群、道教天文学家所留《天文图碑》、宝中之物的全套明版《正统道藏》。如今，长春观不仅是道教徒修身布道的活动场所，也是武汉市著名的旅游胜地之一。

黄鹤楼·胜像宝塔（2006年摄）

胜像宝塔又称宝像塔，位于武昌蛇山黄鹄矶上，由“威顺王”宽彻普化太子于元至正三年（1343年）建造，用来供奉舍利和佛教法场，系印度窣堵坡式建筑。塔为石砌，高 9.36 米，由底座、塔身、相轮、伞顶、铜制塔顶五部分组成。是元代最有代表性的密宗佛塔，也是黄鹤楼故址建筑群保存最古老、最完整的单体艺术建筑，为国家级文物保护单位。

陈友谅墓位于武汉长江大桥武昌引桥南坡。元至正二十三年（1363 年），陈友谅在鄱阳湖中流矢而亡，后由大将张定边将其遗体运回武昌葬于此地。此墓前仅有“古墓禁止樵采”小石碑而无人知其为陈友谅墓，1913 年建成该墓、墓区建筑物，现为湖北省文物保护单位。

三、明代湖广会城

明朝建立后，朱元璋对地方行政机构进行了有利于加强君主中央集权的改革。洪武九年（1376 年）废除行中书省，全国分块设置 13 个承宣布政使司。武昌属于湖广承宣布政使司。除布政司外，另设 2 个与布政司之间互不隶属的“省级”监察机构和军事机构，称提刑按察使司和都指挥使司，三机构分别简称为布政司、按察司和都司，统称为“三司”。湖广的“三司”衙门均设在武昌。正统三年（1438 年），设置湖广巡抚。明中晚期，因镇压南方人民反抗斗争之需要，又设置总督湖广等省军务的官职，以宪臣充当，简称总督。还用勋臣为方面总兵官，简称总兵。巡抚、总督、总兵多驻在武昌。明朝改元朝的武昌路为武昌府，下辖汉夏、武昌（今鄂州市）、嘉鱼、蒲圻、咸宁、崇阳、通城、大冶、通山、兴国州（今阳新），（《明史》卷四十四，“地理五”），共九县一州。江夏县（今武昌）是武昌府的附郭县。因衙门众多，武昌城被俗称为“湖广会城”。

作为湖广会城的武昌，明代初年即有了较大规模的拓展和建设。此项工程在洪武年间由明朝的开国功臣、江夏侯周德兴负责监修。周德兴将宋、元时期的鄂州旧城向蛇山两侧大幅度展开，城区范围东自双峰山长春观，西至黄鹄矶头，南起鲇鱼套口，北止于塘角下新河岸，城垣周长 20 余里（3098 丈）。武昌城城墙墙体为陶砖结构，十分高大，西北部城墙最高处达 3 丈 9 尺，东南部高亦有 2 丈 1 尺。城墙外有一道水面深阔的护城河，河围长达 22 里（3243 丈），河宽 2 丈 6 尺，水深 1 丈 9 尺。城的西面，长距离濒江，大江亦是武昌城西面的天然护城河。拓展和建设后的武昌城有城门 9 座，城东为大东、小东 2 门，城西为竹簰、平湖、汉阳门 3 门，城南为新南、保安、望山 3 门，城北为草埠 1 门。

洪武年间建设的武昌城，其规模基本定型，此后至拆除间只不过是维修和城门名称的改动。嘉靖十四年（1535 年），御史顾璘改大东为宾阳门，小东为忠孝门，新南为中和门，草埠为武胜门。

明代湖广会城的中心是明太祖的第六子朱祯的楚王府，楚王府周围则是一系列的各级各类官行衙门。布政司署在黄鹄山北，按察司署在平湖门内楚王府右侧，都司署在楚王府南的水陆街，武昌府署在汉阳门内，江夏县署在城北凤凰山。城内有较为完整的道路系统和称之为里的市民居住区。据《湖广图经志书》载，武昌城主要道路名称有：布政司衙署前的"长街"，江夏县衙署前后的"前街"和"后街"，都司衙署前的"西街"，城东南楚王府储养歌妓的御菜园旁的"水陆街"，还有武昌城西的"十字街"，城北的"草埠街"，汉阳门外滨江的"河街"。城内居民区——"里"达63个。城内还有府学、县学、贡院、文庙、书院等文化机构坐落其间。这些功能各异的建筑物、构筑物，共同组成了明代武昌城的城市创置景观。

明代武昌城的修筑是武昌乃至武汉、湖北城市建设史上的一件重大事件。明代武昌城与宋代鄂州城、元代武昌城的城市规模相比，有了大幅度的扩充，且城墙质量有了很大提高，加之四周多有水面深阔的护城河，城市防御外侵功能显著提高，几近于坚不可摧，攻不可克。这无疑是武昌乃至武汉、湖北城市建设上的一个飞跃和里程碑。

明代开国皇帝朱元璋登基后，封第六子朱祯为楚王就藩武昌。因为朱祯"始生时，平武昌报适至。太祖喜曰'子长，以楚封之'。"自洪武三年（1370年）朱祯获首批册封（楚王）至崇祯十六年（1643年）的263年时间里，共有九代楚王藩武昌，武昌亦成为楚王的天下。在朱祯被册封为楚王（王号楚昭王）的第二年，即开始建造楚王府。楚王府的位置，选择了武昌城中最好的处所——高观山南麓，坐北朝南，背依高观山（楚王改名长春山），前临大朝街（复兴路），右侧为长街（解放路），左侧为阅马场，东西宽2里，面北长4里，沿此范围再在武昌城内垒砌一砖石城垣，号称"王城"。王城正门称镇楚门，俗称公衙门（《乾隆江夏县志》卷二），约在张之洞路湖北省人民医院门诊部一带，该地至今市民仍呼"王府口"。明朝对亲王府第营建的形制规模作了若干规定。据《明史》卷六十八"舆服志"载："洪武四年定：（王城）城高二丈九尺，正殿基高六尺九寸，正门、前后殿、四门城楼，饰以青绿点金，廊房饰以青黛。四城正门，以丹漆。金涂铜钉。宫殿窠拱攒顶，中画蟠螭，饰以金，边画八吉祥花，前后殿座，用红漆金蟠螭。帐用红销金蟠螭座，后壁则画蟠螭、彩云，后改为龙，立山川、社稷、宗庙于王城内。"楚王府约在洪武十二年建成。

楚王府已在明末毁于战火，因文献记载阙如和王府实体不存而难知其详。另据《明史·仪卫志·亲王府制》记载，可知王府建筑之大概："十二年，诸王府告成。其制上中曰承运殿十一间，后为圜殿，次曰存心殿各九间。承运殿两庑为左右两殿，至存心、承运，周回两庑，至承运门，为屋百三十八间。殿后为前、中、后三宫，各九间。宫门两厢等室九十九间。王城之外，周垣、四门、堂库等室在其间，凡为宫殿宫屋八百间有奇。"府内还有梳妆台、金鱼池及御菜园、求神拜佛的长春寺等。清初有文人踏着楚王府瓦砾而得于古老的传说典故，从而想象写成吟楚王府的诗：

朱甍绣瓦倚斜曛，楚歌燕舞镇日闻。

……

离宫别馆连天起，玉砌金铺辉月明。

楚王在武昌的活动范围，远非这座 8 平方里的楚王府。可以说早期整个武昌城和近城的设施，都是以楚王的生活起居为中心。王府御菜园在水陆街后。楚王府前有歌笛湖，是楚王种芦取膜为笛簧的地区，此湖亦因此得名（亦有人认为今沙湖为歌笛湖）。榛子园是为楚王种植引自湖南武冈的榛子而修建的。黄鹤楼旁建有武当宫，是楚王祝厘祭祀神灵、祈求降福的地方。通衢立有朝廷表彰楚藩的牌坊。洪山背后的放鹰台，是楚王出城放鹰游乐之处。山川、社稷坛则用于楚王春秋祭祀。南湖老人桥则是专为楚王外出行猎途经路畅所架。紫荆山南有楚王藏冰备暑的藏冰台，武胜门外有专供楚王府厨膳用鱼的养鱼池（名鳇鱿濠），城东部有一座楚王别墅"桃溪小隐"，城东 20 里处有楚王府护卫军屯田之所，今名为广埠屯。城东南 60 余里处有灵泉山（覃庙），为历代楚王及其妃、夫人的陵墓群。

楚王府及武昌城还有一个重要特色：湖和桥。在以王府为核心的武昌城内，共有九湖。为交通的方便，除了筑堤就是造桥。如紫阳湖与长湖间的紫阳桥、明月湖上的明月桥、黄鹤楼下的清风桥等，既实用又华美，成为景观。巡司河上原有一浮桥，由王府直接出资修建。浮桥以舟船连接而成，后王府又拿出银子来改建为木桥，人们称之为"王惠桥"。楚王府作为宫城，园林、湖塘是必不可少的建筑设施，也有用于通行和造景的桥，且古代造桥高手多在荆楚，其桥必然是精美绝伦的。

明代，武昌宗教有了新发展。元末明初（一说为唐代）建有武汉市唯一一座佛教"女众丛林"——莲溪寺，还有始建于成化二年（1466 年）的佛教净土龙华寺。随着回民的增多，武昌有了最早的回民聚居地，于是有了应运而生的武汉地区的第一座清真寺，武昌还出了一位中国伊斯兰教著名经师马铨。

明嘉靖《湖广图经志》列出了武昌八景，并有佥事黄润玉题诗传扬，从中我们可以领略明代武昌城的风采景观。

武昌八景

黄润玉

庾楼醉月

庾公楼外月澄波，有客开尊款素娥。
清夜不妨轮未满，雅怀端在酒微酡。
盈亏万古等一瞬，欢乐百年能几何。
欲问兔灵求药蓼，广寒凉影邈山河。

鄂渚吟风

鄂阳清渚鱼湖阴，荆沔人才此豁襟。
言志岂无胸点趣，咏归应契伯淳心。

熙熙春服多樗乐，望望南冠绝楚音。
我本浴沂童冠者，不堪回首白头吟。

鹄岭栖霞

黄鹄山人养性灵，霞居僻近吕仙亭。
朝瞰绚采丹开鼎，多照回光锦作屏。
炼药有关通月窟，寻真无路扣云扃。
夜声忽听琼林音，知是乘风过洞庭。

鹦鹉洲听雨

黄鹤楼前鹦鹉洲，寻常阴雨四时秋。
萧萧竹屋羁人思，滴滴蓬苹贯客愁。
绿暗垂杨官渡口，青迷芳草钓溪头。
祢衡赋罢才堪惜，江水哀鸣日夜流。

东山览胜

夏口城东景最妍，画图远近对山川。
胭脂雨过翠如洗，锦绣春深花欲燃。
书院碑铭方朔记，梵王宫殿大洪禅。
嗟予事异黄丞相，十载重来思惘然。

南浦观鱼

南浦渔舟小似梭，纵横随意戏鸥波。
桃花春雨鲟鱼嫩，孤岭秋风雁鹭多。
款乃时形山谷咏，沧浪孰继屈原歌。
看来好景堪描处，数叶黄芦口雪蓑。

黄鹤怀仙

当年文祎息尘机，谁筑华楼向翠微。
陈迹已随黄鹤去，幻踪空观白云飞。
蓬瀛海上知何在，刘阮山中事总非。
一日谪仙题咏后，荒台苍壁几余晖。

赤矶怀古

慨异曹瞒窃帝符，胸吞刘蜀气凌吴。
投鞭自托填江汉，执炬谁期火舳舻。
丧乱百年三国志，风流千载二乔图。
悠悠往事川东注，赤壁秋风水文枯。

在明代，武昌城的金沙湖、港埠陈公套和新河商埠塘角等处，商船云集，贸易兴盛，极大地繁荣了市场，促进了工商巨镇的初步形成。元末明初，金沙洲出现在武昌西南望山门外的大江中，当时叫新淤洲，北靠巡司河，洲尾斜对古鹦鹉洲头。永乐年间（1403—1421 年）后，人们在滨江一侧修建了堤防和驳岸，防洪能力增强，金沙洲成为船舶避风良港，吸引了很多商船来此靠泊和贸易。景泰元年（1450 年），官府在这里设立了专门征收船钞的钞关。由于商船贸易的活跃，来湖上的商贾、船户和居民越来越多。嘉靖年间（1522—1566 年），来该洲定居的商贾、船户和居民有 1028 户。到万历年间（1573—1620 年），竟是“烟户万计”。洲上有八道长街，防浪堤长达 25 里，被人誉为“四民辐辏”“百货云集”的“东南都会”。万历十一年（1583 年），即成为湖广漕粮的交兑口岸。当时湖广漕粮的年额达 46.5 万石，洲边一度漕船云集，蔚为大观。该洲在明末至清初才逐渐衰退。武昌南市自南宋后日趋衰落，其里河一带航道也因无人疏浚日渐淤浅，后来改名为管家套。明宏治十年（1501 年），武昌知府陈晦为改变管家套淤塞、商船转泊汉阳的不利局面，便趁涨水季节，以几百只小船拖带铁器疾驶中流，搅动泥沙，使沙随水流走，很快疏浚出一片深水港域，吸引了大批商船停泊于套里，于是管家套改名为陈公套。一时间，水绕城南，都邑增胜，风藏浪避，商舟稳泊，陈公套日趋兴旺。嘉靖二十六年（1547 年）在这里设鲇鱼口镇巡检司。万历二十一年（1583 年），这里还同金沙洲一起被辟为漕粮交兑口岸，并建有陈公套水次仓，存贮漕粮。至清中叶，里河航道又淤浅，仅作回空漕船和小型船舶的泊处。新河塘角在武昌武胜门外东北五里多正对汉口的地方，历史上曾是新河的入江口。塘角正值江流转弯处，水流流速较缓，适宜于木帆船的靠泊，明末成为“舟车络绎，熙来攘往”的避风良港。清代，这里又开挖了一条长约 10 里的弧形河道，给塘角带来了更大的繁荣。诗人叶调元写出了这里的夜景：

千艘万楫聚塘坳，炮竹声喧沸海潮。
水面忽飞星万点，红灯一片出桅梢。

四、清代湖北省城

湖北武汉自顺治二年（1645 年）纳入清廷统治开始，至 1911 年辛亥首义爆发的 260 余年中，武昌城是湖广总督、湖北省、武昌府、江夏县四级衙门所在地，发挥着两湖大区域的政治中心、文化中心和军事中心的城市功能。进入晚清时，武昌成为政治斗争的集中区，历经林则徐武昌禁烟、太平军三克武昌、张之洞坐镇武昌治鄂兴汉等重大事件，武昌迎来了近代崛起的黄金时期，武昌开始走向开放，城市近代化建设兴起，成为中国近代工业的发源地之一和近代教育发源地之一。在这种历史背景下，终于爆发了武昌起义，唤起全国的响应，一举推翻清王朝，结束封建统治，成为武昌几千年文明史上的辉煌时期。

清顺治二年（1645 年），清军进占武昌，武昌城即纳入清朝统治。7 月，清廷正式任命何鸣銮为湖广巡抚，衙门设在武昌，这是清政府在湖北建立地方政权之始。清初的地方行政建制分为省、道、府（含直属厅、州）、县四级。武昌仍是湖广会城。清顺治十年，湖北、湖南两省分治后，武昌又常被称为湖北省垣或省城。清代武昌虽为湖广和省级区域的政治中心，但其湖广的“广”字并无实际统辖地域，不过是沿用历史地名而已。康熙三年（1664 年），正式设湖广总督，辖湖北、湖南两省，又设置湖北巡抚，管治当时湖北境内的 8 个府，总督、巡抚在职权上是平等的，同为封疆大吏，但总督的官阶比巡抚要高。总督和巡抚衙门同设在武昌城内，俗称“督抚同城”。湖北省内的日常行政、司法、文教等，分别设置湖北布政使司（又称藩司）、按察使司（又称臬司），提督学政。武昌城内还设有督粮道，巡察道、盐法道、劝业道等专职道衙门。在盐法道下设武昌府，辖江夏（武昌城）、武昌（今鄂州市）、嘉鱼、蒲圻、咸宁、崇阳、通城、通山、大冶、兴国州等九县一州。武昌府衙门在司门口，江夏县附郭。江夏县管辖武昌城内所设的 18 个城厢和城郊的 13 个城厢及农村所设的 20 里（甲）。当时武昌城内，县以上的衙门共达 43 个，整个武昌城确乃官署林立，冠盖如云。

清代，由于武昌仍是湖北暨武汉政治、经济、军事中心，朝廷和地方官府对武昌城池的修葺极为重视，先后对武昌城进行过 7 次较大的增修和重修。顺治十四年（1657 年），湖广总督祖泽远首次对明代遗留下来的定型武昌城垣进行增修，其城池规模没有大的拓建，而在北城武胜门和东城大东门前，增修了瓮城。此后的重修分别为：康熙二十四年（1685 年）又修；雍正六年（1728 年）再修；乾隆二十七年（1762 年）同知史湛等修葺，五十二年续修；嘉庆六年（1801 年）知县王澎承修；同治四年（1865 年）知府黄昌辅续修。此外，同治八年（1869 年）湖北巡抚郭柏荫对环城城墙水门维修，并改造修建了 9 座排水闸。至此，武昌城围达三千四百三十丈，东西五里，南北六里，城墙高二丈八尺，底厚六丈八尺，顶厚五丈四尺，实乃壮观巍然。

咸丰二年至咸丰六年（1852 年至 1856 年），在太平军与清军的战火中，武昌城遭到重创：“武昌城中，民物凋敝，官场尽如乞丐，非三五年长养抚育，其气不苏。”特别是太平军实施焚书毁庙以及种种消灭儒、佛、道等极端措施后，武昌地方文化设施受到了毁灭性的打击。战争结束后，武昌城的文化重建工作在同治年间（1862—1874 年）大规模展开。清康熙四十一年（1702 年）重建黄鹤楼，后历经 152 年，毁于咸丰六年（1856 年）的战火中。清同治七年（1868 年）秋末，湖广总督李瀚章偕武昌府知府黄昌辅主持重建黄鹤楼，花 10 个月时间，耗银 3 万多两，建成新黄鹤楼，俗称同治楼。可惜,同治楼建成不到 20 年,就被一场大火烧得只留下一个铜顶。清军反攻武昌得手后,以恢复学宫、开科取士为要务,便着手重建武昌文庙和学宫。至清末,武昌城内有文庙两座,一是武昌府的文庙,又称府学;一是江夏县的文庙,即县学。同治八年,张之洞任湖北学政时创建了经心书院,后经迁建和扩充,至光绪年间,读书院规模相当宏大,影响久远。湖北教育界经心书院的学生很多在晚清和民初形成所谓的经心派。明正统年间(1436—1449 年)创建的湖北贡院,规模甚小,至清代康熙年间(1662—1722 年)加以扩充后自成一区。清代每三年一次的乡试在贡院举行。湖北贡院每年乡试应试者数千人,最多年份有上万人,乡试中举后参加会试。光绪十五年(1889 年),湖北士子在会试中有进士 14 名,在全国各省中居第四位。

五、民国武昌市城

1911 年 10 月 10 日,辛亥革命武昌首义爆发。第二天,就在武昌阅马场红楼组建了以黎元洪为都督的湖北军政府,取代湖广总督署、湖北巡抚和三司的政制。1912 年民国成立后,原江夏县(改名为武昌县)、汉阳县、夏口厅仍存。次年确立省、道、县的地方政制。湖北省下设江汉、襄阳、荆南三道,裁撤汉阳府、武昌府。1926 年 10 月,北伐军攻克武昌,北洋直系军阀在武汉的统治结束,湖北政务委员会成立,在武汉设置了两个市级行政建制:汉口市政委员会和武昌市政厅。12 月,武昌市政厅成立,不入武昌县行政范围,直属省政府,市长由国民政府任命。武昌市政厅下设秘书处、财政局、工务局、公安局、教育局、卫生局、土地局等机构。1927 年,广州国民政府迁至武汉,是为武汉国民政府,武汉成为大革命的中心,将汉口、武昌、汉阳三镇合组为京兆区,定名武汉,作为临时首都。是年 7 月,武汉特别市政府成立,武昌市政厅撤销,成为省会区。1926 年 6 月 11 日,国民政府决定将武昌城区设为普通市,但因地方财力薄弱等原因,直到 1931 年才组建成立武昌市筹备处。1935 年 1 月,改筹备处为武昌市政处。1937 年初,成立武昌市,隶属于湖北省,并管汉阳(仅一年)。武昌市行政区除汉阳外,计划分为城内中正、大朝街、宾阳等 6 个镇和城郊金白沙、徐家棚 2 个镇,管辖范围延至城郊,即东至广埠屯,南至阚家河(李家桥),西至长江,北至杨园。1938 年 10 月底,武昌沦陷。1940 年,伪湖北省政府在武昌城区设武昌市政处,1945 年 1 月撤销。1945 年 9 月初,国民政府决定设武昌市,湖北特设武昌市政筹备处。1946 年 10 月,正式成立武昌市政府,管辖武昌地区及汉阳镇。武昌市所辖范围除汉阳外,东从舒家街至晒湖,西界长江,南至南湖机场,北抵徐家棚,总面积 42.78 平方公里,辖中正、邻湖、长春、雄楚、首义、武胜 6 个城区和武泰、挹江 2 个郊区,计 82 保、1334 甲。

1926 年 10 月,由于北伐军“攻城之苦战,克城之惨痛”达 40 多日的教训。武昌是湖北中枢所在,行政级位之高,近代交通往来之密切广泛,新式工商业的发展,以及武昌人口的剧增等方面之需要,原有的武昌城墙已不能适应武昌城的发展及拓展。于是湖北省政务委员会作出了拆除武昌城墙的决定。拆城于 1927 年开始，先平了汉阳门，再拆城墙，直到 1929 年底，除保留了起义门一段城墙之外，存世 558 年的武昌城垣基本拆完。在拆城墙的同时，即着手城市道路的开辟和改造。主要包括：扩建重建武昌路，实施了修补已崩毁的武昌洞工程，改砖拱为钢筋水泥砼洞，为武汉市最早使用钢筋砼修建的一项隧道工程；开山修筑胭脂路，1933 年底实施开辟胭脂山修筑道路工程，于 1935 年 6 月破土动工，年底路成竣工，胭脂路为武昌最早修建的水泥路面道路；扩建汉阳门正街道路（司马路），以沥青铺就路面，是武汉市修筑的第一条柏油路；建桥扩宽中心路（俗称长街，今解放路），挖开鼓楼（又称南楼）山洞建筑南楼拱桥（俗称“蛇山桥”），为武汉最早的钢筋混凝土过街人行拱桥。同时，在巡司河上架设钢筋水泥中正桥（解放桥），整个修路工程于 1936 年 1 月动工，当年秋竣工；开辟环城马路：1936 年 7 月，在原城墙基址上开辟环城马路，定名为中山路，于 1937 年 3 月竣工。与此同时，城区出口和近郊公路修建工程亦同步进行。

城区和进出口道路修成后，武昌城交通来往十分便捷，带动了商贸业的发展。长街等街道的拓宽和延伸，使其街道两旁的一座座营业楼随之拔地而起，商号林立排列，古老的商业街迅速呈现出现代商贸特色。曹祥泰副食、维新百货、刘有馀堂等老字号焕发新春，以中西结合的楼房，宽敞的营业厅，现代照明及经营管理方式，成为商业店铺的样板。商贸的繁荣，也带动了城区的进一步拓展。一些老城区工商业向城外郊区迁移，迫使城区向郊区推进。这一时间，武胜门至徐家棚一带成为近代工业的集中地，大东门至洪山一带以及徐家棚东站、武昌东站一带，成为店铺林立的商贸集中地，从而使武昌城区北面向长江下游拓展，东部向洪山街道口延伸，南部向铁路沿线推进，古城武昌迅速发展成为一个工商巨镇。

繁华的司门口

第二章　古城城墙变迁

历史悠久的武昌古城是江南之重镇，武汉三镇之一，地处江汉交汇的长江南岸，坐拥蛇山，背山临水，形势险峻，自古是水陆交通之要津，兵家必争之重地，人文荟萃之中心。武昌古城有众多的名胜古迹和优秀的历史建筑，生动地述说着武昌古城建城的历史。尤其是作为武昌古城特有标志的城垣，高大坚实，气势恢宏，逶迤二十余里，构成了武昌古城雄伟壮观的独特城际线。随着历史的进程和时代的前进，武昌古城城垣历经沧桑，斗转变迁，兴废更替，演绎着武昌古城连绵的文脉，彰显着武昌古城厚重的历史文化底蕴。

第一节　早期城堡的兴建

一、原始先民土台“围城”

早在5000年前的新石器时期，武昌的先民最先落脚在东湖放鹰台和巡司河畔的南湖老人桥一带。东湖放鹰台高7米左右，面积8000平方米左右，上面芳草萋萋，周围绿树葱葱，一派湖水清亮、烟波茫茫的景象。放鹰台实为高出地面一土台，四周土坡成为聚落的“城墙”，可防水侵雨渍和虫蛇轻易进入。先民们择水傍台而居，休养生息在这块青山碧水之地，筚路蓝缕，刀耕火种，狩猎捕鱼。或狩猎于湖山之间，或制陶于江湖之滨，或耕耘于山麓湖畔。一个从事农业和渔猎的人群，在这里建立起了繁衍生息的聚落。

经过漫长的岁月，这个聚落逐渐向蛇山两侧的沿江地区扩展延伸，聚落数量不断增加，规模日益壮大，经济逐渐繁昌。

二、孙权兴筑建戍楼

孙权，三国时期吴国的开国皇帝。他看中了武昌龟蛇两山夹江相持的独特地理优势，既是控接湘川、襟带吴越的交通枢纽，又是挡北补南，承东接西的战略重地，便把武昌定为护卫都城（当时吴国都城在今鄂州市）的军事重地。

设黄鹤矶至鲇鱼套沿江一带为军船出没之所，孙权于三国吴黄武二年（223 年）在蛇山上兴建了第一座军事城堡——夏口城。夏口城雄踞于蛇山之上，正与江北汉阳夏水（今汉水）入江之口遥遥相对，夏口城因此得名。孙权筑夏口城是为了防止曹魏南下、蜀汉东上，以拓展疆域，缔造天下。

夏口城，“依山傍江，开势明远，凭墉借阻，高观枕流”，其核心部位在蛇山西端北麓。城周 1700 余米，城垣范围大体为：东至今民主路青龙巷口，西临长江，南依蛇山西北麓，北对今武昌公园。高大的城墙为夯土筑成，即用黄土一层一层地筑实，外面虽没有包砌的城砖，但墙基坚固，墙体坚实。夏口城临江建有军事瞭望塔（即黄鹤楼前身）戍楼，城为战守，楼为瞭望，依山负险，居高临下，常以重兵把守。

夏口城垣，自三国孙权兴建，历三国归统于晋，又经南朝（宋、齐、梁、陈、隋），直到唐宝历元年（825 年），存世达 602 年。

三、郢州城墙的变迁

南朝宋孝建元年（454 年），设置郢州，辖 6 郡 34 县，以夏口城作为郢州州治所在地，从此，夏口城便有了郢州城之称。因此，夏口城由一个郡治的行政中心转化为一个州治的行政中心，由于郢州城行政功能的转变，武昌城迎来了郢州时代，其城市地位得到了提升。

刘宋王朝在夏口城的基础上，对其城垣进行了修葺和扩建，城垣沿蛇山两端北坡而上，直到山脊，扩建了高大的城墙和子城，其子城踞黄鹤矶，亦建有瞭望楼台（即今黄鹤楼）。

郢州城的建筑结构较夏口城亦有所发展，墙体虽为夯土结构，但墙面利用夹板，中间填土，层层夯实，直到顶部，再用薄砖结砌，郢州城垣所用的砖为唐以前的绳文砖，其中夹杂有一定数量的汉砖。可谓“版筑而成，基础坚实，工用缜密”。自刘宋至唐初，中历 270 年，曾敌御十数次敌兵的进攻而不倒，其坚固程度由此可见。《寰宇通志》称：“盖其城依山附险，周回不过二三里，乃知古人筑城欲坚不欲广也。”

这里需要特别指出的是，梁武帝萧衍起兵，兵临郢州城下，久攻不破，于是便在郢州城外围修筑城堡用以屯兵围攻。梁武帝城堡修筑在小东门北侧小龟山附近，城堡为土石结构，由曹景宗所筑，后世称为“曹公城”，武昌古城出现了郢州城与曹公城并立对峙的局面。梁武帝萧衍经过长达 5 个多月的艰苦决战，才将郢州城占据。曹公城毁于元代和明代之间。

1981 年，在蛇山重建黄鹤楼时，掘出古郢州城垣的一横断面，为“版筑而成，薄砖结砌”。郢州古城垣是武汉市最古老的城垣遗址之一，也是武昌古城悠久历史的重要见证。

四、鄂州城墙的扩展

隋开皇九年(589年),改郢州为鄂州,改汝南县为江夏县(这是武昌有江夏地名的由来),因为当时鄂州州治和江夏县治均在鄂州城,所以原来的郢州城又被改为鄂州城或江夏城。历时不到30年,唐朝代兴,鄂州仍然作为州治、县治之所。“安史之乱”后,武昌军节度使在鄂州设立节度使驻地,鄂州城便成为当时的区域行政中心和军事行政中心,其功能显著扩大。时任武昌军节度使牛僧孺(779—847年),以检校礼部尚书同平章事、鄂州刺史、武昌节度使和鄂岳观察使等多重身份坐镇鄂州。

牛僧孺在鄂州任职期间,对鄂州城垣进行了大规模的改造和扩建,这是武昌城建史上继东吴始建夏口城和刘宋扩修郢州城垣之后的又一件大事。

首先,改变墙体结构。鄂州旧城垣的墙体为夯土结构,每遇雨水淋湿而损坏,每遇大风而尘土飞扬,这既不利民居,也有损墙体。当时,为了保护城墙不得不经常进行维修,主要维修方法是用青草芦苇与泥土混拌覆盖城墙,每每耗资巨大,劳民伤财。同时,鄂州地方官在征收城墙维修费时,巧取豪夺,中饱私囊,以施暴政。为此,牛僧孺决定,以砖石结构来代替夯土结构。

砖从何来?官窑烧制。当时江夏金口青埠湾,开始烧制青砖,两侧印有“夏口城”和“尉迟恭督修”字样。此外,武昌东湖“四十八窑”(今周家大湾)也进行烧制。鄂州城用砖烧制历时五年,共用青砖约十亿块,至唐太和三年(829年)才完工。整个鄂州城墙外体全部用青砖筑砌,坚固美观,从此武昌便有了砖城。

其次,扩大城垣规模。当时的鄂州城是在原来的郢州城的基础上修建的,而郢州城又是在原夏口城的基础上修建的,城周仅1700余米,不能适应鄂州城的发展要求。牛僧孺决定在此基础上向北、南、东三方扩展,东至今小东门,南抵今张之洞路,北临沙湖,西达蛇山西端的黄鹤矶,蛇山居中横亘,略似正方形。城廓大约15里,一经扩展,城廓博大,气势恢宏。

再次,开辟城门。据文献记载,当时的鄂州城在东、南、西、北四面城墙开辟了四座城门。由于年代久远,史料不全,有据可考的仅有西垣的一座城门,名叫花蕊门(在今花堤街),其他三座城门已无迹可寻。

鄂州城历经唐末和五代十国的割据势力的战乱,城垣损毁严重,到了南宋初年,鄂州唐城已不复存在。

南宋时期,因宋、金对峙的军事需要,曾在鄂州城的制高点上蛇山之脊修建了“万人敌城”城池,俗称“石城山”。后来,元代的开国皇帝忽必烈挥军数万人马征战武昌,自阳逻堡渡长江,围攻“石城山”,强攻达三月之久而不破,可见“石城山”之坚不可摧,鄂州城因此有了“万人敌城”的美誉。

元代承袭宋代鄂州城,城内设鄂州路,后改武昌路。鄂州城的崛起,为中南大区域行政中心治所。元代对鄂州城城垣进行过维修，这从后来发现有遗存的“浏阳州”铭文砖得到证实。鄂州城在历史的风雨飘摇中，历经唐、宋、元三个朝代的经营，共存世 556 年。

第二节　湖广省会城墙变革

一、明代筑城的鼎盛

朱元璋称帝后，改湖广行省为湖广承宣布政司（简称布政司），另设提刑按察司和都指挥司，合称“三司”。湖广的三司衙门都设在武昌，同时改武昌路为武昌府。

明洪武三年（1370 年），朱元璋建立藩国于全国要冲，封立第六子朱桢为楚王。洪武十四年朱桢就藩武昌，掌管武昌这一战略重镇，行使对地方军事、政治管理权力，以拱卫京师，巩固大明朝的统治地位。

朱桢上任后，遂扩建城府，声势浩大，史无前例，一场拓展和修建武昌城的工程全面展开。

首先，全城整体规划。全盘布局，确定建筑结构和建筑风格，组织专班人马负责指挥督修。当时负责监修武昌城的，是明朝开国功臣、江夏侯周德兴。在监修过程中，他对工程提出了很高要求，不仅要按“王城”的规模和形制进行建设，而且对全城的平面设计作出更加具体的安排与布局。

其次，建造楚王府。楚王府是楚王朱桢居住的官邸。按照中国传统习惯，王者居中，以中方显王者之尊。为了突出楚王最重要、最显赫的地位，楚王府选址于蛇山中峰高观山（明代称黄龙山）南麓，坐北朝南，背依高观山（后楚王改高观山为长春山），面临大朝街（今复兴路），右侧为长街（今解放路），左侧为阅马场，楚王府居全城最中央部位。在周德兴的监修下，一座气势宏大的楚王府巍然耸立在武昌城中央。楚王府的城墙全部用砖石垒筑而成，城高 9 .67 米，东西宽 1000 米，南北纵深 2000 米，显长方形，四周城墙设有城门，南垣正门为镇楚门（俗称公衙门），东垣为东华门，西垣为西华门，北垣为后宰门，每座城门都建有门楼，气势恢宏，蔚为壮观。明《嘉靖湖广图经志书・卷一・本司志・城池》载：“本朝洪武四年，江夏侯周德兴因旧城增筑之，城周二尺围三千九十八丈，城垣东南高一丈，阔二丈五尺，西北高三丈九尺，阔九尺，壕堑周围三千三百四十三丈，深一丈九尺，阔二丈六尺，梁眼四千一百六十八个，城铺九十三座，城楼一十三座，门曰大东、小东、新南、平湖、汉阳、望山、保安、竹簰、草埠，共九门。”

楚王府整体分为三殿（承运殿、园殿、承心殿），三殿之后是三宫，三宫之上开五门(正阳门、端礼门、东华门、西华门、后宰门),另有两坛(社稷坛、山川坛)及附属建筑 200 余间。整个王府简直就是缩小了的帝王皇城。恢宏的建筑群与自然景物紧密结合,交相辉映。又与王府左侧的郡王府和右侧的长街(今解放路)商贸市场紧紧相连。

再次,扩建武昌城。围绕楚王府外围,武昌城的扩建进入了更加鼎盛的建设时期。此次的扩建并非是在宋元时的鄂州城的旧基础上建造的,而是向蛇山两侧大幅拓展。整个武昌城的布局设计以楚王府的承运殿为中轴线,东西走向的两面城墙距离中轴线基本相等,南城墙仍以宋元时的鄂州城的旧南城墙为基础,扩展到今张之洞路一线,推移到鲇鱼套口向东一线,同时也相应拓展了北城墙和东城墙,具体范围是:东至双峰山长春观,西至黄鹤楼矶头,南起鲇鱼套口,北止塘角下新河岸,城周 10 余公里,东西宽度为 2.5 公里,南北长度为 3 千米,城内面积约 6.122 平方公里,整座城垣略显长方形。四面城墙开设九座城门(清光绪年间,张之洞于东垣增辟通湘门,共十座城门)。东城墙有大东门、小东门;西城墙有竹簰门、平湖门、汉阳门;南城墙有新南门、保安门、望泽门,北城墙有草埠门(武胜门)。每座城门都建有牌楼,城门之上都建有高大的城楼。其中,保安门还建有高大的月城,城墙和城门均为砖石砌成,固若金汤。同时在城东、城南、城北三面开挖了 11 公里长的护城河(城壕),河上建有 8 座石桥和 9 座水闸。护城河与城南的巡司河及城西的长江连通,河水绕城形成天然屏障,其建制规格之高与当时的北京、西安等齐。

明嘉靖十四年(1535 年),都御史顾璘重修武昌城,除保持汉阳、平湖、保安三门外,余下各门分别改名为宾阳(大东)、忠孝(小东)、文昌(竹簰)、中和(新南)、望山(望泽)、武胜(草埠)。武昌城墙周围 8.16 公里,东西直径约 2.5 公里,南北直径约 3 公里,墙基厚 22.44 米,顶厚 17.82 米。

武昌古城,历经千余年战火的洗礼,几个朝代的维修与扩建,到了明代其规模基本定型。武昌古城不仅城池壮观雄伟,气象博大,城门和城楼高大巍峨,气势恢宏,而且城垣独具特色。

二、清代城垣的维修

明代的武昌城定型之后,一般约 50 年对城墙城门进行一次小型维修。明嘉靖十四年(1535 年),由御史顾璘进行一次大修,并对城门名称也进行了部分更改。由于战乱的摧残和风雨对城垣的浸蚀,造成城墙倒塌、城楼破损、护城河淤塞的现象,清代在基本保持明代城池规模不变的基础上进行过多次维修。

清乾隆六十年(1795 年),湖北总督毕沅对明代楚王修筑用来击鼓报时的更鼓谯楼(俗称鼓楼)也进行重修。明代的武昌城起初没有鼓楼,百姓起居和来往客商没有统一的时间标准。为了统一时辰,湖广布政司经楚靖王朱均同意后,由布政使韩镐主持修建。明弘治十二年(1499 年)动工修建,历经两年建成。鼓楼建在蛇山上

（今司门口长江大桥跨线桥处）。鼓楼为双层，楼上置更鼓，楼下为更鼓报时的衙署。鼓楼除为武昌城报告时辰的功能外，还一个重要功能，就是为历代楚王和官员登临游宴的重要场所。因此，鼓楼更名为楚观楼。楚观楼匾额由湖广布政司左布政使韩镐题写，后因水灾毁坏。清湖广总督毕沅重修楚观楼后，取黄庭坚"南楼天下无"之意，改名为南楼，楼上题有"南楼遗胜"四字，亦承担报时和游宴的功能。

清同治八年（1869 年），湖北巡抚郭柏荫对环城墙的水门进行过维修，并改造修建 9 座排水闸，防止城外洪水入侵城内。

清光绪三十三年（1907 年），湖广总督张之洞为方便城东交通，在东城垣宾阳门和中和门之间增开通湘门，使武昌城门由九座变为十座。清代曾在北城垣武胜门和东城垣宾阳门增修了瓮城，但保安门的瓮城已不复存在了。

黄鹄矶警钟楼（建于 1904 年，拆于 1955 年）

到了清朝末年，武昌城头黄鹤楼遗址附近，又新建了两座楼，一座叫警钟楼，一座叫奥略楼。

警钟楼由时任湖北巡抚的端方所建。端方目睹张之洞在武汉推行"洋务新政"建树颇多，中外瞻目，激发他大干一番事业的雄心壮志。为显示自己在湖北推行"同光新政"的业绩，旌表效忠皇上、复兴清王朝的决心，便在黄鹤楼故址修建了一座西式洋楼。楼顶仿照汉口江汉关设置大钟，定名为警钟楼，以警示人们来挽救垂危的清王朝。但是老百姓不买账，仍称此楼为纯阳楼（吕洞宾别名纯阳子）。1911 年 10 月 10 日，辛亥革命武昌起义成功，光复武昌城，警钟楼上挂上了起义军九角十八星旗。警钟楼敲响了封建专制的清王朝走向覆灭的丧钟。

奥略楼是湖北学界为纪念张之洞而建的一座楼。湖广总督张之洞督鄂 18 年（1889—1907 年），在武汉施新政、兴实业、办新学、练新兵，功绩卓著，为表纪念特修此楼。当时在北京为官的张之洞得知建楼消息后，特致电劝阻，但又说："出于本官去后之思慕，点缀名胜，眺览江山，亦大佳事。"当事者们领悟了张之洞的深刻含义，照常施工，建成此楼。取《晋书·列传第七》“风度宏邈，器宇高雅”之语意，命名为“风度楼”。张之洞又致电说：“此楼形势，关系全鄂，不当为一人所私。”并建议取《晋书·刘弘传》“恢宏奥略，镇绥南海”之语意，改风度楼为奥略楼，亲笔书写“奥略楼”匾额。还特撰楹联：

昔贤整顿乾坤，缔造皆从江汉起。

今日交通文轨，登临不觉欧亚遥。

奥略楼凌霄耸崎，气势恢宏。但一般游人误认为此楼为黄鹤楼（当时黄鹤楼已毁）。

奥略楼（建于1907年，拆于1955年）

三、城墙、墩台、城门

依山傍水古城墙

武昌的古城墙，主要由城墙、城楼、瓮城、护城河、桥梁几个部分组成，既是城内各级衙门机构和市民保障功能的设施体系，又是一个完整的抵御外侵的军事防御体系。

武昌的古城墙，依山傍水，顺势而筑，奇特壮观。古城墙东靠双峰山，西傍天堑长江，南临巡司河，北抵沙湖，整个墙体连接五座山、三条水。蛇山居中，萧山和梅家山居南，螃蟹岬和凤凰山居北；长江居西，巡司河居南，沙湖居北。城墙墙体顺山走势，与山体岩石连成一体，绵延11公里，城倚山形，山借城势，形成屏障。依方位分为四段，即东、西、南、北四段。

东城墙以蛇山东端为支撑点，倚重蛇山之尾，向南连接梅家山，向北连接螃蟹岬，随不同的山势和不同的高度呈“S”形，成为牢固而又难以跨越的“吊挂城墙”。由于城墙的险绝，昔日沿蛇山北麓的城墙内侧建有红石砌筑的“百步梯”，供守城士兵上下通行。

西城墙依长江流向而筑，距长江岸边最远处约 280 米左右，最近处与长江岸边相连。具体地说，就是围绕蛇山黄鹄矶而筑，向西南连接红石矶岗垄之脊，向东北连接北城角雄楚楼岗垄之脊。中间凸起，两端带弯，呈“半圆”形，展现出“山岸城墙”的宏伟壮观。

南城墙沿巡司河北岸而筑，城墙两端距河岸最远处约 200 米左右，中段距河岸不足百米。城墙以保安门东侧的萧山为支撑点，向东连接梅家山，向西经望山门外的黄花矶岗岭到达文昌门外的红石矶岗垄。南城墙得巡司河形势之利，是当时“百货云集，商舟辏泊”的商贸繁华之地。

北城墙沿螃蟹岬山脊而筑，其西端筑城门与凤凰山相连，东端筑墩堡和炮台，与东西走向的螃蟹岬相连（螃蟹岬长 1.8 公里，海拔高 57 米，面积为 1 平方公里），成为古代兵马难以逾越的防御屏障。北城墙像一条起伏的长龙横亘于武昌城北部，站在墩台或城墙垛口，城内外山水景色一览无遗，有空中楼阁城墙之美名。

依山傍水的古城墙，四方合围，略现正方形，构成了森严壁垒，“铜墙铁壁”的武昌城。

武昌古城墙墙体下宽上窄，横断面呈梯形，墙体最高达 13 米（西北部城墙），最低为 7 米（东南部城墙），平均高度 9.3 米，墙基为石，墙面为砖，即城墙底部由花岗岩、石灰岩和部分红石筑城，墙面两侧和顶部用大型青砖砌筑，墙体内部则用黄土、片石、碎石碎砖碴，一层层地夯实。砌砖的材料是石灰粉、明矾水（或糯米汁和桐油），掺和而成，黏着力很强，构筑坚固，具有很强的抗自然风化和抵御外侵炮毁的能力。

森严壁垒八墩台

为了增强武昌城墙的防御功能，武昌城在城墙外壁每隔一段距离筑一座墩台（或方形或圆形）。墩台的高度与城墙等高或略高，紧附城墙而又突出城墙，其大小不尽相同。墩台一般都建在视野开阔的制高点上，主要功能是瞭望城外四周动态，观察敌情，射杀敌人。所有的城墙上共建有 8 处墩台。具体是：城东的蛇山尾，城东南的梅亭山，城南的萧山矶，城南西段的黄花矶头、城西南的红石矶头、城西的黄鹄矶头、北城角，北城东的螃蟹岬等处。这些墩台给人以森严壁垒的威严感和震慑力。

历史上，八墩台处有的设置了炮台，有的设置了军事瞭望岗楼，有的在墩台上建供观景的亭，如北城角亭、梅亭山的封建亭。后来发展为在黄鹤矶台地上建起了阁、楼、亭、榭。这些具有观赏性和纪念性的建筑，为人们登临游览提供了方便。史籍上有记载的有黄鹤楼、奥略楼、楚望台等。

各具千秋十城门

武昌城的城门均由城楼、城洞、牌楼、月城等组成。

城楼是武昌城垣上最高的建筑。明代的武昌城上方都建有相当规模的城楼，坐落在人工垒起的墩台上，台基略高于城身且与左右的城墙相连。

武昌城各城楼的建筑形态基本相同，均为重檐歇山顶，上铺灰筒瓦，绿琉璃瓦剪边。城楼有上下两层，面阔 5 间，进深 3 间。城楼四周为平台，建有与城墙等高的垛口，其主要功能是驻兵戍守，弯弓架炮，既有军事守望之功能，又有其庄严博大之气势，发挥着对周边的镇抚作用。

武昌城城楼的形制各异，建筑比例略有差别，形状也稍有不同。不同形状的城楼既满足了战守防御功能，又展现了“壮其势瞻其观”的建筑艺术效果。

武昌城的城门为城楼墩台下边正中间修筑的一个拱形门洞。门洞安装有两扇对开的大木门，门上安有铁制锁链，门洞两侧的墙壁上留有孔洞，用来横放顶门的大木杆，为关好城门之要件。城门供市民进出城、商旅交通、车马运行，城门前设岗站哨，盘查行人，确保出入安全。

每座城楼外面的正上方向前凸出的城台上，都建有一座高于城门、略低于城楼的随墙式券门的建筑，即牌楼（或牌坊）。牌楼墙体一般都盖有脊瓦，下面的券门与城门的高低大小相同且贯通，其主要功能是美化装饰和标明城门名称（匾牌），以增强城墙、城楼、城门等主题建筑的气势。

武昌城城门外建有瓮城（月城），多数为半圆形，少数为矩形或方形，使城门增加一道防线，其军事防御功能与牌楼基本相同。

武昌城之初始夏口城，应有城门，但无记载。后设 2 门：州门和碧澜门。据明《嘉靖湖广图经志书·卷书·本司志·城池》载：“按旧志，吴孙权赤乌二年修筑旧垒，谓之夏口城。郦道元水经注云：黄鹄山东北对夏口城，依山傍江，对岸则为沔津，故城以夏口为名。周围一十二里，高二丈一尺。后又因州治，后山增筑左右为重城，设二门，东曰州门，西曰碧澜门。宋、齐、梁、陈皆因之。”至唐牛僧孺增修武昌城，设城门三，东曰清远，南曰望泽，西曰平湖。元代亦三门未变。明代江夏侯周德兴重修武昌城，设城门为九座：大东、小东、新南、平湖、汉阳、望山、保安、竹簰、草埠。其中，大东门、小东门、新南门、竹簰门、草埠门分别改名为宾阳门、忠孝门、起义门、文昌门、武胜门。清光绪三十三年（1907 年），湖广总督张之洞为打通火车站与武昌城的出入通道，在中和门（后改为起义门）与宾阳门之间新辟一道城门，称为通湘门。至此，武昌城有十座城门：宾阳门、忠孝门、通湘门、起义门、保安门、望山门、文昌门、平湖门、汉阳门、武胜门。十座城门各具千秋，特征明显，文化底蕴深厚，是古城武昌历史文化的重要组成部分。

第三节　近代城墙的圮毁

武昌古城从三国时期（公元 223 年）孙权所建夏口城以来，历经南朝、隋朝、唐朝、宋朝、元朝、明朝、清朝，直到民国初期，跨越 1700 多年的历史。若从武昌城最后一次重建的 1371 年，到开始拆除的 1927 年，城垣存世有 556 年，有的城垣至 1929 年拆除，则存世有 558 年。清光绪十六年（1890 年），清政府决定修建粤汉铁路，准备拆除影响铁路建设的东垣部分城墙，但很快被否定了，只是在东城垣开辟了通湘门。拆除武昌城垣的动议从这个时候开始提出了。

1912 年 5 月，民国政府着手粤汉铁路武昌至长沙段（亦称湘鄂铁路）的建设，北端首站定在武昌鲇鱼套，因该地狭窄，改由徐家棚为首站，鲇鱼套至余家湾 2.9 公里一段改为支线。因进口材料受到欧战的影响未能如期到达，工程一直延展到 1918 年 8 月告竣。湘鄂铁路沿武昌东南的护城壕经过，又经徐家棚、通湘门、余家湾、鲇鱼套车站。湘鄂铁路的开通，使武昌交通迅速发展。当武昌城市建设和交通事业日益发展的时候，城垣的存废问题又被提到了议事日程。

1919 年，湖北省议员陈世英等 62 名湖北士绅联名上书，倡议拆除武昌城墙，欲借粤汉铁路必经武昌的要冲地势，通过拆城修路建商场，把城内外连成一片，从而发展武昌的经济，以解决湖北官铁局因“滥觞官票，银根吃紧”的经济之难，并详细列举了拆城的五大好处：拆城修路，即拆除城墙，沿城墙脚修马路，卖掉多余地皮；开山填湖，可将城内无用之山开发，以开山之土填湖，可得地皮；繁荣商业，即扩大武昌商业面积，在大东门蛇山建公园与抱冰堂相接，内设图书馆、美术馆、俱乐部等，在通湘门建舞台、旅馆、中西餐馆等，促商务之进行；预备善后，可让无业之民及所裁士兵拆墙务工，有利社会安定，并将拆城之砖石在武昌周边修炮台，以作备战之计；维持票本，将拆城、修路推广商场等各种收入永作官钱局票本，以解决当时“滥觞官票，银根吃紧”的经济之困。

陈世英等 62 人还提出了城垣存在的五大弊端：城垣封闭，阻碍交通；检查繁琐，出行不便；内外隔阂，有碍治安；空气闭塞，易发瘟疫；商务冷落，民生艰辛。

陈世英等 62 人同时拟定八条拆城办法：官督商办，工期五年，保存黄鹤楼故址等古迹，城内驻军移于城外，改造原驻军营房，修长街马路直达江边，拆省藩于两湖书院，拆城、开山、修路、卖地皮收入永作官钱局票本。

拆除城垣，将城内外连成一片，促进城市发展，利大于弊。但由于工程巨大，带动面十分复杂，加之民国之初局势极为动荡、多数议员不赞同等原因，拆城之议暂被搁置。

1922 年 4 月，时任湖北督军萧耀南和省长刘承恩，又把拆除城垣之事提到议事日程，联名向湖北省财政厅等单位下达“拆城、修路、建楼”训令，并责成相关单位实施。然而湖北省财政厅、湖北省警务处、江汉道、武昌商埠局等单位经过磋商，提出“拆城修路，工程浩大、需费尤巨，尚难筹集，故拆城之举，似宜从缓办理”的意见，并呈文上报了“缓拆城墙先修楼”的计划。喧闹一时的拆城计划再次流产。

1926 年 8 月，国民革命北伐时兵抵武昌城下，蒋介石令武昌攻城总指挥 48 小时内拿下武昌，然北洋军利用坚固的城垣死守武昌城。围城 41 天，城内粮食殆尽，饿死者不计其数，迫使守城敌军投降，北伐军得以入城。在攻占武昌城胜利后的一次会议上，国民革命军政治部副主任郭沫若力数攻城的艰难，力举拆除武昌城墙这一“封建堡垒”。在湖北临时政治会议上，再次提出拆除武昌城垣的议案，因一批湖北籍人士持不赞同意见而不了了之。

1926 年 10 月，湖北省政务委员会作出了拆除武昌城墙的决定，任命万声扬为拆城委员会主任，并设置武昌拆城办事处，布告知照各界，拆墙工程从此正式启动。

整个拆城工程，由政府发包，以招商承包的方式实施，或招商人承拆，或动用军队包拆，或扩充专业工程队拆卸。首先从平湖门和汉阳门的一段城墙开始拆起，其他主城墙也陆续动工。因为时局的变化，拆城工程也是陆陆续续地进行。1927 年 7 月，仅将城楼和恒善堂到万年闸一段城墙拆除。为加快进度，又将未拆部分划作 6 段，登报公开招标，采取包拆和包销渐次拆除。历时三年时间，直到 1929 年，整个武昌城垣被全部拆毁，到处是残砖断垣，护城河也被填平，昔日宏伟壮观的武昌城垣，由于历史发展的使然，成为历史的陈迹。经张难先、石瑛等辛亥耆宿争取力保，黄鹤楼故址胜像塔处和起义门这两段城垣被保留下来。但那些老地名、老街区，已深深地镌刻在武昌发展历史的丰碑上，留在人们的记忆里和武昌古城文化的宝库中。武昌城垣的基础全部拆除，虽为城市的发展解除了桎梏，但作为承载历史文化的重要文物的消灭，给人们带来了不少缺憾。

1929 年，武昌城垣全部拆除后，武昌当局本着“改良市政，恢复交通，以利商旅”的宗旨，对整个武昌城进行重新规划布局，现代武昌城的建设拉开了序幕。然而在民国时期由于经济不景气和时局不稳战事频繁，武昌城建设发展极为缓慢，建树很少。只是到了新中国成立后，古城武昌开展了一次次前所未有的大规模城市建设，在没有城墙的情况下，不断拓新城市空间，不断旧貌换新颜。

第三章　古城官署沿革

第一节　从县治到州城

一、沙羡县治

汉代初，依秦时旧制，以天下为三十六郡，今武昌属南郡。至汉武帝时改天下为十三个州郡，今武昌属荆州。荆州下隶有江夏郡，今武昌为沙羡县地。沙羡县境包括今嘉鱼、武昌（江夏）、汉阳和蒲圻、崇阳以北和咸宁等地，县治涂口，即今江夏区金口镇。吴太平二年（257 年），沙羡县废。晋太康元年（280 年），江夏郡改名武昌郡，隶荆州，辖沙羡等 14 县，重设的沙羡县县治从涂口移至夏口城。至此，由郡守和县令统治夏口城。夏口城既是军事战略城堡，也是西晋的一个县治中心，结束了东吴以军事长官统治夏口城的历史。从秦代设置县以来，经过 500 年之久，今武昌才从一个从属地位上升到一个县治中心地位。

西晋的短期统一，使得夏口城和平发展的历史也非常短暂。晋武帝死后，江汉地区就陷入到流民起义反晋和西晋朝廷镇压流民起义的动乱之中，作为沙羡治所的夏口城又成为战乱中的军事城堡。西晋朝廷遣派前来镇压流民起义的军事统帅有陶侃、刘弘、周防、王敦等，他们均对军事行动中夏口城的战略地位有深刻的认识，把夏口及其附近的沌口（今武汉经济技术开发区沌口镇）等作为屯兵扼守之所，于是夏口城成为晋朝廷镇压流民起义的军事指挥中心。杜弢反晋后，王敦虽坐镇武昌（今鄂州市），但“其后或还江陵，或在夏口”（《南齐书》卷十五，“坐郡下”）。永兴二年（305 年），右将军陈敏率部叛乱，陶侃受命为江夏（今武昌）太守，进剿叛军，连战皆捷，以功封乡侯。永嘉元年至建兴四年（307—316 年），陶侃“率兵三千屯夏口”，平定叛军。

东晋时期，朝廷统治集团内部的军事统帅叛乱活动不时发生，多与夏口城的重要地位及与内河水道有一定关系。王敦乱后，陶侃又被任命回镇荆州。继陶侃之后，由庾翼出任荆州刺史，并出镇夏口。东晋末年，在长江中游地区兴起了一股新的地方割据势力，桓玄占据了长江中游。当时任广州刺史的桓玄和南兖州刺史王恭、荆州刺史殷仲堪、雍州刺史杨佺期等一起，共同起义反对掌握东晋中央大权的权臣司马道父子。而后，他们之间矛盾重重，甚至桓玄、杨佺期、殷仲堪三大势力欲在长江中游火并。对于火并，桓玄的警惕性最高，他“潜有吞并之计，于是屯于夏口”（《晋书》卷九十七，桓玄传），首先占据了长江中游的军事战略要地夏口，取得了对付杨、殷作战的主动权，不久，桓玄果然打败了殷仲堪和杨佺期、杨，控制了整个江汉地区，桓玄乃以其兄桓伟镇守夏口。元兴元年（402 年），桓玄统兵东下攻入建康（今南京），杀死司马道父子，掌握了东晋的军政大权，并于次年自称楚王，进而废晋安帝自立。元兴三年，刘裕起兵讨伐桓玄，桓玄战败身亡。但桓玄的部将仍在长江中游夏口一带负隅顽抗。由伪镇将军冯该镇守夏口城。当在激战中鲁山（汉阳龟山）守将孟山图、偃月垒守将桓仙容被刘裕部将生擒后，冯该见势不妙，弃城而逃，夏口城落入刘裕之手。刘裕灭桓玄后，主持南朝宋的大政，他及其部将对夏口地位的重要性有了进一步认识，便由刘裕少弟临川烈武王并荆州刺史刘道规出使夏口，又将江夏郡治从汉阳县临嶂山下移至夏口，夏口城回归到了郡治政治中心。由于当时中原战乱不已，汝南郡（今河南汝南县）士族大量流寓夏口，多相聚而居，保持原籍贯。义熙年间（405—418 年），刘裕为缓和南北士族矛盾，遂侨置汝南县于涂口（今江夏区金口），汝南县的县名遂取代原沙羡县名（实际上沙羡县早在东晋孝武帝太元三年即 378 年就并入了沙阳县），夏口城则称汝南；又因夏口城为江夏郡的治所，故又有江夏城的称谓。

由于年代久远，史籍无记载，上述沙羡县（汝南县）治衙署、江夏郡治衙署坐落在夏口城具体什么地方，其制式和规模等已无从查考。

二、郢州治城

南朝宋孝建元年（454 年），开始实施“分荆置郢”。刘宋分荆州、湘州、豫州和江州的部分地区开设郢州，郢州刺史即出镇夏口，从此夏口城又有郢城之称。据《宋书·州郡志三》所载，新置郢州包括：荆州之江夏、竟陵、随郡、武陵、天门；湘州之巴陵，自荆州南郡划属巴陵之州陵、监利二县；江州之武昌；豫州之西阳。郢州凡 6 郡 39 县，29469 户、158587 口。

关于新置郢州的治所，南朝宋的大臣们有不同的看法。江夏王义恭认为宜在巴陵（今湖南岳阳），大臣何尚之则认为宜在夏口（今武昌）。孝武帝采纳了何尚之的意见，将治所设在夏口城。何尚之主张治所设在夏口的理由大体有三。

其一是地理位置重要：“夏口在荆、江之中，正对沔口，通接雍、梁，实为津要。”按郢州镇夏口，南北阻隔于荆、湘二州之间，东西缓冲于荆、扬二州之间。自夏口溯江而上，可至襄阳，进而至汉中。

其二是夏口历来为战略重镇，作为州治有基础：“由来旧镇、根基不易……既有见城，浦大容舫。”按夏口孙吴时即为重镇。《水经注·江水》称孙权所筑夏口城“依山傍江，开势明远，凭墉藉阻，高观枕流。”《南齐书·州郡志下》郢州条回顾了晋山简、庾翼、桓嗣及刘道规等镇治夏口的历史，又称夏口城“边江峻险，楼橹高危，瞰临沔、汉，应接司部。”

其三是交通方便：“竟陵出道取荆州，虽水路，与去江夏不异，诸郡至夏口皆从流，并为利便。”按郢州诸郡至夏口，或长江，或汉水，皆有水路连接，且多有顺流之便。

夏口城在刘宋时期已从一个原江夏郡治所和县治所，上升到一个州治的地位。刘宋王朝之后，齐、梁、陈各朝郢州治所均设于郢城，武昌遂进入郢州城时代。

南朝刘宋在夏口城的基础上进行了修葺和扩建。城垣沿蛇山西端北坡而上至山脊“版筑而成”，扩建成高大的城墙和子城。子城建在黄鹄矶上，建瞭望楼台（后称之黄鹤楼）。夏口城经刘宋修葺和扩建后，基础坚实，用工缜密。自刘宋至唐初，历经 270 年，曾抵御十数次敌兵的进攻。梁武帝萧衍起兵而久攻郢城不下，令大将曹景宗在郢城外小东门北侧小龟山附近修筑城堡，用以屯兵围攻郢城，后世将此城堡称之为“曹公城”。萧衍在曹公城与郢城的对峙中不断攻打郢城，经过长达 5 个多月的苦战，才攻下郢城，由此可见郢城修筑之坚固。今蛇山头上黄鹤楼至高观山（蛇山之中峰）的山脊上的一段土埂，便是南朝郢州城的土城墙。山迹还遗有古郢城垣的断面，可清晰见到坚实的城基，这是今日武昌乃至武汉所遗最古老的城垣遗址，即是武昌乃至武汉悠久城市历史的重要见证。

郢州城对武汉历史的另一个重大贡献，是萧庄置郢州城为帝都。梁敬帝太平二年（557 年），扬州刺史陈霸先起兵攻建康（今南京），废梁建立陈朝，称陈武帝，却遭到梁皇帝萧庄的武力反抗。萧庄在老臣王琳的支持下，以军事力量割据郢州城，“带甲十万，练兵于白水浦”，不久，大败陈军。陈武帝永定三年（559 年），萧庄在郢州城称帝，以王琳为丞相，在与陈霸先对抗中，继承梁朝帝业。萧庄以郢州城为帝城，使郢州城的战略地位显著提升。一年后（560 年），因王琳战败，郢州又落入陈朝之手，萧庄帝业就此终结。萧庄在郢州城称帝，结束了武昌乃至武汉“自古不帝都”的历史，此后武昌又有几次“帝都”的机遇，元至正二十一年（1361 年）称帝后的“大汉”王陈友谅在“江州战役”中大败，逃到武昌。陈友谅虽没有明确将大汉政权迁都于武昌，但实际上武昌一直是大汉政权的政治和军事中心。三年后（1363 年），陈友谅从武昌顺江而下，征战朱元璋，在“鄱阳湖战役”中中箭身亡，由太尉张定边将其尸体运回武昌，葬于蛇山西坡。鄱阳湖战败后，陈友谅之子陈理逃回武昌，以武昌为都城，即大汉帝位，直至至正二十六年（1366 年）归降朱元璋而大汉政权结束。明崇祯十六年（1643 年），农民起义领袖张献忠攻占武昌，活捉了楚王朱华奎，并将其关在铁笼中沉于大江，正式建立了以“大西”命名的政权，以湖广会城为京城。“大西”中央设六部、五府，京城设五城兵马司。这样，武昌继元末起义后，又一次成为农民起义政治中心。当年八月，左良玉率明朝大军压境而来，张献忠弃城南下于湖南，离城时，焚毁了楚王府，毁掉了黄鹤楼，武昌城遭到令人扼腕的破坏。1926 年，国民政府由广州迁移至武汉，武昌成为京兆区。1937 年底至 1938 年秋抗战期间，蒋介石把抗战最后的统帅部——国民政府军事委员会设在武昌，武汉成为抗战首都，即全国抗战中心。武昌，“因武而昌”，武昌的战略地位受到历朝历代的认可。

开皇八年（588 年）十月，隋文帝发兵 51.8 万人，分八路大举伐南陈，并令秦王杨俊领一路大军（水陆军 10 余万人）出兵襄阳，屯于汉阳，吸引陈朝主力于郢州城。陈朝派大将周罗睺在郢城和鹦鹉洲（武昌）屯兵数万，另有陈朝荆州刺史率兵 3 万人、战船千余艘增援郢州城，但受阻于隋军。当时双方隔江对峙的兵力不下 20 万人，相持月余，不分胜负。隋将崔弘度请求用兵向陈方进剿，但秦王杨俊不同意使用武力。次年初，隋军主力一举攻占建康（今南京），陈后主被俘。在隋朝大军压境的威声震慑之下，周罗睺、荀法尚等人相继投降杨俊。南陈灭亡，郢城属隋朝，亦免受战火的一次摧残。

郢州官署在郢州城无疑，但史籍上并未记载其具体方位和制式等，距今已近 1500 年，这些亦无从考证。

三、鄂州城署

隋开皇九年（589 年），隋朝改郢州为鄂州，大业年间（605—616 年）又改置江夏郡（此前改汝南县为江夏县），武昌又有了江夏之名称。鄂州州治在江夏县，鄂州之下辖江夏、武昌（今鄂州市）、永兴（湖北阳新）、蒲圻 4 县。江夏与江北之汉阳由此初步确立了以后武汉市的双城并立的城市建制。

在地方行政建制实施的同时，按照隋朝的统一部署，江夏城内创立了州学、县学，设五经博士，“以教化于民”。鄂州还创立了“义仓”制度，仓谷用于饥荒赈贷。隋朝实行统一的货币，鄂州城铸造铜铁，为工商业的发展提供了条件。然而，鄂州的和平发展时间不长，隋朝即在农民起义中灭亡了。隋义宁元年（617 年），萧铣起兵反隋，自称梁王，又于唐武德元年（618 年）称帝。武德四年，唐朝的黄州总管周法明率领大军向鄂州进军，萧铣手下的鄂州刺史雷长颖镇守在江北的鲁山城（又称江夏古城，即为江夏郡治），雷长颖迫于唐朝大军压境的声势而降唐，从此，鄂州成为唐朝行政区划的一个组成部分，萧铣割据江汉的局面完结。

唐武德四年（621 年），改江夏郡为鄂州，州治江夏县（今武昌），下领江夏、永兴、武昌（今鄂州市）、蒲圻、唐年（今崇阳西）五县。大江对岸设沔州，下辖汉阳、汉川两县。沔州州治汉阳县（今汉阳区），并将汉阳县、沔州行政机构一起从临嶂山下(属今蔡甸区)迁到龟山南麓建汉阳城。从此,大江两岸作为两个区域性政治中心的城市,隔江而峙的格局完全形成(明代后汉口城崛起,即形成武汉三镇鼎立之形势)。

安史之乱后,唐朝将节度使制度推行到内地。乾元二年(759 年),唐朝设置鄂、岳、沔三州都团练守捉使,镇守鄂州。此后,该都团练使名称及性质职能有所变化。永贞元年(805 年),升鄂岳观察使为武昌军节度使。“经过了这样许许多多的周折,扭捏作势的武昌军节度使竟然也设到了鄂州。”(《武汉史稿》1992 年 7 月第一版第 153 页,中国文史出版社出版。)武昌军节度使较之前的诸“使”又增领了安、黄二州,共领有鄂、岳、蕲、黄、安、申等州。唐中期的著名政治家、宰相牛僧孺和中唐著名诗人元稹,都先后担任或兼任过武昌军节度使之职,可见武昌军节度使在唐朝及全国战略之重要性。事实上,节度使之责是唐朝统治江汉地区的支柱,也是唐朝和江南财富之区进行联系的孔道的保护者。唐朝这一措施实际上稳定了江汉地区的形势,保证了江淮漕粮的顺利北运和京师的正常运转,也抑制了北方的藩镇势力向南发展。节度使作为州的上级,其设置并非定制,仅仅五年后的元和五年(810 年),即宪宗即位的第五年,就将武昌节度使罢置,降格为鄂岳都团练观察使。以后敬宗宝历年间、文宗年间、大中年间(825—847 年),几次复置武昌节度使,但均旋置旋罢。文德初年(888 年),武昌军节度使得以再次复置,朝廷授杜洪以武昌节度使之职。然而,这种授予只不过是对杜洪占有鄂州的既成事实的认可罢了。

宝历元年(825 年)正月,已是检校礼部尚书、同平章事、鄂州刺史的牛僧孺兼任武昌军节度使和鄂岳观察使,坐镇鄂州。他在鄂期间,做了两件对鄂州城署影响很大的事。其一是改造鄂州城,以砖结构——即所谓甃以陶甓,来代替夯土结构以兴建鄂州新的城垣,整个工程历经 5 年,筑成一座陶砖结构的新鄂州城,大大增强了鄂州城自身的防卫能力和存世时间。其二是对鄂州城行政建制进行大胆改革,奏请朝廷同意,取消江北的沔州建制,将原沔州所属的汉阳县、汉川县划属于鄂州的统一管辖之下。将鄂州、沔州合而为一,这是历史上首次将大江两岸的区域统一于一个行政建制之下来进行管理的尝试,这在武汉发展史上是一个开创性和具有深远影响意义的事件。

鄂州的最高行政长官为刺史,刺史的职责包括“掌清肃邦畿,考核官吏,宣布德化,抚和齐人,劝课农桑,教谕五教”(《唐六典》第 30 卷)。唐太宗最看中刺史的“治人”:“虽文武百僚,各有所司,然治人之本,莫如刺史最重也。”(《唐会要》)第 68 卷)。刺史僚佐有别驾、长史、司马各一人。他们协助刺史处理公务,管理各职能部门。州职能部门称曹(即分科办事的官署),计有司录曹、功曹、仓曹、户曹、兵曹、法曹、士曹、参军曹、市曹、州学等。司录曹相当于今政府办公厅,掌府事公务,日常应酬,纠弹官署内部非违事,管理印章及文书事。功、仓、户、兵、法、士六曹通称为“判司”,各司其职。功曹为人事及文化教育部门，掌官吏考核、祭祀、礼乐、学校、选举、表疏、医药、宗教及丧葬等事。仓曹为经济部门，掌仓廪、财物、庖厨、租赋征收、田园市肆之事。户曹为民政部门，掌户口、籍账、婚嫁、田宅、杂徭、道路等。兵曹为公安警卫部门，掌兵甲器杖、门禁、烽火、驿传、田猎、仪仗等事。法曹为司法治安机构，掌法律刑典、督捕、审判盗贼等。士曹为工程建设和手工业管理机构，掌公共设施营造及手工业生产。州府六曹基本上与朝廷书省之吏、礼、户、兵、刑、工六部对应。参军曹掌使检校及导引事，市曹主管集市贸易，州学经学博士以五经教授学生，医学博士管医疗卫生事宜。

江夏县设县令，为县之最高行政长官，管辖全县行政、司法、审判、税务、兵役等大权。县令的僚佐有丞、主簿、录事、尉，县衙机构基本上比照州府对口设置，还设有市令、博士以及典狱、门事、白直等服役人员。鄂州行政上承朝廷，下管县府，下治黎民，所以县令号称“亲民要职”。有舆论说“亲民之官，莫过于县令”，说明县令更直接接触老百姓，“治民”的任务很重。《唐六典》规定了县令的职责：“掌导扬风化，抚字黎氓，敦四人（士、农、工、商）之业，崇五土（山林、川泽、丘陵、平原、洼地）之利，养鳏寡，恤孤穷，审察冤屈，躬亲狱讼，务知百姓之疾苦。”即便如此，唐人说得很直白：“伏以县令之职，征赋为先。”这是因为，国家存在的经济体现的是赋税，县作为基层，以征赋为先，而州及朝廷管税赋和以税赋支撑其运转，只等县衙征税后而逐级上解就行了。

唐安史之乱后，鄂州城人口随着经济的相对稳定发展而剧烈增长。据《旧唐书·地理志》和《元和郡县图志》记载，唐贞观到天宝年间的100年里，鄂州人口户数增加了5.1倍，总人口增加了5.8倍。安史之乱，使全国各地人口状况普遍呈下降的局面，而鄂州的人口却大幅度增加，以至鄂州城在唐中期以后号称“东南巨镇”（《全唐文》卷七二二）。

宋代，全国经济重心南移，作为鄂州治所的鄂州城，上升为长江流域三大城市之一。到了南宋建立后，鄂州成为朝廷安全的重要屏障，军事活动和军队供应增加，带动了经济的发展。金宋和议后，江汉地区呈现了相对和平的局面。鄂州的商业和水上运输兴盛起来，鄂州城江岸一带发展成为鼎盛的商市。城市军事地位的提升，使人口增加，经济繁荣。根据诗人陆游的描述，鄂州城不逊于钱塘（今杭州）、建康（今南京），已成为长江流域三大城市之一。

至元十一年（1274年），已称帝的忽必烈派元帅伯颜在阳逻堡渡江战役中，使南宋水师十万之众丧失殆尽，以致长江中下游重镇鄂州“全无备御”。大江对岸的南宋权守汉阳军王仪以城降之，与汉阳有唇亡齿寒关系的鄂州也是岌岌可危。在伯颜三次遣使劝降后，南宋权守鄂州张晏然与都统程鹏飞见大势已去，遂以鄂州城和所统宋军归降于元朝。元军进入鄂州城后，伯颜采取多项措施，不断巩固元朝对鄂州的占领和统治。对归附官吏、军将升加各有差事；释放边民及戍卒归故里；传号令元军不得侵暴百姓；颁令“农者就耕，商者就途……各安其业”等等。鄂州城秩序逐步趋于稳定，鄂州城署的历史使命完全终结。

第二节 湖广会城的变迁

一、元代行省路治

元代虽历经百年左右，但在确立武昌城市行政地位方面，则是一个重要的历史时期。武昌在宋代以前曾成为地区性中心城市，也曾作为华中地区和长江中游的军事重镇和经济中心，但在湖北三城（江陵、襄樊、鄂州）的比较中，前两城还居优势。江陵长期是湖北的行政、经济中心；江陵、襄阳人口也比鄂州多。而在宋代中后期，湖北的重心向鄂州发展，人口增长较快，人口规模超过了江陵、襄阳，但其行政中心地位未被确立。到了元代，鄂州城成为湖北行省治所后，才全面确立了大区域中心城市的地位。

宋元易手前夕，鄂州城以其独特的地理位置，屡屡成为宋元争夺的焦点。元军攻宋统帅伯颜认为：“鄂，襟山带江，江南之要区也，且兵粮皆备。今蜀、江陵、岳、鄂皆未下，不以一大将镇抚之，上流一动，则鄂非我有也。”这使得鄂州的行政地位在元代提升变成了可能。

元朝在灭掉南宋的过程中，就着手建立新的行省制度。将全国划分为 13 个行省，湖北属湖广行省，湖广行省的中心在鄂州。至元十八年（1281 年），原来迁至潭州（今长沙）的湖广行省治所又迁到鄂州，于是鄂州正式成为行省级大区域行政中心。元至元二十七年（1290 年），全国设中书省 1 个，行中书省 11 个。湖广行中书省领路府 3、州 13、安抚司 15，军 3、属府 3、州 17，共属县 150 个。元代的湖广行省大体包括今日的湖北南部，湖南、广西和贵州的大部以及广东的部分地区和海南岛，幅员甚为辽阔。鄂州在湖广行省的北部边缘，改为鄂州路。大德五年（1301 年），又改鄂州路为武昌路，后武昌路又改为武昌府。从此，今日的武汉市江南地区正式有了武昌这个地名。武昌路（府）领录事司和江夏、咸宁、嘉鱼、蒲圻、崇阳、通城、寿昌军（后改为武昌县，今鄂州市）七县。据至元二十七年（1290 年）统计，武昌路（府）共有 114632 户、617118 人，居湖北各路、府、州第一位（第二位为中兴路，人口数为 599224 人）。湖广行省、武昌路（府）、江夏县治所均设在武昌城，武昌城成为荆湖南北至岭南一带的政治中心。政治家郝经在元初途经武昌、汉阳，写了《青山矶市》一诗，从中我们可以了解作为湖广治所和武昌路治的大体状况，表现出民心安定，社会秩序良好，商业贸易十分发达。全诗如下：

渡江不杀降，百姓皆安堵。
羊罗到武昌，相望两舍许。
井邑联亘长，横斜缠水浒。
青山一聚落，中道势幽阻。
通衢万家市，巴商杂越旅。
背面千墙洲，汉阳对鄂渚。
绝岸断鳌立，崩涛高觜吐。
竹数深且密，石顶还戴土。
杰观复杰出，层楹瞰全楚。
薄暮重登临，道者貌甚古。
开轩具盃酒，江气满樽俎。
万里西风来，飘然若轻举。

（郝经《陵川集》第3卷）

湖广行省上对中央，下对各路、府、州、县等，发挥着承上启下和代朝廷统摄节制地方的作用。其职能主要有：其一，参与议定路府州县所掌的赋税数额、征收方式及赋税额高低上下、此增彼减之调整，对辖区盐、酒、金银和市舶等课税行使节制、掌管和监督等权力。其二，代表朝廷中书省接受所属路及直隶州的“上计”，上计稽考完后“总其概，咨都省、台宪官阅实之”。上计和稽考财赋时，行省官员对路州官吏有适当惩罚权。其三，代表朝廷对路州府县征收钱粮税赋，实行奖励增羡和处分亏空。其四，元代中后期，行省在行政、军事、司法三大领域代中央行事或收权更为突出，号令指挥路府州县的各项政务。其五，行省可会同朝廷使者铨官及自行委任部分省椽、宣使、路府州县低级官员，但对绝大多数地方官员（如正三品至正七品）的任用和控调，则由中书省和吏部负责，直至由皇帝钦令任用。湖广行省衙内配置有丞相1名、平章2名、左右丞2名、参知政事2名，推官2名，经历1名，照磨1名等。录事司设录事、司候、判员各1名，郎中2名，员外郎2员，都事2名，椽史、通事、译史、宣使、佥省等若干名，其他吏员、职员等，不考。元代湖广行省治所在武昌城内，但具体地址及衙门形制等，亦无考。

需要指出的是，在路官衙内，全国统一概以蒙古人充当达鲁花赤（镇守者、长官，在原来长官之外如中央特派员），汉人为总管，回回人为同知。但在湖广行省，经忽必烈同意可以例外，即用汉人充当达鲁花赤。

武昌府衙设有达鲁花赤与知府，为府衙内最高长官；同知、知府的佐官，分掌督粮、捕盗、江防、水利等；通判辅佐知府处理政务，凡兵民、钱谷、户口、赋役、狱讼等事，须通判连署方可生效，并有监察官吏之权；教授主要负责府儒学等教育事务，府设教授1名，训导4名；府经历为知府的属官，主管收发与校注，分掌章奏文书等。

此外，还有府知事、同知知事、通判知事等，分别为知府、同知、通判的属官，佐理办事，类同主簿。

江夏县衙设达鲁花赤、县尹各 1 名，丞 1 名，簿 1 名，儒官 1 名，尉 1 名，典史 2 名等。

二、明代省府治所

元至正二十四年（1364 年）二月，作为吴王的朱元璋，攻克武昌，承元制设湖广行中书省。洪武九年（1376 年），废除行中书省，改为 13 个承宣布政使司。湖广设布政使司，全称为湖广等处承宣布政使司，亦称为“省”，另又设两个和布政司之间互不隶属的“省级”监察机构和军事机构，称提刑按察使司和都指挥使司，与布政司合称“三司”。湖广布政司是湖广行政机关，其辖区约略与今之湖北、湖南二省地方相当。洪武年间（1368—1398 年）设有武昌、汉阳、黄州、荆州、常德、永州、宝庆、辰州、长沙、衡州、襄阳、岳州、德安等 13 个府，安陆、郴州、靖州、沔阳等 4 直属州，还有湘鄂两地少数民族地区的一些军民指挥使司、宣慰使司等，其幅员在诸布政司中最大。“三司”衙门都设在武昌城。正统三年（1438 年），设湖广巡抚，总揽全省。

洪武二十五年（1392 年），调整全国按察分司数量及辖区，定为 48 道。其中，湖广布政使司 5 道，即蕲黄道、江陵道、汉江道、湖南道、湖北道。4 年后，湖广合并为 4 道，即为武昌道、荆南道、湖南道、湖北道。武昌道领黄州、德安、武昌、汉阳 4 道。此后虽屡有更置，武昌道仍驻武昌府，仅辖武昌、汉阳、黄州 3 府。武昌府辖江夏（今武昌）、武昌（今鄂州市）、嘉鱼、蒲圻、咸宁、崇阳、通城 7 县和兴国州（领兴国、大冶、通山三县）。

明代省级行政的最大特点是分权而治。湖广“三司”并立，不相统属又相互牵制。湖广承宣布政使司设左右布政使各 1 名。布政使又称藩台，为一省行政总负责人，主管民政、财政等。其属下机构有左右参政，左右参议。其下属机构有经历司、照磨所、理问所、司狱司等。经历司设经历 1 名、都事 1 名。照磨所设照磨 1 名、检校 1 名。理问所设理问 1 名、副理问 1 名、提控案牍 1 名。司狱司设司狱 1 名，另有库大使 1 名、副使 1 名，仓大使 1 名、副使 1 名。杂造局、军器局、宝泉局、织染局等各设大使 1 名、副使 1 名。湖广布政司衙门在武昌司门口，即长街南段的望山门内礼部尚书郭正诚的故宅（今解放路南段的武昌造船厂内），此地因处布政使司（藩署）衙门口而得名。

提刑按察使司设按察使 1 名，职掌省刑名司法事务，“纠官邪，戢奸暴，平狱讼，雪冤抑，以振扬风纪而澄清其吏治”。大案要案要与都指挥使、布政使会商，请示巡抚、巡按，上报有关部及都察院。按察使之下有副使、佥事。下属机构有经历司、照磨司和司狱司。经历司设经历 1 名、知事 1 名。照磨司设照磨 1 名、检校 1 名。司狱司设司狱 1 名。提刑按察使司署在平湖门内楚王府右侧，其后院后建成“乃园”供属员游憩，民国时期划入首义公园。

布政使司和按察使司的佐理官有左右参政、参议、副使、佥事等，多为派出分理省内各道的相关事务。布政司参政、参议分掌各道钱粮，称为分守道；按察司副使、佥事分理各道刑名，称为分巡道。此外，湖广省还设有督粮员 1 名，驻省城武昌，由布政司参政、参议分司；提督学道 2 名，南北（湖南、湖北）各 1 名（其他省为 1 名），由按察司副使、佥事分司；清军道 1 名、驿传道 1 名，亦由按察司使副、佥事分司。湖广还专设有抚民道、抚苗道，分别专理流民、苗疆事务。

明代武昌府设知府 1 名，“掌一府之政，宣风化，平狱讼，均赋役，以教养百姓”（《明史》第 75 卷），考核官吏，提调学政。有关籍账、军匠、驿递、马牧、捕盗、仓储、河渠、道路等政务，皆由知府总领，而由佐理专官分理；重大事务，则需请示巡抚、巡按、布政使、按察使而后行。知府之下设有同知、通判、推官各 1 名。下属机构有经历司、照磨所、司狱司。经历司设经历、知事各 1 名。照磨所设照磨、检校各 1 名。司狱司设司狱 1 名。同知、通判一般分理清军、巡捕、管粮、治农、水利、屯田、牧马等事务。推官则理刑名，赞计典。经历、照磨、检校负责来往上下文件、档案等。还设教授 1 人，负责府内教诲生员事务；训导 4 人，为教授佐助。武昌府署故址在今民主路小学处。

江夏县设知县 1 名，总掌一县之政。“凡赋役、岁会实征，十年造黄册，以丁产为差。赋有金谷、布帛及诸货物之赋；役有力役、雇役、借债不时之役，皆视天时休咎、地利丰耗、人力贫富调剂而均节之。岁歉则请于府若省蠲减之”。这是知县最主要的职责所在。其余如养恤老年、祭祀、选拔诸生、救济贫困、表旌善良、稽查保甲、缉捕盗贼、审理诉讼等事务，知县也须亲自过问。佐理县政设有县丞 1 名，主簿 1 名，典史 1 名。县丞、主簿分掌钱粮、马政、巡捕等政务，典史负责文移出纳。还设教谕 1 名，训导 2 名，教谕负责县教诲生员事务，训导为其佐助。明代江夏县署设在汉阳门内（今民主路北端）。

武昌府、江夏县还设有巡检司、税课司和税课局、河泊所、仓大使、织染杂造局、批验所、递运所、僧纲司（府）和僧会司（县）、医学、阴阳学等机构。

明代实行里甲制度，在县以下有里甲（如一百一十里户为里，一里之中推丁粮多者十人为之长，余百户为十甲）。武昌府有 282 里，其中江夏县有 63 里（嘉靖《湖广图经志书》载为 61 里，其中在城 15 里，在乡 46 里）。据《图书编》载，武昌府“民贫地瘠”，湖广则“民俗慓轻，鲜思集聚，且道通九省，冠盖辐辏，邮驿苦之。即今宗室日繁，徭赋日重，采辨之后，财力愈难，故其民率呰窳而难治”，依税粮多寡，府分为上、中、下三等，湖广所属 8 府，上府仅 2 府，中府亦仅 2 府，下府有 4 府，武昌府为中府。

湖广都指挥使司是湖广地区的最高军事领导机构，其职责为“掌一方之军政，各率其卫所以隶于五府，而所命于兵部”（《明史》第 76 卷“职官五”）。成化十二年（1767

年）以前，湖广地区的军队全部归湖广都指挥使司统辖，包括卫、护卫和直隶都指挥使司的守御千户所。成化十二年后，又有湖广行都司和兴都留守司，湖广军事力量由三都司分辖。湖广都司辖有武昌卫、武昌左卫、武昌护卫等 22 个卫，而湖广行都司和兴都留守司分别辖 8 个卫和 3 个卫。都司设都指挥使 1 名，都指挥使同知 2 名，都指挥佥事 4 名。经历司设经历、都事各 1 名。断事司设断事、副断事各 1 名，司狱司设司狱 1 名。三个职能机构分别负责处理来往公文及刑狱之事。都指挥使统领司事称为掌印，同知和佥事分别负责练兵和屯田，称为佥书，分管巡捕、军器、漕运、京操、备御等事务，经历、都事则典掌文书、断事处理军队的刑狱。武昌卫和武昌左卫分别设指挥使、同事、佥事、千户、百户等官职，兵额分别为 5662 名和 6624 名。湖广都司署在武昌楚王府南的水陆街。

明代湖广会城的武昌城具有两大特点。一是在明代初年即有了大规模的拓展和建设，城市的规模在洪武年间已基本定型。二是在湖广会城——武昌城的中心建朱桢的楚王府。楚王府非常壮观。在武昌城中垒石为城，广二里，深四里。正门镇楚门后即有朝房，再沿阶墀而上始可登正殿，极似京师之前三殿。内有二假山，东曰紫金，西曰梅山。宫门有五，名曰正阳、端礼、东华、西华、后宰。宫殿室八百间有奇。还有梳妆台、金鱼池等景点和专门蓄养歌姬的菜园，求神礼佛的长春寺等。楚王府自楚昭王起，共九代十王驻武昌，他们的子孙中有 15 人受封郡王，郡王府均驻武昌城内。

三、清代督抚衙署

清代行政区的划分，就湖广行省而言，即是湖广布政使司析分为湖北、湖南二省。清代初年，承明代湖广巡按御史南北并设旧制，明确以“湖广巡按湖南御史”、“巡按湖广湖北御史”等名称的题本奏章已为常见。顺治十年（1653 年），湖广境内同时设立了湖南、湖北两屯道，各自分区司职。康熙三年（1664 年），湖广南北正式分省。《清圣祖实录》载，康熙三年三月甲戌：以湖广武昌、汉阳、黄州、安陆、德安、荆州、襄阳、郧阳八府归湖广巡抚管辖；以长沙、衡阳、永州、宝庆、辰州、常德、岳州七府，郴、靖二州归偏沅巡抚管辖；添设湖广按察使员缺，驻扎长沙府。这是历史上第一次明确将今湖北、湖南二省辖区分属两个省级行政区划，并由两巡抚分别统辖。然而，湖北、湖南之名称后于雍正二年（1724 年）才正式更定。

总督、巡抚制度不仅是清代政治体制中的一个重要环节，且在中国政治制度史上占有重要地位。设总督、巡抚，就是要解决都、布、按三司不能协心一致的问题，三司以下皆受其节制，位在布政使之上。清初沿明制，湖广总督、巡抚系都察院右都御史、右副都御史、右佥都御史官衔，且无定员；之后渐成定制，成为地方最高行政长官。湖广总督辖今湖北、湖南二省，具有省级以上大行政区长官的性质，“掌厘治军民，综制文武，察举官吏，修饬封疆”，即通常所说的封疆大吏。清初，两湖地区设湖广总督，驻武昌城。以后有裁复等变迁。康熙二十六年（1687 年），改称湖南湖北总督。总督的主要职权有：考核、监督、统领道府县级文武官员，并有奏请任免道、府以下文职官员，副将以下武职官员的权力；节制绿营兵，并主持武科考试；监察地方财政事务等等。总督领有直属军队，称为督标。

清顺治元年（1644 年）设湖广巡抚，驻武昌城。湖广巡抚主管湖广地方政务，遇用兵则督理粮饷，逢乡试则督试，亦充武科主考官。湖广南北分省后，改称湖北巡抚。清末曾有废置反复，废后亦以湖北湖南总督兼管湖北巡抚事务。巡抚亦有直辖军队，称为抚标。

雍正至乾隆初年，总督、巡抚的地方化、制度化过程基本完成。光绪《大清会典事例》第 23 卷“吏部”载：“乾隆十三年议准：‘外官官制，向以布使司领之，但督抚总制百官，布、按二司，皆其属吏，应首列督抚，次列布、按。’”总督、巡抚已被确认为地方最高一级地方官，原来的布政使、按察使（原三司中的都指挥使司已被裁撤）降为督抚的下属。清代湖广（湖北）总督署设在望山门处，湖北巡抚署设在胭脂坪。

清初，湖广布政使仍沿袭明代名称，即湖广承宣布政使司布政使，设左、右布政使各 1 名。湖广分省后，湖广左布政使改称湖北布政使，仍驻武昌城；湖广右布政使改称湖南布政使，驻湖南。布政使司的下属机构有经历司（设经历、都事各 1 名）、照磨所（设照磨 1 名）、理问所（设理问 1 名）。又有库大使 1 名、仓大使 1 名。布政使的具体职责是：宣化承流，帅府、州、县官，廉其录职能否，上下其考，报督抚上达吏部；三年宾兴，提调考试事，升贤能，上达礼部；十年会户版，均税役，登民数、田数，上达户部。即负责政令的下传上达，考核府县地方官，负责科考事宜，选贤任能，以及负责本省有关财政、民政事务，如户籍、税收、赋役以及田地面积等。

湖广（分省后为湖北）提刑按察司设按察使 1 名。按察使司的下属机构有经历司（设经历、知事各 1 名）、照磨所（设照磨 1 名）、司狱司（设司狱 1 名）。按察使职掌“振扬风纪、澄清吏治。所至录囚徒，勘辞状、大者会藩司议，以听于部、院。兼领阖省驿传。三年大比，充监试官，大计充考察官，秋审充主稿官”。即以办理省内刑名案件为主，大案要案则与布政使会议上报。其他涉及驿递、乡试、外官考核等。按察使和布政使一样，均为省之大员，“二使”共同负责本省具体政务、都可以直接向皇帝上奏言事。

省级大员总督、巡抚之下又有提督学政，也称学宪、学台，是掌管一省学校、教育类事务的最高长官，所在机构称为督学道（后称提学道）。雍正四年（1726 年），湖北督学道更名为学院，即提督学政。学政“掌（本省）学校政令，岁、科两试。巡历所至，察师儒优劣，生员勤惰，升其能者贤者，斥其不帅教者。”遇有大的兴革举措，会同总督、巡抚办理，同样可以向皇帝上奏言事。

清代的道由明代的监察区临时差遣向正式职官转变。由布政司左、右参议分驻各地，分理各道钱粮，称为分守道；由按察使副使、佥事分巡省内某一地区，称为分巡道，专理刑名。守道、巡道固定为一种官职，称道员或道台。这样，道员就基本上成为介于省与府之间的一级行政机构而非临时差遣了。不过，道并不是一级正式的行政区划。道台“各掌分守、分巡及河、粮、盐、茶，或兼水利、驿传，或兼关务、屯田；并佐藩、臬核官吏，课农桑，兴贤能，励风俗，简军实，固封守，以帅所属而廉察其政治。”道台衙署有库大使、仓大使、关大使等杂职官吏，协助处理相关事务。清代湖北设道驻武昌的主要有：康熙九年（1670 年）正月，设分守武汉黄道，驻武昌，领武昌、汉阳、黄州三府；雍正元年（1723 年），置武昌盐法道。

武昌府设知府一名，同知 1 名，通判 1 名以上（无定员）。知府衙门有经历司（设经历、知事各 1 名）、照磨所（设照磨 1 名）、司狱司（设司狱 1 名）。知府“总领属县，宣布条教，兴利除害，决讼检奸。三岁察属吏贤否、职事修废、刺举上达，地方要政白督、抚，允迺行。”同知、通判为知府的佐贰官员，分掌粮、盐、督捕、江海防务、河之水利、清军理事、抚绥民夷等重要事务。

江夏县设知县 1 名，县丞 1 名，主簿 1 名以上，典史 1 名。知县掌一县政务，“决讼断辟，劝农赈贫，讨猾除奸，兴养之教。凡贡士、读法、养老、祀神，靡所不综”。县丞、主簿则分管粮马、征税、户籍、缉捕诸职。典史掌稽检狱囚等。清代江夏县管辖范围为东北四十里至烽火山，东南二百里至金城山，北三十里至浒黄镇，南六十里至金口镇。

武昌府、江夏县均设有儒学。府置儒学教授 1 名，训导 1 名。县置儒学教谕 1 名，训导 1 名。教授、教谕职掌“训迪学校生徒，课艺业勤惰，评品行优劣，以听于学政。”训导辅其正官。其他有如巡检司巡检、驿丞、仓大使、库大使、税课司大使、河泊所大使、府医学正科、县医学训科、府阴阳学正术、县阴阳学训术、府僧纲司都纲和副都纲、县僧会司僧会、府道纪司都纪和副都纪、县道会司道会等职官设置。

据《清康熙湖广武昌府志》载，武昌府治（武昌城）内的“府级”及以上官署有：

总督府院　在望山门内。

巡抚都察院　旧在凤凰山西南，顺治二十年，迁于前所营。

北察院　在督粮道署左，今为差使驻之所。

布政使司　黄鹄山北。康熙四年，布政刘显贵重建。

按察使司　在黄鹄山。

分守道　在前所营。

粮储道　在前府街。

驿盐道　在前所营。

督学道　在驿盐道右。

都指挥使司　在文昌门内。

武昌府　在汉阳门内，明季兵燹。顺治七年，知府王维屏重建。康熙八年，杜毓秀重修。

清军厅　堂左。

粮辅厅　堂左。

经历司　堂右。

知事衙　堂右。

照磨所　堂右。

司狱司　府西。

阴阳学　医学　府城隍庙左。

僧纲司　五大寺轮管。

道纪司　在武当宫。

料纱厂　在汉阳门外。

宝源局　在按察司东南。

养济院　在忠孝门外。

迎恩馆　在汉阳门外。

贡院　在凤凰山前。号舍旧皆板屋，明万历元年，布政司施尧臣、陈瑞易以砖瓦。

公衙门　在明废藩城前。康熙二十四年，总督徐公捐赀建，委中军傅尔学董其役。凡遇庆贺大典及审录诸公务，率僚属皆在焉。

教场　在武胜门外。

小教场　在废藩左，巡抚刘兆麟创建。

江夏县县级官署有：

（县衙）大堂、后堂、大门、仪门　县治旧在石子冈，后屡迁。明洪武九年封建楚王，又徙汉阳门内府治之右。知县叶奉翔以规制狭隘，又改建凤凰山下。其后修葺不一。

东西二库、六房吏舍、内衙、寅宾馆、狱舍、县丞署　堂左。

主簿署　今裁。

典史署　旧在堂左，今出居民房。

鲇鱼口镇巡检司、浒黄洲镇巡检司、金口镇巡检司、夏口水驿、金口水驿、将台马驿、东湖马驿、山陂马驿。仓廒府同。

清末，武昌城内主要官署有：

督署，即总督衙门，在今解放路南端路西武昌造船厂内。

抚署，即巡抚衙门，在今胭脂路与民主路交会处的东角。

藩署，即布政使署，在今解放路与民主路交会处的北面。

臬署，即按察使衙门，在今大成路路北湖北省汽车修配厂处。

武昌府署,即武昌府衙门,在今民主路西段路北民主路小学西侧。

江夏县署,即江夏县衙门,在今张之洞路西端路南武昌造船厂内。

税课司,即政府的税务机关,在今张之洞路西端江边。

牙厘局,即政府的货物过关税税务机关,在今荆南街(原牙厘局街)路北省金融学校内。

钱局,即湖北钱局,在今彭刘杨路武昌邮局处。

城守营,即湖北省提督在省城的提标五营,驻地在今水陆街路北湖北省军区招待所处。

保甲总局,即管理保甲的机关,在今解放路跨线桥南面路西,即群益服装厂一带。

通志局,即编修湖北省地方志的机关,在今粮道街东段路北胶管厂一带。

四、民国武昌市署

辛亥革命导致了中华民国的诞生,展现出现代化的一线曙光,武汉市及武昌城民主政治建设开始起步。武昌作为湖北省会和近代都会,历经了社会转型、政局反复变动、行政区划调整和经济大起大落。大致经历了五个阶段:第一阶段是 1912 年至 1926 年的北洋军阀统治阶段,其中第一次世界大战时的都会经济短暂发展期;第二阶段是 1926 年至 1927 年 7 月的武汉国民政府阶段;第三阶段是 1928 年到 1938 年的南京政府阶段,其中有 20 世纪 30 年代中期的经济发展期;第四阶段是 1938 年 10 月到 1945 年 8 月的日军沦陷武汉阶段,城市呈殖民地化下的衰退;第五阶段是南京国民政府还治武汉和最终崩溃的阶段。作为首义之城,武昌在这五个阶段中,也有自身特殊的情形。首先,1911 年 10 月 10 日辛亥革命武昌首义一举成功,推翻了清朝在湖北的统治。革命党人废帝制、兴共和,宣布成立“中华民国军政府湖北都督府”,设于原清廷湖北省谘议局所在地(即武昌阅马场红楼),是中国历史上第一个共和制地方政权的雏形。第二,民国元年(1912 年),军政府废武昌府,改江夏县为武昌县;原武昌(今鄂州市)改为寿昌,次年又改为鄂城。第三,1926 年 10 月,国民革命军攻克北洋军阀统治的武昌城,改武昌县为武昌市,设武昌市政府。1927 年 1 月,由广州迁武汉的国民政府划汉口、武昌、汉阳为京兆区,定名“武汉”,但武汉三镇的市政机构仍分为三块,武昌设有市政厅,仍称武昌市。第四,1927 年 4 月中旬,湖北省政府和武汉市政府先后成立,武汉三镇行政区划上正式统一为一市。1929 年 6 月,武昌、汉口(含汉阳)分治,武昌为湖北省省会市。1931 年武昌市政筹备处成立,1935 年改设武昌市政处。1937 年湖北省政府决定成立武昌市政府,直属湖北省政府管辖,同时决定武昌县城乡分治,武昌为直辖市。武昌市当即设市政筹备处。第五,1938 年 10 月 25 日武汉沦陷后,湖北省政府搬到宜昌、恩施,武昌市政筹备处解体。次年,汪伪政权建立武汉特别市政府,同时把武昌划归武汉市政府管辖,在武昌设置办公处(后改称武昌办事处),办公处内设秘书室、总务科、社会科等,下属机构设11个市民归复事务区公所和一个特别区，设有5个登记处。1941年，又将武昌划归伪湖北省政府管辖，成立市政筹备委员会。第六，1945年日本侵略军投降后，湖北省政府由恩施“还治武昌”，分武汉为汉口、武昌两市。武昌为省会市，辖武昌和汉阳镇，直到武汉解放。

今武昌城在民国以前均属江夏县。民国元年（1912年）废武昌府，改江夏县为武昌县，武昌城为省会和县治。直到1926年10月，才有武昌市之建制。武昌筹建市始于1926年11月，武昌市政厅成立于1926年12月，黄昌谷被委任为武昌市长。湖北政务委员会公布的《武昌市暂行条例》规定：“武昌市之区域，暂以旧日警察厅管辖范围为限”，“直辖于湖北省政府”。条例还规定武昌市政府的职能为：财政及公债、城市市政基础设施修建管理、公共卫生及娱乐业管理、公安消防防汛、教育及社会慈善事业、市属公产管理与处置等。武昌市政厅设市长1人，“总理全市行政事项”。市政厅下设秘书处、财政局、工务局、公安局、教育局、卫生局、土地局等，“分掌各项事务”。

1926年12月，湖北政务委员会划武昌城区为武昌市，实行市、县分治，武昌县政府仍驻城内，辖其乡里，与武昌市同隶湖北省。武昌市成立后，亦未重新定界，以原武昌县城区为市辖范围，继续沿用城厢4个区区划。各区辖地中心为：第一区，斗级营街，第二区，扎珠中街；第三区，黄土坡街；第四区，箍桶街。

1928年10月，湖北省政府第六十八次政务会议，正式划定武汉特别市市界。武昌市仍沿用原武昌市的区划，东以武丰闸、青山港、东湖及东嘴为界，南以汤逊湖、李家桥港诸地为界，西以大江为界，北以青山峡为界。

1929年4月，武昌城区划回武昌县辖。6月11日，国民政府行政院指令划武昌城区设普通市。湖北省政府以武昌地方财力薄弱，多设机构增加国民负担；又因武昌城区为省会所在地，沿前制划为湖北省省会区，城区治安归省会公安局直接管理。1930年汉阳城区划归省会区，治安、消防、清洁等城市管理事项归省会公安局管辖，行政事项归汉阳县。1931年成立武昌市政筹备处。1935年1月，改筹备处为武昌市政处，整理武昌市政。1937年初，成立武昌市，隶湖北省。1938年10月底，武昌沦陷。武昌市划分为8个镇，城内为中正镇、大朝街镇、宾阳镇、粮道街镇、胡林翼镇、积玉桥镇，城郊为金白洲镇、徐家棚镇。

1945年8月抗战胜利，武昌城恢复湖北省省会建制。9月初，国民政府行政院决定设武昌市。湖北省特设武昌市政筹备处，着手筹建。1945年底至1946年6月，汉阳城区属武昌市政筹备处，7月又划回汉阳县。1946年10月，武昌市建成，隶湖北省。武昌县政府先迁纸坊，后迁回市内。

武昌市所辖范围，东从舒家街至晒湖，西界长江，南至南湖机场，北抵徐家棚，全市总面积42.78平方公里。1945年10月，武昌市筹建时为8个镇。次年12月，改镇为区:中正镇改为中正区,大朝街镇改为邻湖区,宾阳镇改为长春区,粮道街镇改为雄楚区,胡林翼镇改为首义区,积玉桥镇改为武胜区,金白洲镇改为武泰区,徐家棚镇改为挹江区。前六个区在市内,后两个区在市郊。

1945 年武昌市行政区划表

区别	区名	原镇名	区辖中心
城区	中正区	中正镇	中正路
	邻湖区	大朝街镇	彭刘杨路
	长春区	宾阳镇	大东门
	雄楚区	粮道街镇	粮道街
	首义区	胡林翼镇	首义路
	武胜区	积玉桥镇	积玉桥
郊区	武泰区	金白洲镇	白沙洲
	挹江区	徐家棚镇	徐家棚

武昌市政府设七科五室,分别是民政、财政、教育、社会、卫生、地政、工防七科,秘书、户政、人事、会计、统计五室,还有体育场、救济院等附属机构。1947 年,有职员、雇员共 76—92 人。武昌市有参议会,1947 年成立,时有参议员 30 人。

民国时期,武昌亦为湖北省会。武昌首义成功后的第二天,即 1911 年 10 月 11 日,湖北军政府在武昌成立,改国号为中华民国。湖北军政府即中华民国军政府鄂都督府,既是中华民国第一个省级军政府,同时代行中央军政府的职责。21 日,民军及各省代表公认湖北军政府为民国中央军政府。在此后近 2 个多月,实际上扮演了中华民国军政府的角色。当日晚成立谋略处。在谋略处主持下,宣布鄂军政府成立,公布军政府檄文和《安民布告》。军政府设司令、军务、参谋、政事四部,黎元洪以都督兼司令部总长,参谋部部长张景良,军务部部长孙武,政事部部长汤化龙(未到任,副部长为张知本)。政事部下设七局:外交局、财政局、内务局、交通局、司法局、实业局、教育局。后经改组和调整,取消政事部,设内务、外交、理财、交通、司法、编辑、教育、实业,加上原有 4 部,共有 12 部。湖北军政府设在蛇山南麓原清湖北谘议局大楼(即红楼)。湖北军政府初由都督总揽军政,后实行军民分治,都督统军,民政长主政。再后,都督演化为督军和军务督办,民政长演化为省长。省议会也随之成立。1916 年 7 月 24 日,湖北省设省长,由王占元兼任。北伐军攻克武昌,北洋军阀在民国前期十四年的统治在湖北结束。1926 年 10 月,湖北省政务委员会成立,主任(省主席)邓演达就职。1927 年 4 月,湖北省政府在武昌成立。省政府主席的职权是:召集省政府委员会,并为会议主席;代表省政府执行省政府委员会议决议,代表省政府监督全省行政机关执行职务;处理省政府日常工作及紧急事务。省政府下设秘书处和民政、财政、教育、建设四厅。秘书处综理处务。各厅分别综理各厅事务，指挥监督所属职员和所辖机关，对主管事项发厅令。秘书处及各厅设秘书 1 到 3 名，分科办事，除科长外，设科员 4 到 12 人。此外，省政府设置有专管机关，主要有保卫处、警务处、统计处、禁烟委员会、水利经费保管委员会、保管中央协助教育款项委员会、委任职公务员铨叙委托审查委员会、河川管理局等。湖北省政府办公地址在彭刘杨路，为一中西合璧式衙署建筑，已不存。1938 年 7 月 27 日，因日军逼近武汉，湖北省政府西迁宜昌办公。同年 10 月 27 日，又由宜昌迁往恩施办公。抗战胜利后的 1945 年 9 月，由恩施迁回武昌原址办公。1949 年 5 月，武昌解放前夕，中国人民解放军大军压境，湖北省政府职员溃逃而去。17 日，武昌城解放，历史翻开了新的一页。

第四章 古城街巷市政

第一节 街衢

一、街坊里巷

自三国东吴至清代，武昌城不断扩大，一直属江夏县辖。唐宋时期，鄂州城（武昌城）之西部主要是各级官署；沿黄鹄山（今蛇山）自西向东展开的一线，除了官署，还有学校、寺庙等文化、宗教建筑布局，民居、街市则主要分布在城东、城北和城南地势较为平坦的地区；城西沿江一带成为交通、贸易之人口密集区。唐宋实行都城坊市制，因年代久远，武昌实行坊市制史料几乎没有。但据《大清一统志》载有“忠武王庙，一在江夏县东五里旌忠坊”，可知武昌城曾有“旌忠坊”。又据《郧溪集》卷二二《朱夫人墓志铭》载有“夫人朱氏……皇祐辛卯二月，以病卒于鄂州太平坊里第”，可知鄂州城（武昌城）有太平坊，但具体方位不详。大江对岸的汉阳县，其“附城地方”有建中坊、东阳坊、西阳坊，“汉口地方”则有居仁坊、由义坊、循礼坊、大智坊。至于当时鄂州城共设了多少坊，有待考证。

明洪武四年（1371年），江夏周德兴扩建武昌城而使城制定型。明清时的武昌城，以蛇山为界分为南部和北部，南部、北部又分别称为“山前”“山后”。山后主体承继唐宋鄂州城，街巷多、人口密度相对较大。山后西部官署众多，以藩王署、府署、贡院占驻大部分；山后东部后有天主教和基督教教堂及教会学校，为宗教和文化汇聚地。山前主体只有一条长街（今解放路），剩下均属于古南湖，其四周则有街巷居民区。《方舆纪胜》载：“南湖外与江通，长堤为限，长街贯其中，四旁居民蚁附。”明代起实行里坊制，江夏县和武昌城具体实行的情况不详，但因清代延制，可从清初《清康熙湖广武昌府志》中略见其概。该府志记载，江夏县设三乡六十二里（里亦为地方行政组织）。顺治三年（1646年），江夏县内的里有兴仁里、崇文二、崇文三、附城村、从善村、附籍一、附籍二、仁受里、茂和里、嘉会里、宣明里、弼化里、崇文一、河街一、河街二、河街三、河街四、草埠村、通会一、通会二、来苏二、来苏三、来苏四、永丰一、永丰二、上西一、上西二、下西径、横山村、招贤村、保安一、保安二、太平一、大平二、黄合一、黄合二、上恩一、上恩二、下恩武、修贤一、修贤二、修贤三、夹山一、夹山二、夹山三、龙泉一、龙泉二、龙泉三、湘东一、湘东二、湘东三、长乐村、积善一、积善二、依仁一、依仁二、依仁三、三城一、三城二、三城三、三城四、积善三。县东为东乡(城区),初编为十七里,即仁寿一、仁寿二、崇文三、崇文四、崇文五、崇文六、崇文七、通茂兴、保护营、新有局、新左一、新兴一、新兴三、右零前、前所营、后所营。江夏县设坊镇三十个:仁受上,仁受下,崇文二、崇文四、崇文七、通茂兴、保护营、宾阳中和、金沙洲、保新一、保新二、保新三、大东门外、马头营、驾园铺、中所、大新接上、大新接下、河街三四铺、新有局、河街十铺、河街六九铺、新左二、新兴一、新兴三、新兴五、右零前、前所营、后所营、崇文五。

光绪年间,将里改为铺,武昌城内设十八铺,城外设十四铺。城内十八铺为:蛇山之前的南楼前仁寿一铺,从府学西至平湖门内为崇文七铺,从杏花天至芝麻岭为仁寿下铺,从兰陵街至督署城辕为仁寿上铺,文昌门内为通茂兴铺,从中和门至城皇角为中和铺,从阅马场至大东门为宾阳铺,蛇山后藩署之东从青龙巷至察院坡为崇文五铺,从天竺塘至抚署三道街为前所营铺,巡道岭下为新兴五铺,得胜桥为新兴一铺,武胜门外为新左二铺,从贡院西至都抚堤及府后为新有局东铺和新有局西铺。城外十四铺为:宾阳门为大东门铺,外铺为马头营铺,保安门外为保新一铺、保新二铺、保新三铺,望山门外为金沙洲铺、河街十铺,汉阳门外为大新接铺、下大新接铺,文昌门外为六铺、九铺,平湖门外为河新三铺、河新四铺,武胜门外为稼园铺和中和铺。

宣统三年(1911年),江夏县城区编有二十里:先仁、崇文一、崇文二、崇文三、附城、从善、附籍一、附籍二、仁寿、茂和、宣明、善化、河街一、河街二、河街三、通会一、通会二。

清末,武昌城内主要街道框架呈方格形布局。城内蛇山横贯东西,蛇山以南(山前)为民宅、商铺集中地带,亦有督署、臬署、府文庙坐落其中;蛇山之北(山后)分布有抚署、藩署、府衙、贡院、县文庙等。山南地区主要街道有东西走向的玉带街、弓箭街、方言街、宾阳门街、读书堂街、王府口街、宫辕门街、文昌门街、保安门街、石灰堰街、通湘门街等,南北向的有兰陵街、芝麻岭街、望山门街、大朝街、黄土坡街、中和门街、千家街等。山北地区主要街道有东西向的龙神庙街、抚院街、察院街、汉阳门街等,南北走向的有得胜桥街、横街等。

户部巷

位于武昌最繁华的司门口,今民主路东段以北,东靠长街(今解放路),西临长江，南枕蛇山黄鹤楼，北接都府堤。户部巷始成于明代。明嘉靖年间《湖广图经志》里有一幅地图，上面标注有这条狭窄的小巷。“户部”之名则成于清代。因该巷东临藩署，为朝廷户部驻省机构，管理户籍钱粮、民事财政。官场礼仪称户部官员为“户部”，于是直认衙门名头为地名，户部巷因此得名。该巷长150米，宽4米，两侧为老式砖木房屋，居民稠密，巷道偏窄。清代后期，该巷人气鼎沸，甚嚣尘上。小巷人家勤劳巧作，汇江汉五粮、天下干鲜而精烹细调，以鲜、香、快、热之汉味早点，名声鹊起，经久不衰，前来过早（早餐）的人群熙攘，络绎不绝，被誉为“汉味小吃第一巷”。如今，该巷早点生意依然红火，经营品种繁多，汉味十足。颇具特色的有：石婆婆热干面、徐嫂鲜鱼糊汤粉、谢家面窝、高胖子粥、陈记红油牛肉面、万氏米酒、王氏馄饨，何记豆皮、麻波灌汤饺、李大饼、顾氏肉松卷、吕记油饼、吴记米发糕，好来牛肉面、老乡小吃、李记粉面、陈记烧梅和面窝、小文煎包等，故武汉人有“早尝户部巷，夜吃吉庆街”之说（吉庆街在汉口）。

位于解放路的户部巷汉味小吃街

千家街

位于武昌古城内侧，北邻宾阳门（今大东门），南接中和门（今起义门），长约1100米，宽4米。1936年《武昌城区街道图》标有该街。约清光绪三十二年（1906年），湖广总督张之洞为便利粤汉铁路武昌火车站之交通，在千家街南口增辟通湘城门，同时开辟此街。当时计划在此安置千户人家，故名“千家街”。此街东临中山路、紧邻武昌火车站（今南站），地处闹市，人口稠密，早已过“千户”人家。

千家街因在历史上发生过几件有影响的事而闻名，首义三烈士之一的杨洪胜，光绪三十二年(1906年)被编为第八镇十五协三十标列兵,后升正目。他结识新军中的革命党人,参加反清革命组织——振武学社。宣统二年(1910年)秋,该社遭破坏后,他又加入文学社。后受命请长假而离营,从事革命联络工作,在千家街租房开杂货铺,作为革命党人秘密联络机关。

1922年春,太虚大师(本姓吕,名淦森)经李隐尘、陈元白和湖北督军萧耀南的支持,选得通湘门外千家街黎元洪的族叔、川汉铁路总办黎大均的空宅(今701所院内),以1.5万元购得为院址,创办湖北武昌佛学院,并于当年俗佛节(夏历四月初八)在汉口佛教会举行典礼。

1937年11月30日,时任国民政府军事委员会副委员长的冯玉祥将军作为基督教循道会的著名教友,应邀到千家街福音堂堂区最大的一栋教牧人员住宅楼居住,与同住此一处的著名作家老舍、楼适夷和江西都督李列钧等开展一系列抗日救亡活动。次年2月14日,冯玉祥又在此与周恩来会晤,商谈有关抗战宣传等问题;他还将其寓所客厅提供给中华全国文艺界抗敌协会理事会开会,与老舍等人创办《抗到底》和《抗战画刊》,热情接待冼星海、陶宏来等在福音堂教唱抗战歌曲。现福音堂冯玉祥旧居在武汉市化学工业研究所大院内。

现千家街为小商品市场,店铺密集。

粮道街、巡道岭

粮道街位于花园山与胭脂山之间,东西走向,北起中山路,西至今中华路、青龙巷、得胜桥相交处。清代在此设粮道署衙(今文华中学处),故名。原东段胭脂路至中山路段称为巡道岭,解放后,两段合并,统称粮道街。

粮道街曾设多个教育机构。清代这里的江汉书院(今武汉中学处),为武昌三大书院之一。东段261号的武汉中学,即为中共创始人之一的董必武创办的私立武汉中学,是湖北早期开展共产主义组织活动的场所。董必武旧居亦在此附近。西段有文华中学,原为私立中华大学,是中国近代第一所私立大学。陈独秀、杜威等学者来此讲学,恽代英曾在此从事革命活动。

原巡道岭9号同兴楼,曾是共进会的秘密联络点;同街68号曾是湖北通志局机关地;同街265号为早期工运领袖、新四军创始人项英之故居,1959年武汉市将此处列为市级文物保护单位。

清末此街有著名的米家船裱画店,其学徒胡海卿后自开宝晋斋,以独特工艺发扬光大汉裱艺术。百年老店"伍亿丰"是武汉最早的一家杂货连锁店,因生意兴隆有"伍亿丰,挤不通"之誉。20世纪20年代,粮道街西段里的理发店、麻花铺、发糕店、五金店、参药店、杂货店、棉花铺、绱鞋铺、照相馆、寿木铺等立于两侧,不足300米的街面有五六十家营业店铺。

在粮道街61号,即国民党宿耆孔庚老宅内,发生过轰动三镇的武昌掘金奇案。

该宅在孔庚之前为太平天国叛将刘维桢的老屋。刘死前，曾在后花园秘藏大量金银财宝。1934 年端午节这一天，与粮道街毗邻的尚书巷 1 号彭氏兄弟偶然发现并私挖金银财宝后潜逃，被人告知孔庚，孔派人缉拿，彭氏大肆贿赂，并得到武汉警备区司令叶蓬等袒护。孔先后向湖北省政府主席张群、南京行政院院长居正告状无果。其时彭氏兄弟已将财宝卷至上海，后又避至香港，直至被日机炸死，掘金案从此不了了之。

贡院前街、新街

位于司门口北面偏东，南北走向，北起今湖北省武昌实验中学门前火炬路，南抵青龙巷与中华路相垂直，横贯海马巷、今楚材一巷，西与辛酉巷、灯笼巷相连，东与平仓巷、楚材巷相连，为一条古老狭小的街巷，全长 440 米，宽 2—5 米。解放初，贡院前街、新街统称为楚材街。

解放前，此街为条石路面，两侧分布有棺材铺、药铺、茶馆、小吃店及泥木作坊等。居民房屋多为砖木结构平房，间有青砖、高墙、三四进的老式庭院住宅。历经数代的杨氏医寓即建造于此。抗战时期，这一带被日机炸成废墟，解放后，街道翻修，房屋改建，陆续建楼房，但有许多房屋上部为板壁，古朴风貌依然可见。

据《江夏县志》载：宋初在此设江夏县学，后为州学，清代称为县文庙。清康熙二十四年（1685 年）设贡院。20 世纪 20 年代初，贡院改建为新式学校。贡院旧址为今湖北武昌实验中学和武汉市江汉大学幼师学院。街北端有四柱三门牌楼，即著名的“惟楚有材”牌楼，俗称贡院街牌楼。

黉巷

位于都府堤北端，东西走向，东起今解放路，西止于江边，长 360 米，宽 5—10 米，为清时小巷，系各县赴省学子参加科举考试之地，故名。1967 年以谐音改名为红巷。皆为老式砖木楼房，巷道宽坦。今红巷 13 号院落为典型的晚清学宫式建筑，四栋砖木结构房屋灰瓦青墙，朱柱红檐，第三栋为两层青砖小平瓦楼房，其余三栋为平房。光绪三十年（1904 年），湖广总督张之洞在这里兴建了北路高等小学，后为湖北省高级商业学校校址。1927 年，毛泽东同国民党左翼人士邓演达在此主办中央农民运动讲习所。今为纪念馆，馆标为周恩来题写的“毛泽东同志主办的中央农民运动讲习所旧址”，2001 年被公布为全国重点文物保护单位。

青龙巷

位于司门口东北，南起司门口东侧，逶迤向东北，至粮道街西端路口。解放前因粮道街西为盲端（死胡同），故该巷为粮道街通向司门口的必经之路。该路全长 440 米，宽 2—3 米，因此巷弯弯曲曲似龙状，故名青龙巷。此巷成于明代，为居民稠密的集聚区，房屋大多陈旧，南侧古风老宅尚存。清代时这里曾是民间婚、寿、祭、丧等礼俗服务业集中地。至民国时期、解放初期，小巷遍布茶馆、银楼作坊、纸扎铺、寿木作坊、鞭炮铺、玻璃铺等，盛极一时。

光绪二十七年(1901年)，革命党人刘静庵在基督教圣救世主堂(今青龙巷小学旧址)以“日知堂”为掩护，宣传反清，联络志士。1918年，冯谦伯在青龙巷创立“老谦记”豆丝老字号店。他以上好精料，独特制作，使牛脯、牛肉炒豆丝、牛肉煨汤、原料豆丝、清汤豆丝五个品种色味俱佳，誉满三镇。1960年，老谦记传人参加全国技术革新和新技术革命表演大会，“老谦记”由此入《中国烹饪大辞典》。“文化大革命”后，该老字号恢复并得以延续。

修德里

位于今解放路中段东侧，西起解放路，向东转北抵今武汉大学人民医院，东端无出口，长104米，宽2—4米，是武昌少有的胡同(死胡同)里份。20世纪20年代初，一李姓人士在此开设修德服装厂，建房成里，故名修德里。20世纪50年代与康平里合并，统称修德里。

象鼻街、十字正街、保安门正街

三街原为四段：今解放路至望山门，称长街尾；望山门至复兴路，称保安门正街，均在古城保安门内；复兴路至起义街称十字正街；起义街至梅隐寺称象鼻街，在古城保安门外。古城墙拆除后，长街尾、保安街、十字正街合并称保安门街，后改称保安街。象鼻街、起义街、明伦街为回族居民集居地。起义街两侧建有清真寺，曾为南货集市。保安街呈东西走向，东接梅隐寺，西连今解放路，因串通古城保安门内外而得名，全长1300米。清末时的宣统元年(1909年)，其东端名象鼻街，居民俗称其为小保安街，中段名十字正街，西段名保安门正街。解放前夕，十字正街与保安门正街合并为保安街。解放后，象鼻街并入，统称保安街。

象鼻街、十字正街、保安门正街即今保安街，地处繁华闹市，民国时期这里商店林立、生意旺盛。保安门正街的驰名店铺有陈开泰嫁货铺、余世南香铺、义隆昌糟坊、青海园烧梅馆、万家炒房、邬记猪行、大兴杂物店、香生堂药馆、体仁堂药馆等。十字正街的名店铺有洪发祥废货、叶洪发炒房、泰和祥杂货铺、姜仁珊诊所、仁寿康药店、鲍记水烟馆、涂炎记响器、段兴泰嫁货铺、万胜祥糟坊、翁国祥杂货店、涂家染坊、鼎泰祥废货、仁和泰、张万泰杂货、张慎才伞铺、李万顺石灰店、延年堂药店，泰洪兴等五家楠货店，唐茂盛等四家杂货店等。象鼻街开设有马小寿早点、义复大柴薪店、爽乐泉茶馆等。

此处为回民聚居区，街上最热闹的当属宰牛场，俗称杂牛塆。武昌回民肉食全由此供应，汉民需牛肉亦在此购买。

大金龙巷

位于今解放路东侧，南北走向，南起保安街，北止于水陆街。全长206米，宽3米。此巷9号为金龙庵，巷以庵名。1937年出版的地图上标明此巷为大金龙巷，而此巷中有一条岔道到水陆街，名小金龙巷。

今据住这里的老人讲，金龙巷21号宅院有100多年的历史，为一钱姓商贩之宅子，里面有10余间房，全为青砖灰瓦，房梁门柱上雕刻着古代戏曲故事和人物。武昌沦陷后，宅院被日本卫兵队长占为其住所。抗战胜利后，又被一国民党军官占有。后钱氏家人以重金买回。解放前夕，钱氏一家去台湾。解放后，此宅院收归国有，住有七八户人家。20世纪末，钱氏后人曾来寻访过21号宅院。2001年5月，该宅院因建住宅小区而被拆除。

在上海沦陷前夕，著名女作家萧红与友人一道来到当时的全国抗战中心武汉，由诗人蒋锡金租金龙巷21号的2间房中给她一间房住。此宅为青砖瓦房，围成一个小院子。院中间有棵梧桐树，她很喜爱这里，僻静的小巷里充满了她的欢笑。当时，一些因战乱流亡到武汉的作家和艺术家，经常到这里聚会。在这里，萧红创作了散文《生命和战士》《窗外》《一条铁路的完成》《一九二九年的愚昧》以及她一生中唯一的一篇评论文章《〈大地的女儿〉与〈动乱盔代〉》，并开始创作后来成为其代表作之一的长篇小说《呼兰河传》。其间，著名诗人、文艺理论家胡风，在武汉创办了文学杂志《七月》，并邀请她担任编辑。金龙巷21号的“热闹”引起国民党特务的注意，他们找借口将萧红抓进了警察局。胡风急忙向八路军武汉办事处报告，由董必武亲自出面与国民党当局交涉，不久萧红获释。1938年9月战争临近，萧红告别了她居住近一年的金龙巷21号寓所，前往重庆。

二、昙华林街区

昙华林街区位于武昌旧城东北部，主要指东起今中山路，西至今得胜桥，包括昙华林、戈甲营、太平试馆、马道门、三义村以及花园山、螃蟹岬两山在内的狭长地带，北临沙湖，为花园山、凤凰山、螃蟹岬三山环抱的区域。武昌旧城沿螃蟹岬山脊而建，昙华林依城墙而展开，一湖三山的自然景观与武昌旧城相得益彰，构成了集自然、历史、人文、艺术等特征于一体的“湖、山、城、街巷、建筑”的街区结构。昙华林是武昌城最辉煌的集中体现。这里聚集了自然文化、古城文化、宗教文化、市民文化、建筑文化、教科文化等，是一部“活”的武昌历史文化教科书。昙华林看上去是一些街道、民居和团体建筑，然而，这里有官府署衙、同乡会馆、民居店铺，古老城墙等，蕴涵着古城独特的韵味；这里有文庙、崇真堂、天主教，聚集了中华传统和西式风格的宗教建筑，见证了中西文化的碰撞和交融；这里有文华书院、仁济医院等，承载着武昌近代教育卫生的发展历程；这里有辛亥首义名人故居，走出三位中共一大代表的武汉中学，享有抗战时期“文化之都”美誉的“三厅”旧址等，历经了近现代革命斗争的洗礼。

1946年以前，昙华林的街名仅指与戈甲营出口相连的以东地段。1946年，地方当局将戈甲营出口以西的正卫街和游家巷并入，统称为昙华林。昙华林街区呈“一路两街环绕周边，老街里巷居中贯通”的格局。地域范围近似长方形，东西最大纵距1.42公里，南北最大横距0.8公里，总面积1.02平方公里。其街巷道路，以花园山为界，山脊及跨山之路，归于山北，多为旧式衙署、豪门巨宅以及历史遗址命名的街巷，为昙华林街区的主体；山南街巷名称，多由民间传说而来，除云架桥（路名，南起今粮道街东段，北抵昙华林东段）外，山南山北道路虽不直接与昙林正街相通，但地名大多与昙华林街区的历史文化相关。

位于昙花林的文华书院

1946年以前的昙华林街形成于明清时期。清末《湖北省城街道总图》标注其位于武昌城北部，地处城墙内的崇府山（花园山）和螃蟹岬之间，东西走向，东起鼓架坡，西接正卫街。地方不大，但名气不小。昙华林成街市起源于林则徐的“运粮要道”。清道光十七年（1837年），林则徐调任湖广总督驻武昌，亲定在昙华林的东端建“丰备仓”（今武汉第十四中学操场处），以屯粮备军需。据考证，在昙华林西端设有“武昌卫”，担负着漕粮“军运”和“屯田屯粮”的任务。其“屯田面积达343亩，屯粮18716石”。“丰备仓”是武昌卫的“屯粮”仓库。因此，在昙华林辟路建街，使粮食能运进运出，由此可以看出，昙华林是在“运粮要道”的基础上成街并发展起来的。昙华林得名于宗教兴盛。“昙华”出自佛教《妙法莲花经》中如来之语：“优昙钵花，时以现耳。”佛教传说，转轮王出生，昙花生，说的是昙花难得出现。按梵文译音和古代文言文通用的说法，昙花即昙华，而“林”应该是“丛林”（丛僧聚居一处）的简称。昙华林曾是儒释道三教繁盛之地，在境内南麓有武汉四大丛林之一的正觉寺（其余三大丛林为归元禅寺、宝通禅寺、莲溪寺）；螃蟹岬南麓有与武当宫、长春观齐名的灵瑞道院。到了晚清，这里有美国、英国、瑞典、意大利等四国教区，这大概是昙华林得名的佐证和内涵吧。亦有人认为，昙华林里巷内花园多植昙花（优昙华），聚而成林。古时“花”“华”两字通用,故名昙华林。《郭沫若自传》中就称其为“昙花林”。郭沫若还认为“昙华”二字据说是印度梵文的译音,而“林”应该是“居士林”的简称。

百年前的武昌昙花林

正卫街,为一明清老街,1946 年并入昙华林,今街名已不存。今昙华林西段与戈甲营片区北面接壤处的路段(今昙华林小学门前),即为当年之正卫街。街长约 200 米,成街于明代,得名于官府正卫衙门。据《湖北通史》记录,武昌因为湖广会城之故,于明洪武二十二年(1389 年),设置“卫”级驻军,拥镇守之兵 5600 人,史称“武昌卫”。相传,武昌卫指挥使衙门设在螃蟹岬南麓(今昙华林小学内),衙门前的道路,则是“武昌卫”官兵进出的“官道”。清代的“武昌卫”的职能演变为以“漕运”为主的“运军”,即有“楚省漕船,什军轮驾,一军出运,九军公帮”之说。“运军”还担负“屯田屯军”的职能。相传武昌卫守备、千总等官员,为区分于当时的另一军事机构“武昌左卫”,便在衙门门楼高悬“正卫衙门”四字,故其门前的街有了“正卫”之名。清光绪二十八年(1902 年),武昌卫被裁撤,而正卫街之名却延续至 1946 年。

游家巷,为一条清代老街。据清末《武汉城镇合图》标示,游家巷位于武胜门正街(今得胜桥)北段东侧,北靠马道门,南依戈甲营,西与武胜门正街交会,东与正卫街连通,全长 180 米。相传,该街成街后的早期,一游姓人家在此置业建房,随之居户渐多,但游姓居户仍多,故名。这里还有“三面官府夹一巷”之说,即北靠官府的马厩,南依戈甲营房,东临武昌卫衙门,居户多为这些官府下层武职官员之家。其中一居户为武职“游击”官员,因其“品级”较高,人们附会称此巷为游家巷。亦有人称,这里是北城居民当年烧香拜佛、踏青游览的必经之道,来往游人较多,便顺称此巷为游家巷。

昙华林的主要街巷还有:

三义村，位于今得胜桥北段东侧，螃蟹岬南麓，东邻今仪表厂，南接公民巷，西连马道门，北抵福利村，面积 5600 平方米，因其街建有道教灵端道院，院内有景仰缅怀三国时期英雄人物刘备、关羽、张飞的“三义殿”而得名。

崇福山街，位于花园山两端南侧，东西走向，东起崇山巷，西至四衙巷，长 130 米，宽 3 米，明代为崇阳王朱炜王府养马的地方，俗称“马号”。

花园山，是贯通花园山南山腰的一条街道。明永乐二年(1404 年)，崇阳王在花园山设王府后，在此开山辟路，形成官府居住区。清代则为自然居民区。

东城壕与西城壕，明代北城城墙下，所挖护城河(护城壕)以武胜门所设石桥为界，桥东为东城壕，桥西为西城壕。1927 年壕被填平后渐有人居住，人们仍称其街巷为东城壕、西城壕。

马道门，在得胜桥北段东侧，其走向由西向东 75 米转南 80 米，呈直角街道，为明清两代进出战马的通道口，故名。

太平试馆，为一条长 85 米的小巷，因科举时代这里设有参加会试考生食宿场所的“太平试馆”而同得巷名。

戈甲营，为昙华林街区的一条古巷，位于花园山北麓，东西走向，平行于昙华林街，东段北折与昙华林西段相接，西至得胜桥，全长 290 米，宽 4 米。明代，这里设有被称之为“戈甲营”的兵工厂，此街路名亦称为“戈甲营”。

鼓架坡，位于花园山东端南坡，早先为荒坡秃岭。相传朱元璋在此处架战鼓，鸣金击鼓攻陈理部使其请降，由此得名鼓架，后形成街巷。该巷为南北走向，南接棋盘街，北段转西止于马家巷，长 460 米，宽 4 米，巷道弯曲不直不平。

高家巷，位于候补街西段北侧，南北走向，北抵崇福山街，南至候补街，因相传从前有一高姓花匠在此设“高家花园”而得名。

郎家巷，南起候补街中段北侧，北至花园山北麓，全长 170 米，宽 3 米，原为贯通花园山南北的一条通道，后两侧渐添住房，形成街巷。此巷途经山脊路段，为条石阶梯铺设，呈凸形跨越花园山，犹如久埋山中的一座桥。相传曾有一郎姓人看好这块福地，率先置业建房，且郎姓居户较多，故称“郎家巷”。

候补街，为一条明清时期老街，位于花园山与粮道街之间，东西走向，东起胭脂路，西抵今得胜桥，全长 400 米，宽 4 米，成街于明代。清代有众多的候补官员在这里留下足迹，有的甚至因候补时间长，而住在这里一年半载，成为候补官员的“府邸”，此街便小有名气，便因此而得名。

操家塘，在崇府山(今花园山)西麓原有一块不大的水域，后为操姓人家之私产，此水域便有了“操家塘”之名。再后水域干涸，其地成为居民区，于是街巷以塘为名延续下来。

孝子巷，系明代形成的老巷，位于今双柏街西隅，南北走向。相传这里的住户人家，崇尚“孟宗哭竹生笋”而孝敬父母，其巷得此名。亦有人认为此地为“孟孝感庙”的故址而得名。20 世纪中叶，孝子巷与仪凤巷合并为宜孝巷，后又演变为胭脂路的北段，故孝子巷之名今已不存。

双柏前街，位于花园山东部南麓，南起粮道街，东至今湖北中医药大学原门诊部，西达胭脂路，长约 150 米，因有双柏庙而得名。

华中村，位于湖北美术学院背后，西邻云架桥，南抵粮道街，北接昙华林。此处原为武昌私立华中大学的教职员工公寓，故名。后因其地理位置紧靠中山路，日渐成为较繁华的片区，人们习惯地把附近一带统称为华中村。

涵三宫，位于花园山东段南沿，为东西走向的古老街巷，东抵云架桥，西接双柏前街，长 390 米，宽 4 米，因这里曾有道教“涵三宫”而直接得名。

云架桥，位于武昌旧城东北角的东城墙内侧，南北走向，南起粮道街东段（清代称“巡道岭”），北抵昙华林东段，全长 400 米，宽 4 米。为一与明代武昌城同时建的古老街道。若从明洪武四年（1371 年）武昌城定型算起，云架桥是有 600 余年历史的古道了。相传，云架桥曾是清代省城“丰备仓”（遗址在今武汉十四中）运粮大道。沿着这条古道有一弯曲小溪相伴，于是“桥”与“水”都与这古道有关，而桥在春夏之晨时，常常云雾缭绕，故名“云架桥”，其街道亦以桥为名。

昙华林浓缩了中国近代开放的历史变革，承载了武昌乃至武汉城市发展历史及其文化与精神。特别是 100 多年来，它记录了辛亥革命、中共建党建团、抗日战争三个历史风貌。昙华林聚集了数十处百年以上的近代历史建筑，其所包蕴的丰富文化涵盖了中国近代众多历史事件，中国第一座公共图书馆（文华公书林）和图书馆学科（武昌文华图书馆专科学校）的诞生；武昌首义火种的孕育；陈独秀演讲宣传共产党主张；抗战时期“政治部第三厅”掀起全国民众的抗日热潮……等等。这些建筑虽经百年风雨，但基本风貌无大的改变。林则徐、张之洞、刘静庵、陈独秀、郭沫若、贺龙等一大批历史人物，都在这里留下历史印记；邵伯昌、徐源泉、夏斗寅等的公馆保存至今。各种实物形态的历史标本，彰显着城市厚重的历史文脉。

解放前的昙华林曾有“租界”之称。自近代汉口开埠后，美国圣公会、英国伦敦会、瑞典行道会、意大利圣方济各会等外国宗教组织，都曾在这里修建教堂，传布教义。至今，这些教堂仍在发挥作用，有些教堂则遗址犹在。戈甲营 44 号的基督教崇真堂，是基督教英国伦敦会杨格非牧师于 1865 年主持兴建的，它是武昌第一座基督教堂，1924 年维修改造后保存至今。穿过昙华林街一个完全中式的门牌坊，有一组北欧风格的建筑，是基督教瑞典行道会于 1890 年建的传教基地。如今，这座大院仍然保存着当年的大门楼、主教楼、领事馆和神职人员用房。武昌历史上唯一的外国领事馆——瑞典领事馆，也得以保存。在今湖北中医药大学内，有一幢希腊神庙式的建筑，是基督教美国圣公会于 1871 年兴建的圣诞堂。至今，花园山仍保存有 4 座西式建筑:1928 年由武昌主教艾原道创设的“育婴堂”大楼,1880 年由主教江成德设计修建的主教公署大楼,1891 年建成的花园山天主堂(教内称为圣家堂),1888 年天主教嘉诺撒仁爱修女会建的一座小教堂。

文华书院圣诞堂(1870 年建)

昙华林东部的今湖北中医药大学，原是基督教美国圣公会于 1871 年创办的文华书院，是外国教会在武汉最早开办的学校。国外教会组织，还在昙华林创办了几所近代早期医院。今湖北中医药大学附属医院即是原基督教英国伦敦会所办的仁济医院和意大利圣方济各会所办的圣约瑟医院合并而成。现存于 1895 年修建的老仁济医院,是武汉乃至全国所少见的近代早期医院建筑群。在仁济医院之前，还有于 1878 年创办的武昌仁济男科医院、武昌仁济护校和于 1880 年创办的武昌仁济女医院。

昙华林又是富有革命意义的街区。积极支持辛亥革命的杰出国学大师熊十力创办的“黄冈军学社”为辛亥革命的摇篮之一,今昙华林小学之侧为其遗址。花园山南麓有近代资产阶级革命者吴禄贞领导的“花园山聚会”遗址。“圣约瑟学堂”旧址，曾是辛亥革命先驱刘静庵领导的“日知会”所在地,当年“日知会”的大门、水井还保留完好。昙华林 32 号,曾是“共进会”领导人刘公在原正卫街的公馆。就在这幢老房子里,他领导赵师梅等湖北工业中学堂的三位青年学生,成功地设计制作了辛亥革命军旗“九角十八星旗”,武昌起义的军歌也诞生于此。昙华林记录了中共领导人的革命活动。文华老校园是中共主要领导人陈独秀在武汉最早传播共产主义革命火种的地方。1920 年 2 月 4-6 日，陈独秀应文华大学聘请下榻文华大学文学院，在公书林发表题为《社会改造的方法和信仰》和《知识教育和感情教育问题》的演讲。南昌起义前夕，起义总指挥贺龙的军部曾设于昙华林候补街高家巷(今崇福山街 41 号)。他与中共前敌委书记周恩来在此进行了历史性的会谈后，率部到南昌，与周恩来一起发动了南昌起义，打响了反对国民党反动派的第一枪，创建了中共自己的军队。武汉市第十四中学校园中的一幢建于民国早期的小楼，1938 年曾被用作国民政府军事委员会政治部第三厅机关的办公场所，以中共领导的或影响的郭沫若、阳翰笙、胡愈之、田汉、洪深、冼星海等为代表的文化名流云集于此，宣传鼓动团结抗战。

位于昙花林的国民政府军事委员会政治部第三厅旧址

昙华林一带至今还保留有多处辛亥名人的故居旧址、遗址。在昙华林 141 号大院中，有邵伯昌的老房子遗址、徐源泉公馆旧址、夏斗寅公馆旧址。仁济医院旧址两侧，曾是老同盟会员陈时的故居。今昙华林小学背后、今三义村 14 号—17 号，为石瑛("湖北三怪"之一)的故居(现存)，当年董必武、陶铸与石瑛在此一起商订了国共两党开办汤池训练班的事宜。昙华林 32 号，据传为辛亥先烈刘公的公馆旧址。位于今高家巷 14 号(原 7 号)的房屋，为参加辛亥革命武昌首义的志士晏道刚之旧居。

昙华林还有一批"带有明清时期传统的建筑风格、不受西方文化影响、具有典型武昌风格"的民居——"江夏民居"。其具体可表述为"层层递进、步步高升、泗水归堂、隔三转五"的三合院。如"方家老宅"(双柏前街 20 号)，宅主方大昌，自述系原湖北省主席、爱国将领方本仁之侄。此房建于民国初年，三合围屋、二层砖木结构，青砖黑瓦灌土墙，泗水归堂天井，为典型江夏民居制式。又如"张家老宅"(戈甲营 76 号)，宅主不详，建造于清末民初，结构与"方家老宅"相似，但当面较阔，为五开间，进深三重,穿斗托梁,硬山顶式,有阁楼。再如"李家老宅"(昙华林81号),宅主不详,建造于清末民初,为典型的砖木结构,七架梁,拓梁加穿斗构架,当面较窄,进深亦浅,房间数亦少,显系中小户人家产业。

昙华林街区是历史留下的不可多得的一宗文化遗产,一直成为文人墨客创作的素材,很多文学作品以此为创作原型或取景地。2009年,著名本土作家方方(现任湖北省作家协会主席)创作了小说《春天来到昙华林》。2013年,由天堂印画文化艺术有限公司制作的微电影《昙华林》,获首届"中国·武汉微电影大赛"金鹤奖优秀剧本奖、最佳江城故事奖、优秀导演奖。当年,昙华林成为武汉首个微电影产业发展基地。2015年,昙华林被授予全市"微电影拍摄基地"称号。2016年10月10日,六集大型历史人文纪录片《昙华林》开机仪式在湖北美术学院举行。该记录片将从《瞿昙有华》《西风东渐》《有凤来仪》《龟蛇锁江》《文华武昌》《涅槃重生》六个部分详细介绍昙华林的起源、文化、军事、艺术、保护与改造等方面的内容,以独特的视角再现100多年以来张之洞、周恩来、董必武等一大批历史人物在昙华林的风云际会,以及东西方文化在这里的碰撞交融与发展的场景。

第二节 交通

一、大街通衢

长街、芝麻岭、兰陵街、中正路

长街、芝麻岭、兰陵街、中正路即今解放路,是武汉三镇最古老而又颇负盛名的街道。位于武昌古城中间地带,纵穿南北,是连接武昌城东门至西门的贯通要道。南起今解放桥,与今中山路末端交会,北抵今中山路首段(即大堤口至积玉桥一段),全长3.1公里,宽约20米。

解放路历为武昌城区政治、经济和商业中心,以其历史悠久、街道繁华、商业集中、交通方便而著称。解放路前身大部分为武昌城古长街。该街滨湖而建,既可挡水,起堤防作用,又可作路,通行人车。据宋祝穆《方舆纪胜》载:"南湖外与江通,长堤为限,长街贯其中,四旁居民蚁附。"由此可知,宋代时长街已初具街市规模。沿街以西多为湖泊,自北至南,依次分布有宁湖(明月湖)、都司湖、西湖、歌笛湖、教唱湖、长湖和紫阳湖(滋阳湖)等,这些湖在当时连成一片,又位于蛇山之南,故《方舆纪胜》统称之为南湖,景色甚美。南宋著名诗人陆游在《入蜀记》中写道:"下瞰南湖,荷叶弥望,中为桥曰广平,其上皆列肆,两旁水阁极佳。"

明末以前,长街北端止于蛇山北麓,行人南来北往均要翻越蛇山。明末时,将蛇山凿洞，长街南北得以贯通。所凿之洞在鼓楼（即南楼）之下，因而得名“鼓楼洞”。清光绪九年（1883 年）绘制的《湖北省城内外街道总图》标有此洞。长街主要由以下四段组成，大致界线为：原武昌区委（新中国时期）驻地至今武汉长江大桥跨线桥地段，名司门口（街）；今武汉长江大桥跨线桥至大成路口一段名南楼（正街）；大成路口至今彭刘杨路口，名芝麻岭（街）；以下至今武昌造船厂东大门附近，名兰陵街。此街因其长而又连成一线，故统称为长街（从督署折转向东到保安正街西段，时称“长街尾”）。另从《湖北省城内外街道详图》上可以看出，清光绪三十四年（1908 年），长街以今彭刘杨路为界又划分为南北两大段，北段名为芝麻岭（街），南段名为兰陵街（原“长街尾”之名已消失）。其街名除明代曾一度称过大街外，在历经宋、元、明、清的一千多年的时期，均习惯称为长街。

到民国之时的 1935 年扩修长街时，为施工之方便，将南楼处全部斩断拆除，在原址上建一座钢筋混凝土结构之蛇山桥。扩建后的长街增宽 13 米至 20 米左右，并从司门口向北延伸约 1 公里（即包括司湖、大东巷、雄楚路部分路段），直抵中山路首段；南段扩修至中正桥（今解放桥），青条石路面改成水泥路面，并易名为中正路（1949 年武汉解放后更名为解放路）。此后不久，长街亦通称为解放路。

胡林翼路、汉阳门正街、察院坡、抚院街、龙神庙街

胡林翼路、汉阳门正街、察院坡、抚院街、龙神庙街今均属民主路，位于武昌蛇山北面，东西走向，西起汉阳门江边，东接今中南路北段，全长 4122 米，为武昌城交通干道之一。该路从汉阳门有轮渡可到汉口、汉阳；在司门口与今解放路交会，南可到今解放桥，北可到中山路；在胭脂路与武昌路交会，南可到阅马场，北可到今湖北中医药大学；在小东门与中山路交会，南可到大东门，北可到积玉桥。

1935 年以前，汉阳门江边至司门口一段，名为汉阳门正街；司门口至横街头一段，名为察院坡；横街头至胭脂路，名为抚院街；胭脂路口至今民主路结核病防治所，名为龙神庙街。1935 年，湖北省主席杨永泰提议将上述四街道串通扩建，命名为胡林翼路。胡林翼在清末曾任湖北巡抚，亦镇压过太平天国。解放后，胡林翼路改名为民主路。

今民主路处武昌旧城中部，沿蛇山北麓东西延伸，是唯一贯通武昌城水陆两个城门（从汉阳门到忠孝门）的大道，因而是武昌的中心。该路起点为汉阳门，历为武昌到汉口、汉阳的主要水路交通要道。据明万历年间的《江夏县志》和《湖北通志》记载，从明万历二年（1574 年）起，汉阳门就开设了直达汉口的渡船，称之为“扬子渡”。

自宋代起，蛇山北一带是密集的居家民房，书院也大多聚集于此，南来北往的人，摩肩接踵。古黄鹤楼在汉阳门之西，游人如织，此时的汉阳门正街，为一繁荣的街道。司门口与今解放路的十字交叉处，有宋代岳飞的鄂王府，明代改为布政使司

衙署。清咸丰三年(1853年)太平军第一次占据武昌城时,又成为杨秀清的东王府,后为著名的私家花园“憩园”。清武昌府署曾在汉阳门内(今民主路小学西侧)设立。清末察院坡一带,新旧书业在此扎堆兴店,形成武汉三镇最早的文化街。同治六年(1867年),一些书商适应科举应试之需要,在此出售经、史、集和“闱墨”等类木刻板书。光绪二十八年(1902年),湖南新化邹代均、邹永暄父子开设了中国最早的舆地图社——亚新地学社,先后出版过30多种编印准确精美的地图和地理书刊。后在察院坡今武昌区第一门诊部处,自建大楼继续营业。

胭脂路与民主路交会的东角地带,原有一阔面衙门,系著名的清廷湖北巡抚官署。该署衙于1973年被拆除,建六层楼居民住房。1920年秋,早期革命党人董必武、陈潭秋等7人,在抚院街龙神庙(今武汉打火机厂)召开会议,正式成立武汉共产主义小组。1932年1月,湖北籍革命者张难先携眷由沪返鄂,在这一带结庐著述,因迁灵山寺(相传于东汉时马师所建,今蛇山五坡)旁,而取名“灵山窝”。

解放前,小东门至何家垅一带为水田,村落稀少。解放后这一带修筑了公路。在此基础上,1957年民主路实施扩建向东延伸,与中南路相接,路两侧迅速建起商业网点和居民住宅区,路通市旺,很快成为闹市区。

东厂口、方言街、宾阳门正街、熊廷弼路、宾阳门外正街

东厂口、方言街、宾阳门正街、熊廷弼路、宾阳门外正街,今统称为武珞路。武珞路位于蛇山之南,东西走向,西起武汉长江大桥武昌引桥末端,沿蛇山、洪山东延至街道口与珞喻路、珞狮路交会处止,全长4900米,是蛇山以南贯通武昌东西的一条重要通道。

东厂口即为阅马厂(今阅马场)之东,至今大东门城墙以内一带,在湖北省图书馆、今中南财经政法大学之间有一条路即是。清末,武昌路至黄土坡(今首义路口)为方言街,方言街到大东门为宾阳门正街(宾阳门即大东门,此街与东厂口之路今为武珞路之东部;1935年阅马场至大东门一段,改为熊廷弼路),大东门至铁路跨线桥为宾阳门外正街,铁路跨线桥至傅家坡称傅家坡街,傅家坡至杏花村(今洪山村)称洪山街,杏花村至街道口称杏花村街,杏花村东头称街道口。约在1933年,将宾阳门外正街、傅家坡、洪山街及街道口一部分,扩建为一条宽约3米的马路,碎石泥土路面,命名为武珞路。20世纪50年代初,这一带为农田菜地。武珞路虽是窄狭不平的碎石泥土路,却是武昌城区通往珞珈山武汉大学的唯一道路。20世纪60年代,武珞路被扩宽为30—60米宽的水泥路面,是通往珞珈山、关山的要道。1972年将东端的熊廷弼路、阅马场(东厂口)并入,定型为至今的武珞路。

东厂口以西之阅马场,为一富有革命传统之地。近200年内,湖北、武汉民众及革命党人在阅马场进行革命活动,阅马场被称为革命的广场。武昌首义胜利后,辛亥革命武昌起义军政府设在广场之红楼,成为革命军指挥部。红楼前面屹立着孙中

山铜像，南面有黄兴拜将台、纪念碑。其四周绿树成荫，繁花似锦，红楼掩映其间，即被称作首义广场。

张江陵路

张江陵路于1927年开始修筑，形成低级路面。该路位于紧靠长江边张之洞路至前进路段，为碎石路面。解放后，将该路全面扩建，铺设水泥路面。由前进路延伸至下新河口，名为新河街；从下新河口至青山，名为武青一干道。1966年，上述各段路统一改名为人民大道，1972年更定名为临江大道。

临江大道位于武昌西临江一线，南起于张之洞路西端，北至罗家路（武昌区），再北到青山区金嘴街，南北走向，倚武青堤侧面，全长19.2公里（武昌城区路段长12.2公里），是武汉市主干道之一。

临江大道沿线港站码头多，人流车辆运输繁忙。上段有汉阳门、中华路、曾家巷三码头。汉阳门、中华路均有轮渡，为武昌往返汉口、汉阳的客运码头。曾家巷码头原为纱厂专用码头。附近有南北两个凯字营，光绪二十六七年间（1900—1901年），清廷调来江苏吴元凯的部队，在沿江一带驻扎。因吴元凯所辖兵营代号为凯，故这一带称为凯字营。吴元凯调走后，这里为闲地。1931年武汉大水时，居民无处栖身，便在这一带搭棚避难。当时道路坑坑洼洼，入夜又一片漆黑，地上污水横溢，夏天一到蚊蝇飞舞。解放后，这里才改变了面貌，南凯字营成为原武汉印染厂的职工宿舍区，北凯字营亦为纱厂纺织工人集居的纺织新村。今新河村原为清代挖的一条人工河，名叫新河。后该人工河淤塞后被填，成为今新河街。

该路中段徐家棚码头，位于今横堤二街两端江边。光绪三十一年（1905年），湖广总督张之洞筹建粤汉铁路，为便利外国专家往返于武昌、汉口，在此开辟了渡江码头。粤汉铁路通车后，这里改为客货水上联运码头。

除上述码头外，沿路江边还有大堤口、余家头等码头。

中山路

中山路即武昌旧城环城马路，位于武昌老城区北、东、南三面，西与张江陵路（今名临江大道）连接。环城马路北起长江大堤口，经积玉桥、螃蟹岬、小东门、大东门、武昌火车南站至武泰闸，南依鲇鱼套至今解放桥止，全长7220米。环城马路不仅是通向青山的重要连接线，而且西连沿江码头，东南接武昌火车南站、武昌至纸坊公路干线，可通往湖南省。

环城马路是1936年沿古老的武昌城垣和护城河兴建的，从大堤口经积玉桥（此路段原为箍桶街）、沙湖边、大东门、武昌火车站至武泰闸止，大体上环绕武昌旧城垣外围修建，命名为中山路。当时为黄土碎石路面，宽约5—7米，晴天尘土飞扬，雨天泥泞难行。1972年延伸扩建，将沿河路武泰闸至解放桥路段（曾称为张江陵路）并入，统称中山路。

大堤口位于中山路西端。据《江夏县志》载，大堤口原为“万金堤”，宋绍兴年间（1132—1162 年）役大军筑堤，同时建有江亭。该路旁的大堤口小学，是武昌旧城中由美国教会开办的成德小学，其左侧为教会（属于花园山天主教堂）设立的医疗门诊机构。解放后成德小学由人民政府教育部门接管，改为大堤口小学，门诊部由人民政府民政部门接管，改为儿童福利院。

该路中段的大东门，地处要冲，历为兵家必争之地。清代的太平军、民国时期 1926 年的北伐军，均在此与敌军进行惨烈的激战。此段路为石板路面，夹着一条水沟，两侧为低矮的平房。

该路南段的武泰闸，是武昌地区现存最早的防洪闸之一。该闸于光绪二十六年（1900 年）建成，其防洪范围涉及武昌城及江夏、咸宁、嘉鱼、蒲圻等县。与武泰闸不远的新桥，建于明万历年间（1573—1620 年），是武昌城区连接巡司河以南白沙洲地区的交通要道。

该路终点王惠桥（今名解放桥），架设于巡司河上，南通鲇鱼套，北接中正路（今名解放路），建于 1934 年，亦是鲇鱼套通往城区的重要通道。

今中山路是直通武昌火车站，连接民主路、武珞路、解放路和和平大道、临江大道的主干道。该路在积玉桥与和平大道连通，可通往青山；在小东门与民主路连通，东可到水果湖，西可到司门口；在大东门与武珞路十字交会，东可到关山，西可至武汉长江大桥；在武昌火车站与紫阳路连通，可到复兴路。

王府口街、宫辕门街、分水岭、张之洞路

王府口街、宫辕门街、分水岭今统称为张之洞路。该路西起于今临江大道的首端，东止于中山路的中段，全长 2550 米。

该路未扩建以前，兰陵街口（今解放路南段）至大朝街（今复兴路）为王府口街，大朝街至烈士祠为宫辕门街，烈士祠至首义路为分水岭。1936 年，由湖北省省长杨永泰主持扩建这条马路，并向西延伸至长江边接通张江陵路（今临江大道）。扩建时，靠东拆除山东会馆，并劈开黄土坡以东的山丘，与中山路相接，统称为张之洞路，全路为石子路面。解放后多次翻修，改为沥青路面。1966 年改为工农路，1972 年以紧靠紫阳湖而改名为紫阳路，2010 年复名张之洞路。

清末，湖广总督张之洞在该路西段兴办丝、麻、布、纱四局（厂），还办有法政讲习所和通俗教育讲习所。该路中段临紫阳湖（滋阳湖），自宋以来，湖水清澈，荷叶挺秀，荷花清香，四周湖岸植有垂杨花草，两旁建有画廊水阁，风景宜人。北宋诗人兼书法家黄庭坚、南宋诗人陆游，都有诗文赞颂这湖光美景。明代鄂籍著名将领熊廷弼在湖边建有“熊园”，“园横六七里，宛一幽静乡落，浚小溪九曲，每曲一亭，沿溪植奇卉杂檀”。明崇祯年间（1628—1644 年），张献忠农民起义军攻下武昌城，大学士、礼部尚书贺逢圣“以船载家属凿沈（沉）滋阳湖死”，以殉明朝。清初，督学高世泰曾易名为“亚相湖”(贺为东阁大学士,俗称“相国”,次于宰相,故为“亚相”),但此名在民间不传。清末,张之洞在湖中建湖心亭,用曲桥与湖岸相连,并建有酒厅、茶楼等,常在此接见各地官员。1951 年,人民政府依该湖建紫阳公园。今紫阳公园大门东侧建有胜利亭。1912 年,中华民国南京临时政府将武昌首义的 10 月 10 日定为中华民国国庆日,并举行国庆庆典。为纪念武汉民军起义的胜利和这次有意义的国庆之典,在此修建了“胜利亭”。亭为木结构六柱六角,亭中立有一尊汉白玉石碑,为“民军起义国庆碑”。

今紫阳公园对面,有纪念辛亥革命殉难的烈士祠,位于张之洞路(今中国国民党革命委员会湖北省委员会大院内)。此处原是明楚王朱桢为岁时祭祀而建的皇殿。辛亥革命武昌起义后的 11 月 9 日,即彭楚藩、刘复基、杨洪胜首义三烈士就义一月时,湖北军政府特派遣孙武、蒋翊武、蔡济民等为代表,向三烈士致祭,改皇殿为辛亥首义烈士祠,供有三烈士遗像和诸烈士灵位于内。原建筑今已毁,遗址处柱石可觅,烈士祠牌坊尚保存完好,四柱三门,琉璃瓦盖顶,正额上书“辛亥首义烈士祠”。

在大朝街对面,为楚王府故址。楚王府始建于明洪武四年(1371 年),由江夏侯周德兴主持督造。其王城设 4 门,城高 2.9 丈,门为城楼,城门以丹漆,金涂铜钉。王府中轴线有 11 间的承运殿,后为圜殿,再后为存心殿(9 开间),殿后为前、中、后三宫(各为 9 开间)。府内宫殿楼宇共 800 余间,还有梳妆台、金鱼池、御菜园、长春寺、王室宗庙、社稷等建筑。楚王府毁于张献忠攻破武昌城,惟长春寺保持完好,梳妆台之称沿袭下来。

位于张之洞路东段的今湖北省总工会大院,系清末湖北陆军第八镇工程第八营驻地,亦是辛亥革命发祥地。1911 年 10 月 9 日,因革命党人孙武在汉口宝善里机关装配炸弹不慎失事,使汉口的共进会机关和武昌的文学社机关相继遭清军破坏,形势危在旦夕。革命党工程营代表熊秉坤当机立断,于次日晚八时许在此首先发难,打响了武昌首义的第一枪。其旧址在解放初期尚存三栋平房,解放后在原址按原貌重修,为湖北省文物保护单位。

今张之洞路西端与临江大道相通,可往汉阳门、中华路码头;与解放路、复兴路十字交会,北可至司门口、读书院,南可至武泰闸;与首义路交会,南可至起义门,北可至武珞路;与中山路相通紧接武昌火车站,是一条交通繁忙,市井繁华的重要通道。

中和里、中和门正街、过街楼、分水岭、黄土坡

中和里、中和门正街、过街楼、分水岭、黄土坡于 1952 年为纪念辛亥革命武昌首义,被统一命名为首义路。今首义路位于蛇山中段之南,紫阳湖之东,南北走向,北起武珞路,南至起义门,中段与张之洞路十字交会,长约 1.7 公里。

早在唐代,已有称之为中和里的路。明嘉靖年间(1522—1566 年)重修武昌城,将原新南门改为中和门。南段中和门(后改名为起义门)至张之洞路,原名中和门正

街。中和门正街与张之洞路相交处原有跨街楼房,俗称过街楼。首义路与张之洞路相交处本为岗岭脊地,每逢春夏暴雨时,水至此而分泄南北,故得名分水岭。其西侧(今湖北省总工会一带),称作分水岭街。从分水岭至今武珞路路段,初名为黄土坡。上述五段路在解放后经过扩建,即成为首义路。

晚清时,此路一带是湖北新军的集中驻地。黄土坡东(今中南财经政法大学一带)原为清军左旗驻地。中和门正街之东,原为清军右旗驻地。清军楚望台军械库,在其南段之梅家山西北坡。黄土坡东侧(今湖北省民政厅附近)驻有清军陆军特别小学堂,辛亥首义后改为陆军测绘学堂。中和门正街北段之西(今湖北省总工会大院),曾驻有清新军工程第八营。1911 年 10 月 10 日晚(农历辛亥年八月十九日),湖北新军工程第八营革命党人打响了武昌首义的第一枪,随即占领楚望台军械库,连夜攻占中和门,迎接炮队进城,列炮于中和门城楼和蛇山等地,配合步兵向清政府总督衙门发起攻击,经过一夜激战,光复武昌全城,从而为推翻最后一个封建王朝拉开序幕。此路与武昌首义有关的各处名胜,随此重大历史事件而载入史册。武昌首义前,革命党人在今首义路一带建立秘密联络点,其中有黄土坡 20 号邓玉麟的同兴酒楼(今湖北省民政厅门前为其旧址),中和门正街杨洪胜杂货店(旧址在过街楼附近),以及分水岭街 2 号孙武的住宅(今湖北省总工会附近)等。1922 年,中共武汉区委工作部和中国劳动组合书记部武汉分部,设在黄土坡 27 号(今湖北省图书馆职工宿舍)。今武汉市第三十九中学,建国前为湖北省女子师范学校。1921 年—1922 年,董必武、陈潭秋在该校发动和领导了著名的湖北女师学潮。今湖北省政府第二招待所大院内有两栋老式平房,系清末湖广总督张之洞为德国军事教官修建的别墅,时称鄂园。1927 年春,著名将领叶挺任国民革命军第二十四师师长兼武昌卫戍司令,其师部和卫戍司令部即设在鄂园。

今首义路西邻紫阳湖公园,南有辛亥革命首义纪念地首义门,东连武昌火车站,北接有首义公园、阅马场、辛亥革命武昌起义军政府旧址纪念馆的首义广场,汇集了首义的名胜和革命纪念地,是一张靓丽的具有特殊意义的武昌首义名片。

和平大道

和平大道为 1954 年所命名,该路在解放前为一条窄狭的马路,起于今武昌中山路北段的积玉桥,经三层楼、徐家棚、今红钢城至青山今工人村路止,全线与长江主航道平行,自西南走向东北,略呈弓背形,全长 15.8 公里,是武昌城区连接青山的重要通道。

解放前,和平大道积玉桥至三层楼段,为碎石路面,三层楼至青山为泥土路面。1954 年为适应武汉钢铁公司建设和生产的需要,将此路全部扩宽修建,铺设水泥和沥青路面,并命名为和平大道。1966 年曾改名为东风大道,1972 年复名。

该路起点积玉桥街,清末为武胜门外正街,两侧均为低矮平房,街市不旺。北侧有清末湖广总督张之洞修筑的一、二、三、四马路，北与后来的武汉市第六棉纺织厂相接，南与该路丁字交叉，为泥土路面，人烟稀少。

该路积玉桥路段南侧有一座白骨塔，野草丛生，居民稀少，为堆放无名尸骨的地方，一派荒凉景象。1951 年，此地建成武昌工人文化宫，成为劳动者休闲娱乐的场所。

该路三层楼一带，清末是一片水凼荒洼地，因是城乡来往必经之地，小商小贩都要在这里歇脚。1912 年，资本家喻兴隆认为此地有利可图，修建一座三层楼房，经营棺材，设茶馆、说书院。在当时，这座楼算是最讲究最高大的建筑，故“三层楼”成为该地的地名。

该路中段北侧的徐家棚，是京汉、粤汉两条铁路的衔接点，来往火车在此渡江。徐家棚下面有过江铁路直达江边，路轨水泥柱至今保存完好。

该路北侧杨园四美塘畔，有一座别墅般的楼房，为一洋人在此兴建。抗战前，东北军著名将领张学良曾在此住过。

二、内外城门

武昌城十城门之概况，见本书第二章第二节“各具千秋十城门”。

宾阳门

又叫大东门，位于武昌东城垣蛇山东端的南侧。具体位置是：今大东门立交桥两侧武珞路上，北临蛇山尾端的南麓，南接千家街北端之东侧。始建于明洪武四年（1371 年），拆毁于民国十七年（1928 年）。东城垣正中间有两座城门，取“东方向阳”之义，初名为大东门和小东门。明嘉靖十四年（1535 年），取“迎宾日出”之义，寄寓“圣立东方迎旭日东升，万民景仰”之意遂改名为宾阳门。因为老百姓约定俗成的缘故，大东门之名一直沿用至今。

武昌大东门（1926 年拍摄）

宾阳门有迎春门之称。每年农历正月十九日为邱处机金朝道士，为道教传真道北七真之一，号长春为诞辰。为迎春以纪念这位长春真人，人们都到这里赶庙会，这一传统民俗称之为“燕九节”。每年农历三月二十八日，人们春游至此，敬菩萨、吃甘蔗，为免灾祈福。每年的春季，这里热闹非凡。由此，宾阳门被称之为迎春之门。

宾阳门又有长春门之称。宾阳门外有长春观。长春观始建于元代，为邱处机门徒所建，号称“江南一大福地”。明清之际，与北京的白云观、西安的八仙宫为全真龙

大东门（宾阳门）
（1926年拍摄）

门派三大祖庭。宾阳门内蛇山上，建有专供楚王求神礼佛的长春寺。这里便是我国道教著名十方丛林之一，为历代道教活动场所，宗教文化氛围十分浓郁。

宾阳门还有“战垒门”之称。宾阳门地理位置十分独特，处蛇山与双峰山之间，是武昌城唯一能攻能守的要冲。因此，这里历来是兵家交兵会战的重要场所。在昔日的战火硝烟中，不知多少悍将勇士喋血城门。清咸丰六年（1856年），太平军据守宾阳门。湘军将领罗泽南被派往湖北，援助胡林翼争夺武昌，为攻战城门，只身直冲城下，被守城太平军的火炮击中头部身亡。1926年，国民革命军北伐进攻武昌时，叶挺独立团一营营长曹渊率部攻城，经历41天的围城战，最后从宾阳门和通湘门等处攻入城内占领武昌城，191名官兵血染武昌城下，付出了巨大的牺牲。今小洪山南麓建有“国民革命军独立团北伐攻城阵亡官兵公墓”。

忠孝门

又名小东门，是东垣正中宾阳门的姊妹门，位于蛇山东端北麓。今小东门十字路口沿民主路向西200米处，即忠孝门街道20号、22号、23号处。此门因与大东门为姊妹门，初名为小东门。初建于明洪武四年（1371年），拆毁于民国十七年（1928年）。

小东门外双峰山有座忠孝祠，祠内供奉三国时“哭竹生笋”的孝子孟宗，南宋时又在此祠祭祀“精忠报国”的岳飞，取祠名为“忠孝”，即“善事父母为孝”，“精忠报国为忠”。以祠得名，遂改小东门为忠孝门。因大东门与其为姊妹门，小东门之名一直沿用至今。

忠孝门寓孔子忠孝伦理治天下之意，迎合了当时的道德宗法观念，一时声名大振，忠孝门构成了以孝文化为特色的聚集殡葬用品的行业长廊。忠孝门内大街小巷，纸马铺比比皆是，主要扎制裱糊冥具冥品冥币为死人服务，扎制喜庆牌楼为红白喜事服务，扎糊装修顶棚为活人服务，这是当时忠孝门的第一大特色——忠孝纸马。

忠孝门的第二大特色是建善堂、修养济院。明代建有“武昌府养济院”。明成化

忠孝门（拆于1927年）
（1926年拍摄）

八年（1473年），由汉阳迁建于忠孝门外的马蹄营，占地4000平方米，有房两厢共15间，以养济民众。曾有石刻碑碑记“善民有恒产，教民有定典”，说明官府有法典规章，救济民众。清代建有衡善祠，系民间的救荒、救灾、济贫的集体堂口机构。善堂内开设学堂、药房、寿木店和水上救生的善堂码头等。

忠孝门同样是兵家争夺之门。忠孝门地处蛇山东端，面对小龟山、紫金山，形势险要，兵战经常在此发生。清咸丰二年（1852年）十二月，太平军曾在沙湖架浮桥直通小龟山（今民主路省体委处），攻城占据忠孝门。咸丰五年四月，太平军第二次攻战武昌城时，与清军在忠孝门激战626天，在城门外击毙湖北巡抚陶恩培。1926年，北伐军兵临武昌城下，在忠孝门一线以步兵攻城，炮兵击毁忠孝门城楼一角。

通湘门

清光绪三十三年（1907年），湖广总督张之洞为方便进出武昌城的交通，在中和门与宾阳门之间新增辟的一道城门，位于东垣南端，今千家街与张之洞路交会处的东侧，取名通湘门，寓“以通湖湘”之义。拆毁于民国十七年（1928年）。

光绪十六年（1890年），清朝政府决定修建粤汉铁路，第一期工程修筑武昌徐家棚至湖南长沙路段，计划在武昌东城护城河外（今中山路七一九所东大门对面），设立火车站。张之洞为打通车站与武昌城的出入通道，故而增辟通湘门，因火车站正对通湘门，故名通湘门车站（今武昌火车站的初名）。

通湘门（1926年拍摄）

粤汉铁路通车后，使通湘门外一带成为武昌陆路交通枢纽和南北物资交流的重地，曾经荒无人烟的通湘门外，一时繁华起来。张之洞开始计划在城东建设商业区，从东城垣内侧南起通湘门、北至宾阳门正街，建成一条有千家商铺的街道，取名千家街。众多商家看到了千家街的商机，纷纷在此置地建房开店，千家街当时成为武昌最繁华的商业一条街。时有“火车运来千家街”的民谣广为流传。

通湘门是火车运来的一道城门。因为粤汉铁路的通车，通湘门为武汉城市的发展敞开了大门，这里成为九省通衢的黄金口岸。此后，通湘门车站的站名和站址几经更迭，曾称宾阳门火车站、大东门火车站、武昌总站、武昌南站。直到1957年10月，武汉长江大桥建成通车后，才称为武昌火车站至今。

起义门

起义门又称新南门和中和门，位于武昌城垣偏东南，是武昌城唯一尚存的城门，具体位置在今首义路南端，与起义街相连接处。因为该城门靠近武昌城东南角，故初名为新南门。始建于明洪武四年（1371年），朱元璋派江夏侯周德兴历时30年兴建而成。后来因为城门外有祭祀先贤的明伦堂（今明伦街），中堂高悬匾书“中正仁和”，寓意为古代皇帝居中施仁政，国泰民安，上下和谐，期待国运长久，天下承平，故而更名为中和门。1911年10月，伟大的革命先行者孙中山领导辛亥革命。武昌首义，推翻了清王朝，建立共和国，结束了中国两千多年的封建帝制，武昌是辛亥革命的首义之地。中和门被誉为首义胜利开端之门。1912年，改中和门为起义门。

武昌中和门。首义之夜，起义部队由此入城，并于城上架炮轰击总督署。武昌首义胜利后更名为起义门。（拍摄于1926年）

1913年，袁世凯为占领辛亥革命的策源地武昌，消除辛亥革命的影响，派北洋军阀段祺瑞拆毁了城楼，破坏了起义门的匾额，只剩下城门洞。1981年，武汉市人民政府依旧制重建。城楼高11.3米，穿斗重檐歇山顶式两层建筑，颇为壮丽。檐下环以朱红廊柱30根，半圆形城门高5米，城门上方为叶剑英元帅亲笔手书“起义门”三个大字。

起义门历来是军事必争之地。1926年8月，北伐军总司令蒋介石亲临起义门外的南湖部署指挥北伐军围攻武昌城。北伐军兵临武昌城下，在强入无果后，在起义门外的明伦街和保安街口修筑两道战壕，改强攻为围困，以此阻敌2个团的突围，在此进行激烈战斗，迫使敌军从起义门逃回城内，最后守城敌军被逼缴械投降，武昌光复。

起义门历来为回民聚居之地。多由宰牛业、杂货业、清真餐饮业回民居此。明代时，在距城门外百米处建有一座清真寺，到了清代同治年间重修寺院，占地达2300平方米，为武昌穆斯林礼拜之场所。寺院现立有明代朱元璋御赐“百字赞”碑、清代康熙颂扬伊斯兰教的“圣喻”碑等五块石碑。

起义门是首义凯旋之门。辛亥革命第一枪在此打响，开武汉现代历史之新篇，成为向满清封建专制统治全面宣战的“首义之城”，建立了中国第一个共和政府——武昌起义湖北军政府，又称鄂军都督府，旧址即蛇山南麓之红楼。

保安门

保安门又名玉安门。位于武昌古城南垣中段，今保安街与复兴路交会处东侧约20米处。该城门与楚王府正门“镇楚门”在同一条子午线上，遥对王府，对王府起拱卫作用。始建于洪武四年（1371年）。城门前方建有月城（瓮城），月城毁于明末战火，城门拆毁于民国十七年（1928年）。城门名取《孟子·梁惠王上》“保民而王，莫之能御也”，即“安而不忘危，存而不忘亡，治而不忘乱，是以身安而国家可保”之意。希冀保障大明王朝长治久安，故名保安门。后因该城门对面有金沙洲、白沙洲，故取堆金积玉之意，曾一度改名为玉安门。又因该门是当年楚王经常出入的通道，故有“太子大道”之称，取对楚王敬辞“犹言玉步”，“安富贵荣”之意，亦称玉安门。

保安门左侧有武昌城内十三名山之一的萧山。此山石壁峻岩，山势险峭，相传晋代名士萧丹曾隐居于此。古城南墙倚山为重，萧山矶旁为巡司河畔通向蛇山之南的南湖古渡口。宋元时，这里有一条小河流，称津水。明代在津水入口河附近的城墙基部建有保安水门，后改为津水闸，雨季开闸放水，旱季开闸引护城河水入紫阳湖，故有“津水灌紫阳”一说。

保安门（拆于1928年）
（拍摄于1926年）

保安门外的巡司河畔和城内的保安正街，是当时商业繁华的“南货集市”。集市位于今保安街，西起解放路，东到明伦街，将望山门、保安门、起义门连接起来。东段的清真牛羊肉店，中段的竹器、铁器、木器、瓷器店等，西段的医药店，贯穿长街东西的大小商铺经营日用百货及农副土特产品，这里便成为当时武昌商业的城南闹市区。

望山门

望山门又名望泽门，位于南垣西段，今保望堤街和望山门街交会处南侧，濒临巡司河黄花矶。该城门内外原属古云梦泽，城门面对巡司河和金沙湖的水泽之地。城内临近歌笛湖、教唱湖等湖泊，寓城门内外见云梦泽之义，故初名为望泽门。始建于宋代皇祐三年（1051 年），知州李尧俞增修鄂州城，“周围二十四里，高二丈一尺，门有三，东曰清远，南曰望泽，西曰平湖。宋元因之。”拆毁于民国十六年（1927 年）。

到了明嘉靖年间，城门外的沼泽水洼之地已发展成为“十万人家”、“百货云集”的集市街衢，城门外可远望江夏赤矶山、汉阳大军山；城内可近观以蛇山为主的满城山色，整个城门仿佛置身于山中，取《孟子・舜典》“望于山川”之语意，遂易名为望山门。

望山门外有“古桥渡”。望山门是当时沟通城内外的商贸活动之门。昔日，城门外的巡司河畔有一个古渡口，内连城内商业中心长街（今解放桥），外连鲇鱼套、金沙洲、白沙洲一带的农产品市场，城内所需农产品大都经过望山门运往城内。由于这里有一个渡口，形成了一个瓶颈。明清两代曾在古渡口四次修桥：明初两次修浮桥，后来楚王朱英煍修木桥。到了清代，以船为桥（浮桥）。民国二十五年（1936 年），在古渡口修建了钢筋水泥桥，称中正桥，即今日的解放桥。这里人流络绎不绝，物流长年不断，各行各业的堆栈和仓库都集中在沿江鲇鱼套一带，河边茶肆小吃店等生意兴隆，热闹非凡，望山门成为当时商业繁荣的出入通道。

望山门外有南浦。望山门外的南浦是明代的游览胜地。中国最早的大诗人屈原有“送美人兮南浦”诗句，把美人与南浦连在一起，人美自然南浦美。“南浦幽栖地，当门罨画开”，明代诗人丁鹤年如此赞誉南浦如诗如画的美景。明嘉靖年间《湖广图经志》把南浦列为武昌八景之一，名“南浦观鱼”，有佥事黄润玉之诗为证（诗文见本书第一章第三节“三、明代湖广会城”中）。

望山门（1926 年拍摄）

望山门外有良港。望山门外是巡司河水入江的河段，河宽水深，成为大小船舶日行夜宿的“避风港”，一到傍晚，上下船只争相停泊此河段以避风浪，桅杆林立，篙钩绳缆，乌篷灯影，成为望山门外一道独特的风景线。

望山门外有烈士亭。望山门内距城门不足百米，是湖广总督署（其旧址在今解放路武昌造船厂内)。1911 年 10 月 10 日,辛亥革命起义军和清军在此与总督署东辕门(今武昌造船厂东门内侧 20 米处)发生激战,并一举攻破总督署。革命党人彭楚藩、刘复基、杨洪胜英勇就义于总督署东辕门前。后以彭刘杨命名街道,就是纪念这三位烈士的。现建有缅怀先烈的“三烈士”亭。

文昌门

文昌门又名竹簰门,位于武昌西城垣南端(今武昌造船厂西大门附近)。始建于宋代,拆毁于民国十七年(1928 年)。该城门濒临长江,在唐宋元时代是武昌著名的港市。文昌门沿江一带成为江西、湖南竹木集散地,商人常放竹木排停泊在城门外的江边红石矶一带,这里便成了竹木交易的场所,故初名为竹簰门。到了明代,政局稳定,提倡文治,竹簰门取“文臣诩赞太平”之诗意,寄寓“文运昌济”、“文治而兴”,大明江山兴盛繁荣,明嘉靖十四年(1535 年)易名为文昌门。

文昌星或文曲星为中国神话中主宰功名、禄位之神,多为读书人所崇祀,尊称为文昌帝君。文昌门内建有供奉文昌帝君的庙宇——文昌阁。由此可知,文昌门一带历史上曾一度成为文化区,附近有湖广总督署、都司署、江夏县署等大小衙门,北有文昌阁、书院等。城外临江设有皇华馆和接官亭,地位尊崇。每逢乡试,湖北大主考一行人等按规定在文昌门外江边上岸,省城七品以上文武官员在此迎候。礼毕迎入官亭旁的皇华馆,制台设宴洗尘,随后送考官们入贡院下榻。

昔日秀才到省城参加乡试考举人,多从文昌门进城,先到文昌阁登拜。文昌阁中供奉孔子、文昌帝君和魁星,都是古时文人学士顶礼膜拜的人、神。尤其是魁星,相传掌管读书人的富贵和前程,所以赶考的秀才们便到文昌阁拜祭,祈求功名,故此门又俗称跳龙门。

文昌门外是晚清湖北纺织工业基地。光绪十六年(1890 年)起,清末洋务运动领袖张之洞督鄂,主张“振兴工业为强国要图”,在文昌门外先后创办织布局和纺纱局(当时工厂称局)。织布局在今武汉音乐学院新校区,于光绪十八年建成投产,有布机 1000 台,员工 2500 人;纺纱局在今武昌造船厂西厂区,于光绪二十三年建成投产,有纺纱机 146 台,员工 2150 人。与此同时,

文昌门(拆于 1928 年)
(1926 年拍摄)

他在望山门外设缫丝官局，在平湖门外设制麻官局，这就是著名的“纱布丝麻四局”。

光绪二十四年（1898 年），张之洞还在文昌门附近开办了工艺学堂，分习汽车、车床、绘图、翻砂、赤铁、木漆、玻璃等各门工艺。该学堂后来迁至武昌鲇鱼套。

文昌门还是创造历史奇迹的地方。清咸丰三年（1853 年），洪秀全率领太平起义军，从汉阳门架浮桥至文昌门外，多次攻城不下。太平军便在文昌门附近挖地洞，将炸药装进棺材里过地道，炸开文昌门城墙二十多丈，太平军蜂拥而入占领了武昌城，创造了震撼历史的奇迹。1911 年 10 月 10 日武昌首义时，湖广总督瑞澂在革命军的攻击下，惶惶不可终日，从总督署后墙破洞仓皇而逃，经文昌门出城，逃上了江边的军舰，从此宣告清廷在湖北统治的灭亡，他创造的“奇迹”被钉在了历史的耻辱柱上。

平湖门

平湖门位于今大成路与彭刘杨路交会处西侧。始建于北宋皇祐三年（1051 年），拆毁于民国十六年（1927 年）。平湖门是西城垣三个城门中间的一个城门，滨临长江，内傍宁湖（又名明月湖），有桥名为明月桥，湖畔有拦湖堤（名花堤，今花堤街）。明代武昌城墙就是沿花堤外侧修建的，并在城门旁修筑水闸（明代称登仙闸，清代称平湖闸）。由于平湖闸具有调高蓄水的功能，明月湖在一定水位时，波平如镜，因此取名平湖门，寄寓“平安、没有湖水四溢之患”。

平湖门（拍摄于 1926 年）

平湖门是一个湖光秀美，人文荟萃的地方。平湖门内的玉带街（今大成路），是武昌城最早的教育机构——府学宫（今武汉市第十中学处）所在地，清代改为府文庙，庙内供奉“大成至圣先师孔子神位”（今大成路因此得名），是当时武昌府各县生员参加科考进修的场所。清代省级司法机构——提刑按察司也设在平湖门内。其后院建有著名的官署园林游园——乃园，民国时期的首义公园就是在乃园的基础上扩建而成。

平湖门外是武昌古城水驿所在地。明洪武五年（1372 年）和清顺治十六年（1659 年），曾先后两次将城门外江边突入江中的梅花矶设置为“夏口水驿码头”，与岸上的夏口马驿站共同组成古老的邮驿网络，承担着当时官府与民间的通信功能。

早在光绪三十二年（1906 年），张之洞就在平湖门外兴办了我国最早的机械麻纺厂——湖北麻纺官局（今平湖门水厂处）。宣统元年（1909 年），武汉举办的创业奖进会是两湖最大的博览会，就在平湖门（今武汉生物制品研究所处）举行，会期月余，吸引了中外商界和武汉市民的积极参加，为繁荣市场发挥了重大作用。

汉阳门

汉阳门位于武昌古城垣东段，今民主路西端内侧 20 米处，至迟始建于宋代。据陆游《入蜀记》记载，他在鄂州与章冠之一道先登石镜亭，访黄鹤故址，然后“与冠之出汉阳门”。宋戴复古辑《石屏诗集》载《鄂渚张唐卿周嘉仲送别》诗：

武昌江头人送别，杨柳秋来不敢折。

汉阳门外望南楼，昨日不知今日愁。

明弘治十二年（1499 年），在汉阳门内的蛇山上（今司门口）增建（实为重建）更鼓谯楼，俗称楚观楼、南楼。清光绪十年（1884 年），在汉阳门内的最后一座黄鹤楼被大火焚毁。清末，在黄鹤楼旧址附近建警钟楼和奥略楼。民国十六年（1927 年）拆毁城门。此门面对长江北岸的汉水入江之口，且与江北的汉阳城隔江相峙，寓通汉阳水路之门，故名为汉阳门。

武昌汉阳门（1926 年拍摄）

汉阳门历来是武汉三镇的水路交通要道。当年的汉阳门外，为长江船运码头。明万历二年（1574 年），汉阳门外设扬子江渡，直达汉阳府（当时汉口也属汉阳府管辖）。清代设置大江渡，又名汉阳门渡。清末至民国，这里先后建有汉阳门上、中、下和煤驳、衡善堂等五座船码头。从明代至清代，汉阳门外已形成街道，可通马车。到了民国，汉阳门外成为武昌最早通行公共汽车的地方，1946 年开通汉阳门至解放桥、至珞珈山、至徐家棚 3 条公共汽车线路。如今，雄伟的武汉长江大桥从汉阳门飞架而过，昔日的汉阳门外成为宽阔的沿江大道，当年的船码头旧貌变新颜，且继续发挥承接水上交通的功能，汉阳门已成为当今水陆交通枢纽之门。

汉阳门素以众多名胜古迹名扬天下，这些名胜古迹则以黄鹤楼最为闻名。汉阳门附近的黄鹤楼，与江西南昌的滕王阁、湖南岳阳的岳阳楼并称中国江南三大名楼，又与汉阳的晴川阁、古琴台并称武汉三大名胜。享有“天下江山第一楼”和“天下绝景”之美誉。黄鹤楼始建于三国时代东吴黄武二年（223 年），距今已有 1790 多年的历史，坐落在海拔 61.7 米的蛇山之顶，楼高 5 层，巍峨壮丽。盛唐诗人崔颢“昔人已乘黄鹤去，此地空余黄鹤楼。黄鹤一去不复返，白云千载空悠悠”的诗句，使黄鹤楼声名更著，“白云黄鹤”成了武昌的代名词。这里流传着许多优美动人的传说故事，如玉笛鸣舞鹤、吕洞宾掷桃救孤、神留巨木、黄鹤矶流、蛇山午炮等等，构成了黄鹤楼深厚的文化底蕴。如今黄鹤楼片区已建成为“武昌桥头文化广场”，是集大桥文化、古迹遗址文化、水上运动文化于一体的游览、观光、休闲的场所。

汉阳门又是一个富有革命传统的地方。清代太平天国革命军三占武昌城，多次在此与清军激战，击毙武昌知府多山；咸丰三年（1853 年）1 月太平军首占武昌城后，在藩署（今广东商城）设东王府；2 月，天王洪秀全率 50 万大军从汉阳门出城，登上浮桥离开武昌，直取南京；1911 年 10 月 10 日，辛亥革命武昌首义胜利时，在汉阳门城楼旁的警钟楼升起第一面十八星旗；1912 年 4 月，孙中山先生从汉阳门入武昌城，指导革命；1919 年五四运动后，汉阳门为大中专学生反帝、反封建的集合游行的场所；1938 年 5 月，由郭沫若主持、周恩来作抗战报告、冼星海指挥的宣传抗日的万人水上歌咏活动大游行，声震长江两岸；1949 年 5 月 17 日，中国人民解放军一部从汉阳门码头登岸，经汉阳门入城解放武昌城。

汉阳门（拆于 1927 年）
（1926 年拍摄）

武胜门

武胜门又名草埠门，是武昌古城北城垣正中间独居的一座城门。位于凤凰山与螃蟹岬两山麓之间，今得胜桥北端。始建于明洪武四年（1371 年），明末战乱损毁严重。清代维修，城门增建瓮城。民国十六年（1927 年）拆毁。昔日的城门，面对芳草萋萋的沙湖码头渡口。沙湖盛产莲藕鲫鱼，取“草肥物丰”、“码头渡口”之意，初名草埠门。又因北城墙的城门与南城墙的文昌门相对应，呈文昌武胜之势，意为“文治武安、江山永固”，寄寓“武烈宜扬”、“因武而昌、得地之胜”，取“武将疆场奏绩，得胜回

武胜门（拆于1927年）
（拍摄于1926年）

朝而后凯旋”之意，改名为武胜门。武胜门雄居城北，雄关高亢，在烟云烘托之下，气势夺人，为城北一景。

武胜门因名威武，具有巨大的威慑力之象征。明代在城门外设有“杀场”。同时，在武胜门内建有“三义殿”，供奉刘备、关羽、张飞的塑像。据说，过去判处死刑的囚犯都押往“杀场”，由刀斧手执行斩首。刀斧手对死犯砍头后，要进“三义殿”礼拜武圣关羽，以求吉利。然后到四衙（古时的监狱机构、故址在今四衙村）衙门领赏。晚清，有一宫中戏子，名崇福，貌似光绪皇帝。他勾结太监，盗窃宫中财物，逃至武昌城，假冒光绪皇帝，继续行骗，被张之洞识破，斩首于武胜门外。

武胜门是明、清时期繁华的商业区，而得胜桥则是武胜门通往城北的唯一街道。当年这里商贸云集，有筷子街、箍桶街、砖瓦街等，别具特色。“连樯上灯火，混若蒸朝霞”，这是清代诗人陈溥游览武胜门、得胜桥的感叹。由此可知当年武胜门的极度繁华。到了民国时期，这里成为武昌纺织工业基地。

武胜门还流传着孟宗“哭竹生笋”的千古佳话。传说三国时的吴国人孟宗，是古代二十四孝子之一。他少年丧父，母亲年老多病。医生嘱咐他用竹笋做汤可治母亲的病。时值三九严冬，没有鲜笋。他无计可施，独自一人跑到凤凰山上的竹林中，扶竹哭泣。上天为他的孝心所感动，一会儿，他忽然听到地裂声，只见地上长出数只嫩笋。孟宗大喜，采回做汤，母亲喝了之后果然病愈。后来他官至大司空。后人有诗云：

泪滴朔风寒，萧萧竹数竿。
须臾冬笋出，天意报平安。

连接武胜门的凤凰山上昔日有“孟宗哭竹生笋处”的石碑和孟母墓。

三、桥梁隧道

武昌古城内山多水多，“开门见山，出门遇湖”，市民出行之路离不开桥。据传，南宋绍兴年间（1131—1162年），武昌小东门附近筑有木结构之虎平桥。武昌旧城内外留存至今的古桥，仅有明代的北洋桥和长虹桥。据2011年5月由武汉出版社出版的《清康熙湖广武昌府志校注》载，康熙年间（1662—1722年），江夏县有桥梁44座：洋子江、八分渡、白洋渡、游家渡、山门渡、冶塘渡、南嘴渡、北嘴渡、得胜桥、分金桥、滋阳桥、明月桥、清风桥、伏龙桥（中和门内。晋许逊自豫章逐蛟至此，蛟化为白驴伏桥下）、苍龙桥、平湖桥、升仙桥、广平桥、青石桥、新桥（在保安门外，已废）、长虹桥、踏泊桥、老人桥、龙穴桥、白洋桥、李家桥（后更名弘济桥）、张公桥、太平桥、狮子桥、雨落桥、果盒桥（在县南百十一里聚仙铺。桥顶有石，镌形似果盒。相传仙人对弈，有持果盒而献者，故名焉）、仙人桥、青林桥、冶湖桥、上塞桥、雷公桥、曾家桥、廖家桥、阳福桥、花堤、万金堤、郭公堤、江堤、路堤。

清代，武昌有桥梁 39 座。其中，跨巡司河有 4 座石板桥：长虹桥、宏济桥（即李家桥）、倩桥渡（解放桥原址）、额公桥（即新桥）；其余桥梁分布在城内外跨湖要道上，有广平桥、北洋桥、踏泊桥、老人桥（木）、青木桥、武穴桥、七星桥、升仙桥、万年桥、鲫鱼桥（积玉桥）、吹笛桥、金锁桥、瓦壮桥、宏波石桥、平湖桥、板桥、喻家桥、巷龙桥、上畈桥、多子桥、长桥、吴和尚桥、紫阳桥、歌笛湖桥、小板桥、大板桥、明月桥、新明月桥、清风桥、得胜桥、要孩桥、青石桥、优龙桥、分金桥、孟井桥等。至 1949 年，武昌城共有桥梁 19 座，其中留存古桥 11 座。民国时期新建的 8 座，其中蛇山桥、中正桥、珞珈山路桥 3 座为民国时期修建的钢筋混凝土梁拱桥，其余为砖、石、木板桥。隧道有武昌路穿山隧道（蛇山洞）。

武汉市区存世最早的桥——北洋桥

北洋桥又名白杨桥、白洋桥。北洋桥因坐落于北洋湖之畔而得名，位于今东湖以北，跨东湖通往青山出江的港汊上，为单孔红砂硬石拱桥。桥长 12 米，宽 6.85 米，净跨 9.5 米，桥上两侧有砖砌护栏。桥址原为北洋渡渡口。

北洋桥是武汉市区内现存最早的桥。明宣德、正统年间（1426—1450 年），地方官曾于两岸浅水处打木桩，以竹笼装石块放在木桩上形成墩石，搁置木板架桥，屡架屡毁。后镇守刘太监拨白银 240 两，交江夏县主簿修建石桥，亦未成。弘治十七年（1504 年），江夏县官员周玺来此，见等船过渡者不下二三百人，渡运中一船翻沉淹死多人。事后，周玺与友人陈延英述说所见，倡修桥梁。陈慷慨捐银 1 千两，米 100 余担。周、陈二人又去北洋渡选定桥址，确定桥型，征集石匠 100 余人，组织村民从距渡 200 里的蒲潭山运青石 1.2 万余片，水下用硬木打桩，桩顶砌厚密青石，用红砂石砌拱。桥成后，周玺树碑桥头，铭刻建桥过程及捐献者姓名。该桥于明万年间（1576—1620 年），由常居敬重修。1916 年 4 月，又由乡人李凌组织维修。北洋桥造型古朴典雅，坡降平缓砌石牢固，可通车马。桥东段北侧立有明万历年间（1573—1620 年）"楚城白杨桥碑记"碑和民国初年"乡人李凌重修北洋桥碑记"碑。碑文刻有该桥沿革。

北洋桥建成后，各路客商往来更加频繁，成为武昌联络各省的重要通道。后曾维修过三次。现 20 吨以上载重汽车从桥上通过，桥体仍安然无恙。

历代兵家重地——长虹桥

长虹桥位于起义门外东南约 500 米，今中山路栅栏口通往原南湖飞机场道路上，桥跨巡司河港汊上。为一座三孔砖拱桥，现有二孔被泥土填没，仅存一孔。桥长30米，宽13米。该桥始建年代不详，民间传说为唐代尉迟恭所修，但无典籍记载。《湖广图经志》说该桥“在县南六里”，但未说明始建时期。传说唐代尉迟恭建桥时，在桥墩的上面夜燃油灯，灯光照长桥，光彩若长虹，故名。又传长虹之名典出《阿房宫赋》：“长桥卧波，未云何龙，复道行空，不霁何虹。”

明万历四十七年（1619年），江夏籍将领熊廷弼在修筑邑南堤时重修长虹桥，将经过磨平的砖块用糯米浆加石灰粘接，砌筑三孔拱桥，孔径为5米。清同治五年（1866年），曾用砖填补桥体上剥蚀空缺之处。

长虹桥作为武昌城南驿道的里程起点，是鄂垣通往江南之湖南、广东、广西、云南、贵州驿道的必经之地，有着极为重要的战略位置，历代均有驻军。辛亥革命武昌首义时，该桥两端附近即为南湖炮队炮八标驻地旧址。太平天国、辛亥革命和1926年的北伐战争期间，都在长虹桥发生过激战。

1983年，武汉市政府将其列为市级文物保护单位。

吉祥万福——积玉桥

积玉桥最初架在武胜门正前方的护城河上（一说在武胜门前连通护城河的湖汊上），其遗址在今得胜桥（街）北端附近，是昔日进出武昌城的路桥。此桥初名为鲫鱼桥，因桥下的护城河连接盛产鲫鱼的沙湖，每逢春夏湖水上涨，湖内的鲫鱼回流到桥下一带，附近居民容易捕到很多鲫鱼，故此桥称作鲫鱼桥。因盛产鲫鱼，武胜门外有两道著名的菜肴“糖醋鲫鱼”和“喜头汆汤”（武汉人俗称鲫鱼为喜头鱼），更有“鲫鱼汆汤与西湖宋嫂鱼同美”的赞誉。该菜肴盛极于明清时期。《江夏县志》即记此桥名为“鲫鱼桥”。清光绪十三年（1887年），鲫鱼桥重建为石拱桥，单孔，桥下内空达丈余，可行舟。清末为铜元局运送铜料的必经之地，并取鲫鱼之谐音和堆金积玉之义，改名为“积玉桥”。1931年，桥遭大水毁后，泛指地名。1934年，在此重建钢筋混凝土桥墩木面桥，1938年又毁，残留桥基延至20世纪80年代。在清代，以积玉桥为坐标，桥东的护城河为东城壕，西则为西城壕。在西城壕上有一座桥，桥头高挂木牌，上书“堆金桥”，因沿河有筷子、砖瓦、箍桶等行业街，生意兴隆，日进斗金，故名。在东城壕的河堤上，有两座桥。一是多子桥，建在通外沙湖的港道上（今沙湖口），桥下是运送稻米和粪肥的船码头；二是多孙桥，在螃蟹岬今公汽四场附近，系一处护城河的出水口，桥系闸路半用的桥梁，又名小闸口。上述积玉桥、堆金桥、多子桥、多孙桥四桥成为“堆金积玉、多子多孙”的吉祥语。1931年前后，武昌城护城河由明渠改为暗渠，四座桥相继不存，但积玉桥之地名一直延续至今。提起该地名，还有一个民间传说。据说有一书生进京赶考未中，感觉无颜面回家见人，就住在武胜门外一客店内苦读，日子一长，已身无分文。客店老板天天逼账。一天，他到客店旁边的一座小桥上准备投水自尽，忽见河中有一闪碧绿光的石头，捞起后顿觉精神百倍，打消了寻死的念头，便怀揣石头，竟不吃、不喝、不知疲倦地苦读。半月后，客店老板见书生精神好转，又来逼账，并要把他告到官府去。书生说："我只有这一身衣服和这块石头，哪有钱还债？"争执中，一位在这看热闹的珠宝商看到这块石头，便说："这块石头是三国周瑜佩戴的宝石，有了它可以多日不吃不寝。周瑜病重时，不愿它落入别人之手，就把它投入长江了。"他替书生还了债，高价买下了这块石头。书生感念宝石和小桥救了自己，就拿出一笔钱把小桥改建成了石砌大桥，亲笔题名"积玉桥"。从此，每逢春季，城内达官显宦、布衣百姓经常出武胜门外经过此桥，到郊外踏青观景，以图"堆金积玉，子孙满堂"之吉利。

昔日"倩桥渡"——王惠桥

王惠桥位于今武昌解放路南端，跨巡司河，与鲇鱼套相连。桥长 65.95 米，是武昌最早的一座四跨梯钢筋混凝土中型桥梁。

宋代时王惠桥以南为南市，数万家商户云集于里河（今巡司河）的南岸。明代则号称"东南都会"，但与武昌城隔河仅以舟楫往来。明洪武年间（1368—1398 年），知府冒政在这里造舟为桥，名曰"倩桥渡"。至明正德年间（1506—1521 年），周仪改建了该桥。嘉靖年间（1522—1566 年），知府严中亦增修了该桥。又至楚王朱英，为方便楚王府人员到南市游览购物，便又在此修建一座木质桥梁。市民将此看做是楚王施惠于百姓，便称之为王惠桥。今王惠桥巷为当年王惠桥之旧址，即巷以桥为名。此后，该桥有二次较大的修葺。明末张献忠部将张其撤离武昌往湖南时，毁了该桥："焚王惠桥以断追者"。康熙四十四年（1705 年），湖广总督喻成龙、江夏知县洪国补为恢复此地水路交通，修建一座浮桥，即以船为礅，搭板成桥，称倩公桥。此时城内所需的米、油、盐、鱼、瓜等大量生活品，大都经过倩公桥，源源不断地运进城内。到了民国时期的 1936—1937 年，武昌市政处拆除浮桥，改建成武昌第一座钢筋混凝土桥，称之为中正桥（蒋介石字中正）。1949 年武昌解放后，改名为解放桥。1954 年，该桥桥身、梁体被洪水冲击塌毁，1957 年初得以修复。1996 年，解放桥所处的河段改为箱涵，该桥成为暗桥（被埋入地下），只有桥栏杆存于地面之上。

新石器文化遗址——老人桥

老人桥又名长寿桥，位于原武昌南湖机场到狮子山华中农业大学的公路上，跨南湖口。为两孔各 3.3 米钢筋混凝土板梁桥，桥长 8.7 米，宽 6 米。该桥由明楚昭王于永乐七年（1409 年）建，当时称为长寿桥。正德年间（1506—1521 年），由胡王连募资重建。1963 年 2 月，改建为现桥，材料仍用 400 余年前的红砂石为基础。

在老人桥及周围，其地名称为"老人桥"。20 世纪 60 年代中期，在老人桥附近进行信息工程施工时，在一高处（高出周边约 4 米）下挖取土时，挖出了不少石器和陶器。省市文物考古部门派员进一步挖掘，并经专家论证，其出土石器和陶器等出土物为新时期晚期人类聚居的文化遗址，即被称为"老人桥文化遗址"。老人桥文化遗址面积约 9000 平方米,属距今约 4500—3500 年新石器晚期,出土有磨制石器如斧、凿等生产工具,陶器如鼎、罐、碗、盆、网坠等。这说明在旧武昌城外,早在原始社会末期就有人类栖息。它与武昌城东的放鹰台遗址一样,对研究武昌地区乃至长江中下游早期人类活动史具有重要价值。

避风躲雨——额公桥

额公桥初名新桥,俗名风雨桥,今名新桥。该桥故址在今新桥街北端的巡司河上,始建于明万历四十七年(1619 年)。其时,江夏籍人、辽东抗清名将熊廷弼因罢官归故里,居武昌城紫阳湖畔"熊园"。他为改善武昌城南交通,独自出资主修其桥。桥两端(岸边)以石砌桥台,为三孔拱桥,桥长 32 米,宽约 8 米。该桥有两石墩在河中,墩台临水中间部分留有闸槽,江水涨时以木板为闸并填土加固,防止上游水患,枯水季节又可引江水入河,适时控制水位。该桥构筑颇具新意,故称之为新桥。

明末清初,新桥因战乱遭损坏。清康熙五十二年(1662 年),湖广总督额伦特重修新桥。修复时保留了桥墩、桥孔的建筑特征,桥面作了改建,桥两端砌成砖墙圆拱桥门,桥上架木柱布瓦顶棚,呈长廊式桥亭,人们称之为风雨亭。"亭"内置有固定式长凳,过桥人可在桥上躲避风雨,故有百姓称之为"风雨桥"。此次修复,使该桥造型构成一组完美的建筑形式,且桥下保持控制水位的闸板,桥面有避风雨的廊亭,实用得体。为感念额伦特,易名为额公桥。光绪二十四年(1898 年),因修武泰闸,让运木船只通过,拆除了该桥。民国七年(1918 年),许松林等武昌知名绅士筹款修复额公桥。1954 年特大洪水后,改建成钢筋混凝土桥,并复名新桥。1996 年,此处河段改成箱涵,整座桥被埋入地下。现有新桥街之地名存世。

驿道通途——宏济桥

宏济桥现名李家桥,位于武昌城南约 20 里的古驿道上,跨巡司河。始建于清康熙年间(1662—1723 年),由张之藩倡建,为三孔石拱桥,时名宏济桥。乾隆年间(1736—1795 年)由程炳重修。咸丰三年(1853 年)太平军攻克武昌时,该桥被清军所毁。同治八年(1869 年),该桥得以修复。1956 年,有关部门对该桥进行了培修加固。现李家桥正桥长 23.1 米,宽 9 米,系微弯板工型梁桥,为 1970 年改建桥。

三镇坦途——长江浮桥

在中国建桥史上,太平天国军在武昌、汉阳江上架设的浮桥,为最早长江上架设之浮桥。

早在武汉长江大桥建成的一百余年前,太平天国军就曾在武昌、汉阳之间的长江上架起 3 座浮桥。清咸丰二年(1852 年)底,太平军攻打武汉,北路军占领汉阳、南路军将武昌重重围困后,为对武昌城形成南北夹击之势,太平军以惊人的速度,仅一个晚上就在汉阳至武昌的长江江面上架起 2 座浮桥,然后从武昌城之东的沙湖和长江两个方向夹攻并占领武昌城。夺得武昌城后第四天，又在汉阳龟山至武昌蛇山间架设供民众商贸通行的第三座长江浮桥。同时在攻克汉口后，又架设了汉阳至汉口的汉水浮桥。3座长江浮桥和1座汉水浮桥首次将武汉三镇连为一体，人马往来如履坦途。当时，《武昌纪事》的作者陈徽言身临其境，对浮桥有如下文字记载："咸丰二年壬子十一月十二日（1852年12月22日），贼舟（指太平天国军战船）扬帆顺流而下，须臾尽泊鹦鹉洲，桅樯林立，约数千艘……十四日，贼舟由鹦鹉洲沿汉阳江岸至南岸嘴，或一、二艘，或二、三艘，皆衔尾徐行。贼联舟为二浮桥，比明已成，上由鹦鹉洲至白沙洲，下由南岸嘴至大堤口……十九日，巡抚常大淳、提督双福出赏格，勿论士庶，能毁贼浮桥一座者，赏银五千两；上下流二浮桥全毁者，赏银万两；烧一贼船者，赏银二十两。"（十二月）"初八日大雪，贼造浮桥，自对岸晴川阁至汉阳门江岸，以巨缆横缚大木，上覆板障，人马往来，履如坦途……十七日，大风断贼江中浮桥……十九日，贼复缚木为浮桥，更多系铁锚重三、四十斤者抛江中，视前益稳固，虽大风浪不能动"。这些文字记载了长江浮桥架设的时间、地点、方法和架桥者等基本情况，充分证明了清代太平军在长江武昌段架设浮桥的历史事实。但由于受当时战争条件的限制，未能留下架设浮桥更为翔实的记载和资料。

清代在武昌、汉阳江上架设浮桥，主要用于军事目的，无论在桥址选择、架设速度、通行功能等方面，均为中国浮桥架设史上所罕见。而且长江上3座浮桥，有2座选址位置正好与今武汉长江大桥、白沙洲长江大桥相吻合。根据当时观测条件，能在极短时间内选定好桥址，成功架设起数座横跨长江的浮桥，足以证明当时浮桥架设者的高超技术和组织指挥才能。

武汉首座人行天桥——南楼跨线桥

南楼跨线桥又称鼓楼洞、蛇山桥，今为司门口跨线桥。始建于1936年，是一座钢筋混凝土过街人行拱桥。它位于今武汉长江大桥蛇山引道解放路跨线桥桥址处，桥跨20米，桥上设有灯柱和雕花栏杆。此处解放路路段解放前叫中正路，再往前溯有旧名为长街。长街之名最早记载见于南宋。长街北段与蛇山交会点，原有历史悠久的南楼，其前身为唐代武昌节度使牛僧孺的登临宴饮处"奇章堂"（牛僧孺曾被封为奇章郡公，故名）。宋代知州陈邦光在其故地改建，易名为"戏彩堂"，后任知州汪叔詹又改名为"奇章阁"。明弘治十三年（1500年），布政使韩镐改建成报告时辰之谯楼，名"楚观楼"，俗称"鼓楼"。明末，朝廷实施"蛇断腰"，在鼓楼处下凿开洞，使鼓楼以南的长街穿过山洞延伸至蛇山北的藩司衙门（即司门口今民主路口）。因此，人们俗称此洞为"鼓楼洞"，成为明清以来城内蛇山南北唯一的通道。

南楼洞跨线桥亦称长街桥，为鼓楼洞（南楼洞）前长街上的过街人行天桥。长街桥为武汉有史以来首座人行天桥。20世纪30年代初，武昌人口急剧增加，城内车马人流络绎不绝，而其闹市中心之司门口，交通十分拥挤。为缓解交通状况，1935年

10 月，实施了长街扩建和修桥工程。次年，蛇山桥竣工，为钢筋混凝土人行拱桥，桥跨为 20 米。1956 年修建武汉长江大桥时，该桥被拆除，故址一带改建为司门口铁路跨线桥和公路跨线桥二座。

武汉首座钢筋混凝土隧道——武昌路穿山隧道

武昌路穿山隧道又名新鼓楼洞、鼓楼洞（今武昌洞），位于阅马场至民主路中段。武昌旧城区内，蛇山东西走向横亘于中，南北交通受险。虽在明代开凿了鼓楼洞，使南北相通，但随着城市的发展，不能适应其交通之需要。于是从 1912 年起，在阅马场附近又开凿山洞，即称之为新鼓楼洞，以旧城砖衬砌洞拱，于 1913 年竣工。洞口有黎元洪题“武昌路”三字。后砖拱被山水溶蚀脱落，1916 年全部倒塌。1927 年，武汉工程委员会工程处决定采用钢筋混凝土衬砌洞拱，由彭荣泰营造厂承建，1928 年 9 月开工，1929 年 4 月 1 日竣工。此洞长 78 米，高 5.6 米，宽 7.7 米，钢筋混凝土拱顶厚 0.61 米，拱脚厚 0.91 米，拱基厚 1.07 米。洞内新修碎石车道（可通行汽车）和人行道，洞口外砌八字形挡土山墙。总造价 6.7 万余元。虽属改建工程，但其为武汉市最早的钢筋混凝土桥隧工程。历时百年后，武昌城不断扩至蛇山外，且南北道路多达数十余条，但武昌路穿山隧道及其连接出入道路，仍为武昌城的南北主干道之一。

四、津渡码头

武昌地处长江、汉江两江交汇处，加之商业开埠早，历代水路运输较为发达。早在东汉时期，武昌就成为“导财运货，贸迁有无”的水陆商埠。三国时期，孙权在汉阳门一带“建港泊舟”。南北朝时，武昌城外临江的商业市井长达数里，水路运输是维系商业繁荣的重要支撑，码头装卸亦繁忙。至唐宋，随着长江流域水路运输物资的增多，在鲇鱼套一带形成了历史上著名的南市，即为码头港口货物集散和交易的重要场所。明初，望山门外的大江中，因泥沙淤积而相继形成的金沙洲和白沙洲，成为货物船舶理想的避风港，吸引了众多商船来此泊靠贸易，因而这里成了被誉为“四民辐辏”“百货云集”的东南都会。清雍正年间（1723—1735 年），武胜门外江中淤起一洲，名塘角，这里“水藏洲曲，可以避风；水浅洲回，可以下锚”，遂发展成为商舶云屯、百货萃集、市肆连绵的新兴商埠。民国时期，武昌地区以货运为主的码头装卸业依然发达。1947 年，武昌地区沿江码头有 68 座。

“走遍天下路，惟有武昌好过渡”。这是一句古时民间谚语，其大意是指旧时武昌汉阳长江岸边渡口甚多，武昌汉阳来往过渡非常方便，且收费低廉。尤其是在武昌古城的“汉阳门渡”和汉阳东南的“汉阳渡”，成为行人在武昌城和汉阳城“好过渡”的主要渡口。

武昌最早有一定规模的客运码头（渡口），是隋唐时期设在汉阳门的码头，对岸则是汉阳城之东的东门码头。由汉阳门码头至东门码头是一条客运航线，既是一条主要供达官贵人和官府邮差往来的水上驿道，也是市民、行客来往于武昌与汉阳之间的渡江线。晚唐诗人王贞白在《晓泊汉阳渡》诗中写道：

落月临古渡，武昌城未开。
残灯明市井，晓色辨楼台。
云自苍梧去，水从嶓冢来。
芳洲号鹦鹉，用记祢生才。

诗人从汉阳渡看到的，尽是武昌渡周边的景致。汉阳门地区在历史上是武昌至汉口、汉阳的主要交通要道。据《江夏县志》和《湖北通志》载，明万历二年（1574 年）汉阳门设有扬子江渡，直达汉口。清时置大江渡，又名汉阳门渡。清末至民国年间，汉阳门一带曾先后修建了五座码头，分别是汉阳门上码头、中码头、下码头，煤驳停泊码头，衡善堂码头。其中，汉阳门上码头和下码头沿用时间较长，是主要轮渡码头。清同治《续辑汉阳县志》认为，汉阳渡为“东渡武昌省会要津也”。但武昌的汉阳门等渡口，又何尝不是西渡汉阳、汉口的要津呢。

武昌汉阳两渡口来往人员繁多，渡运乘客的木划船用木兰、沙棠等木材做成。唐代大诗人李白游武昌汉阳后，曾作《江上吟》诗，诗中有“木兰之枻沙棠舟”之句。唐后期文学家罗隐曾作《忆汉口》，亦有“汉阳渡口兰为舟”之句。而诗中所指的汉口，可不是今天之汉口镇，而是汉水在今龟山南的汉水入江口以及对岸的“夏口城”。选用优质木料制作的渡船，质地坚固，气味芬芳，航行于水阔浪滔的江面，可使客人安坐而舒心，这或许是“惟有武昌好过渡”的另一原因。

明代有了汉口镇后，武昌渡增加了驶向汉口的航线。清末至民国时期，汉阳门渡、平湖门驶往汉阳东门渡、川主宫及江口的龙王庙、三阳路的渡船，主要用双桨木划船渡送乘客。每船过江载客 6—8 人，每人交过渡费 2 文（值白银不足 1 厘）。且往来木划如梭，渡行不止。此时，民间广泛流传“行遍天下路，惟有武昌好过渡”之谚语。1913 年先后开辟武昌平湖门至汉阳东门等轮渡航线，过渡费升高。1927 年，武昌横渡长江至汉阳的小木划准载客 8 人，大木划准载客 10 人，过渡费涨至每人 120 文。由武昌至汉口可先乘船到汉阳，再通过东门至王家巷、龙王庙。

20 世纪 50 年代末至 21 世纪初，武汉长江大桥、武汉长江二桥、白沙洲长江大桥、鹦鹉洲长江大桥及过江隧道开通，陆路交通改善，水上客运航线相继停航，但仍有汉阳门、中华路、曾家巷、月亮湾、黄鹤楼等码头的客运航班至汉阳、汉口，承续着“惟有武昌好过渡”的情景。

清咸丰十一年（1861 年）汉口开埠后，武汉轮船运输开通。为轮船过载的驳船业、堆栈业等兴起。大革命时期（1924—1927 年），武汉成立码头总工会，武昌有 3 个分会，共有正式码头工人 5522 人。其中，平湖门一带 1216 人，金沙洲一带 3800 人，鲇鱼套 556 人。1936 年粤汉铁路通车后，为铁路转运物资的转运公司和码头成为武昌码头转运的新亮点。1946 年 3 月 7 日，武昌成立码头业职业工会，下设 13 个分会，分别为白沙洲、金沙洲、保安门、望山门、文昌门、平湖门、汉阳门、武胜门、宾阳门、下新河、徐家棚、东兴洲(余家头)、徐家棚(下)，共 57 个组，理监事 14 人，干事 20 人。1947 年，武昌望山门至徐家棚沿江共有码头 68 座，工人 2393 人。1948 年 8 月 14 日，成立武昌市码头业务管理所，属武昌市政处管辖。1948 年底，武昌有码头工人 2397 人。

武昌最古老的码头除汉阳门外，就算文昌门外红庙矶的“烈女渡”船码头了。之所以称其为“烈女渡”，源于一段凄美的传说。相传，武昌城内有一家境贫寒的民女马氏，因年轻貌美，常被歹徒追逐调戏。马姑娘不堪侮辱，便在此码头投江自尽，以死与恶势力抗争。后人为纪念马姑娘宁死不屈之精神，于清同治五年(1866 年)立斗大“烈女渡”三字石碑于渡口。南宋时，这里是商贾云集的港口码头之一;明清时，则是帆樯林立的木材、粮食集散地。清顺治十六年(1659 年)，官府将夏口驿与将台驿合二为一，成为武昌将台驿，统领湖北全省驿站，仍为马递、船送、人传的官方邮驿，并将办公之所从平湖门梅花矶一带和大东门外一带，移至文昌门外的红庙矶一带，配备有马匹 80 头，马夫 48 名，兽医 2 名。那时的烈女渡即是驿站的“船送”码头。清光绪三年(1877 年)刊印的《武昌城外街道总图》，载有文昌门外红石矶上有熟米巷、柴巷等地名，反映这里曾是江边的米市、柴市。

第三节　市政

一、供水供电

供水

武昌自有城邑至 20 世纪 20 年代，城区居民生活用水主要靠肩挑手提从江河湖泊或井中汲水，然后在家里用明矾沉淀后饮用。

在武昌城西北居民密集区，每天到江边取水挑提回家的居民络绎不绝，高峰时在城门口拥挤不堪。

在离江边较远的居民，除靠取湖塘之水外，则大量用井水。武昌古城一般一个里弄有一口井。武昌水井最著名的是“武昌八井”以及武昌的“三台”“九湖”“十三山”，并称为“武昌三台八井九湖十三山”。“武昌八井”有诸说，一般说是清风井、明月井、八卦井、九龙井、白鹤井、义井、双眼井、霸王井。也有把九眼井、汲水井、蟹马井、金钱井、小井、五龙井、沙井、铜盒井列入八井之中。这些古井今多已湮没。位于紫阳湖公园门外的霸王井，在修建道路时被填没，另在公园内打砌新“霸王井”井台，供游人观赏。位于中营街 56 号墙角的八卦井，被列入武昌区文物保护单位。

双眼井、九龙井、八卦井原址在明代藩主府的后花园，即黄鹤楼下九龙井小区内。双眼井遗址在后宰门的小魏家巷（今九龙井街 62 号）旁，这里有一棵碗口粗的梧桐树、一个废弃的自来水管柱和一块武昌区文物保护单位的凹面碑，自古以来为公众用水的场所。现双眼井被一间房子封闭了，房子门长期锁着，该井几乎被湮没。清光绪九年（1883 年）刊行的《湖北省城内外街道总图》上，绘有该井的位置。九龙井遗址在九龙井街 24 号，即演武厅（今阅马场）广场的西南角，为明代楚王宫内的水井之一，传说宫内曾有人投水自尽。为防此类事故再度发生，该井座上曾安装有九龙石雕井框，据说可以镇压邪魔。井框原放置在隔壁的老宅花园里，该老宅于 2007 年拆除后新建了楼房，九龙井因此完全湮没。八卦井在后宰门内（今中营街 56 号）房子的墙角处，为明代楚王宫内的饮水井之一。传说掘井时，发现一石形如八卦，上有花纹，因此得名。井口内径 0.32 米，深约 5 米。此井解放后仍为居民公用水井，后因敷设自来水管、兴建房屋，井身已没于住宅内。现井周围以铁栏护卫，上有“武昌区文物保护单位”标示牌。在护栏里还能看到石井台，上面刻有“古八卦井”字样。

霸王井原在紫阳湖公园门外，相传饮此井水可使人体力倍增。可惜该井湮没后，仅在公园内复修其井台，今人已无法尝其井水之味。

白鹤井遗址在西山坡，若干年前已废。

义井一名古铁井，在长街（今解放路）粑粑巷（今八宝巷）内。据《武昌要览》载：义井在长街土神祠内，以铁铸有“古铁井”三字。

清风、明月二井遗址在高观山下的乌鱼池以东地段。据乾隆《江夏县志》载：“凤凰窝即龙床台，后为玉皇阁，东阳洞近焉，有清风、明月二井。”但二井早已湮没。在重建黄鹤楼时，决定恢复清风井景点，遂在原址重建青石井台，于北侧设月洞门，通向乌鱼池西南角之明月桥。另据 1918 年《江夏县志》记载，清风井在镇临寺东，久闭。清嘉庆间（1776—1820 年），大旱，居民欲开井取水，闻雷遂止；明月井在镇临寺西，井面如塘，任由居民栽种，全资灌溉。久旱塘平，井从中出，周围梵石，愈淘愈深。

九眼井，据 1918 年《江夏县志》载：“在杨公祠，深四丈余，白石为底凿眼九，大如拳。陈志谓是井即明月井，山左小井为清风，系误。”今无考。

四眼井遗址位于今珞喻路西端北侧居民点。据当地老居民回忆：1956 年前，在今珞喻路中段，曾有一古井，井口为圆形，直径约半米。井面砌有四块青石条，井深 40 米，井下有 4 个铜钱大小的自然泉水眼，故称“四眼井”。曾为当地居民生活用水井，建珞喻路时毁井，今四眼井仅存地名。另据相传，该古井一年四季不涸不漫，水质甘洌，冬暖夏凉。自当地有一小媳妇投进该井自尽后，水质变差。此井估计至少有 200 年历史。1956 年修建武（汉）黄（石）公路珞喻路段时，填井筑路，但以整块青麻石凿成的井口被保存下来。井口直径 56 厘米，壁厚约 10 厘米，高 50 厘米。因打水长年累月被绳索勒磨，留下 24 道凹痕，最深处达 35 厘米。现存于湖北省妇幼保健院东侧的花坛里。

小井遗址位于后宰门外延寿巷旁，已湮没无考。

铜盒井，据明《寰宇通志》载：“铜盒井在府治东。昔有铜盒盖井底，日汲不竭，故名。”此井在清代后的史籍均无记载，今无考。

武昌城还有一特殊的井，叫卓刀泉，为武昌名胜之一。卓刀泉位于伏虎山南麓古庙中，井石上刻“卓刀泉”三字。相传三国时蜀将关羽行军于此，因缺水，卓刀得泉，故名。卓刀泉水深约 4 米（一说三丈），水质清澈，略带甜味。井口围以石圈。据刻于光绪九年（1880 年）的《卓刀泉》金石井铭记载：“斯泉之水，冬温夏冽，其色淡碧，味甘如醴，饮之可以疗疾。”明洪武五年（1372 年），朱元璋第六子朱祯分封武昌曾来到这里，在泉口上筑石土，上加圆形井栏和亭子。亭子早已倾废，井台完整如初。其井台建筑亦颇有特色，由三层较薄之条石组成，古雅朴素，这在中国井台建筑中亦不多见。

武昌卓刀泉（1916 年大修后摄）

卓刀泉在卓刀泉寺之中，其寺俗称关庙，又称玉泉寺、御泉寺。相传建于宋，明末毁于兵燹，清康熙时重建。太平军曾在此与清军鏖战，庙木尽毁。咸丰八年（1858 年）和 1916 年曾有两次重修。卓刀泉寺进深三进，一进为山门；二进为正方形院落，石板地面，有桂花树、梧桐树、柏树数株植于其中，四角拱立，中即卓刀泉井；三进为大殿，曾有关公塑像。两厢为禅堂、客堂，左首有桃园阁，曾有刘备、关羽、张飞塑像，后不存。1987 年前存有古迹碑文四块：一为卓刀泉记，款书光绪九年（1883 年）；一为御泉寺记，款书光绪九年；一为御泉寺记，款书民国五年（1916 年）；其余为捐款记载刻石。今之称卓刀泉,则由泉井和寺组成,列武汉市文物保护单位。

清末,武昌的大型工厂用水开始采用“汲水机器”。清光绪二十一年(1895 年)动工并于光绪二十三年建成投产的纺织北局,就安装了“自来水”机器。光绪三十年在平湖门外建成的湖北麻布官局,已有了一套较为完整的制水、供水系统,其“自来水”仅用于场内生产。武昌地区始有真正意义上的自来水,始于 1931 年。当年,武汉大学为解决新校区供水,由著名地质学家李四光主持和该校木土工程师缪恩钊设计,在珞珈山北麓东湖之滨建成一简易水厂,又在湖边建进水泵房,经三级抽升至容量 400 吨水塔向校区供水,日平均供水量为 0.1 万立方米。1932 年 12 月,由当时湖北省建设厅投资,利用湖北麻布官局原有斜桥缆车取水间、水池和水库,改建为日产 2272 吨的水厂。1934 年 7 月供水,铺设输水管道长 15 公里,设有水门 79 处,放水栓 8 处,售水栓 22 处,有包费水户 1300 户,水表户 6 户,日平均供水 200 吨,供水面积 6.4 平方公里,远不能满足居民用水之需要。

供电

武昌地区电力业始于清末张之洞兴办的湖北织布官局。清光绪十九年(1893 年),湖广总督张之洞在文昌门外铁牛场兴办的湖北织布官局自己发电,亮起了第一盏电灯,标志着湖北用电之始。当时厂方所发之电仅供全厂 1140 盏电灯照明。1915 年商办武昌电灯公司成立,在城南紫阳桥附近建成投产,安装 1 台 240 千瓦蒸汽发电机,开始向居民供应照明用电。1945 年,建成武昌下新河第一期工程,安装 500 千瓦电机 2 台。

武昌早期的供电由商办公司或发电厂(所)独立经营,以小容量低电压直接输送到用户。20 世纪 30 年代前后,武昌供电路网有所发展。由武昌电灯公司与湖北省建设厅自来水厂合并而成的武昌水电厂,以 2.3 千伏和 5.25 千伏共 4 条高压配电线,放射式向武昌城区供电。裕华、一纱、震寰等纱厂的自备电厂,也分别并入武昌供电网。武昌沦陷时期,电网毁坏殆尽。抗战胜利后,由武昌水电厂和大冶电厂合并组成的鄂南电力公司成立,武昌供电业亦由该公司经营。武昌发电厂拥有 3000 千瓦(1000 千瓦 2 个,500 千瓦 2 个)发电设备和供武昌全市水电设备。

自武昌居民用电起至 1928 年,武昌地区用电以照明为主,同时有少量工厂有动力用电。1928 年以后,城内用电范围逐步扩大,用户不断增加。至武昌解放前夕,武昌地区年用电量为 450 万千瓦时。其中,动力用电量为 162 万千瓦时,占比为 36%。

二、排水沟渠

武昌城地势为山湖相间,丘陵平原兼有,总体地势低,最低处比长江水位还低。随着城市的发展,人口的增多,少量能承载市区排水的湖塘淤塞缩小,甚至被填平。如 1935 年,省会警察局为解决城区生活垃圾出路,规定城区内外的大小湖塘可填平43个(共191个,湖面总面积2400余亩),暂不填的为66个,保留82个。至解放前夕,武昌旧城区(长江以东、巡司河以北、大东门铁路以西,三层楼以南地区)仅存湖塘13个,湖面面积仅1600余亩。在此情况下,建设排水设施成为城市建设的重要项目。

武昌城的排水防渍始于宋,成于明。明代武昌城郭定型,其环城墙底部设水门,前后置木门,中间置铁栅门,以防潜水入城之敌。这种能控制进出水又能防进人的设计结构,对城市安全极为重要。明清时期武昌城的排水情形,为依地势自然宣泄。城内建阴沟导入湖出闸,再排入江中。城中有蛇山东西横亘,把城区分为山南(山前)、山北(山后)两片排水区。山南湖泊较多,即就近宣泄入湖。山北山东地势略高,雨水先入城内湖泊后,再导入城外江河湖泊。清同治八年(1869年),由时任湖北巡抚郭柏荫主持,在环城处修建了登仙闸(平湖门西侧)、七星闸(汉阳门附近)、万年闸(今大堤口之西)、太平闸(武胜门附近)、龙王闸(今昙华林东端)、福星闸(今棋盘街附近)、水口闸(今小东门附近)、金水闸(望山门附近)、天字闸(大东门之南)九道水闸,另还建有两道水门。城内主要街道建有阴沟,砖砌沟底、沟墙,上盖麻石板。也有的街道建有阳沟(明沟),长江以及诸湖枯水时期,城内的雨水和污水由沟导水入湖,再经闸门入江。

光绪二十六年(1900年),由张之洞主持,重修武金堤和武青堤,在巡司河上建武泰闸,在武青堤北端建武丰闸。江水涨时闭闸防洪,枯水期则开闸排水。还在相邻湖泊间筑以渠道,使湖水相互贯通,以利调节各湖塘水位,便于蓄泄。另在今武昌火车站对面附近的城墙上新辟一城门(即通湘门),除人车通行外,还导山南之水经该门闸入晒湖过南湖入巡司河,并导山北之水经积玉桥入沙湖。

一段时期后,武昌城内外的闸沟由于多年失修,闭塞之处极多,排泄不畅,致使雨水和污水淤积成灾,或横溢于街道阻碍通行,或倒灌于民宅。有的地方雨水渍积深一至三尺。每逢夏季之烈日高温,蚀水腐化,臭气熏天,到处蚊蝇滋生,病菌传播,市民苦不堪言。此外,城外的沙湖和郊外的郭郑湖(今属东湖),原本通长江,因渠道长年不疏,淤塞梗阻,雨季湖水溢漫,无法排涝,造成周边房舍和农田常被淹没。清光绪三十一年正月(1905年2月),由张之洞主持的武昌城排渍工程动工。首先是饬令有关部门组织民工疏通城内各处的阴沟明渠及下水道,并加以维修,使污水能通畅地流入城内湖中。其次是增修阴沟,使城内街巷建阴沟率达90%,阴沟和明渠共长达40.75公里。再次是令民工将沙湖和郭郑湖各处淤塞的渠道分段疏通,并在郭郑湖西北面另辟新水道,导湖水泄入长江。

1927年后,武昌城墙陆续拆除,城基之闸口也多随之废除。而城区内的旧有的下水阴沟也多有堵塞;有的出口已废,无法泄水。当时报刊常有排水堵塞、污水横溢街巷的报道。1928年出刊的《建设评论》载文指出:“城中阴沟,其式正方,两旁砌砖,上盖麻石，而交缝处空疏，街上游土灰渣，随雨潦入内，淤积于中，久之壅塞水道，不能通行，乃溢于街上，或灌居民，势若涌泉，当春淋漓水道，此景随处可见，识者耻之，浅者怨焉。”1931 年，省建设厅及省工程处派员调查渍涝地区。其报告中说：“由于通沙湖之箍桶街暗沟，口径过小，不敷宣泄，以致筷子湖水面高涨，青石桥一带积水深二尺，交通断绝……每逢夏季多雨时期，山前大、小板桥，书院湖（今都司湖），菱湖一带居民，近年来，时以湖水泛滥而遭积水之患。”也有因积水造成城内霍乱病菌传播致人死的报道。1935 年汉口《商业月刊》载：省会旧有沟渠，均随街道起伏，曲折而流，就近宣泄于城内外湖沼，系统极为紊乱。年来各湖淤垫日甚，旧有沟渠，结构窳劣，水流不畅，旋疏旋淤。夏季江水汛涨，至湖通江闸门，例须关闭。污水停积，逐渐秽气熏蒸，病菌四播。民国二十二年（1933 年）之武昌霍乱菌，其致死率之强，为医学界所仅见，竟日宣腾于世界，昭省会市政以莫大之羞……1937 年汛期，因排水不畅，城内渍水最深处达三尺。据 1937 年《建设评论》载：“城区沟渠通江有 72 处之多，汛期堵塞后，大部入晒湖、巡司河、沙湖等处。7 月 7 日大雨渍水深一至三尺不等，以文昌门、平湖门、武昌关为最。”

面对如此严峻的排水形势和舆论压力，湖北省府自 1929 年至 1937 年，分别投资修建下水道。主要工程有：

1.1929 年胡林翼路（今民主路）改造建明沟马路。该路西起汉阳门江边，东止于司门口，改为柏油马路计 500 余米（今武昌第一条柏油马路）。同时，于街道两侧建明沟，上覆铁漏花盖板，排水直泄江中，工程于当年 4 月完成。

2.1933—1934 年平阅路（今彭刘杨路）敷设下水道。此为修建平阅路面，同时敷设下水管道接平湖门老渠入江，全长 1400 余米。

3.1939 年敷设中山路（今解放路段）、胡林翼路、张之洞路、熊廷弼路、环城马路（今中山路）5 条下水管道，共计长近 7700 米。

中山路（今解放路段）修建盖板箱沟，全长 3000 米。分为三段：自望山门张江陵路（今临江大道）起至平阅路（今彭刘杨路）上为南段，自平阅路向北至司门口胡林翼路（今民主路）止为中段，自胡林翼路向北至中山路止为北段。中南两段下水道为山前之总干渠，污水出文昌门入江，雨水入西湖；北段下水道为山后之总干渠，自司门口北流经中山路下水道，雨污水分流，污水出大堤口入江，雨水入沙湖。另在西湖与菱湖间增建贯通渠，与南段下水道工程同时完成。

胡林翼路敷设下水管道。自司门口至武昌为中段，敷设下水管道 900 余米；自武昌路至中山路止为东段，敷设下水管道 1000 米。中、东两段下水道自武昌路分流，西流入中正路（今解放路武汉长江大桥引桥下路段）北段总渠，东流入旧城壕。

张之洞路敷设下水道及明沟。张之洞路西起江边，东至中山路，全长 2500 米。

全路分两段:江边到中正路为西段,长600余米;从中正路到中山路东为东段,长1800余米。西段敷设下水管道自江边东流,汇入中正路总渠。东段自中正路至黄土坡(今首义路)止,敷设下水管道及明沟西流接中正路总汇。黄土坡以东未敷设。

熊廷弼路(今武珞路西段)建下水管道及明沟。该路自大东门中山路起,西至阅马厂(今阅马场)接平阅路上,长约1600米。该路建下水管道并于路沿筑明沟,污水出城壕西入长湖。在东厂口(阅马厂之东)建涵洞一座,以利高坡下水宣泄。

环城马路(中山路)敷设下水管道。该下水管道仅筑自大堤口至沙湖巷(今沙湖街)路段,长1098米。自中正路至大堤口敷设下水管道,污水入江;自中正路口至沙湖巷,建盖板箱涵,雨水入湖。至此,中正路北段、旧城东北和积玉桥一带下水,全汇集沙湖港。

4.1937年粮道街至福寿庵(今海马巷)建暗沟下水道。该暗沟自粮道街经得胜桥、育婴堂(今楚材巷)、楚材街、福寿庵(今海马巷)接中正路北段干渠,其结构为麻石盖板、砖砌箱沟,全长910米。

需要指出的是,1938年日军侵占武昌后,全城市政设施被破坏并逐渐荒废,排水设施亦同时瘫痪。抗战胜利后,因旧有下水道设施年久失修,又因内战炮火破坏,下水道多淤堵阻塞,排水极其困难。至1949年解放前,武昌城共有下水道54.508公里,其中中小街巷旧式暗式暗沟40.753公里(多为清代及以前修建)。主要街道新式结构下水道仅11.56公里,湖塘间连通渠2.195公里;进水支管2.69公里,进水井660座,检查井163座(多为民国时20世纪30年代修建)。这些排水设施多集中在蛇山南北老城区。

“排水大渠”——巡司河(基本概况见本书第六章第二节相关内容)。巡司河位于武昌城南,南北走向,南连汤逊湖,北通长江,全长14公里。河面宽50—70米,河道比降为1/5000—1/10000。是武昌城区山南渍水及汤逊湖水系汇入长江的主要通道。该河南段在李家桥(宏济桥)处有河汊与西部的黄家湖、青菱湖相连,每到长江汛期,雨污水经巡司河南流入诸湖,并通过汤逊湖、梁子湖至长江下游的樊口,重注入江。冬春江水下落,以城市污水、雨水为主的诸湖之水,则通过巡司河反流入长江。

防洪排渍节制闸——武泰闸。该闸始建于清光绪二十五年(1899年),次年建成,是节制巡司河的防洪排渍闸。每年长江汛期则闭闸防洪,冬春江水下落时开闸排渍。由于巡司河连接内湖各水系,故有武泰闸管“七县加一州”(鄂城、大冶、武昌、咸宁、嘉鱼、蒲圻、崇阳七县和兴国州即今阳新县)之说。武泰闸可使受益区,特别是武昌城区的低地、湖田免受洪水涝渍之灾,故取保境域民安国泰之意,命名为武泰闸。

三、江河堤防

武昌修筑长堤始于唐宋时期，为武汉三镇最早的堤防。据清乾隆元年（1736 年）湖广总督史贻直《请修武昌江岸疏》云："武昌为楚江省会……唐宋既筑长堤，元明每加修治，垒以巨石，保以松桩，锢以铁犀。"另据《湖广通志》载："花堤在平湖门内。北宋政和年间（1111—1117 年）水溢城环，知府陈邦光、李基筑之。万金堤在花堤外，南宋绍熙年间（1190—1194 年）役大军筑之。"又据宋祝穆所著《方舆胜览》载："万金堤，县西南长堤外，绍熙间筑，建压江亭上。"压江亭故址在今武昌大堤口，是武昌沿江至城南最早的堤防。花堤南有豹头堤、广里堤、保望堤。元代有扫门堤，具体位置今已不可考，多为古时滨湖垸堤。

在漫长的历史变迁中，由于长江河床的位移和河沙冲击及淤积，大江中时有沙洲的壅起和冲没。明嘉靖四十五年（1566 年），武昌城外靠近鹦鹉洲江岸，相继壅起两个沙洲：金沙洲和白沙洲。据清光绪《武昌县志》载：金沙洲"在城外额公桥（新桥）西南，头枕江口"。白沙洲在金沙洲之外。江水在两洲之间流出。金沙洲凭借白沙洲的外护，形成避风良港，贸易十分活跃，形成街市。清乾隆九年（1744 年）《清会典事例》载："金沙洲有街八道，号称几十万户。"为防止江水冲击金沙洲并危及武昌城垣，这里相继筑堤防水。明清时期，先后有熊公堤、草湖堤、赛湖堤、保善堤、武泰堤、武丰堤、西北湖堤、莲花堤等。清嘉庆年间（1796—1820 年），江流有变，武昌城南金沙洲和白沙洲逐渐相连，水道淤塞（后成为陈公套）。金沙洲与城外地块相连后，形成陆家街。白沙洲也与武昌城外江岸相接，成为边滩，但仍称洲。其雏形始于清末，约在 1911 年，至 1925 年面积扩大，1931 年形成现状。该洲边有武金堤和八铺间有防水墙为防水屏障至今。

武昌城沿江堤防建设始于明代，距今有 400 余年历史，至武昌解放之时，主要堤防有武昌城区堤、武青堤和武金堤。新中国成立后，又修筑了八铺防水墙和八铺围堤，所有堤段共长 22.92 公里。

武昌城区堤

武昌城区堤由下新河（37+980）起至解放闸（44+637）止，全长 6.7 公里。

相传，唐初由将领尉迟恭主持修筑武昌沿江驳岸，但未见于史籍。而有史籍记载是在明代。据《湖北通志》载："明正统七年，筑武昌临江驳岸"。"明正德年间，石岸倒塌。汉阳、平湖二门，禹王巷、董家坡而上垫溺，几不可支。郡守韩济修之，费千四百金"。此时为明正统七年（1442 年）和正德年间（1505—1521 年）。武昌城区堤构筑时，为明万历年间（1575—1620 年）。当时沿江驳岸缺破严重，郡守张以谦以水患频仍，乃大修城堤。江夏籍政治家郭正域在《武昌新修岸记》中说："自下坛至阅兵楼无岸，阅兵楼至接官署岸半圮。中插口至观音阁水啮城址，往来通衢岸大圮，至青龙巷半圮。夏口驿而上迤逦而南，又南抵王惠桥无岸。”大修情形和工程规模，王葆心《续汉口丛谈》有些许记载：“自王惠桥至阅兵楼长一千一百三十五丈，高广各四丈有奇。凡用石十万，松桩一万二千，松片二千一百，俱以铁锢之……自王惠桥至洪庙无岸者，高广如之，凡用青红石十万有奇。计费五千有奇。”

清乾隆元年(1736年)，武昌沿江驳岸进行了历史上最大的一次加修，由湖广总督史贻直主持加修武昌城堤。《楚漕江程》载：“自望山门外王惠桥至武胜门外土城矶止，正岸绵亘一千三百一十九丈五尺，护岸六百八十八丈。工费银十万一千九百三十七两。三年讫工。”当时，“武昌一带江塘护岸加高二尺”。此后又屡加修筑。如：“乾隆三十三年，平湖、汉阳二门闸座改建。”乾隆四十五年，汉阳门外添建护城石岸，长一百三十五丈，高五丈。嘉庆、道光年间(1796—1850年)，亦有小规模维修。直到光绪二十八年(1902年)，对沿江驳岸作较全面的培修。据光绪《谕折汇存》载：“省城附廓一带，江岸十余里，向来旧有石驳之处，尺寸较低，且不尽有驳岸……故将沿江旧有石驳岸之外增修加高……并于武胜门外未有驳岸处一律加修驳岸，其南北两端与新筑南北两长堤之外，则加做高厚土堤，俾与大堤相等。”至此，武昌城区沿江全线修成砂石驳岸，并用麻石压顶，高程27米左右。

民国时期，沿江驳岸有过补修，并建设矶头、码头、闸等设施。据《武汉市政公报》载：“武昌江岸石工，上自缫丝局敦义堂码头起，下至下新河滑坡止，长一千五百九十五丈，有红庙矶一座，有码头二十九所，石驳岸九所……民国四年、六年、九年、十年修补四次……民国十七年修竣万年闸。”1932年，国民政府借助贷款，按28.28米超高1米的标准，将万年闸至大堤口段驳岸加高2米。1936年，自武泰闸起经巡司河抵大堤口，在旧城垣基础上修建钢筋砼防水墙，墙顶高程达29.6米。

武昌城区堤防内自下新河至大有码头一段称“塘角”，附近河道在明末清初变化很大，江流变迁，水口遂淤。清光绪二年(1876年)，辟新河长约1.5公里，河身弯曲如半月。光绪十七年，张之洞接新河下段续开河1公里多，河身稍呈直。新开河段上口取名“上新河”，中段称“中新河”，出口段为“下新河”。光绪三十三年，将全段河道疏浚通畅，河底高程约12米。除枯水季节外，一般可通航。时将浚河之泥土筑堤，上抵城外江岸石坡，下抵红关。新河出入水口直通长江，汛期洪水入新河漫越公路堤。1954年，为阻止江水倒灌新河，由裕华、震寰二大纱厂筑坝堵塞上新河口，并筑长125米、宽6米、高程30.7米的二线堤防；汛后在驳岸后抽槽用黄土隔渗防管涌，高程19米。

为有利于巡司河流域的防洪、排渍及蓄水，光绪二十五年(1899年)在巡司河入江口不远处开工建武泰闸，次年竣工。闸下有直径35厘米、长8米的木桩，以石硪打入。基础为麻条石糯米浆砌成。闸底高程14.85米，为三闸孔。

新中国时期，武昌城区堤防建设几乎未间断，防洪能力渐次升级。1998年大汛后，武昌城区堤防全部建成钢筋砼防水墙，顶高 32.14 米，防浪墙顶高程 30.75 米，闸口高程 29.8 米，可防百年一遇之大汛。

武青堤

武青堤位于武昌下新河至青山之间。始建于明末，定型于清末。

明末，青山地区江边沙滩即有居民围垸垦殖，筑埂御水。清咸丰二年(1852 年)，太平军攻克武昌，曾在青山江边煤炭洲、天兴洲之间筑行军路堤，此即为武青堤之最初堤身。但这段路堤防洪作用十分有限，遇夏天汛期便遭溢漫，江边地域乃一片汪洋。

清光绪二十五年(1899 年)，张之洞在"仅有堤形可按"的情形下，统修堤防。在红关(下新河)至青山之间，分八段委派官员兴修"北路之堤"。为达水平面一致之高程，因地势之起伏而定堤身之不同高程。堤高程为 3.33 米—5.67 米，堤面宽一律 6.66 米，初称"武丰堤"。至 1949 年，该堤未作较大维修，仅于汛期作一般的抢险工程及小修小补。因堤身单薄，质量差，崩坍裂缝时而出现，1931 年大汛时曾多处溃口。

新中国时期，武青堤历经多次大工程建设，不断提高其防洪能力。1998 年大汛后，全堤改建为钢筋砼防水墙，共设通道闸口 15 座。

武金堤

武金堤位于武昌武泰闸至江夏金口之间。始建于明代，定型于清末，全长 21.32 公里。

武金堤初建时，江岸较低，堤内湖泊交错，在以后数百年间，堤身屡毁屡建，堤线时有改变，已非为初建位置。明万历四十年(1612 年)，乡贤熊廷弼免御史职回乡(武昌府江夏县修贤里，今武汉市江夏区金水乡)，见长堤年久失修，遂发起募捐，倡修堤闸。他变卖家业，率先捐钱数千两。抚、按、道、府及以下官员和盐、木商等襄助，共约万两。加固旧堤，添筑新堤，全线堤修为底宽 10 米，面宽 3.3 米，身高 4 米。又在巡司河口 500 米处建一石闸，汛则堵江水，涸则蓄水灌田。石闸工程共用红砂石 2 万余块，现为新桥桥墩基础，经 400 余年，仍坚实牢靠。全线路堤具体走向为：自龙床矶起，经郑家店、青林寺、五里路、楠木庙、张家湾、荞家湾、梅家堤、马堆营、长庵庙，至熊公堤，即今武咸公路线路段。史籍对此有记载："路堤自金口山后龙矶以下，至城南金沙洲，共六十里，堤长九千丈，明司马熊廷弼筑之。"

武金堤段石嘴以下称"荞麦湾堤"，即上工嘴(今汤逊湖泵站)至金沙洲(今陆家街)一段堤，堤身单薄，最为险要，历为防洪要段，历史上曾多次溃口。乾隆三、四年(1737、1738 年)，"卸去堤身 68 丈，刷进堤脚 200 余丈。"次年只得"于老堤内筑月堤一道"，退挽"长二百九十五丈"；乾隆九年，"月堤欹侧，堤之不绝者如线"，又"再退内湾里筑月堤一道"；乾隆四十六年，"保安门外路堤被水冲刷难填"，只得"于高阜处另筑堤一道"。至道光二十年(1814 年)，鄂督周天爵对该堤作大修时，已是"仅有堤形可按"了。清俞昌烈《楚北水利堤防纪要》称："自保安门外金沙洲起至金口龙床矶止，六十里路堤（周天爵筑）编十四字，并老堤（熊廷弼筑）计长六千二百八十一丈。”周天爵堤从金沙洲、荞麦湾、罗家墩、阚家河至袁家河止，河坡山至石嘴无堤。周天爵此次大修，仅只恢复原状，仍不足以抗御大洪水。道光二十七年、二十八年两次大水中，该堤多处溃口。据清王庭桢《江夏县志》载：“荞麦湾月堤接连老堤（熊廷弼筑）各有溃缺处所，均因兵燹，年久失修。”城外滨江堤（周天爵筑）自“大王庙（马王堆）起至杨泗矶上关帝庙上，中有倒口缺口二十六处之多……并残缺各工，于同治三年督修完竣”。至光绪年间（1875—1908 年），又迭遇大水，堤已残破不堪。

光绪二十五年（1899 年），湖广总督张之洞奏请并获准修筑武昌南堤。自金口起至会垣平湖门止，长九千一百一十丈。为武金堤，费金三万五千两。此堤线东过东湖门（城东新筑外廓），南抵八风山，内有南湖、汤逊湖、黄家湖、青林湖、巡司河。其具体位置为：自武泰闸起，经白沙洲、阚家河、袁家河、河坡山、石咀，至金口止，即今武金堤堤线位置。

武金堤自阚家河以下建在河滩上，在沙滩深挖 1.7 丈、宽 2 丈漕，再用黄土筑填，以防渗漏管涌。

武金堤自万佛林（金沙洲）至白沙洲一段，有一水道名为“长江白洋套”，由阚家河流至金沙洲前汇流入江。为宣泄此水，张之洞主持修堤时，在该地建一单孔闸，名“武庆闸”。立此三字之碑，至今尚卧置于玻璃塘上道（47+150）堤坡上。此段堤亦随其称“武庆堤”。因闸小，排渍不力，遂于光绪三十三年（1907 年）改在保安门外巡司河乌龟墩（靠近竹子厂）重建大闸，因塌方未成。旋在今武泰闸处建了一座三孔石拱闸，为麻石糯米浆砌。于光绪三十四年七月完工，支银 130661 两。

光绪三十二年，有关部门为免于堤脚受江水直接冲刷，于阚家河、袁家河一带修建半圆形浆砌红砂石石矶 3 座。基顶高程为 25.3 米。民国初年对堤防曾作维修整治，沿堤作土牛（备作抢修堤的土堆）多处，堤顶高程约 27 米。

1931 年大水以后，武金堤按 28.28 米准高加高并培厚，堤顶高程达 29 米。至此，武金堤已初具规模，但沿线堤内湖泊交错，大水年份仍易内渍成灾。

新中国时期，武金堤经过多次较大的堤防建设。至 1983 年，该堤已达到防御 1954 年特大洪水的标准。1998 年大汛后已全部达标，堤顶高程为 33.19—32.42 米。

四、环境卫生

武昌城的环境卫生自有建制后，一直由县州衙门地方官员管理，主要包括城市的垃圾清扫和粪便处理。清光绪二十八年（1902 年）后，武昌城的环境卫生管理工作由警察部门管理。清光绪二十八年五月初一，创办武昌警察总局（后改为武昌警务公所），下设管理武昌城清洁工作的部门，由警察机构下属各分局、区管理清道夫，执行清扫道路、收运垃圾、整理厕所等工作。1912 年 1 月后的民国政府时期，仍由警察机构兼管城区清洁工作。1929 年 4 月，由卫生局接办，武昌设卫生办事处，办理卫生行政和清洁管理工作。1933 年 2 月,武昌清洁工作改由省会公安局管理,局内设有清道警班。1938 年 10 月武汉沦陷后,先由伪武汉特别市社会局管理清洁工作,后由伪卫生局接办。1940 年 10 月,省、市分治,武昌由伪省警务厅接管清洁工作,配置卫生巡长 7 名,分派各分局、所督率清道夫,担任清洁勤务。抗战胜利后直至武昌解放时,武昌环境卫生一直由警察机构管理。民国时期武昌城的环境卫生工作,主要有道路清扫保洁、公共厕所与粪便清运、垃圾清运与处理、市容管理等。

道路清扫保洁

武昌城的道路清扫保洁,分主次干道清扫保洁和街巷道路清扫保洁。清末,道路清扫由清道夫专门负责,小街里巷由保安会或里巷业主雇夫清扫。民国时期亦如此。清光绪二十八年(1902 年),武昌警察局有清道夫 202 名;宣统三年(1911 年),武昌省城有清道夫 300 名。1929 年初,武汉特别市卫生局共有清道夫 776 名,其中武昌 222 名。据沦陷期间的 1940 年第一季度统计,武昌有清道夫 200 名。清代,武昌清道夫专门负责打扫街道。民国初,清道夫既扫街道又清运垃圾,还要疏通排水沟渠。每日凌晨 3 时出工打扫水泥路面,下午 2 时出工打扫碎石及土筑路面。1929 年,武昌警察局和卫生局在接管清道夫打扫街道工作中,采取实际有效的工作步骤。至 1939 年,武昌城主要道路街巷的清洁卫生有所改观。其一,开展抓盖粪、扫污物、防病菌、保健康活动。要求无论住房、商店,均要备置有盖子的桶存放污物。每天由清道夫来搬运,置于城外适宜地点或垃圾焚化厂(焚化炉)烧毁。其二,设立武昌卫生事务所,设卫生员 1 名、卫生巡警 2 名,负责检查、指导、监督卫生,将路分段分工打扫,清扫工作由警察负责指挥。其三,将清道夫划分为 4 个组,每组 4 人,2 人执扫帚扫街,1 人撮集垃圾,1 人推车负责打扫街道。检扫组每组 1—2 人,携带小扫帚、铁铲、储运车巡视街道随时捡扫,随时保洁。其四,整理里街小巷,由住户业主放置垃圾桶,准备水,雇夫专门负责打扫清洁,由卫生部门派专员检查督促卫生。1936 年 7 月,湖北省会警察局规定武昌、汉阳各分局清道夫,每日清扫大街限上午 7 时以前完成,下午 4 时再行清扫一次。武昌沦陷期间,道路清洁工作极差,到处垃圾成堆。抗战胜利后,主要道路清洁卫生稍有改变。1947 年 3 月,武昌市政府和警察局规定,街道由警察局雇佣清道夫清扫,商占住户区域由警察局监督保甲长督促各户随时打扫;公共区域由各警察分局(所)的清道夫打扫。机关团体驻在区域,由警察分局(所)通知机关首长指派使役办理,并组建检查清扫小组检查清扫保洁情况。如不遵照规定者,一次予以劝诫纠正,仍不改者送警察局依法处罚。清末至民国,武昌城为防尘土,均置有洒水车。民国初年开始置有洒水汽车,并设水门供洗涤人行道用。1933 年,湖北省会警察局规定,清道夫在下午复扫时,必须洒水压尘。每年冬季下雪时,各警察局、卫生事务所、保甲长组织清道夫用扫帚、铁锹、榔头扫雪、铲雪、破冰。遇大雪之年,因清道夫力量不足,不能及时清除雪冰,交通受阻时常发生。

1949年,武昌城清扫面积达31.9万平方米,道路长达15公里,主要为水泥马路、碎石路、土路。

公共厕所与粪便清运

1933年,武昌城修建第一座公共厕所,地址在彭刘杨路。1934年,武昌市政府在阅马场、贡院、汉阳门、平湖门、张之洞路等处修建公厕5座。1937年,国民政府湖北省会警察局在中正桥(今解放桥)、张江陵路(今属临江大道)路口、中正路(今属解放路)杏花天菜场、粮道街菜场等处勘建公厕,其结构为青瓦屋石青砖墙,杉木屋架。抗战时期,武昌公厕多遭破坏。1946年,市政府对中正路凤凰山旁、沙湖南巷、四合里、戈甲营等21处公厕进行修整。武昌解放前夕,又派工务和卫生人员会同警察招集难民、以工赈方式对城区公厕进行修整。武昌解放时,有公厕32座,蹲位仅122个。危厕多且设备简陋,有的闹市区无厕所。

解放前,武昌城公厕少,私厕相对多,设备简陋。窖主以营利为目的,卫生管理差。1933年,警察局在暗查城区部分私厕后,下令逐步淘汰私厕,积极推广公厕。随后又规定,城区厕所由窖主打扫,小便池及窖内沟渠由各保甲派人冲洗,卫生部门发药水,保甲准备石灰,分别淋洒厕所便池和沟渠。1948年,公厕清除由卫生事务所协同警察局办理。卫生事务所派员巡查,警察局派市政卫生警察督办,每座公厕由清厕夫按日挑运粪肥3次并打扫,私厕卫生由警察局召集区公所保甲雇人打扫。

武汉地区由窖户经营粪便起源于清咸丰年间(1351—1361年),粪便作为农作物的肥料出售。一般由粪商粪行把持,老板掌管厕所粪窖,长年雇佣粪夫或按季节临时使用劳动力清运粪便。亦有粪夫自己有挑粪工具而没有粪便来源的,以自己劳动力清运粪便取得力资。有的粪夫自己有茅缸,自挑自卖,以独立劳动者经营粪便。粪便主要供应外县,供应郊区的约占40%。城区边缘地带厕所,由外县或郊区农民自清自运。武昌粪便行业按武胜门、汉阳门(杨家桥、红庙、姚塘湖、油庙、公家岑)、平湖门(阳逻、天兴洲、新洲、鄂城、武昌、汉阳)、望山门(长虹桥、板桥、李家桥、汤逊湖、青菱等)四门(即为四个粪便码头)划分。其中,武胜门100人,望山门56人,两门每月粪产量约37440担(每担按100斤),由粪商老板刘麻子、吴竹清、王正高等人合伙掌管;汉阳门18人,平湖门32人,两门每月粪产量约12000担,由粪行把头张佬四、熊才清等人合伙掌管;另有独立劳动、自挑自卖的窖户约80人。宣统元年(1909年),武昌有粪夫596人。粪商粪行都有粪便运船,独立劳动者则由几人合伙一条船。每天晚上9时开工,肩挑粪桶将厕所粪便运到河边上粪船,天亮后则把大街小巷的下河粪桶挑上船,然后运往农村出售。每船规模定装24担粪,价格为硬币8元左右(粪价因粪质和季节有所不同)。工人帮粪商粪行挑粪每人每天标准挑6担,按劳动强度付酬。1929年,私人挑运粪便散漫无组织,政府便设肥料公司,将某一段肥料交由某一公司挑运销售,每月向政府交若干租金,收入作为厕所管理及建设费用。

谈到粪便的收集清运，就不得不谈下河女工。武昌城的里巷住户历为自备马桶，只是到清末民国时期才有极少量的住户有冲水马桶。一些有钱住户的自备马桶，由女工将马桶粪便倒在附近的厕所内或专用的粪桶内，并将马桶刷洗干净，旧时俗称“下河”。下河时间一般在凌晨三四时到六七时，一位下河女工一天能下河几十户，最多达百户。一般下河一只马桶，每月收二机米 3—4 升。新中国成立后，随着住户生活习惯的改变，以及妇女地位的提高，下河女工逐渐转就他业，下河职业于二十世纪五六十年代消失。

垃圾清运与处理

清光绪二十八年(1902 年)以前，武昌城的生活垃圾多往江河和低洼水塘倾倒。自光绪二十八年起，城内住户、商号须自备垃圾箱。街巷设有公共垃圾箱，由清道夫收集运走。1929 年，有关部门在清道夫中设清运组，专门从事垃圾清运工作。先把各街里巷渣箱内垃圾送到指定的临时垃圾堆积地点，再用马车运送到市外倾倒。大街用大驼车收运(三人一乘)，背街小巷用小狗头车或箩筐抬挑。为减少蝇虫滋生，指定距市区较远的空荒地堆积，按时运往淤淌处填地或往长江下游倾弃。菜市场、公共娱乐场所、饮食店、理发店、浴室和工厂等单位产生的营业垃圾，自行雇夫逐日运往指定地点倾倒。这年 11 月 7 日，武昌市警察局发出通告号召市民，整顿旅馆业、饮食业，注意清洁卫生。14 日，警察局要求对占道的砖瓦木块在一个星期内全部整理干净，并在 12 月 30 日举行庆祝元旦清洁大扫除活动，大街小巷全面展开清扫卫生工作。抗战前的民国时期，武昌曾修建垃圾焚毁炉处理垃圾。焚化前从垃圾中筛选出来的纸张等易燃物，但因焚化炉很小，不能焚化大量的垃圾而停止使用。1938 年武汉沦陷后，垃圾处理极不正常，常常在坑洼或炸弹坑内作填充就地处理。1946—1949 年，垃圾亦就近洼地填埋，多由清道夫直接拖车前往倾倒。离市场较远的，指定临时垃圾堆积地点数处，再用马车运往市外处理。

第五章　古城工商百行

古老的武昌因地临长江，工商业亦发端于港口。据有文字记录，早在东汉建武元年（25年），因建立水军需要，在今武昌白沙洲建有船坞，修船、造船业在这里兴起。这一时期武昌地区即是“导财运货，贸迁有无”的水陆商埠。三国时，武昌是东吴与魏蜀“互市”的据点，手工业亦开始兴起。武昌与洛阳、会稽、徐州并列为全国四大产铜、铸镜中心，造船业也达到相当规模。南北朝时期，武昌城外的商业市井长达数里。至唐宋时期，水运物资和商业贸易发展迅速，在鲇鱼套至鹦鹉洲一带形成一大商埠——南市。与此同时，造船业、手工业进一步发展，武昌已发展成为中原重镇，宋代则进一步发展为工商空前繁荣的大都会。元末至明代中叶，金沙洲、白沙洲贸易相当活跃，住户（多为商户）号称“十万户”。清嘉庆年间（1796—1820年），塘角新洲发展成为商船云屯，百货汇集的新兴商埠。明清时期，城内长街成为三镇商业中心，十里青石铺路，两旁店铺林立，银楼金号咸集。晚清，武昌是张之洞洋务运动兴工商的重要基地。张之洞主持兴办了一批近代工业，兴建布、纱、丝、麻四局等12家工厂，武昌成为中国近代工业发源地之一。张之洞还创办“两湖劝业场”，兴办通商口岸，推动贸易交流，武昌工商业盛极一时。民国时期，武昌纺织业发展规模巨大。造船业、印刷业、卷烟、肥皂业及商贸业的发展，使地区工商业出现短暂繁荣。工商业的长期发展，形成了一批名品名店，对于今天来说就是“老字号”。至民国时期，武昌的工商老字号有：布纱丝麻四局、马应龙、大中华酒楼、伍亿丰、曹祥泰、显真楼相馆、刘有馀、郑有大、宝晋斋、维新百货、老谦记等。

第一节　传统工业与近现代工业

一、造船业

有文字记载的武昌造船业始于汉末，在白沙洲一带建有船坞，供修船、造船之用。约 200 年后，孙权筑夏口城时，黄盖所率水师部署在武昌沿江一带，并设有大型造船工场。《武汉通史》认为是世界上第二个大船坞。那时所造之船均为军事之用，且造船体较大。孙权“于坞中大会百官议之”，说明造场工场已有相当规模。

两晋南北朝时期，武昌的造船工场不仅继续在军事上发挥作用，而且向着民用化的方向迈进了一大步。当时的造船工场设在今鲇鱼套一带。北魏郦道元著《水经注》就载有“江之右岸有船官浦，历黄鹄矶西而南矣”。鲇鱼套当时叫船官浦，船官即管理舟船修造及靠泊事务的官员。据史籍载，南北朝陈后主时，将十几艘船舶联结在一起，并于船中构筑有亭有池之园林，说明当时已有较高的造船技术。所造船舶的类型既有称为“楼舰”的战船，运输粮秣的“米船”，还有合十余船而供游乐的“大舫”。船舶营造的具体地址，既有船官浦，还有头枕鲇角口、尾接黄鹄矶居大江之中的鹦鹉洲和与鹦鹉洲头相对的“南浦”。

隋唐时期，南方造船业大盛，在扬子设有十个造船场，并置专官督办造千石大船。但扬子在大江下游，鄂州（今武昌）虽是“万舸从中来，连樯如云”的港口，造船业亦很发达，但不一定是全国造船业最重要的基地。

宋元时期，武昌造船业有了新发展。北宋开宝七年（974 年），宋太祖赵匡胤为平定江南，曾遣使前往荆湖地区“造大舰及黄黑龙船数千艘”。在宋代，鄂州造船工场承造的船舶，除 500 料（石）的漕船和渡载军马的 1500 料（石）马船外，还能承造长达十丈的大型战船。至元十九年（1282 年），元世祖为实现远征日本的计划，特命鄂州地方官郑制宜大造楼船于武昌何家洲。次年，为利用济洲河运粮京师，又命湖广等江南三省造船 3000 艘。元末，出身渔家的陈友谅在鄂州时造战舰：“大作舟舰，高数丈，饰以丹漆，上下三级，级置走马棚，下设板房为蔽，置橹数十其中，上下人语不相闻，橹箱皆裹以铁。”据另一资料反映，陈友琼拥有的船舰 600 艘。若按每船载 1000 人，包括马匹及各种辎重在内，净载量大约在 1500 吨左右。南宋嘉定十五年（1222 年），沿江制置司为渡载军马的需要，拟在鄂州“创打大小马船三十只，脚船三十只，计料到约用收买材物价钱九万五千六十一贯一百七十文湖会，人工九万八千二百四十五工”。“工”是一种计算劳动量的单位，一千人干一天的活称为一“工”。此次造船任务需 98245 工。据《武汉史稿》测算，大约相当于 1100 名工匠 3 个月的劳动量。鄂州造船工场为官府所办，造船业务主要是军用和漕运以及民间商船，所以工场长年雇佣民间造船工匠在数千人以上。

明清时期，武昌造船业最显著的特点，是从以承造军船为主转向承造漕船等运船为主。洪武十年（1377 年），为转运从四川、云南等地采买运京的马匹，令武昌等四州各造 50 艘马船。不久又增加造船数量，复命湖广、江西二省及安庆等三府共造马船 817 艘。该船因运载体形大的马匹，因而船体亦较庞大，且用料讲究，制造技术要求亦高，有专长的造船工匠经常成为朝廷征调的对象。湖广等地为招揽各有专长的技术工匠，曾实行“挈家于提举司隶籍”的优惠办法。除了突击性任务外，武昌船厂每年承造的船只仅漕船一项，就在100艘以上。当时所造的是一种底平仓阔、吃水浅能适应内河航行的漕船，亦被称为“浅船”，载重量近2000石，有的甚至达到3000石。明人陈组绶在《皇明职方川海地图表》中，有“武昌厂造船一千一十二”的记载。若不是一个年度的造船量，按当时漕船更新规定，湖广地区所造漕船，凡以杉、楠木造的，使用十年应重造；用杂木造的，七年重造；用松木造的，五年重造。即使武昌厂全以杉木造船，要负担1012艘漕船每十年一次陆续更新的任务，每年平均须造新船百余艘。而且这些漕船还须维修，按三年一小修、六年一大修的定例，这些漕船每年进厂维修亦达400—500艘。

清初，湖广原额漕船为826只。雍正四年（1726年）统计减至410只（其中湖北228只，湖南182只）。乾隆十三年（1748年）后，始以362只为定例（湖北180只，湖南182只）。以湖北为228只为定例，若平均分给武昌、汉阳（清代设汉阳造船厂，其规模稍次于武昌厂）两厂，则各为114只，所以武昌船厂的漕船生产能力肯定在100只以上。除承造漕船外，武昌、汉阳两厂还要接受其他造船任务。乾隆五十年（1785年），因河运漕船不敷，阻塞运道，长芦盐商呈请捐银30万两，造驳船1000余只，清廷饬令湖广、江西二省各赶造500余只。湖广总督即令湖北、湖南分别承办拨船，湖北则责成汉阳、武昌协同办理，按平均数，武昌厂则应赶造250只左右。次年，复命湖广、江西添造300只，按上述任务分配武昌厂亦在80只左右。乾隆五十三年四月，因山东驳船不敷应用，又谕湖广、江西各造300石驳船100只。五月，临时改变计划，“较定制节减宽长，以二百只工料匀造三百只”，湖广造150只，武昌厂亦在80只左右。嘉广年间，驳船营造量更大。嘉庆十五年（1810年），饬令将湖广漕船改小，将原来漕船携带的100石驳船改为300石驳船。这些与漕船数量相等的驳船，亦由武昌厂和汉阳厂承造。仅嘉庆十六年和十七年两年，湖北、湖南、江西三省就承造拨船1000只，湖北造船任务亦大部分落在武昌厂头上。清代，武昌船厂还生产盐船，最大的盐船达4500引。引为计量单位，在清代为200—300斤，4500引的盐船。按当时每引344斤计算，约为924吨，即达到千吨级船。最小的盐船为400引。此外，水驿船、宣楼船和战船等官船的修造任务也很大。按清代规定，水驿船三年一小修，五年一大修，十年更造；宣楼船则每年维修一次，十年更造；战船三年一小修，八年一大修，十一年再小修，十四年再大修，不堪修者更造。漕船的维修更造标准如前所述。武昌造船厂的制造、维修工作量总是满满当当的，厂内造的船、修的船常常首尾绵延摆数里。

民国时期，随着内河运输的发展，武昌造船业呈沿江多处发展。1929年，武昌创办了规模较大的民营造船厂——江汉造船厂。该厂拥有9台机床，三四十名工人，专营修造船舶业务，为当时武汉最大的造船厂。除常年修船和制造木质驳船外，还于 1935 年,建造了一艘以自制三缸式 200 匹马力蒸汽机为动力的“建阳”号客货轮。该轮设计施工完全按英国劳氏规范操作,技术质量和航速性能都超过了当时上海合兴船厂建造的“建夏”号客货轮。该厂还能制造 500 吨以下的钢船。据 1933 年 2 月,湖北省建设厅航政处对武汉地区造船厂作了调查,分布在武昌鲇鱼套、白沙洲、下新河、中新河的造船厂有 13 家,占武汉三镇全部造船企业 22 家的 59%;有工程师 13 人,占武汉三镇造船企业工程师总数的 62%;固定职工 117 人,占三镇同业企业总人数的 38%。当年(2 个月)承造船 9 艘,占三镇承造总数的 53%;当年(2 个月)改造船 48 艘,占三镇改造总数的 65%。上述指标说明,武昌造船业占据了武汉三镇全行业的 2/3 左右。

武昌造船厂(拍摄于 20 世纪 90 年代)

1934 年,由于湖北省航政处汉冶萍轮驳事务所自有船驳 70 余艘,时需修理;后又接管内河航轮 60 余艘,修理业务量较大。于是,湖北省建设厅确定设立武昌机械厂,旨在“不特为自行修船,还将发展扩充,添造船坞,成为长江中游之新式造船厂,并兼造各种新式农具,以供推广之用”。当年 6 月 6 日,武昌机械厂开工营业,时为湖北最早的官办机械厂。该厂位于张之洞开办的纺纱官局旧址,厂门在文昌门正街。该厂由船政处及轮驳事务所集资 3000 银元,并接收了纺纱官局的电机房和纱、布、丝、麻四局的机器,有各种机床 10 余台,员工 40 人。后经一年的发展,资金扩充至 16400 余元,厂基面积增至 7551 平方米,厂房面积增至 3147 平方米,各种设备增至 32 台,员工增至 212 人。1935 年,共大修船舶 47 艘、小修 294 艘,还制作了一些机械产品。1936 年 8 月,江汉造船厂并入武昌机械厂。1937 年 7 月,该厂更名为武昌修船厂。1936 年到 1938 年上半年,该厂共造新船 17 艘,其中 100—300 吨客货轮 11 艘。1938 年在抗战撤迁前的几个月,修理船只 200 余艘,为武汉地区的工厂、学校、机关撤迁内地提供了运输船只。1938 年 11 月该厂西迁至四川万县,更名为湖北省万县机械厂,时有员工 300 人。抗战胜利后迁回武昌,更名为湖北机械厂。

1949 年武汉解放后，该厂与汉阳船舶修造厂合并，组建为华中地区大型造船企业——江汉船舶机械公司。1952 年 12 月被列为国家基本建设单位，15 个月后建成当时东亚最长的弧形结构滑道（大型船上排下水用）。1953 年 1 月，正式更名为武昌造船厂。经过 60 余年的发展，地处武昌巡司河长江入口处的武昌造船厂，成为我国内地大型现代化造船综合企业和最大的船厂，为湖北造船业之“航母”。

除武昌造船厂外，武昌地区还有湖北船厂、武汉市船厂等船舶修造企业。

二、冶铁业、铸造业

据典籍记载，武昌的冶铁业，最早出现在晋代。《宋书·百官志》载：“卫尉……晋江右掌冶铸，领冶令三十九，户五千三百五十，冶皆在江北；而江南唯有梅根及冶唐二冶，皆属扬州（此记录不准，冶唐冶不属扬州），不属卫尉。”当时江南最有名的冶铁作坊是扬州的梅根冶和郢州的冶唐冶。冶唐冶即在今武昌境内。另据《太平寰宇记》载：“冶唐山，在县东南二十六里。旧记云：‘先是晋、宋之时，依山置冶，因名。’”冶唐冶坊多以制作民间用具为主，从饮具到农具，一年制作千到万斤。梁天监十四年（515 年），因淮上新筑新堰每为洪水所毁，为“镇”蛟龙，于是“大运东西二冶（梅根冶为东冶，冶唐冶为西冶）铁器，大则釜鬵，小则铻锄，数千万斤，沉于堰所”。在《隋志》中亦有“江夏县有铁”之记载。可见在东晋、南北朝、隋时期，武昌一带一直有冶铁工场。

唐代，鄂岳（自今武昌至岳阳）是铜锡产地，武昌冶铸业在晋、宋的基础上又有所发展。至今保存在武昌宝通禅寺的大铸佛，铸于天宝年间（742—756 年），铸佛高 4 米，底座宽 8 米，为垂膝坐状，神态逼真，反映出当时很高的冶铸技术水平。宝通寺另一件是铁铸大钟，铸体庞大，俗称“万斤钟”，系由京湖安抚制使在南宋嘉熙四年（1240 年）使匠人所铸。如此大件铸造，反映当时鄂州一带冶铁铸造达到较高水平。又有明人张弘曾亲眼见一件 36 斤古铜鼎，“珠光霞彩，灿烂夺目，烧香其中，浮云如盖，盘卷无已”。该鼎腹部刻有“江夏王李道宗制”字样，应为唐早期制品。

隋唐宋元时期，武昌一直是铸监所在地，铸铜业即很发达，所雇日役丁匠在 300 人以上。我国保存下来最早的工艺精湛的铜铸武当山铜殿，高 2.9 米，宽 2.7 米，进深 2.6 米，殿门上有铭文，记载该铜殿为元大德十一年（1307 年）由一万姓作坊主在武昌铸造而成，是我国铜器制作史上难得的极具文物价值的艺术珍品。

明清时期，武昌、荆州、郧阳、襄阳等地均设鼓铸局。设于武昌的宝武局是清代湖北的铸钱重地。乾隆年间，宝武局持续开炉 10 多座，最多时达 20 座，鼓铸用铜量多达 80 万斤。这不仅在湖北、即便在全国各地方局中也是铸钱较多的。

明末，周天顺炉冶坊为避战乱，从江西饶州府乐平县瓦溪坝迁至武昌城崇福山下，生产香炉、神钟、汤罐、鼎锅、铁器、农具等日用铁铸件。周氏第八代后裔周庆春还在武昌大堤口经营炉冶坊，自备木船到九江、镇江、南京等沿江一带销售，回程返销淮盐，工商结合经营。清同治五年（1866年），周庆春将周天顺炉冶坊迁到汉阳双街，取“天顺不如人顺，人顺则要恒心”之意，将炉冶坊更名为周恒顺，经营翻砂，为汉口租界制造沟盖、栏杆等。光绪末，周恒顺炉冶坊以机器取代人工，完成从手工生产到机器生产的过渡，并改名为周恒顺机器厂。该厂迅速发展，至1936年，其生产能力和技术水平居武汉民营工厂之首，位列全国民营机器厂前三名。抗战时期曾西迁至四川重庆。抗战胜利后，迅速回迁武汉并开工，成为武汉西迁工厂中最早复员复工的厂家。解放后，该厂组建为公私合营中南恒顺机器厂。1953—1954年，该厂又迁回武昌。后又经几次合并改组，入武汉汽轮发电机厂。由武昌周天顺炉冶坊发展而成的周恒顺机器厂，是近代湖北历史最长、规模最大、产品精良的民营机器厂。有趣的是，周天顺炉冶坊主周庆春之孙周苍柏，因在武昌开拓建设“海光农圃”（东湖风景区前身），被誉为“东湖之父”；周苍柏之女周小燕（著名歌唱家、声乐教育家），则被誉为“东湖之女。”

三、制筷业

武昌的制筷业虽规模不大，但颇具特色，是传统手工业中的一朵奇葩。

清光绪三年（1877年），湖北藩署刊印的《武汉城外街道图》上，有武胜门外大堤口至北城角一带，标有筷子街、筷子湖，筷子湖边至筷子街之间有一段堤叫筷子堤。这三个地名承载了武昌传统手工制筷的历史。

明代末年，江西吉水县的一批制筷工匠逃荒，来到武昌城武胜门外靠近长江和湖泊的地方定居下来。为了生计，他们重操旧业，制作筷子。筷子的原料是竹子，这里靠长江边，竹子是从湖南、江西由卖竹子的人，用竹篾把一根根竹子扎成竹排，一排一排地从长江水路上漂过来的。放竹排到武昌需要几个月，放排的老板及请来的伙计就在竹排上搭棚子吃住，趁着长江高水位时顺流漂到与长江相通的小湖（今农讲所到大堤口一带），筷子湖因此而得名。在长江和筷子湖浸泡久了的竹子，要在湖边的堤上晾晒，于是有了名字叫筷子堤。晾晒干了的竹子，由工匠门制成筷子。这些做筷子作坊，便形成了远近闻名的专门生产和销售筷子的一条街。该街在今武昌中华路北城角至大堤口一带。

筷子街生产的筷子质量好，品种多，经久耐用，加上讲究信誉，特别受消费者欢迎。筷子生意旺盛时，筷子街上的筷子作坊达到上百家。每年从农历八月十五中秋节后，是筷子的产销旺季。日渐走俏的筷子订单像雪片飞来，工匠们一直忙到腊月二十四过小年，才有空走亲访友或忙年（备年货）。

筷子街制作的筷子用料讲究，工艺独到。需要六七十道工序。简单地说，制作筷子所用的是竹子的最好部分，避开竹节把竹子中间段砍或锯成竹筒，再劈成一根根的筷子坯，然用刀把筷子坯削成一头方、一头圆的成型筷。筷子分红色和黑色2种，则分别上红色或黑色（白喜事用黑筷子，其他时候都用红筷子），再用白桐油上漆,用了防止筷子发霉(现在用的竹、木筷一般都未上漆,不几个月就发黑了)。一般筷子方的一头要刻上图案和文字,也有印上去的。所印的图案和文字,要专门请人刻好再印上去。做好的筷子捆扎也有讲究,一般是八双为一扎,因为坐席的桌子为四方桌,一方坐二人,一桌八人,需八双筷子。当然,也有捆十双为一扎的,这就要看用户的需要了。捆扎时要注重样式,做到美观大方。

做筷子产生的边角余料也不废弃,依材可做痒痒挠、竹床片、药店用的药名签等,变废为宝。

筷子街制作的筷子除销往本地及周边外,以销往北方的比较多。一来北方竹子少,筷子多由南方供应;二来北方一些少数民族有种习俗,就是祭祀时要烧筷子(可能是让先人在另一个世界上有吃饭的工具),筷子用量较大。

筷子街有个不成文的规矩,就是制筷手艺传媳妇,不传女儿。这可能是怕会做筷子的女儿嫁出去后,帮婆家抢了娘家的筷子生意。也可能是因为这一规矩,让筷子街的制筷业代代传承,延续了 300 多年。

清末,武昌名楼烟波楼就在筷子湖边。登上烟波楼,抬头可远眺江汉合流的奇景,低头则是筷子街、筷子湖、筷子堤。满湖的竹子,满堤的竹子与筷子,满街的筷子作坊。街上及远去的路上,南来北往、川流不息的人们,携带着筷子包。那时担子挑的、驴马驮的、板车运的,都是一捆捆的筷子,所有这些,构成了一道独特的筷子市井风景线。

1954 年武汉发大水后,因防汛抗洪需要,筷子街一带要筑堤。一些筷子作坊及居民被迁出。后经公私合营后,一些筷子工匠从事他业,筷子街及其制筷业从此消失。

四、张之洞新政下的武昌近代制造业

武昌是晚清洋务运动暨张之洞施行新政的重要基地。自清光绪十五年(1889 年)张之洞任湖广总督起,随着洋务运动的兴起,张之洞在武昌主持兴办了一批近代工业的新式工厂,其中纺织工业是重点。张之洞认为:“棉、布本为中国自有之利,自有‘洋布’、‘洋纱’之后,反为外洋独擅之利。耕织交病,民生日蹙,再过十年,何堪设想!今既不能禁其不来,唯有购置机器,纺花织布,因扩其工商之利,以保利权。”(《张文襄公全集》卷 26)于是张之洞在武昌共投资白银 284 万两,先后兴建了布、纱、丝、麻四局。

光绪十五年,张之洞派员从英国订购纺织机器设备运至武昌。翌年,在文昌门外动工兴建湖北织布官局,历时 3 年,投资白银 100 余万两,于光绪十八年建成投产。织布官局装备布机 1000 台,纱锭 3 万锭,动力 1200 匹马力,雇佣工人 2500 名,聘用外国技师 10 余名,月产布 2 千米。“所产布匹甚为坚洁适用,所纺棉纱坚韧有力”,产品销路畅达,投产当年即盈利 36 万两白银。光绪二十年,张之洞又在文昌门外织布局东侧主持兴建湖北纺纱官局，3 年后建成，拥有纱锭 5 万枚，雇佣工 1500 人，日产 10 支、14 支、16 支纱 30 大包，“甚合华人之用”，有时销路不错，曾有“获利五万金”之年份。湖北蚕桑业一向发达，但土法织造丝绸品质低劣。张之洞决计以“机器缫丝之法”加以改变。光绪十九年，张之洞派人到上海学习缫丝技术，翌年在望山门外购地设厂，兴建湖北缫丝官局。该局于光绪二十一年竣工，翌年投产，装备缫车 300 盆，有织工 300 人，每天可生产上等缫丝 30 余斤，普通缫丝 80—90 斤，产品全部运销上海。鉴于湖北盛产苎麻，丰年可产 30 万担以上。光绪二十三年，张之洞招请德商瑞记洋行的雇员兰格，从英国引进纺麻机器，翌年在平湖门外筹办建厂。光绪三十二年，湖北制麻官局建成投产，有纺麻机 175 台，麻棰 4431 个，聘请日本工程师指导，产品有细斜纹葛麻布及各种型号的麻纱。光绪二十八年，鉴于布、纱、丝、麻四局产品滞销积压，资金周转不灵，利息负担重，入不敷出，便以“招商承租”的形式交给汇丰银行买办邓纪常、粤商韦应南合组的应昌公司经营。1911 年 6 月，总督瑞澂以应昌公司股票作抵押，办理不合，将四局收回，交给南通实业公司张謇的大维公司经营。

“布衣兴国，蓝缕开疆”，这是张之洞为湖北织布官局的题词，道出了他创办近代纺织工业的目的与动机。布、纱、丝、麻四局的建成，构成了武汉近代纺织工业较完整的产业体系，且成为当时中国中部地区最大的纺织企业群。

1890—1912 年张之洞在武昌兴办的工厂一览表

开办年份	厂名	厂址	开办资本	职工人数
1890	湖北蚕桑局	武昌	—	—
1891	湖北织布官局	文昌门	130 万两	2500
1893	银元局	三佛阁街	4 万余两	—
1894	湖北纺纱官局	文昌门外	110 万两	1500
1894	湖北缫丝官局	望山门外	—	470
1897	湖北官钱局	望山门外	—	—
1898	湖北制麻官局	平湖门外	20 万两	453
1901	铜币局	三佛阁街	—	—
1904	湖北工业学堂附属工厂	武昌	—	—
1905	工业传习所	昙华林	—	—
1907	湖北武昌制革厂	南湖	5 万两	206
1907	铁路机车厂	武昌	—	—
1907	模范大工厂	兰陵街(武昌)	19 万两	1800
1907	白沙洲造纸厂	白沙洲	50 万两	—
1908	湖北毡呢厂	武胜门外下新河	官股 30 万两	246

1907年，张之洞又主持兴建了武昌白沙洲造纸厂，引进比利时设备，可生产新闻纸、印书纸、毛边纸等，日产3.5吨。该厂是清末民初全国最大的官营造纸厂。1908年，还在武胜门下新河处创办了湖北毡呢厂，这是武汉地区毛纺织工业的开端，是继甘肃织呢总厂之后，中国早期的四大毛纺织厂之一。该厂有织呢机18台，以羊毛和棉为原料，每昼夜可出毡呢600余码，专供军队和学堂之用。张之洞还主持兴建了武昌南湖制革厂、武昌兰陵街模范大工厂等。1890—1912年间，武昌的官办、官商合办工厂达近20家。其中，张之洞主政时期兴办的有15家。

自光绪十六年（1890年）到辛亥革命前夕的20年中，武昌地区官办与商办工厂数量占武汉三镇同类工厂总数的50%，位居三镇之首和全国城市的前列。其中，造纸工业居全国之首，纱、布、丝、麻四局创办的时间仅次于上海纺织局，在全国居第二位，而工厂规模超过了上海纺织局。武昌近代官办工业企业生产规模较大，产品种类较多。其中，优质工业品在国内外享有一定的声誉，多次在国内外评比活动中获奖。1911年在意大利举办的"世界博览会"上，湖北毡呢厂生产的羊毛呢和省城矿物学堂生产的工矿教具，获金牌奖；湖北制麻官局生产的葛布、假丝布和湖北缫丝官局生产的丝织物，获最优等奖；武昌府中学堂生产的辅助实业教育设施，获铜牌奖。

张之洞新政下兴办的工业企业，在国内都有较大的影响，奠定了武昌近代工业的基础，武昌成为中国近代工业的发源地、发祥地之一。

五、民国时期武昌纺织工业区

武汉是中国纺织工业仅次于上海的中心之一，纺织工业是武汉工业体系的支柱产业，武昌则是武汉纺织工业最重要的基地。近代，武汉纺织工业主要集中于武昌。近代武汉纺织工业起步于张之洞洋务新政中在武昌兴办的"丝麻四局"。而在民国初的1915—1922年，武汉地区相继兴办了"四大纱厂"，其中有三大纱厂在武昌。武昌三大纱厂的兴办，标志着近现代武昌纺织工业区的形成。

武昌第一纱厂（全称"商办汉口第一纺织股份有限公司"，因厂址在武昌，故称武昌第一纱厂）是由民族商业资本投资兴办的第一家大型纱厂，其规模之大，居华中首位。主要投资者是曾任汉口总商会会长的李紫云，以及一批从事棉纱、布匹贸易的大商人如彭玉田、刘季五、陈尉南、程栋臣、毛树棠、胡瑞芝等。投资额度为200万银元，于1915年成立股东会及董事会，由李紫云任董事长兼总经理，刘季五为副董事长兼副总经理。该厂选址于武昌曾家巷沿江一带，占地150亩（后增至300亩），设备全部进口，为英国纺机4.4万纱锭，织机600台。车间厂房500多间，设有纺、织两厂。纺厂分并条、粗纱、细纱、摇纱等部，织厂分准备、织布、整理、打包等部，共有工人近2000名，是当时武汉工人最多的工厂之一。1919年底，该厂正式投产。该厂投产之时，正值第一次世界大战刚刚结束，帝国主义国家忙于国内经济恢复，在该厂开工之后两年间,原料的采购、产品的推销等未受到激烈的竞争,很快占领市场,当年盈利 180 万银元。股东们见利润丰厚,遂将未分红的部分用于扩建厂房。扩建后分为北厂、南厂、布厂,共拥有纱锭 18.8 万枚,布机 1200 台,日产能力为棉纱 180 包、12 磅细布 2000 余尺。然而,由于该厂的投资者及经营管理者多数是商业起家,对工业经营管理缺乏经验,看到当时市场形势好,谋利心切,便盲目扩厂,遂以工厂固定资产作保证,向英商安利英洋行借贷 200 万两白银定购纱锭和布机,筹建南厂,将厂规模扩大一倍,准备以获利还贷。但安利英洋行又以欺骗讹诈手段,竟把美国产布机冒充英国产布机发运到该厂。待该厂发现布机质量差,完全不能使用而进行交涉时,安利英洋行反以超时限为借口拒绝退货。结果,这批布机一直搁置在仓库里,直到解放后才改造启用。因借债使该厂资金周转困难,加之不久帝国主义经济侵略卷土重来,导致原料收购、产品推销等恶性竞争,生产下滑,效益下降。至 1924 年,该厂累计亏损 1000 万元,欠债无力偿还,几次停产,虽经努力又几次复工,仍不能自持,总经理李紫云辞职。当年 8 月,由洋行对该厂固定抵押实行代管,直到 1948 年 7 月,才全部还清洋行债务而收回。

裕华纱厂是以武汉商人徐荣廷、苏汰余、张松樵、姚玉堂、黄师让等创办的自营纺织厂,是武汉地区新建的大型纱厂中经济效益最好、经营管理水平最高的企业。1913 年,由徐荣廷、苏汰余、张松樵、姚玉堂等合伙办的楚兴公司,承租接办了湖北布纱丝麻四局后,时值第一次世界大战爆发,进口纱布和出口棉花都大幅锐减,以至原料价格下降,成品价格上升,楚兴公司迎来了经营布纱生贱熟贵的大好时机。至 1920 年,该公司累计获利达 1000 万两之巨。该公司总经理徐荣廷想到,如果没有自己的工业基地,就不能立足于实业界,于是便筹划合伙自办工厂。1919 年,楚兴公司巨额利润分红给投资者后,徐荣廷未在武昌办厂,而在石家庄创办了大兴纺织股份有限公司。张松樵则与姚玉堂出资 50 万两,在武昌下新河附近自办一万锭小纱厂。因资金不多,经营困难,便邀请汉口纱商投资 70 万两,组成裕华纱厂。1920 年,张松樵邀请徐荣廷主持裕华纱厂工作,徐遂投资 36 万两,以共计 156 万两,组建裕华纺织股份有限公司,纱厂则属公司领导。徐荣廷为公司董事长,张松樵为公司经理。公司向安利英洋行订购 3 万纱锭,500 台布机,分五年还款。同时,增购下新河一带土地。于 1921 年兴建厂房,填高厂房地基防江水淹渍,安装机器,次年开工生产。此后,纱机增至 4.2 万余台,生产设备仅次于第一纱厂。面对帝国主义和军阀的双重压迫,裕华纱厂则避开外商的竞争,主动到川、陕、湘等地开辟市场,又采取多种措施提高其竞争能力:选派技术人员赴日本学习先进纺织技术,不断提高产品质量;确立职工分红制,每年在红利中提取二至三成作为职工酬劳金,调动职工生产积极性;重视购销业务,在上海等地设办事处,在豫西等产棉区设庄,保证原料优质。由于措施得力,资金基础稳固,因而在市场竞争中渡过了难关,且盈利颇丰,达到了市利的三倍。1934 年，裕华与石家庄大兴纱厂各投资 100 万元，在西安建大华纺织股份有限公司。此后，裕华、大华、大兴共同组建为裕大华纺织集团公司。抗战期间和抗战胜利后，裕大华公司不断发展壮大，还在四川重庆、广元等地开设纱厂及其他企业。

震寰纱厂亦是 20 世纪 20 年代武汉纺织工业的重要厂家之一。由刘季五、刘逸行兄弟俩和买办刘子敬等人在武昌上新河创办。刘氏兄弟俩自日本留学归来，为抵制帝国主义的经济侵略，挽回利权，便积极着手发展民族纺织工业，起先于 1914 年投资于李紫云发起创办的武昌第一纱厂，后因与该厂其他股东意见不合，旋即退出，于 1919 年与买办刘子敬等人筹办震寰纺织厂，共投资 122 万两，刘氏兄弟占股份 80%，刘子敬等人占股份 20%，由刘子敬任主任董事，刘季五任总务董事兼理业务，刘逸行任董事兼理厂务。该厂筹建时，便受到安利英洋行的敲诈盘剥，埋下了先天不足的种子。当向安利英洋行订购纱机时，正值金贱银贵，外汇价格较低，2 万纱锭全套设备价款约 50 万两白银，英商百般拖延，迟不结汇。1921 年纱机陆续起运时，英汇暴涨不已，转成金贵银贱的局面，所购纱机价款一下子上涨近 3 倍，达到 140 万两，英商就一再催促结汇，刻不容缓。震寰纱厂只得忍痛照新价结汇，造成厂未开工已负债近 100 万两银子的局面，后又不得不靠高利贷来维护开工。再加上该厂开工投产时又受制于安利英洋行不能如期交货，开工时间延迟，错过了中国纺织工业发展利好的黄金时机。1922 年 2 月，一万纱锭到厂，以后陆续到厂，陆续安装，陆续开工，直到次年 4 月纱锭才到齐正式开工。此时，中国民族工业受外商冲击较大，该厂经营利微，还贷包袱重，经营困难。为求生存，该厂决计增股，增设布厂，并陆续扩充纱厂。然而接着又连续遭受苛捐杂税、武汉大水、棉价上涨、日纱倾销等重重打击，被迫于 1933 年 5 月停工。1935 年，震寰纱厂与常州大成纱厂合作复工，更名为武昌大成纺织印染第四厂，于 1936 年开工，生产经营顺利，还清了所欠债务。“七七”事变后，两厂合作结束。震寰厂部分机器分别西迁到重庆和西安，但资金困难，无力开工，将纱锭出租给裕大华纺织公司。抗战胜利后，震寰纱厂回迁武汉并复工。

武昌三大纱厂加上汉口申新纱厂号称武汉四大纱厂，即为武汉四大纺织企业。至 1924 年，武汉以四大纺织企业为主体的现代纺织工业体系初步形成，武汉已成为国内仅次于上海的第二大纺织工业中心。这个中心的代表，就是武昌纺织工业区。

第二节　港埠商贸与近代商埠贸易

一、亦军亦商三港埠

武昌处长江南岸，汉水入江口汉口之对岸。在成邑之前，已为舟楫停泊之原始港口。后夏口城这个军事城堡的建立和扩展，由于攻守、战备之需，必然刺激军用品和民间经济贸易的兴起，反过来又促进城邑的发展。据《三国志》载：周瑜曾“请得精兵数万屯夏口”。如此多的水兵屯扎夏口，足见三国时夏口古城港的规模之大。自东汉末至魏、晋、六朝时期，在夏口城下沿江一带相继出现了鹦鹉洲、南浦和黄军浦三个亦军亦商的港埠。占据三个港埠各个政权、各股势力，都用以大量屯兵、修造战船、起卸军用粮草和物资、军民生活用品的转运及交易等等。

鹦鹉洲

该洲系长江冲击泥沙而成的沙洲。头枕鲇鱼口，尾接黄鹄矶（黄鹤矶），横亘于武昌江岸约 2 里的江心，其方位大致接近于现在武昌白沙洲尾的潜洲。最大面积时曾达 200 万平方米，汉末起便成为游览胜地。东汉建安（196—199 年）时期，江夏太守黄祖的儿子黄射曾在该洲上大宴宾客，东汉名士祢衡即席写下了著名的《鹦鹉赋》。后祢衡被黄祖所杀，葬于洲上，该洲因名鹦鹉洲。此洲与夏口（今武昌）江岸间的夹江水域形成河槽，江水较深，便于舟船行驶，成为重要的军船出没之要道。梁大宝元年（550 年），邵陵王萧纶为讨侯景，在郢州大造军器，湘东王萧绎恐其势力渐盛而对自己不利，于是派王僧辩领一万水师进驻鹦鹉洲，萧纶被迫出走武昌（今鄂州市）。次年，侯景派宋子仙夜袭武昌，事先亦将大批水军埋伏于鹦鹉洲一带。侯景偷袭武昌成功后，率十三万水军乘胜西进，其中在鹦鹉洲屯兵数万。数万屯兵和藏泊战船，足以说明鹦鹉洲港埠已颇具规模。

南浦

位于里河（今巡司河）入江处，即今鲇鱼套。古名“炭步”，因其在武昌“郭之南”，故名南浦。《水经》载：“鹦鹉洲对岸有炭步。”柳宗元《铁炉步志》认为：“江之浒，凡舟可縻而上下者，曰步。”正与古鹦鹉洲相对的南浦。大约在汉代就已成为舟船之泊地。因是里河入江之处，又靠近夏口城，这里即是水军出入、驻扎和军用物资转运装卸的港埠。魏晋时期，因造船场设在此，又设有船舶管理机构，人们称其为船官浦。南北朝时期，这里的造船工场明显增多。从《南史》中有萧纶“南浦施安幄帐，无何风起，飘没于江”的记载看，南浦在早期至少是一个军港。

黄军浦

位于黄鹄矶前的凹陷地带，紧接古鹦鹉洲尾。《水经注》载：“鹦鹉洲之下尾，江水溠洄洑浦，是曰黄军浦。昔吴将黄盖军师所屯，故浦得其名，亦商舟之所会矣。”由此可见，这里是三国时期东吴将领黄盖的水师基地，也是商船靠停所会之处，成为亦军亦商的港埠。几百年后的梁天监元年（502 年），时任郢州刺史的曹景宗为“鬻货聚敛，于城南起宅，长堤以东，夏口以北，开街列门，东西数里”。是说在今武昌汉阳门一带，因濒临长江有条长达数里的商铺密集的长街，成为商船贸易的集散中心，为武昌沿江地带商贸的繁盛奠定了基础。

二、唐宋贸易都会

唐宋时期的鄂州(今武昌),已发展成为长江中游最大的港口贸易城市,号称"东南巨镇",贸易都会。

鄂州乃"荆吴江汉冲要",因其优越的地理位置和交通环境,转运贸易特别繁荣。唐"安史之乱"后,北方仍然不宁,战乱不已,运河漕运中断,江淮租赋不得不改道经鄂州、荆州、襄州北运,其中大部分从鄂州沿汉水溯江而上到襄州。因此,长江上下的货物如米、茶丝、麻及手工业品等运输必须在鄂州、汉阳(沔州)换船,鄂州遂成为江汉漕运线上的重要枢纽,即所谓"总东南贡赋",漕船、商船云集。《旧唐史》"五行志"载:广德元年(736年),鄂州江面的一次大火,就烧毁船舶三千余艘。这可能还不是鄂州港口泊船的全部。但就这次大火所损失的船舶数,可见当年鄂州水上运输转运及货物交易的繁盛程度。在大规模漕运的带动下,鄂州的民间商贸也有了很大发展,"士民工商,连樯如云,必将沿于斯,诉于斯……输其缗钱、鱼盐、丹漆、羽毛"(《全唐文》卷六八九),形成"闾阎皆土著之安,货贝有山积之富"(《全唐文》卷七十九)的繁荣局面。由于漕运贸易的快速发展,鄂州的人口在全国各地人口普遍下降的情况下,却逆势大幅度增长,以至鄂州城在唐中期后号称"东南巨镇"(《全唐文》卷七二二)。

宋代,全国的经济重心南移,一些商业发达的地区大量发行纸币,湖广地区印造本地流通的"湖会"。当时每届发行量一般为200万贯左右。而到了南宋嘉熙二年(1238年)发行的第七届"湖会"时,发行量竟达900万贯之多,这反映出商品流通量成倍增长。随着湖北地区商业的发展,湖会后来流通到了京西和广南地区。宋金"绍兴和议"签订后,江汉地区呈现了相对和平的局面,鄂州的商业和水上运输业进入了鼎盛时期。鄂州江岸一带和鹦鹉洲上的商市,人们习惯称之为南市。南市的码头作业区称为"南浦",是商船停泊之所,成书于南宋的祝穆著《方舆胜览》称南浦为"商贾聚泊"的"新开港"。南浦规模宏大,陆游在《入蜀记》中写出他的亲眼所见:税务亭堤下,"贾船客舫,不可胜计,衔尾不绝者数里"。范成大到鄂州时,所乘的船就是"泊鹦鹉洲前南市堤下"的。随着商业的发展,鄂州的税收增长较快。北宋熙宁十年(1077年),鄂州、汉阳的商税合计4.4万余贯,商税收入占全国商税总收入的0.5%—1%,保持了江南重镇的地位。但到南宋,鄂州地位进一步上升,能与平江(苏州)、建康(南京)、江陵平起平坐,被列为四大商业手工业城市。

南宋绍兴十一年(1141年),湖广总领所设立,专管鄂州(今武昌)、荆南、江州诸军钱粮,远远超出一路(相当于省)行政长官的管辖的区域,在货币发行、粮食的如籴、茶盐钞引的专卖等方面,湖广总领所都具有朝廷认可的职权。湖广总领所治所在鄂州(今武昌),无形之中成为沟通、促进鄂州商业与航运走向繁荣的有利因素和条件。由湖广总领所收管的钱币来自两广、两湖、江西及四川等地。其中,仅四川每年发赴湖广总领所的钱币，就达 257 万缗。置场籴米也是湖广总领所的经常性事务，每年的籴米数起码在 10 万石以上，最多时达 60 万石。纲米的运输量更大，起初每年在鄂州交卸，再由湖广所拨运到襄阳等地的纲米为 52 万余石，到后来每年达到 60 万石—70 万石。当时较大规模的长途运输主要依赖于舟船，这就为鄂州港口及航运、商贸业的发展提供了发展机遇，湖广总领所成为沟通、促进鄂州商业航运繁荣兴旺的关键纽带。

鄂州（武昌）沿江一带北倚黄鹄矶，南靠里河，西与鹦鹉洲夹江相对，流经这一带的水流较为平缓，适宜于木帆船的靠泊，是一个很好的泊船港埠。唐代，这里已成为舟船集泊、商市环立的商业巨埠。李白曾有“万舸此中来，连帆过扬州”的形象描绘。南宋时期，这一带港埠更为繁华，堤下“贾船客舫，不可胜计，衔尾不绝者数里。自京口以西皆不及”；岸上“居民市肆，数里不绝，其间复有巷陌，往来幢幢如织。盖四方商贾所集，而蜀人为多”；这里还是“灯火歌呼、夜分乃已”的不夜之城（陆游《入蜀记》卷四）。直到元末，这里仍具“鼓角沉雄遥动地，帆樯高下乱维舟”之显著特色。一直作为军船出没之所的古鹦鹉洲，也开始成为客、货船的寄碇之所。中唐诗人钱起在《夜泊鹦鹉洲》一诗中写道：

月照溪边一罩蓬，夜闻清唱有微风。
小楼深巷敲方响，水国人家在处同。

可见洲上已有相当规模的街市建筑。宋人孔仲眼前的鹦鹉洲则是“汀州如画引帆樯”的繁华景象。

唐宋时期，武昌沿江港埠中，其佼佼者依然是由南北朝时期在南浦基础上发展起来的南市。南市一带面临里河，外通长江，内连诸湖，水势舒缓，便于船舶靠泊，唐宋时期便成为“商旅往来”的避风良港。相应地，商市也是空前繁荣。由于里河“春冬枯竭，秋夏泛涨”，水量随季节变化，影响航运和商市。人们曾对这一带的航道进行了疏浚和开挖，所以这一带有了“新开港”的雅称。水域条件的改善，使南市更加兴旺，成为鼎盛一时的商业都会。陆游在《入蜀记》中描绘了南市的盛况：“市邑雄富，列肆繁错，城外南市亦数里。虽钱塘（今杭州）、建康（今南京）不能过，隐然一大都会也。”南宋淳熙四年（1177 年）八月，范成大途经南市，作了这样的描绘：“至鄂渚，泊鹦鹉洲前南市堤下。南市在城外，沿江数万家，廛闬甚盛，列肆如栉，酒垆楼栏尤壮丽，外郡未见其比。盖川、广、荆、襄、淮、浙贸迁之会，货物之至者无不售；且不问多少，一日可尽。”这位宰相还发出了“其盛状如此”的赞叹。这里汇集了西至巴蜀、东到江浙、南及两广、北达汉中的货物，船舶麇集，店铺连衡，酒家林立，商船贸易之活跃，确实罕见。

在鄂州，从事商贸活动的有经营规模宏大、资本很雄厚的豪商富甲。有位名叫武邦宁的鄂州绸布商，“启大肆，货缣帛，交易豪盛，为一郡之甲”。还有一位医官很有钱，家资巨万，自捐巨资给荒疫病人医治。据清雍正《湖广通志》卷一二载：“滑世昌鄂州都统司医官，居于南草市（即南市），家赀积万，会岁荒疫，自捐钱药救疗。”宋代鄂州商业的发展，还表现为夜市的繁荣。陆游《入蜀记》描述了鄂州夜市生活：“移舟江口，回望堤上，楼阁重复，灯火歌呼，夜分乃已。”范成大也在诗中描绘了鄂州南楼一带的夜景：“独天灯火三更市，摇船旌旗万里舟。”

三、明清商贸兴盛港埠

明清时期的武昌城港埠，已不仅仅是一处处商贸物资的中转港口，而是名副其实的商品集散地。为适应经济迅速发展的需要，武昌城沿江的金沙洲、塘角以及经过人工疏浚后的陈公套相继兴起，使武昌的港埠商贸日益兴盛。

元末明初，金沙洲出现在武昌西南望山门外的大江中。该洲西置大江中流线，北靠巡司河，洲尾斜对古鹦鹉洲头。初叫新淤洲，因消长不定，明永乐十年（1412年），建“水母祠以镇之”（康熙《江夏县志》卷4）。之后，人们在滨江一侧修建了堤防和驳岸以防洪，使该洲成为良好的避风港，很多商船来此靠泊并从事商贸活动。

景泰元年（1450年），明朝廷在这里设立了专门征收船钞的钞关。天顺四年（1460年），湖广巡抚白圭赈饥时，曾将船钞改为收米，救济饥民。因当时饥民人数众多，救济饥民的米亦不少，故这里的商船多，船钞量大。

商船贸易的增多，湖上定居的商贾、船户和居民迅速增加。明嘉靖年间（1522—1566年），金沙洲的民房基地达1208间。而到万历年间（1573—1620年），竟号称“十万户”。当时洲上有八道长街，防浪堤长达25里。堤外，漕船、盐船和各种货船汇集，被誉为“四民辐辏”“百货云集”的东南都会。万历十一年（1583年），这里成为湖广漕粮的交兑口岸。当时湖广漕粮的年额达46.5万石，漕粮船舶云集金沙洲，蔚为大观。

崇祯十五年（1642年），明末将领左良玉纵兵十万进驻，劫掠武昌城，金沙洲民舍几尽拆毁，河街被焚毁一空，港埠遭破坏。直到清康熙十二年（1673年），地方官徐惺在洲上新辟市肆，设油、盐二埠以招揽商贾，金沙洲才渐渐有所恢复，一度又成为油船、盐船和回空漕船的聚泊地。乾隆年间及以后，金沙洲日渐堤崩道毁，虽时有治理，免遭沦没，但商船贸易终未能恢复旧观。

南市自南宋后日趋衰落，而里河一带航道也日益淤浅，后改名为管家套。明弘治十年（1501年），武昌知府陈晦为改变管家套淤塞、商船转泊长江北岸的不利局面，便在涨水季节，以人工疏浚管家套，出现一片深水港域，使大批商船移泊套中，于是人们将管家套改名为陈公套。一时间，陈公套“水绕城南，都邑增胜，风藏浪避，商舟稳泊”。

明嘉靖二十六年（1547年），这里设置了鲇鱼套口镇巡检司。万历十一年（1583年）这里与金沙洲一起被辟为漕粮交兑口岸，建有陈公套水次仓，存贮各州署交兑的漕粮，许多盐船也靠泊于陈公套。武昌地方官为了修砌沿江堤防，曾饬令"淮商拨船带石，以资修补"。即由盐商之船带石到岸边，用以修补堤防。

清初，陈公套又被称作鲇鱼港。清中叶以后，里河航道再度淤浅，这一带仅作回空漕船和小型船舶的泊靠处。

明末清初，武胜门外的塘角成了"舟车络绎，熙来攘往"的避风良港。塘角在武胜门外东北五里外的地带，正对汉口。这里曾是新河的出江口，故人们习惯称其为新河。

清嘉庆年间（1796—1820 年），塘角前淤起一片新沙洲。由于此洲对塘角的外护作用，这里泊船日渐增加；又因为汉阳河泊所一带的夹河淤浅，原泊于汉阳城南纪门外的盐船移泊于塘角，于是人们纷纷在塘角建房开店。几年以后，这里便发展成为商船云屯、百货萃集的新兴商埠。

为适应商船增多之需要，人们便以塘角为起点，向北至古月亮湾南端开挖了一条长约 10 里的弧形河道。因分上、中、下三段，故分别有上新河、中新河、下新河之称。

新河开凿后，塘角商贸规模扩大，商船停泊不计其数。诗人叶调元于清道光十九年（1839 年）的除夕之夜，看到了塘角的夜景奇观："塘角在省城之东。各船停泊，除夕桅船不可胜计。自米厂望之，但见火星万点，出没云端，奇观也。"他在《汉口竹枝词》第一〇二首（《武汉竹枝词》，湖北人民出版社出版 1999 年 9 月版，第 60 页）吟道：

千艘万楫聚塘坳，炮竹声喧沸海潮。
水面忽飞星万点，红灯一片出桅梢。

道光二十八年（1848 年），陈溥在诗中描写出塘角为"百产""精华"的汇集和枢纽之地：

塘角对汉口，百产绾精华。
连樯上灯火，混若蒸朝霞。

道光二十九年（1849 年）冬天，塘角一带因一盐丁吸鸦片不慎引发大火，当时有千艘船联结，江路阻塞，又遇逆风，800 多艘船舶和数万民船烧为灰烬。据清代诗人周寿昌《思益堂诗钞 · 哀塘角行》载：当时"适有大艑峨峨者四百二十艘，互相牵系，余外又系艘六百余只，十九皆估客船，间或杂有官舫，首尾联络，势若蛇蟠"。这场大火共损失淮南盐商的钱粮银本 500 余万，于是"群商请退"。清廷因此规定，凡运往两湖地区的淮盐，不得在塘角停泊，连汉口也不再是必经之地。从此，塘角迅速走向衰落，新河也逐渐淤塞废弃。

武昌城内素为官署驻地，因衣、食、住、行乃至公务接待应酬需要，城内商业历来较为繁荣，今司门口一带，历为商业闹市中心。明清时期，长街（解放路）便成为三镇有名的商业中心。当时，这里十里青石铺路，两房店铺林立，人流熙攘，市肆繁荣，全城的银楼、金号、服装、绸布、百货等商业铺面咸集于此。清末民初，商业发展迅速，维新、伍亿丰、金同仁、金城银行、湖北银行等知名商号及商业服务网点在此扎堆经营，人气旺盛。

解放路商业一条街（拍摄于20世纪90年代）

四、张之洞新政下的武昌自由贸易区和新式商场

张之洞的洋务新政主张“农工商三事合为一气，贯通讲求，始能阜民兴利”。因此，他亦非常看重商业的发展。

鉴于修建粤汉铁路以武昌作为起点站，交通商务必须相应发展。外国商人已注意到这一点，并有人开始在此买地置业。张之洞认为武昌粤汉码头附近不能辟为租界，否则会损害国防和本地利益。因此，对外通商，势在必行。清光绪二十六年（1900年）11月，张之洞奏请在武昌城外武胜门至青山3万余亩的土地上“自开商埠，建设自由贸易区，以杜绝外国人在武昌辟为租界”获准。此为我国自开商埠之始。张之洞还因此建立商场局，委派湖北布政使瞿廷韶总办商场局事务，有关司道官员和武昌知府、江夏县知县分头经办。后武金堤陆续修成，武胜门外涸出官、民荒地。张之洞设江岸局清查，又设清丈局，标明业主界址及地价，建立契据文卷，交商场局统一管理，共清出官、民地各3万余亩。随后，又聘请英国工程师斯美利丈量地段，以建筑沿江驳岸、码头。对于经费问题，张之洞寄希望此地开发后地价上涨，售地后可偿还借款。他对此十分乐观，认为武昌东西控长江上下之游，南北为铁路交会之所。商场既辟，商务日繁，地价之昂，可坐而待。他预测“五年之后，铁路大通，北达欧洲，南穷香港，群商趋之若鹜，自然争先订租。今日一亩，异日百倍其值”。估计租地、卖地可收回2000余万两，不仅能还清借款，而且大有盈余。可开办商场，修驳岸，造马路，设中国人自营之巡捕房（警察局）、工部局（市政管理机构），设渡江轮船，以其成为与汉口相媲美的武昌大商场。张之洞还指使商场局绘制《武昌开埠》地基全图，规划商业区地价，规定华人可准予购地建房，外国人则只能承租。他的这些宏远之谋，雄大之魄，却在晚清国势衰微的外患日亟的情形下，终究落空。其中，具有关键意义的粤汉铁路虽筹划早，但经费无着落，迟迟不能启动，使以其为契机的武昌自开商埠的自由贸易区无法形成，地价上涨、卖地还钱等设想也只能成为空想。但是，张之洞的这些设想和举措，在一定程度上促进了武昌城内商贸活动的发展，推动了武昌近代城市化的初步形成。

光绪二十八年（1902年），张之洞在兰陵街（今解放路中段）创建两湖劝业场，规模宏大，与当时的京、津劝业场呈鼎立之势。两湖劝业场既是商品展览馆，也是百货齐全的新式大商场。全场占地面积575平方丈，内设三大主题展馆：一为内品展馆，陈列湖北省各州县和武汉三镇之工业、手工业制造品；二为外品展馆，陈列外国各种机械货物；三为两湖天然产品展馆，陈列湖南、湖北天然土产、五金矿产、煤炭及谷物、果品、茶业、麻棉、油漆、竹木、药材、皮革、骨角毛羽等。又设南北两场，每场有门面79间，共计158间，场前场后又摆摊42处。凡入场经营者，完纳租金，标明定价，公平交易。劝业场中还辟有公园和水楼，养有各种珍禽异兽，以招徕顾客。此后，劝业场的陈列展品种类数量均有增加，陈列时间延续数年。此举开武昌商品博览风气之先河，有力地促进了武昌商务的发展，拓展了武汉三镇商品市场。

张之洞为了“启发商智、联络商情”，还主持官商设立了多种新式展览馆。光绪二十八年（1902年），在两湖劝业场附设陈列馆，占地115平方丈，有房屋13栋，陈列并出售以湖北、湖南为主的各种产品、五金矿产和药材等。光绪三十二年扩大规模，改名为“工商品陈列所”，展示新巧机器、国产制品、书画等艺术品。同年，又在芝麻岭开设“善技场”，展销各省工艺品，进一步促进和推动了武昌乃至湖北武汉商贸活动的开展。

宣统元年（1909年），继张之洞之后，湖广总督陈夔龙在平湖门组织了“武汉劝业奖进会”，以更大的规模组织商品博览和销售。会上，将湖北各县和武汉三镇之名优产品和畅销工农业产品、工艺品、文化用品、生活用品、天然土特产品、五金矿产制造品等陈列展销。还设立了直隶、湖南、上海、宁波4个展馆和汉阳兵工厂等7个特别展馆，展期为9月15日至10月30日，每逢3、6、9日为女客参观日。武汉三镇和外地民众，纷纷赶赴展会。展期每日人气旺盛，还有军乐队渲染气氛。这是中国近代史上最早的一次大型展览会。当时有作者笑吾专作《武汉劝业奖进会竹枝词》十首，其中两首如下：

七

平湖门外会场开，引得游人络绎来。

新建圆门真特别，苍松翠柏扎成堆。

八

陆有肩舆水有舟，呼朋约伴往遨游。

群言百物新奇甚，煞费经营与觅搜。

民国时期，武昌城商业曾现短暂繁荣，但1930年后受世界经济危机的影响，商业情势趋于萧条。1931年的大水灾更使城内商贸雪上加霜，大量店铺倒闭。直到1935年下半年才开始有转机，商业登记开业，营业额明显回升。当年有商户4015户。1938年10月日军占领武昌后，商业经营十分艰难。1945年8月抗战胜利后，城内各业纷纷开店设厂。十里长街的老店曹祥泰等重新筹资开业，市场一度繁荣。但随着内战、通胀的影响，物价飙升，市场混乱，繁荣景象旋即消逝。至解放前夕，武昌商业仅有59个行业，1938家商户，从业人员3782人，不及1935年的一半。

第三节　古城工商老字号

一、史册永铭布纱丝麻四局

武昌是晚清洋务运动的重要基地。自清光绪十六年（1890）起，随着洋务运动的兴起，湖广总督张之洞在武昌主持兴办了一些近代工业。其中，纺织工业是重点，共投资白银284万两，先后兴建了湖北织布官局、湖北纺纱官局、湖北缫丝官局、湖北制麻官局，简称为布纱丝麻四局（四局概况详见本书本章第一节四、“张之洞新政下的武昌近代制造业”相关内容）。

布、纱、丝、麻四局的建成，构成了武汉近代纺织工业较为完整的体系，亦是当时中国中部地区最大的纺织企业群，四局的产品质量优良。其中，湖北制麻官局的葛布、假丝布和湖北缫丝官局的丝织物，在1911年意大利“世界博览会”上获最优等奖。

布纱丝麻四局历时16年建成后，起先几年尚有盈余，股东按年分红，但到光绪二十四年（1898年）就因亏损而停发股息。从光绪二十八年起，不得不由官办改为招商承办。其承办的楚兴公司对经营管理进行积极整顿，聘请了一批生产管理和技术方面的能人巧匠，制定质量标准和操作规则，以及检验、奖惩办法，使生产得以恢复发展，产品供不应求。1913—1922年十年间，盈利1100万两白银。

纱布丝麻四局又陆续由楚安、开明、福源、民生等公司接办。但这些公司只知赢利，对机器设备不作更新，厂房设施年久失修，陈旧不堪，至民生公司接办时，已不能开工。抗战爆发武昌沦陷时，四局皆迁往内地。这个我国早期规模巨大的纺织工业群，结束了在武昌的历史。但纱布丝麻四局作为近代工业的品牌，将永载史册。

二、传奇药业马应龙

明万历年间（1573—1620年），河北定州（今定州市）有个回族人叫马金堂（又名马金标），因家藏有大量的经学医学典籍和木刻厚模，从小就喜爱医道，对中医学内、外、妇、儿诸科均有一定的研究。尤其是对文献中的眼科方剂进行了大量的分析研究，结合多年的临床经验，大胆创新。取牛黄、麝香、梅片、琥珀、珍珠等八味名贵中草药为原料，精心炮制，反复实验，研制出了一种适应性广泛的中成药眼药，取名“定州眼药”（又称八宝眼药、八宝秘方）。该眼药疗效明显，又有其独特的医道，加上马金堂业医不取酬金，时常免费送药给贫穷百姓，颇受患者的赞誉，使“定州眼药”之美名不胫而走。

马家继承人、第十代传人马应龙，在保持“定州眼药”品质的同时，特别重视市场的开拓，设店于定州北街，将“定州眼药”更名为“马应龙定州眼药”，系“马应龙”树立品牌之始。不久又在青风镇设马应龙眼药分店（定州时有清风、明月两镇，古有“上有清风，下有明月”之说）。

马应龙眼药炮制方法极为严格，除取珍品药材入药外，制药器皿的卫生、原料配合投放的先后顺序、药物的成型成色，都要严格控制，药材、半成品、成品药均要通过看、闻、摸、尝四道人工工序逐一检验。这些秘制独特的制配检验工艺，使马应龙八宝眼药质量及疗效得到保持且不断提高，达到了经久不衰。

到了马家后裔马万兴，他并不满足眼药治疗的范围局限在定州。清道光年间（1821—1851年），踌躇满志的马万兴移师京城创业。他在商贾云集的北京前门外西河沿真武庙旁租得一座宅子，修葺门面，旋即开业。然而与马家在定州的境遇截然相反，药铺开业后的很长一段时间里，眼药严重滞销，生意难以为继，一家人填饱肚子都成了问题。可马万兴不甘心就此退出北京市场。差家人返回定州筹措银两，以期继续在北京打拼。在家人返回定州后的第二十七天，在北京的马家已身无分文，不得已向卖红薯的阎某借得5个铜板，度过几日等家人如期返回。好像老天看见马家的虔诚而睁开了双眼，马家药店竟意外地红火起来。而可能的实际是，药物与其他商品略有不同。即使是好的药品，患者使用后在市民中口口相传也得有个过程，大概数月是一个一传十、十传百的周期。而最大的现实，是马应龙眼膏对眼病的卓有成效，终于在京城赢得了宝贵的声誉，一时闻名遐迩。马应龙在北京市民中成了众口称赞的几家商业品牌之一，时有“身穿瑞蚨祥（一名布店），脚踹内联升（一名鞋店），头顶马聚源（一名帽店），眼看马应龙”的美誉。

20世纪初，南方药业市场大开，需求猛增。为适应形势的发展，马家拟将武汉作为马应龙眼药的南方经营中心。1919年，马家后人马岐山南下武汉，开拓马应龙眼药市场。这马岐山为马万兴胞弟马生德之长孙。马万兴虽有四子，但除三子可继承家业外，其他三子皆有他业。经过再三考虑，马万兴将打开南方市场的任务交由马岐山来完成。马万兴对其进行了严格的考察和箴规训育，认为他秉性诚笃，待人忠厚，不苟言笑但许身药业，且勤于事务，熟读医经，兢兢业业，终得马万兴所授马家绝技与真传。马岐山南下动身之前，祖父马生德对他说："你是长孙，不能老在别人嘴巴底下接饭吃。做事要勤勉，制药务求真，要以勤治店，以真夺人。"然而马岐山之父却独持异议，认为他"乳臭未干，走南闯北，此非善举"。马岐山不顾父亲的反对，带着精制的钵、精确的秤、小巧的筛等家传的制药工具，来到了华中重镇武汉。马岐山先在客栈租赁一房间住下，巧逢栈房里的账房先生乃河北家乡人，熟稔武汉风土人情，谑称武汉通，乐意给马岐山当向导，马岐山亦聘其为"主事"。随后的几日，二人走遍了武汉三镇，最后选定在武昌斗级营租定一间租价低廉的铺面，在店铺门楣上书"北京马应龙八宝眼药分店"招牌，低调开业。本来马岐山以为店铺初开会生意少，药品滞销，却不知武汉乃九省通衢之地，历有"货到武汉活"的境况。这马应龙分店也不例外，开业伊始，就招徕了不少顾客光顾，全然没有北京开店之初的那种清淡过渡期，一开始生意就很繁忙。不久，药店不仅与武汉三镇、湖北省内外的许多中药店建立了供销关系，而且在湖南、安徽、广西等地开设了分店、经销点。马岐山还不失时机地在商贸更为繁华的汉口开设了几家中药铺，使马应龙的品牌效应向南方各地辐射。这样，一个以武汉为中心，初具规模的南方马应龙眼药供销网络终于形成。

1915 年后军阀王占元统治湖北，所率士兵犹如土匪，到处劫掠。马应龙眼药店未能幸免，眼店总以"重赠"与之周旋。1926 年，陈嘉模任湖北督军，北伐军进军两湖，陈负隅顽抗，不顾百姓死活，在市民缺粮的情况下，以征军粮为由，搜刮民众，药店人员亦备受饥馑之苦。1938 年 10 月日军入侵武昌后，眼药生产经营更是难以为继。为了躲避日军的抢掠，马岐山等藏身于租界，经营严重受挫。但由于眼药在民众中有很高的信誉，经营者顽强地守住家业，使眼药店在动荡和战乱中维持下来。

长期以来，马应龙眼药制作保持了独特的配方和传统的工艺规范，从而一直有其独特的、良好的疗效。首先，采用质地纯正的名贵中药材，如上述的牛黄、麝香、梅片、琥珀、珍珠等，材质惟真惟优，忌劣忌假。其次，炮制方法独特且秘不外传，以保持产品的纯净和防止仿制伪劣次品充斥市场。如炮制中某些成分的取舍与分量配比，炮制方法步骤等对外界绝对保密。即使是家庭成员内部，亦只单传长子、长孙或个别择优相传，承继者必须遵从家训，且坚持数百年未违例。相传曾经有某厂设法攫获到了马应龙眼药"秘方"，于是如"方"炮制，但屡试屡不成，可见马应龙之秘方真正做到了滴水不漏。其三，马应龙长期保持较高的信誉，美名远扬。1915 年，马应龙眼药参加北京农商部国货展览获奖；1936 年，参加南京铁道部国货展，获超等奖。曾经有人说："买金子不如买马应龙眼药。"此话虽有些偏颇，但说明了马应龙的信誉。马应龙还十分注重维护和扩大自己的信誉，一直坚持做。若有人出差异地愿捎带马应龙眼药到外埠中药店，兑换时凭发票可获加价一成的优惠。通过此招，让马应龙美名远播出去。

马应龙眼药在国内享有盛誉，当进口眼药如英国的“沃古林”、日本的“老笃”“大学”等眼药充斥国内市场时，马应龙以疗效取胜，具有较强的竞争力。而且马应龙眼膏还行销东南亚多国，在泰国、缅甸、越南等占有相当的市场，使马应龙成为中国最早向海外出口商品的四大企业之一。

解放后，马应龙第十三代传人马惠民继承家传眼药炮制秘方及技术，制作马应龙眼药。1952 年，马应龙眼药店改为马应龙制药厂。1956 年，药厂实行公私合营，马惠民任厂长，药厂由专制眼药扩大到生产多种药品，由手工制作发展到机械制作，厂址由斗级营迁至汉口民生路口。1964 年，药厂又迁至武昌南湖。1966 年，改为武汉市第三制药厂。1994 年 5 月，制药厂改制，成立武汉马应龙药业股份有限公司。2004 年 5 月，公司股票在上海证券交易所挂牌交易。2008 年 5 月，组建马应龙药业集团股份有限公司，集团公司下设 6 个子公司，员工达数千人。马应龙集团除继续生产经营传统眼药外，还研制生产马应龙痔疮膏等拳头产品。全部产品达数千种，许多产品打入国际市场。2010 年，马应龙品牌价值达 43.21 亿元，并获“中国驰名商标”。2015 年 10 月，马应龙获 2015 年“中国品牌年度大奖 NO.1”（中华老字号行业）荣誉称号。

三、享誉全省大中华酒楼

由安徽人章在寿邀同乡 18 人合股，于 1930 年在武昌芝麻岭（今彭刘杨路武昌邮局对面）创办一酒楼。因股东中有 3 人是在上海学得烹饪手艺。当时，上海有 3 家徽帮餐馆均叫“大中华”，故名。

该店创办开业之初，以经营红烧鱼面为主，兼营炒菜。据传，章在寿 12 岁时就在武昌同庆酒楼当学徒。同庆酒楼是一家徽州风味的餐馆，以经营红烧鱼面为主。章在寿勤劳肯干，不怕吃苦，深得老板胡桂生的喜爱，因此学到了好手艺，故大中华仍以章在寿的拿手厨艺红烧鱼面为主打。1932 年因修马路，酒楼迁至柏子巷口，即彭刘杨路现址。1935 年营业面积扩大，股东增加到 19 人，股本总额最高时达到 5200 银元，章在寿任经理，生意有所发展。此时的大中华酒楼是一幢旧式的两层楼房，在当时还算有一定规模。一楼经营经济快餐，也兼营一些面点，经济实惠，随到随吃，就餐的学生、小职员和其他收入不高的劳动者川流不息。二楼经营炒菜，后发展到可承办筵席和合菜，菜肴以鱼为主，如清蒸鳊鱼、网油松鼠鳜鱼、糖醋鳜鱼、五彩鳜鱼、牡丹鳜鱼、银丝鳜鱼、烧鲭鱼划水、瓦块鱼等，其顾客大多为社会中上层人士，以各级官吏、高级职员为主。又由于酒楼处法院对面，许多官司的诉讼双方在宴请法官、律师时，多就近光顾。开业几年后，大中华酒楼渐有名气，故偶尔也有社会名流、省市要员前来光临品尝，生意日渐发展。

20世纪30年代前期的省会武昌，餐饮业较为繁荣，行业竞争也较为激烈。地处闹市的大中华酒楼附近就开了许多餐馆，有一定规模的如汤四美汤包馆、蜀珍川菜馆、汉宾酒楼、味腴餐馆等，都与大中华酒楼构成了直接的竞争，尤其是汤四季汤包馆，既卖汤包，又兼营小炒，还承办筵席。其老板汤荣昆活动能力强，当时的震寰、裕华、一纱等几大纱厂和米厂、电厂等都被其纳入经营对象范围。面对强劲的竞争对手，大中华酒楼乘机改善经营条件、增强菜肴特色和质量、改进菜肴口感。首先是重新装修门面，扩建三楼，布置为活动客间（即包房），可大可小，以满足不同顾客需求；其次，严把质量关，讲究进货选料，专门自制了土冰箱，保证原料新鲜；第三，为使菜肴达到最佳口感，做菜用汤专门熬制（当时还没有味精），原汁原味，达到口感鲜美。由于这些改进，大中华酒楼继续保持优势，嘉宾接踵而至，人气兴旺，省内无匹。当时还有个有趣的说法：吃菜要上"行时"的餐馆，喝茶要上"背时"（武汉方言，运气差）的茶馆。原因是："行时"的餐馆生意好，原材料用得快，无贮存时间长的，食品新鲜；"背时"的茶馆顾客较少，有时间烧开水，不像生意好的茶馆赶生意，未等水烧开就拿去泡茶了。大中华酒楼除十分重视菜肴的特色和质量外，还在提高服务质量下工夫，对服务规范有明确的要求：顾客进门，笑脸相迎；迎客安座，服务周全；香茶先送，毛巾后行；送上菜簿，任客挑选；介绍品种，替客参谋；餐后结账，征求意见；热情相送，欢迎再来。服务接待上的分工，除堂头（即服务组长）外，还分照堂（即服务员）和帮堂（跑炉，即送菜员）。堂头由股东担任，负责店堂的经营管理，同时也直接参与服务接待。这样，独特的餐饮风味和优质的接待服务，使大中华酒楼在激烈的竞争中占得上风，并使经营不断发展。其间，日本两次进攻上海吴淞口后，许多有钱的下江人逃难到武汉。他们都是餐馆的常客，许多餐馆生意火爆，大中华酒楼也不例外。1936年，大中华酒楼又修建了一座500平方米的三层楼房，以经营徽浙名菜为主，保持以擅长烹饪制鱼菜为特色，使酒楼经营达到了解放前的鼎盛时期。

1938年10月，武汉被日军占领，武昌城闹市区长街（今解放路）一带餐馆大多关门停业。由于大中华酒楼的股东大多为安徽人，家乡早已沦陷，无家可归，只得硬着头皮苦苦支撑酒楼。长街中心地区被日寇占驻，一些小型餐馆被迫迁到八铺街难民区一带，像大中华酒楼这样坚持经营的餐馆寥寥无几。由于生意冷清，缺乏资金，股东、员工都不拿工资，生活很苦。到1944年，章在寿弃店回乡，其他股东坚持惨淡经营。抗战胜利后，内战爆发，大中华酒楼生意不见起色，加上国军伤兵经常闹事，更是难以应付，酒楼几近衰败。

新中国成立后，大中华酒楼重现生机，获得了长足的发展。1957年公私合营，后成为国营企业，以烹制武昌鱼占据武昌，享誉全省。大中华酒楼几代厨师，在原有清蒸樊口鳊鱼的基础上不断创新，形成了武昌鱼系列鱼菜。武昌鱼以鲜活的樊口鳊鱼为主料，配以火腿、冬菇、冬笋、鸡汤等十多种辅料，做到选料要求十分新鲜，火候要求恰到好处，调料要求精准无误，造型要求生动美观。清蒸出笼后，肉嫩汤鲜，清香扑鼻。除清蒸外，还有红烧、花酿、荷色等 30 多种做法。有一天，他们遵循“原料新鲜、烹饪精细、特色浓郁，品种多样”的原则，特别设计推出了清蒸武昌鱼、杨梅武昌鱼、松鼠鳜鱼、抓黄鱼片、拔丝鱼条、汤粉鱼、如意鱼、荷花鱼、鲭鱼划水、清炒鳝糊，另加两道蔬菜和一道空心鱼丸汤。事后才知道，这是用于接待毛泽东主席的。毛泽东发表《水调歌头 · 游泳》词后，酒楼根据其名句“才饮长沙水，又食武昌鱼”，邀集全市著名厨师研究“武昌鱼”的烹调方法。1959 年，在大中华酒楼召开“武昌鱼”命名大会。从此，酒楼凸显经营以“武昌鱼”为主的淡水鱼类菜肴特色，将传统鱼菜发展到 500 多种。一时间酒楼名声大振，时有“不食武昌鱼，枉自到武昌”之说。每逢节假日，订座爆满，一桌难求。

大中华酒楼在解放后进行三次扩建装修。至 1991 年，经营面积扩至 6000 平方米，可供 1500 人同时进餐。1989 年，被国家商业部命名为“国家二级企业”。1992 年成为武汉市饮食行业十家最大的企业之一，1993 年销售额突破 1000 万元，经济效益名列武汉市同业前茅。

此后，由于市场情况发生急剧变化，其经营机制难以适应，营业逐年大幅下滑，后又多次改变经营模式，未见起色，酒楼于 2006 年 8 月歇业。2009 年 9 月，武汉天龙投资公司投资 1800 万元，并推进与黄鹤楼酒业重新组合，成立武汉天龙大中华酒店有限责任公司，在雄楚大街 908 号新址建成。建成后于 2010 年 9 月开始营业，经营势态良好。2012 年初，大中华酒楼户部巷店开业，这使“大中华酒楼”这一老字号得以延续和发展。

四、杂货老店伍亿丰

“伍亿丰”是武昌的一家老牌杂货店，主要经营酱制品和蜡烛。由于其店铺多，品种齐，质量好，生意一直很兴隆。特别是逢年过节，更是门庭若市，熙来攘往。“伍亿丰，挤不通”是其真实写照，成为老武昌的口头禅。

“伍亿丰”由伍家模创办，清同治元年（1826 年）开业，比武昌的另一老字号“曹祥泰”还要早，时叫“伍忆丰福记杂货店”。伍家模 14 岁就跑到湖南学做行商生意，生活极为俭朴，即便是手帕破了也要打个补丁再用，从不乱花分文。学做生意时进步很快，不久就成为兴家创业的能手。在创办伍亿丰杂货店后，又陆续创办了 7 家杂货店。为了凑“十全”，又在汉阳办了一家汾酒槽房和一家米厂。

在伍家模的 10 家店中，以“福记”（即为第一店）经营最为兴盛。该店坐落在胭脂山下，大约在 20 世纪 30 年代末遭受一次大火，店堂几近无遗。奇怪的是，唯独一听美孚煤油完好无损，当时人们玄而又玄地传说这一“不经之谈”。由于店铺保了险，于是伍家模靠所赔的一万元（银元）保险费得以重振旗鼓。重建后的店堂，仿英式外形,厚厚的四八砖墙一直垒过二楼屋脊,两个阳台的门楣上,红蓝绿色玻璃熠熠生辉,上沿四根方形柱高高耸立,中间两柱又衬托一面半圆形饰墙,显得豪华气派。店堂后侧,设有接待厅和客厅。柜台系木质地板,柜外侧是磨面地坪,整个经营环境和条件,基本实现了近代化,在武昌杂货业中是屈指可数的了。

伍福店的鼎盛时期是20世纪30年代前后。该店附设有酱园和烛房。1938年武汉沦陷以前,酱园规模较大,酱缸达400余口,一直摆到胭脂山上的现武昌工人俱乐部附近。平时有制酱品师傅2人,忙时另请临时工。每逢蔬菜上市旺季,大量购进后腌制各种咸菜。而每年黄豆成熟打场上市后,购进备足一年的用料,陆续在一年中做元坯,制酱油。该园生产的酱制、腌制、酿制品种有辣酱、红白萝卜头、酱油、醋、酱姜、酱瓜、雪里蕻、豆角、藠头、腐乳等。这些酱品一旦上柜,往往供不应求(质量好和制品的季节性等原因)。伍福店在制作和经营过程中,十分注意清洁卫生。出售酱货之工具每日擦试干净,酱油、醋零售时,要用筛过滤。所有盛物器皿,一律加盖保洁,防虫鼠、霉菌。

伍福店烛房生产的蜡烛,既有日常照明用的,也有香烛(祭祀用的),用料讲究,纯手工制作,亦受市民欢迎。

解放前,伍亿丰除福记外,还有永记、延记、和记、长记、盛记、禄记、寿记等共10家杂货副食店(厂),分布在武汉三镇。抗战时期,伍亿丰的一些老店多因日军破坏而关门歇业,只有伍福店一直延续下来,后改制为胭脂路副食品商店,再后又被改成武汉人民公社大食堂胭脂路店。

五、三镇名店曹祥泰

曹祥泰杂货店位于解放路闹市中心,由武昌人曹南山创始于清光绪十年(1884年)。历经三世,由一小摊贩发展成为武昌最大、也是武汉三镇屈指可数的杂货店之一。曹祥泰还兼营机米厂、槽坊、肥皂厂和钱庄等相当规模的店(厂)。

曹南山13岁丧父,幼年就担负起上事老母,下带弟弟妹妹的重任。邻居见他无以为生,便凑点线,让他提篮子卖蚕豆。人们买他的蚕豆,他总会给人家抓一大把,比别的小贩给得多。久而久之,这“一大把”便出了名。曹南山后来做水果生意,由提篮子到挑担子,逐渐多销多赚,积累了做生意的经验。有一年夏天,天气阴雨变冷,河边到了大批西瓜船,瓜价大跌。他预料久雨必变晴转热,便连买带赊买了两船瓜。不几天,果然天晴,暴热,西瓜价上涨10倍,这一下就赚了400串钱。拥有了一定资本后,曹南山就择地在长街新街口(即今解放路)开起了“曹祥泰”店,卖水果,兼卖杂货。到了他的长子曹云阶接办杂货店,又办起了糕饼坊,自制中西式糕点,前店后厂,做鲜卖鲜。

“曹祥泰”善于按节气变化生产食品糕点,并注重选料质量和产品保鲜,其生产的小麻叶、油炸品、糕、饼、酥、月饼、米花糖、西式糕点及经销的洪湖盐蛋等,均享有盛名。

清末民初，曹祥泰已发展成为武昌最大的杂货店，不仅城内的居民，即城周山坡、土地堂、流芳岭、豹子澥、五里界以及鄂城、葛店等地的市民、农民，都喜欢到曹祥泰来买年货、办节礼、采购货物（商贩），故其生意一直兴旺。曹祥泰进货渠道广，除从本市和沪苏厂商进货外，与英美洋行亦有货物往来，英国"僧帽牌"洋烛、美国"美孚牌"煤油和香烟皆由曹祥泰代销。抗战前，曹祥泰的流动资金达三四万元（银元），职工 70 人；并建有汽水厂、炒坊、糕饼坊，雇工人 4—6 人，节日增加到 10 人。糕饼坊后发展成为曹祥泰食品厂。曹南山次子曹琴宣掌握科技知识，在今中华路自办祥泰肥皂厂，生产"爱华""警钟"等品牌肥皂，曾行销广东及华中各省。

1956 年，曹祥泰杂货店实行公私合营，不久改为国营，更名为"工农兵副食品商店"，经营得到不断发展。改革开放后，恢复"曹祥泰"老字号，焕发生机，经济效益增长转快。1999 年初，进行全面扩建装修，仍保持前店后厂格局，节令食品依然供不应求，门前市民排长队购买情景成为武昌闹市之风景线。当年改制为民营企业。

六、百年相馆显真楼

显真楼照相馆于清光绪七年（1881 年）由鄂城人严添承在黄鹤楼旁创办。此前，严添承在黄鹤楼附近以卖字画为生。他看到一旁由日本人开的专拍室外风景照的照相馆生意红火，于是萌发了弃画从影的念头。他设法在日本人的照相馆隔壁租下一间房屋，想通过两间房所共板壁的缝隙偷学技术，不料日本人防范很严，窥视学艺不成功。他就以教日本人学中国画为条件，让日本人教他学习照相技术。通过一段时间的学艺，除显影药的配方以外的都学到了。显影药配方是照相洗相的关键技术，日本人不肯传授。严添承试了多种办法，也未学到手。有一天，严添承趁日本店主外出的时候，把未配好的几种药称了下重量，等日本人配过显影药之后，再找机会把剩下未配的那些药又称一下。根据二次的重量差额求得一个完整药方中各种原料药的比重，从而掌握了这项关键技术。于是他筹资 200 元银元，在黄鹤楼附近开设了显真楼照相馆，专门拍室外风景照，此为武昌第一家由国人开设的照相馆。

黄鹤楼是中国著名的名胜古迹，来往游客很多，多数要在黄鹤楼前摄影留念，因此照相业十分兴旺。显真楼由于技术先进、服务和气，前来照相的游客日渐增多，业务发展很快。为适应发展需要，在保留原来的室外拍照的基础上，扩充了室内的玻璃棚照相。

光绪年间中期，武昌工商业特别是教育的快速发展，给显真楼的照相业带来了发展机遇。据传，此时由于张之洞的幕僚、湖北学台梁鼎芬的一次意外光顾，成就了一段美谈佳话。光绪二十四年（1898 年）百日维新时的某一天，梁鼎芬出游黄鹄山（今蛇山），不巧遇雨，便步入显真楼避雨。梁一时兴之所致，吩咐给他照相。谁知照片洗出后，画面幽暗，色调不明，老板不敢拿出来，并推说底片遗失了。恰巧那日为梁的生日，定要那张照片，老板无奈只得奉上。岂料梁学台见了照片非但没有责怪，反而大喜，说照得极传神，正合“风调雨顺”的天时。此后，梁每次照相必到显真楼，他还给显真楼亲书一副对联：

孝友人家多厚福；

江山佳处想当年。

这副对联很快成为显真楼的金字招牌，为其招徕了大量业务。梁还指定武昌各校每届毕业的学生班级办同学录时，不论集体相还是单人相，都要在显真楼拍摄。甚至有人为他祝寿时，他不要其他礼物，只要每人送一帧显真楼照的八寸半身相作留念。梁的学生中，很多人身居要职，也仿效梁的做法，因而这批人也成了显真楼的常客，显真楼声名大噪，业务应接不暇，发展很快。此时的显真楼，为一幢新建四层楼房，员工达 30 多人，积累资金高达 10 万元银元以上。

显真楼所用的照相器材，均由美国柯达和德国爱克发驻汉口的经销处直接供应，以经销店名义按批发价计算。显真楼所属门市部出售各种照相机和各种类型的胶卷，并增加代客冲晒和放大等业务，大大方便了顾客。由于显真楼技术好，名气大，又处湖北省政府附近，因此各个时期的政要几乎都来这里照过相。除梁鼎芬外，还有黎元洪、孙中山和夫人宋庆龄、廖仲恺和夫人何香凝，以及吴佩孚、蒋介石、胡汉民，日伪时期还有汪精卫等。抗战时期，日军把蛇山划为军事区不准任何人入内，显真楼只好歇业迁址，抗战胜利后才由江汉路搬回黄鹤楼附近原址营业。新中国成立后的 20 世纪 50 年代中期，由于修建武汉长江大桥，显真楼从蛇山迁至中华路与解放路的交会处。显真楼继续扩大经营，业务向特色化发展，成为武汉有名的照相馆之一。在武汉，显真楼以照团体相为优，品芳、启新、硚口三家照相馆以摄人像艺术照擅长，人民照相馆专攻老人和儿童照，大桥照相馆和中山公园摄影社以拍摄风景照取胜，武汉照相馆拍剧照和结婚照是拿手好戏，解放照相馆以彩色胶卷拍照为特色。1998 年企业改制时，显真楼照相馆由全民所有制改制为有限责任公司，并搬迁至水果湖商业街，店面变小，但招牌上“显真楼”三个繁体大字（据传为清末某进士的手笔），传承着这百年“老字号”的风采。

七、药业老大刘有馀

刘有馀药堂开办于 1919 年。该药堂的创办颇有些来历。清同治年间（1862—1875 年），苏州有个姓陈的富户，在太平军与清军的混战中避难来到武昌土地堂。土地堂的刘姓人家收留了陈姓富户，富户遂改姓刘。此后富户在城内做生意，愈来愈富，传到刘鹄臣这一代。刘鹄臣本在家中排行老二，因老大幼年就夭折了，他实际成了刘家老大。他利用上辈留下的积蓄作本钱，做烟土生意，赚钱不少，成为清末民初武汉“三刘”大财主（其他“二刘”为洋行买办刘子敬和地皮大王刘歆生）之一。1919

年的一天，刘家老太太身体小恙，派用人去杨寿丰药店抓药。不巧柜台外顾客很多，佣人连催几次。“杨寿丰”的伙计急了，“要快还不好说，你们刘家有的是钱，不晓得自己家开一家药店？”佣人回家对刘老太太添油加醋地讲了一遍。财大气粗的老太太赌气地说：“开就开！”于是刘家出资6万大洋，由刘鹄臣的两个弟弟刘文钦、刘季五主事，遍请武汉中药界高手，亮出了“刘有馀中西药店”的招牌，与“杨寿丰”打起了擂台。刘家药店一开始采取低价倾销的办法，一般新店开业减价三天，刘家则减价半月，且减价幅度大，饮片成药对折，药膏等只收成本的一半，搞得本小利薄的“杨寿丰”招架不住，只得关门歇业。“刘有馀”药店的斜对面的梅道和中药店自知不如，登门求和。刘家也够“意思”，给了他们400块大洋的搬迁费，让其到别的地方开店去了。刘有馀开业当年年底结算，资本超过14万元大洋，净增大洋8万元。

刘有馀药堂地处武昌城闹市芝麻岭（今解放路中段），以成药为特色，自制的“紫雪丹”“燕窝糕”“长春丹”等十分畅销。又凭借其财力雄厚，实力强，广揽人才，加上精心管理，勇于竞争，做实了在行业中的强者地位。初创时，其营业额就占到了武昌药材市场的四成，盈利居行业之冠。刘有馀药堂老板善于理财，用人知能善任。药堂经理和生产、经营、专业人员，都是武汉中药界的知名专家和行家里手。如聘任的经理中，先后有陈必蕃、姚达夫、易端庭等，都是深谙经营管理之道的能人。还有饮片办做文玉卿，切药人员姚保臣、程海珊，丸散办做钱显卿，前柜业务人员罗松樵、叶友卿等，都是技术尖子，基本功过硬。这些人不仅精通专业，而且还能为药店出谋献策，招揽大小生意，使药堂生意越做越活，越做越旺。

刘有馀十分注重药品质量。购进药材原料必须为上品，经过加工筛选后，饮片能长期保持质量优良、稳定、美观。对膏丸散的炮制加工更是精益求精，舍得花大本钱投资。为了遵古法炮制，提高药品疗效，不惜以重金添置生产设备，如炮制“紫雪丹”须用纯银锅，药堂老板毫不含糊地定做了约一百两纯银锅一口，这在同行业中是很少见的。该店除生产传统中药外，还根据市场变化需求，创新研制了不少新药品，如燕窝糕、长春丹等深受患者欢迎。

刘有馀药堂的管理也井井有条。业务部门设有饮片柜、成药柜、参燕柜和西药柜等，生产部门设有切药房、饮片房、药房、丸散房和磨房等，管理科室有经理室和财务室等，而且各部门、每个职员均有明确分工，使业务、生产有条不紊。

1956年药堂公私合营后，经营范围进一步扩大，业务进一步发展。改革开放后，药堂发展进一步提速，经营品种超过任何历史时期，经营配方常用中药饮片800余种，中成药400余种，新药达300余种，还设有人参、燕窝、鹿茸、银耳等高档滋补品专柜，花色多样，品种齐全，能满足顾客对各种药品的需求。1999年开设了胭脂路、杨园、姚家岭、吴家山、钢花等分店，营业面积达2330平方米，分布于武昌、洪山、青山、东西湖等区。2000年，刘有馀药堂完成产权制度改革，成为一个完全的民营企业。

八、老牌华商西药房郑大有

郑大有药房是武汉华商中最老的西药房。创立于光绪元年(1875年),创始人为郑家茂。郑为安徽旌德人。太平军进驻安徽时,其父随太平军学医。后郑家茂只身来到武汉,开店售一粒金丹、空心丸、梅花参片等戒烟药丸,配合禁烟,生意兴隆,先后在汉口、长沙、上海、樊城、老河口等地设支店。清政府察觉戒烟丸系吗啡制剂,通令禁服禁售,顿即受挫。后改营中药,附卖参燕。光绪十七年,郑大有主营参燕,兼营中西药。辛亥革命后改为主营西药兼营参燕,不再经营中药,并在汉口新安街开设分店。开店后很多年,郑家财务家店不分,庞大的家用开支亦在店中支取。1915年,他家有现金约4万银元,还有房屋8栋,全部财产估计约15万银元。1931年受武汉大水灾影响,其流动资金仅剩1000—1800元。此后营业好转,资本又积累到3—5万元,于是又在汉口民族路开设分店。1937年受日军空袭影响,遂收歇各分店业务,移至法租界海寿街。次年武汉沦陷后,依靠存货维持营业。抗战胜利后,武昌、汉口两店复业,不久又在广西柳州设分店,存时仅1年多。

武昌解放前夕,郑大有在武汉有3家药房。武昌郑大有药房以零售为主,往来客商多,月营业额在1.5—2万元。经营的药品中,国产药品占40%,舶来品占60%。舶来品中,炼乳、奶粉、麦片等营养食品占10%,化妆品销路也很稳定。汉正街分店业务以乡间批发为主,兼营零售,供应品种为国产成药、少量进口成药、自制成药和以进口货改装的成药。民权路分店除门市零售外,还代理经销上海佛慈药厂和山得士药厂的产品,销售范围为湖北、江西、安徽、河南四省,月营业额六七千元。药房进货大部分靠上海厂商和洋行赊销,洋行赊销期为1—2个月。厂商除赊销外,还区别不同品种按批发价的5.5折、对折、4.75折上划。郑大有卖药也比较灵活,对往来较久的客户(商贩)也区别情况实行赊销、折扣。经营品种中,自制成药占20%,利润率高达100%—230%,进口和上海产品占20%,畅销品种利润率在10%—15%间不等。自制成药有急救水、华氏气痛散、宝塔糖、眼药水等几十种。改装成药有红色补丸、调经丸、轻泻片、人丹等。分装药有凡士林、小苏打等。郑大有3家药房经营全盛时期,月最高营业额达4万余元,利润约8000元,有职工40余人,雇佣店员多系姻亲关系或同乡。

武昌解放后,政府扶持私营药房恢复和发展。1955年12月,郑大有等几家私营药房经过改造、整合,组建为武昌区医药商店。"文化大革命"期间,原郑大有药房更名为利群医药器械经营部,改革开放后成为武昌医药公司的骨干企业。2001年,武昌区医药公司整体改制为民营企业。

九、“武帮”裱宝晋斋

武昌历以文化城为特色。清末,武昌有一家裱画店——宝晋斋很有名气,是“汉裱”之“武昌帮”(即武帮)的代表店家。武汉的裱画行业自成一派,人们称之为“汉裱”。宝晋斋对汉裱有一定的影响和贡献。武汉的裱画店曾发展到 140 多家。旧时汉裱有“武帮”和“汉帮”之别。武昌帮几乎都做白货(裱书画),汉口帮则做红货(裱对联)居多。汉裱继承了历代宫廷裱画和民间裱画的多种形式、风格和技法,吸取苏(州)裱的淡雅、扬(州)裱的富丽和京(北京)裱的分色款式等之长处,既继承和发扬了历代裱画之传统,又适应了现代画的要求,形成了独特的装裱款式,具有鲜明的特色。

宝晋斋的创始人为胡海卿。创办之前,他在颇有名气的粮道街米家船裱画店当学徒,学成后即自办裱画店。宝晋斋以文人墨客收藏的书画为主要加工对象,起点很高。相继培养出胡茂卿、赵书卿、陈国华等一批装裱人才。他们擅长揭裱和修复古旧字画,技艺精湛,闻名湖北。湖广总督张之洞常常请胡海卿进府,帮他装裱字画、手书。在修建卢汉铁路之前,张之洞还将洋人赠送给他的火车头照片交给胡海卿修补一新,献给慈禧太后观赏。清末,武汉著名字画收藏家徐行可也是“宝晋斋”的常客。

宝晋斋以独特工艺发扬光大汉裱艺术。选材用料广泛,打破了传统和老框框,除了花绫以外,将宋锦、万寿锦、金丝锻以至纺、绨、棉、麻等用作面料,还选用各种纸张装裱。纸张的性能通过测试,分级分类使用,从而使装裱材料的配伍形成规格,也使面料和复褙相适应。宝晋斋装裱的画幅粘合牢固,经久不变形,不发霉,有防蛀、防潮的特点。而其画轴使用的原料也是多种多样的,通用的是木、陶、瓷,高档的则用玉。画裱的形式包罗万象,中堂、立轴、横幅、册页、金挂、镜片、条屏、通景屏、扇面、琴条、手卷等国画形式,无一不备,亦有二十多个品种,二三百个花色。

十、名望老店维新百货

维新百货商店(红旗百货商店)是武昌解放路商业街上一家颇有名望的老店。创建于 1911 年,由刘荷生、陈庆臣创办,起初靠摆地摊起家。

这年底,在当铺当学徒的刘荷生、陈庆臣遭解雇,二人合计做小生意谋生,却苦于无本钱,于是向亲友借钱凑本。刘荷生找到其三弟刘一清之连襟刘瑞庭,陈庆臣找到同乡余寿臣,各借得五串钱作本钱,合伙在南楼边(即司门口附近)摆起了地摊,起初仅卖包头、土布袜、纳底鞋、绑腿、脚带、头绳、梳篦、美人蕉、生发油之类的小商品。后来看到社会不太流行长袍、长褂之类的,而中山装、西裤、胶底鞋等服饰穿着开始时兴,于是赶紧进销新式服饰,经营效果相当好,当时司门口附近的文华、中华等大中学校的教职员工及学生,都纷纷前来购买。经过 3 年的资本累积,就在斗级营口(司门口一带)租了一间小店面经营。又过了几年,经营范围增加了一些"洋货",如洋灯、洋烛、洋火、洋皂及暖瓶、皮鞋、衬衫等等,还经销礼帽、制服等高档商品,店员也增加到七八人。

小店开了多时,只是还未起名。一天,刘荷生的弟弟刘一清因参加同盟会遭官府追捕逃回武昌,投靠大哥之小店。不久提议小店取名"维新",即有"革新、改良、维护首义新法"之意,大家虽心存余悸,刘一清力排众议,认为满清大势已去,维新大势所趋,此名有新意而无风险。后"维新"果然未带来麻烦,且被市民接受。

自创业后,"维新"的合伙者同心协力,业务一直稳步发展。但 1931 年"九一八"事变后,合伙者之间就抵制日货问题产生严重分歧,差点连店铺不保。当时,"维新"合伙人围绕是否抵制日货出现了两派,刘荷生、陈庆臣坚决主张抵制日货,余寿臣则认为"生意买卖有买有卖,管它什么货","拿枪杆子的不抵抗,做生意的多操心",主张"你们抵制你们的,我卖我的"。两边僵持不下。刘、陈宣布撤股退出,但对"维新"招牌要求保留所有权,余一人无权将招牌转让他人。双方就此签订协议后,还进行了公证。1931 年底,余一人主事后,由于管理不善,刻薄员工,经营每况愈下。又由于放纵儿子,两子吃喝嫖赌,恶疾染身,加上一场大火,店面损失惨重。不到两年,余积郁成疾,咯血而亡。两子又无力经营,宣布"维新"破产,登报招盘。因公证在案,无人敢接,便援请刘、陈二人归还"维新"牌记,残货作价偿还债务。刘、陈分头邀得刘之四弟刘竹深、陈之挚友吴寿芝,让二人各投资 5000 元,恢复旧业。后发展转快,至 1938 年已发展成拥有员工 30 人的大店了。

武汉沦陷后,刘荷生、刘竹深兄弟主张"维新"关门歇业,否则就为日寇撑了门面。而陈庆臣、吴寿芝则认为,要生存吃饭,还是得继续经营。那时陈庆臣在汉正街难民区夹街口租到一间铺面,生意很好,舍不得放手。最后双方协商达成一致,汉口门面由陈、吴二人经营,自负盈亏;武昌铺面关门,以后刘家在武昌复兴,陈、吴不得干涉。因此"维新"得以在汉口延续。武昌店在抗战胜利后的 1946 年 3 月恢复营业。本次复业由刘荷生之子刘广仁邀其四叔刘竹深、五叔刘菊村、二叔之子刘育仁共同出资经营,并有所发展,至 1948 年拥有员工 48 人。

1949 年初,武昌临近解放,刘家各出资者面对共产党即将掌权后是走还是留,出现了严重分歧。刘竹深因其长子在台湾大学任教,主张全家把店铺迁往台湾;刘菊村、刘广仁则认为共产党的政策是保护工商业,应该继续留下来发展,不必走;刘育仁家居天津,要求退股回津。最后的结果是,要求走的撤股带走,不走的再重新安排。当时因店内现金不多,货物又一时无法变现,刘竹深、刘育仁撤股带走现金后,维新损失资产 20%,元气大伤。

维新的发展,创造了许多经营管理之道,对武昌商贸经营来说是一笔宝贵的财富。这表现在以下方面:明码实价,童叟无欺;保质保量,包调换退;薄利多销,快进快销；计划周密，季前备货，适销对路；货源充足；根据消费对象的具体情况，在结算上灵活掌握；允许赊销；发行礼券促销。

1949 年 5 月武昌解放后，维新百货在政府支持下得以恢复和发展。1956 年 6 月，武昌区百货店实现了全行业公私合营，维新百货划入武汉百货公司武昌区商店，“维新百货”门店改名为“红旗百货商店”。1989 年，红旗百货商店改造扩建，营业面积扩至 4000 平方米。1991 年，坐落在解放路 407 号的武汉维新服饰城开业，使“维新”之招牌在司门口商业中心再次亮出。

十一、牛肉豆丝老谦记

1918 年，辛亥革命退伍战士冯谦伯，在武昌青龙巷（今民主路与中华路之间）创立“老谦记”豆丝店。冯谦伯、冯有权夫妻以上好精料、独特工艺，制作牛脯、牛肉炒豆丝、牛肉煨汤、原汤豆丝、清汤豆丝五个色味俱佳的品种，誉满武汉三镇。

武汉豆丝以绿豆、大米等为原料，磨碎成浆，在热锅里摊成皮，再切成丝，然后做成汤豆丝、干豆丝、炒豆丝等，是武汉人喜爱的小吃之一。老谦记经营的炒牛肉豆丝，炒时按顾客的要求喜好，可以枯炒，也可软炒，味道各不相同，关键在于火候。其主要原料为黄牛眉子百沟、湿豆丝、水发香菇、玉兰片等，外加调味佐料，用麻油煎炉炒香，吃起来牛肉酥滑鲜嫩，豆丝绵软滋润，牛肉与豆丝的味道交合在一起，别有风味。

1921 年，毛泽东在武汉从事革命活动，常到武昌三道街恽代英开办的利群书社，这里离青龙巷不远。他经常品尝老谦记牛肉枯炒豆丝，留下了深刻的印象。对日抗战武汉沦陷时期，冯谦伯一家人迁居江陵城，老谦记曾一度在江陵开店营业。然而没等到抗战胜利，冯谦伯在江陵病逝。抗战胜利后，冯有权一家返回武昌，不久让老谦记恢复营业。解放前夕，该店停业。

解放后，毛泽东与李先念谈及老谦记之往事。在李先念等领导人的关心支持下，老谦记又得以再次恢复营业。1960 年 5 月，老谦记以牛肉枯炒豆丝，代表武汉小吃出席全国技术革新和新技术革命表演大会，该品牌名师冯有权和她的传人黄敬民参加了大会表演。她们精湛的技艺受到赞扬，并受到中央领导人的亲切接见。老谦记从此入《中国烹饪大辞典》。后老谦记又停业。“文化大革命”后，老店恢复营业，并得到发展，跻身于武汉十大名小吃之一、武汉十大餐饮老字号之一，2003 年获武汉“江城名吃”称号。现老谦记在户部巷、首义园、徐东等地有经营连锁店，品种形成枯炒、软炒、糊汤豆丝等几大系列。

第六章　古城山水景观

武昌古城开门见山、出门遇湖的独特地理环境，构成了独具特色的都市风光。这里两江交汇、龟蛇锁江、山湖相间，景观密布，素有“三台、八井、九湖、十三山”之誉。是一座令人神往的风景名城。这里有以蛇山、凤凰山为代表的十三山，苍翠葱茏，绵亘蜿蜒；这里有以东湖、紫阳湖为代表的九湖，波光潋滟，水天一色；这里有以黄鹤楼、长春观为代表的名胜古迹，璀璨夺目，闻名四海；这里有以红楼、农讲所为代表的革命遗址，揭示真理，启迪后辈。湖光山色的自然景观，丰富多彩的名胜古迹，美丽动人的传说故事，无不述说着武昌古城的神韵依依、风采楚楚……

第一节　旧城山景

纵观武昌城内的诸山，怎不令人惊叹大自然的鬼斧神工。武昌的山，山在城中，城在山中，浑然一体，交相辉映。其山体千姿百态，如巨蛇、如圆磨、如螃蟹、如雄狮等等；有的小巧玲珑，有的雄峻挺拔，有的蜿蜒起伏，有的逶迤连绵。两列近似东西走向、南北平行的山系，头枕大江，尾摆东城，苑若双龙腾飞，形成武昌崛起的“脊梁”。

“山不在高，有仙则名”。武昌城内的山虽然不像五岳那样巍峨高大，但每座山因其地理位置的重要，或因其人文色彩与动人传说而闻名遐迩。

一、武昌十三山

很早以前，人们将武昌山水风光概括为“三台、八井、九湖、十三山”，所以后来人们就一直沿袭这一约定俗成的说法。其实武昌城历经多次发展开拓，特别是1928年起开始拆除城墙后，武昌旧城远不止“十三山”。

关于武昌的“十三山”，历来众说纷纭。一说“十三山”是“七山、二岭、三坡、一峡”的总称。七山即蛇山头部的黄鹄山，中部的高观山，东部的长春山，蛇山以北的胭脂山、花园山、凤凰山，蛇山以南的梅亭山。二岭即芝麻岭、巡道岭。三坡即黄土坡、察院坡、鼓架坡。一峡即螃蟹峡。

另有一说，“十三山”是指黄鹄山、蔡东山、殷家山、高观山、棋盘山（此 5 山总称为蛇山）、炮架山（在武胜门东段城墙内）、崇福山（即花园山，在蛇山之北）、凤凰山（在城北）、胭脂山（在蛇山北，又名鞭子山，山面呈胭脂色，故名）、一字山（俗称狗儿山，在黄鹄山后，现尚存高土堆）、硃石山（又名猪市山，在黄土坡附近）、梅亭山（在起义门附近）、萧山（在梅亭山西北石灰堰附近，传为晋萧丹隐居地）。随着武昌城的外扩，旧城武昌及周边还有双峰山、南望山、狮子山、洪山、吹笛山、珞珈山、磨山等。

总之，武昌的山，聚天地之灵气，汲日月之精华，蕴含着丰厚、博大、精深的神韵与魅力。

蛇山

古名黄鵠山，宋代曾称石城山。明代以前，蛇山由西向东分段为 5 个山名：黄鹄山、蔡东山、殷家山、高观山、棋盘山。黄鹄山亦称鹄矶头，在蛇山西部，为古黄鹤楼旧址；蔡东山又名黄龙山；殷家山在司门口武汉长江大桥引桥头地段；高观山位于蛇山最高峰，现为新建黄鹤楼的所在地；棋盘山因山下有棋盘街而得名，昔其东有凤凰窝，西有乌龙池和清风、明月二井。蛇山大部分已辟为公园，现存的胜迹有黄鹤楼建筑群、胜像宝塔、岳飞亭、抱冰堂、辛亥革命纪念碑等多处。

炮架山

又名北城山。据清乾隆五十九年（1749 年）陈元京《江夏县志》载：“炮架山，在县东北，城堞倚以为重。今呼北城山。”

崇福山

又名崇府山、花园山。位于胭脂山与凤凰山之间，因明崇阳王府设在该山麓，故名崇府山。又因把山东侧一带辟为王府花园，因而得名花园山。清代，该花园换刘氏为业主，俗称刘家花园。刘氏在此修建草堂、亭园作为隐居之所，门额名“蔼园”。咸丰初年，蔼园因兵燹被毁，崇福山遂改名为花园山。民国后，花园业兴起，最早集中于花园山一带，栽培有木本和草木花卉。

清咸丰年间（1851—1862 年），崇府山麓建有天主教堂。教会还办有学校、医院、育婴堂。1928 年，美国天主教主教艾原道创办武昌花园山教堂育婴堂。在所谓宗教、慈善的幌子下，百般残害中国婴儿；加上保育条件极端恶劣，死亡婴儿数以万计，死亡率达 99%以上，这就是震惊中外的“花园山事件”。1951 年 6 月，武汉市人民政府接管育婴堂。11 月，市政协在花园山修建万婴墓，并建白骨塔一座，铭刻碑文，作为美帝国主义残杀中国婴儿的历史见证，列为市级文物保护单位、爱国主义教育基地。

20 世纪 80 年代后，花园山一带高层建筑如雨后春笋，医院、学校、机关单位四面环绕。现花园山山体全长 900 米，面积 9 万平方米，海拔 45.8 米。为武昌游览胜地之一。

凤凰山

位于武昌解放路北端东侧，东起得胜桥，西接解放路，南抵省实验中学，北临中山路，面积约 2 万平方米，海拔高度为 44.9 米。凤凰山虽小，但颇具传奇色彩。相传其得名与三国吴主孙权称帝“凤凰来集”有关，这是一座故事很多的名山。此山为明清武昌城内名山之一，古代著名孝子孟宗“哭竹生笋”的故事就发生在这里。此山南麓为府学、县学所在地，为楚地文风鼎盛之所，是“惟楚有材”的地标。此山还是武昌军事要塞，有“欲制武昌，先制凤凰山”之说。今之凤凰山，已被几家工厂的职工宿舍楼所湮没，昔日人文胜迹已荡然无存。山上曾驻扎着护桥部队，驻地后变成了疗养院。

胭脂山

胭脂山位于蛇山北侧，与花园山相望，东西走向。西起横街，东到棋盘街，南临民主路，北达粮道街，全长约 1.06 公里。东部山头稍高，其最高点海拔 49.7 米，面积为 8 万平方米。山石赤如胭脂，故名。西部山体多树，房屋依山而建，错落有致，别具一格。

相传，古代胭脂山处有一渡口，一渡船艄公晚上将撑篙插在水中。次日早晨艄公发现，撑篙竟变成了一棵活竹子。当时，有人于粮道街白土塘后山坡石壁上，刻下“竹风清”三个双勾颜体大字，以志其事。又俗传古代胭脂山山明水秀，桃树成片，桃花红艳，民间有“夕阳返照桃花坞”之诗句流传。刻石之人又在距此刻不足 4 米的石壁上，刻下“桃花坞”三个笔力雄健、古朴遒劲的大字。如此湖光山色、古渡孤舟、摩崖石刻之美景，怎不令人兴味浓郁，流连忘返？相传，南海观音赴王母娘娘蟠桃盛会途经此地，贪恋美景，欣然降落，徜徉于美景之中，梳妆于山间池水之边，顿觉赴会时间延误，匆忙离去时，不慎打翻胭脂盒，将满山石头染红，呈一片胭脂色。后来人们称此山为胭脂山。

清乾隆五十九年（1794 年），陈元京《江夏县志》载：“‘桃花坞’石刻三字在胭脂山阴石壁上，‘竹风清’三字，在胭脂山北石壁上，旁镌‘古梅墩’题。”

胭脂山一直以来，阻隔粮道街到民主路的通行。为了疏通胭脂山南北交通，1936 年，市政当局将东西走向的胭脂山辟为东西两段，从中开通了一条南北走向的道路。此路名为胭脂路，全长 620 米，宽 10 米，南连民主路，中穿粮道街，北达湖北中医院。该路的修建，对胭脂山南北人民的生活与工作，以及对城市交通，起了积极的作用。

如今的胭脂山从山脚到山顶，房屋鳞次栉比，道路两边的衣坊、百货商店、餐馆、旅店、美容美发店、剧院、医院、集贸市场……繁华异常，热闹非凡。

一字山

一字山又名狗儿山。据清乾隆五十九年(1749 年)陈元京《江夏县志》载:“一字山俗名狗儿山,在黄鹄山后,府署建其阳”。由此可知,旧时之武昌府署在一字山之南。据查,武昌府署在今民主路西段路北民主路小学两侧。由此可知,一字山在其北。一字山今尚存高土坡。

硃石山

硃石山位于起义路附近。据清乾隆五十九年(1749 年)陈元京《江夏县志》载:“硃石山,环山巨石嶙峋,因名。后讹呼‘猪市山’。”今称黄土坡。

梅亭山

梅亭山在高观山南 1.5 公里处,即今起义门左侧山岗。元代末,朱元璋进军武昌,曾驻跸梅亭山。山上有明太祖朱元璋分封御制碑。朱元璋第六子朱桢就藩武昌后,竖立分封楚王御制碑文,并建有“封建亭”。梅亭山最为著名的是朱桢不忘父皇之恩、常在此遥望帝京而建的“楚望台”。从此,梅亭山因“楚望台”而声名大振,成为明清两代著名的风景名胜之地。

清末,湖北新军在此山设军械库,库存德、日以及“汉阳造”步枪数万支和大量军火弹药。这里曾是全国乃至远东最大的军械库之一,是武昌首义军发难后占领的第一个目标。1911 年 10 月 10 日夜,革命党人熊秉坤在工程八营驻地发难后,即率兵众 40 余人直奔楚望台,会合该营守库士兵占领,打开军械库,补充武器弹药。他以革命党人代表的身份宣告楚望台为起义军临时大本营,并在此发布命令,部署和指挥起义军向湖广总督署、张彪第八镇司令部发起进攻。清军南下后,革命党人又用军械库的武器武装民军,扩大革命队伍,进行了著名的“阳夏保卫战”。楚望台军械库原址已不存,现立有文物保护标志。1956 年,湖北省人民委员会公布为省级文物保护单位。

萧山

萧山位于梅亭山西北,石灰堰附近(今武昌船舶设计院内),晋人萧丹隐居地。王庭桢《江夏县志》载“萧山在梅亭山北,晋萧丹隐居也。”山下为萧山矶,古代水军渡江篙迹至今犹存。

双峰山

双峰山在今大东门附近,曾建孝感祠祀孟宗。还有双峰观。双峰山又名白鹤山,山的北麓旧有白鹤观,昔日进士吴白鹤在此读书,王庭桢《江夏县志》载:“萧山在梅亭山北,晋萧丹隐居也。”“双峰山在宾阳门外里许,一名白鹤山。建有孝感祠祀孟宗,又有双峰观,山麓北为百鹤进士吴白鹤读书处。”百鹤,暂无考。长春观沿此山而建,现为全国道教圣地,属全国文物重点保护单位。2007 年扩建,筑园透绿,为武汉市著名的道教圣地和旅游景点。

紫金山

紫金山又名紫荆山。据《江夏县志》记载:“紫荆山出忠孝门(今小东门)二里许。”以山盛产紫荆而得名。元至元二十四年(1364 年)朱元璋攻打武昌时,曾驻跸于此。山顶有刻碑“禁营葬樵采,勒石山顶禁营者”。相传,八仙之一的吕洞宾曾在此小憩,北山有“洞宾卧迹”石刻。山南有藏冰台,是明楚藩王藏冰处。清末至民国初,紫金山一带建有培植木本、草本的花园。解放后,此山山体被挖削建成居民区,归属粮道街办事处管辖,仅存地名。

南望山

南望山原名茅王山,又名来望山、马歧山。距武昌城东北约 13 公里,位于现洪山区洪山街道办事处境内。此山东西长度为 1700 米,南北宽度为 450 米,山峰海拔高度为 141 米,面积 0.76 平方公里。

南望山原来是一个荒无人烟、茅草丛生的小山,故有茅王山之称。相传,很早以前,从江西鄱阳县瓦西坝迁来的张有来、张有望两兄弟居住在此山脚下,靠砍柴卖柴为生。后来,张家人口增多,靠山吃山,渐渐发展为小张村、大张村。村民为了纪念先祖,改“茅王山”为“来望山”。后因“来”与“南”谐音,被讹传为“南望山”。

南望山南麓有蛮王冢,系东汉建武二十三年(47 年)至光和三年(180 年)间,“江夏蛮”蛮王之墓。原墓并列三座,现仅存一座。墓堆高大,是武汉市较大型古代墓葬之一,为武汉市文物保护单位。

今南望山所存山体位于现在的中国地质大学北区和西区之间,中间有隧道相连。此山是武汉地区较高、武昌最高的山脉,属大别山脉的余脉,有上亿年的历史。山的北边是中国地质大学北区、武昌实验寄宿学校、武汉大学软件园等,南边是中国地质大学西区和武汉邮电科学研究院,东边是公交汽车起点站,西边是东湖的一部分。此山现属东湖风景区植物园管理。20 世纪 70—90 年代,其山顶峰上建有空军雷达站,山下是军事管理区,山上现仍有雷达兵驻扎。

狮子山

狮子山位于南湖南岸,东西走向,东、北两面临南湖,西达湖北省农业科学院蚕种场,南为华中农业大学。该山因形似雄狮而得名。狮子山海拔 66.4 米,面积 70 万平方米。山上树林茂密,山下南湖波光粼粼,令人心旷神怡。

清末,狮子山创办过农桑实验农场。1901 年,张之洞创办了农务学堂(即华中农业大学前身),开设有动物、植物、生物、物理、化学、国文、日文、养蚕等课程,开创了湖北近代农业教育之先河。1949 年新中国建立后,这里陆续建立了一批大专院校、科研机构,兴办了制药、铁路、军工、化工等一批工厂企业。1957 年,由武汉大学农学院、湖北农学院、河南大学、南昌大学、广西大学、中山大学、湖南大学等 7 所大学的有关专业合并，组成华中农学院（1985 年更名为华中农业大学），选址于狮子山南麓。华中农业大学校区历经 40 多年的建设，已成为城市花园。狮子山地区现有学校 4 所，农科院及农业科研机构 7 所，农业生产服务企业 3 家，集农业科研、教学与生产为一体，为湖北典型的新兴“农科城”。

洪山

洪山古名东山，原是蛇山的一部分，称为本蛇山之初阜，山顶曾建有黄鹄亭，也称黄鹄山。该山又名大洪山，在武昌古城之东，距大东门约 2 公里，东西走向，最高点海拔为 115.3 米，东西长 1.7 公里，南北宽约 0.6 公里，面积约 1 平方公里。

南宋以前，洪山以在武昌古城之东而得名东山。《江夏县志》称：“宋末，随数被兵，荆湖制置使孟珙，迁大洪山众，奉释慈忍断足及洪山寺额，并徙于此，遂沿呼洪山。”洪山因此得名。

洪山在古代是一个林涧甚美、风景尤胜的地方，山间绿树荫浓，山下湖水荡漾，唐宋以来，游人如织。唐代贞观年间（627—649 年）在此建有弥陀寺和正心书院。相传正心书院为唐鄂国公尉迟敬德的读书处。山的西南麓有唐代著名文人李北海（李邕）的住宅，后捐为修静寺，唐代大诗人李白曾居于此。这些古迹现已不存。

南宋庆元元年（1195 年），荆南参军赵淳在山上建有东岩阁，并作记镌刻于石上。赵淳还依据奇岩怪石的形状，分别命名为云根、飞雪、栖霞、半霄、清啸、翠屏、堆云等，且用各种书体将诸名刻于岩石上。在洪山宝塔两侧上腰处，有石刻“寿泉”二字。山上原有黄龙泉、白龙泉、圣僧像，其中以白龙泉最为著名。山上还有数株古松柏，相传为民族英雄岳飞亲手所植，名为岳松。后被毁，复植时亦称其为岳松。

施洋烈士墓

洪山以其南麓的宝通禅寺而闻名远近。宝通寺背靠洪山，临街临武珞路，依山而筑，气势壮观，是武汉地区的四大佛寺之一。在宝通寺的东北方，建有砖石仿木结构的灵济宝塔，俗称洪山宝塔。其塔顶高出洪山主峰，是一登高眺远的处所。洪山宝塔被列为湖北省文物保护单位。

洪山西麓还有一座小塔，名曰宋兴福寺塔，又名洪山小塔，俗称无影塔，为石砌仿木结构，八角四层，高 11.5 米，径宽 4.25 米。西南麓有“二七大罢工”的领导人之一的施洋烈士墓，东北麓有以唐才常为首的庚子革命先烈墓和北伐军将领耿仲钊、辛亥革命党人田梓琴的墓。

洪山东有名胜古迹卓刀泉，东北有风景文化区珞珈山，南临古刹莲溪寺，西连大东门外的长春观，北接东湖听涛景区，名胜荟萃，风物宜人。

洪山是通往鄂东南的途经之地，在古代军事上有一定的战略地位。明末张献忠进攻武昌时，首先占领洪山，进而夺取大东门而克城。清代太平天国起义军与清军，曾在此发生过多次激战。1926 年国民革命军进攻武昌时，洪山是北伐军的炮兵阵地。

庚子革命烈士墓

洪山一带不仅名胜汇集，而且风景优美。特别是解放后，经过历年的规划修建，这里已经发展成为一个新的城区，马路纵横交错，高楼鳞次栉比，商厦林立，游人如织，一派繁华景象，

1960 年市园林部门在洪山南麓兴建的洪山公园，树木扶疏，繁花似锦，生机盎然，成为人们休闲、娱乐、游憩的重要场所。洪山东侧有一峰隆起，称作小洪山，在此回望东湖珞珈山，景色更美。古往今来的洪山："松篁压叠翠交加，堆云翠屏更媚妩，树间楼阁隐嵯峨，武昌之山甲荆楚。"

吹笛山

吹笛山位于武昌关山区片武汉市园林场境内，东北二面濒临东湖，南为东都陈（村），最高点海拔 74.9 米，山下有座"吹笛桥"。

吹笛山的名称，古往今来一直说法各异。民间主要有四种说法：一说，很久以前，此山盛产翠竹，有一书生考中进士，见官场黑暗，不愿为官，隐居此山，每天白天吟诗作画取乐，一到夜晚，便携妻面对清幽的东湖湖水吹笛自娱。笛声响亮美妙，周围百姓无不交口称赞，于是此山便称之为“吹笛山”。二说，相传有一仙人云游天下至此山，偶然将手中的玉笛吹奏一曲，没想到山中鸟儿闻笛欢唱，水中鱼儿闻声跳跃。仙人大悦，认为自己与此山此湖有缘，便将此山取名为“吹笛山”，并长居于此。三说，从前，有一位商人在此种芦制笛。由于此山面临东湖，土地肥沃，芦质甚好，制成的笛子精巧灵妙，音质上乘，当地人便把此山叫做芦笛山。后来，由于战争和历史的变迁，商人流亡，芦苇砍尽，虽无人制笛，但此山常有笛声悠扬，人们便改芦笛山为“吹笛山”。四说，明太祖朱元璋第六子朱桢被封为楚王就藩武昌时，见东湖岸边的吹笛山与王府墓寺所在地梁子湖畔的龙泉山有惊人的相似之处，一时兴起，便在此山顶上横笛一曲，此山便因此而得名。后来，还有种种传说，如明代楚王在此种芦取膜为笛簧，三国关羽曾屯兵于此等等，传说愈传愈奇，使这座山更具魅力。

1923 年清末湖北道员任桐所著《沙湖志》认为，吹笛山与明楚王有关。吹笛山“沙湖之东五里许，山下有吹笛桥。明楚藩种芦为笛，笛簧如此”。西为笠旗山，南即砚瓦山。现吹笛山与马鞍山、太鱼山等为东湖景区规划的吹笛景区，吹笛山满山遍植松柏，风景极佳。

珞珈山

珞珈山原名罗家山，亦名落驾山，或逻迦山、落袈山。珞珈山坐落在武昌东郊，东西走向，由东西两部分组成，主峰在东部，海拔高度为 118.5 米。东北临东湖，西北为原武汉水利电力大学（后与武大合并），南至八一路，面积近 2 平方公里。

珞珈山的名字，一直以来有多种传说。一说，春秋战国时期，楚庄王平定叛乱后，将大营移到珞珈山，对参加平定叛乱的将士论功行赏。此举使全军上下斗志昂扬，楚军在以后的战斗中接连获胜。后来人们把楚庄王设营的这座山叫做落驾山。二说，此山的山主原是一家姓罗的，所以又叫罗家山。明代大学士杨士奇游东山，从洪山穿过此山，记有“度松林，涉涧”的记录而未提出山名，时人称为罗家山。三说，南海观音有一次路过此山，落下袈裟一件，于是人们将此山取名落袈山。尽管说法不一，都反映了此山久负盛名。

珞珈山在东湖南岸，群峰之中，环境奇特幽美，显得格外高峻挺拔，满山苍翠的松树、芳香的樟树，四季郁郁葱葱。春天里樱花道五彩缤纷，夏天里浓荫凉爽宜人，秋天里红叶层林尽染，冬天里雪景玉琢银装，“珞珈林海”早被誉为武汉风景之一大特色。在山峰的最高处，建有瞭望塔。登塔环顾四周：北面之东湖浪卷山麓，南面之南湖银光闪闪，东面之群山岗峦起伏，北面之长江奔来袭人。“长江如飘带，大桥如横笛，高楼林立，车船奔驰，武汉三镇无余”，真是“四时烟景，大块文章”，美不胜收。

珞珈山之定名，为著名湖北籍民主战士、诗人、武汉大学首任文学院院长闻一多先生所改。1929年，武汉大学在逻迦山勘查新校址时，闻一多有鉴于此山石峥嵘，山色秀丽，将“逻迦”两字按谐音改为“珞珈”。珞指石头坚硬，珈指古代妇女戴的头饰。故寓意在逻迦山筚路蓝缕，劈山建校的艰难以及山美如神仙之首饰项链。自此，“珞珈山”之名沿用至今。

民国时期，不少达官巨商来此山修建山庄别墅。较为著名的有当时湖北省政府主席夏斗寅的“养云山庄”，俗称夏家花园；有曹祥泰老板的“种因别墅”，即曹家花园；有茶商黄某的黄家花园；还有湖北名人张难先、李书城、耿仲钊等人的花园、住宅等。

1928年武汉大学建校后，这里丛林茂密，繁花缤纷，成为游人喜爱的风景胜地。1938年，周恩来、邓颖超、郭沫若、董必武、陈潭秋等曾在此从事革命活动。1947年6月1日，武汉国民党反动当局为镇压学生运动，制造了震惊全国的“六一惨案”，3位同学遇难。武汉大学体育馆侧有“六一纪念亭”，被武汉市列为文物保护单位。

解放后，珞珈山地区建设日新月异，发展迅猛异常。尤其是坐落在山西部的武汉大学，依山而建，群而不散，建筑富丽，雄伟壮观。武汉大学的樱花道，更使珞珈山散发青春活力，远近闻名。每到春天，樱花绽放，繁花满枝，嫣嫣灼灼，落英缤纷，清香宜人，赏花的游人络绎不绝。武大樱花，享誉盛名，使本已很美的武大校园再增一色。

磨山

磨山古称磨儿山，形圆如磨，故名。相传，刘备曾在磨山祭天。1921年张仲炘《湖北通志》载：“刘备郊天台在磨儿山。”郊天即祭天。

磨山位于东湖风景区境内，蜿蜒8里，东西北三面湖水环抱，唯南面约距3.4公里，与喻家山遥遥相望。磨山东西长约2200米，南北宽约500米，有山峰6座，其最高的东峰海拔116.3米。山水相映，素有“十里长湖，八里磨山”之称，具有得天独厚的自然景观。磨山伸入东湖之心，是东南岸群山中的主要山脉，6个山峰自东向西排列，蜿蜒嵯峨，起伏跌宕，郁郁葱葱，望如翠屏，是东湖群峰中的最高处，也是最佳处。1984年，武汉军民共建了一条长约5公里的环山道路，把秀丽的磨山6峰连成一体。时任中共中央总书记胡耀邦视察东湖时题词：“东湖挥洒爱民汗，装点磨山赶西湖。”

磨山虽然有着众多的名胜古迹和优美的自然景观，但在解放前夕，这里却是一片荒凉的荒山野岭。1954年，朱德元帅“东湖暂让西湖好，今后将比西湖强”的题词镌刻在磨山石上，像春风吹绿了磨山。

1988年起，磨山被辟为楚文化旅游区。楚城门、楚天台、凤标、祝融观星、楚辞轩等仿古建筑陆续建成，梅园、樱花园、竹类园、山茶园、桂园、杜鹃园、兰苑、水生花卉园、木兰园、紫薇园、松柏园等竞相开放，造就了以楚文化为基调的磨山景区胜地。

详见本书第八章第一节二、磨山景区。

二、城基蛇山

蛇山，头枕大江，尾摆城东，绵亘于武昌古城中部，状如蛇形，故名蛇山。

蛇山在三国时有江夏山之称，后名紫竹岭（以有“黄鹤腾紫竹间”而得名）。北魏《水经注》谓之黄鹄山，其名出于“昔有仙人控黄鹄于山”的传说。宋代改名石城山，“因山而城，故名”，足见此山为武昌城之基。蛇山之名始于明末清初。明天启五年（1625年），湖北布政使右参议张元芳作记云：“登大别，睇晴川，一望龟蛇相对，山川绣，人烟鳞集，洵洋洋大观也。”此记已言其山名。民间已在此前以蛇山之名称之，直到清宣统之年（1909年），《湖北省内外详图》才正式将蛇山之名载入史册。

蛇山西起长江，绵亘于武昌古城中部，呈一字形横贯东西，全长约2.5公里，最高点海拔85.1米，面积约为70万平方米。此山是武昌城的发祥地。

据历史文献记载，在遥远的古代，武汉三镇是古扬子海之一粟，属下扬子地槽凹陷的一部分。

早在4至3亿年前，这里是一片汪洋的浅海区。距今约1亿多年前的燕山运动（即地壳运动），蛇山的岩层从海底慢慢平铺沉积而渐渐隆起为陆地。由于自然环境的不断变迁，沧海桑田，蛇山便由两亿年前的一次造山运动挤压而成。

中国古城多依山傍水。依蛇山而建立之武昌，犹如根基之于蛇山之大厦。根基不存，大厦焉附？

魏黄初二年（221年），东吴孙权由建康（今南京）迁都武昌（今鄂州市），并在第三年于蛇山上夯土版筑夏口城，从此，夏口城便是武昌历史上出现的第一座古城，标志着武昌城邑地位的确定，蛇山便成为武昌城的诞生地，为武昌城的形成与发展奠定了坚实的基础。

位于蛇山原奥略楼后的黄兴铜像与抱膝亭
（拍摄于20世纪10年代）

随着朝代的更迭，夏口城的规模逐渐扩大，成为郢州城、鄂州城，蛇山的地位也随之而不断提升。由此，蛇山下的武昌城成为武昌乃至长江中下游区域性政治、军事、文化中心。蛇山上楼、阁、亭、台、宫、殿、寺、塔等建筑物随之而起，应势而兴。黄鹤楼、白云楼、楚观楼、纯阳楼（又名南楼，俗称鼓楼）、大士阁、留云阁、望江亭、仙枣亭、振衣亭、万寿亭、十间亭、压云亭、静春亭、摩崖方丈、石碑长廊等 20 多处古迹，遍布山间。清末，又在蛇山修有奥略楼、警钟楼、抱膝亭、渤公亭、禹碑亭、抱冰堂等。这些名胜古迹，或隽永清丽，或端庄典雅，或辉煌雄伟，或巍峨擎天，彰显着蛇山及武昌古城厚重的历史文化底蕴。

蛇山，西起长江，与汉阳龟山夹江对峙。因其特殊的地理优势，自古以来是兵家必争之地。从三国鼎立时期的群雄纷争，到五代十国的封建割据的军事混战，这里轮番上演着一幕幕腥风血雨的生死大搏斗，演绎着称霸争王的历史场景。辛亥革命，武昌起义军攻破中和门后首先占领蛇山，炮击总督衙门，最后摧毁了清王朝的统治。解放战争后期，国民党军队在蛇山挖壕修堡，以山为屏，妄图阻止人民解放军南下武昌的步伐。1949 年武昌解放，作为武昌发祥地的蛇山，成为新中国建设新武昌的新起点。

武昌蛇山抱冰堂(1907 年为纪念张之洞而建)
(拍摄于 20 世纪 90 年代)

蛇山自古以来是历代文人雅士登临览胜的胜地。唐代诗人崔颢的一首《黄鹤楼》，成为“千古绝唱”；诗仙李白的黄鹤楼情结，成为千古美谈。元至正二十四年(1364 年)，时为吴王的明太祖朱元璋，登山祭奠陈友琼，手书“人修天定”的四个大字，苍凉悲壮。1912 年，孙中山在奥略楼感人至深的演说，蜚声中外。一代伟人毛泽东多次登临蛇山览物抒怀，留下了气壮山河的诗篇。历史上咏颂蛇山和黄鹤楼的诗词歌赋灿若星河……

自古以来，蛇山以其“灵山十里，虹断云连”和“蜿蜒磅礴，拔地倚天，耸翠如屏，浮青满郭”而著称，成为武昌“一城诸山之主”，赢得“楚会胜概，悉钟于此”之盛誉。

唐代大诗人李白对蛇山的描绘浪漫奔放：

东望黄鹄山，雄雄半空出。

四面生白云，中峰倚红日。

一千多年后的某张姓诗人，则以现实主义的手法对蛇山作了生动的写照：

高山如横枕，大江如环带。

此景良独奇，俯仰乾坤大。

登上蛇山顶峰，气象万千。东眺珞珈、狮子、胭脂、洪山诸峰，山景会同现代都市气息，簇拥而来，苍苍郁郁中闹市片片，喧嚣繁华；西倚大江，与对岸汉阳的龟山夹江对峙，形成“烟雨莽苍苍，龟蛇锁大江”，“一桥飞架南北，天堑变通途”的奇妙景观；南望紫阳湖、狮子山，杨柳笼烟，波光粼粼，亭阁辉映，楼台参错，农桑生机；北观天兴洲，绿茵匝地，绿洲浮江，大桥卧洲，一幅彩虹下的天然画卷。

“风樯动，龟蛇静，起宏图”。今日的蛇山，黄鹤楼风景区被国家定为“5A级景点”，成为中外游客观光、游乐、休闲的重要场所。当人们漫步蛇山，登楼远眺，大江巨流滚滚东去，三镇美景尽收眼底，怎能不兴致盎然，感慨万千！

三、传奇凤凰山

长江两岸，龟蛇相峙。在龟山之南和蛇山之北，各有一座凤凰山，构成“隔江双凤”的景观。二山在历史上也都大有名气，也各有特色。汉阳凤凰山以风景迷人著称，武昌凤凰山则以故事动人见长。

相传，武昌凤凰山得名始于三国时期。三国东吴之主孙权眼看魏国曹丕、蜀国刘备都已先后称帝，孙权称帝之心勃勃于胸尚未如愿以偿，一直在寻找时机即皇帝位。吴黄武八年（229年）四月，武昌古城以北的这座山上，出现了凤凰、黄龙并现的祥瑞之兆。孙权心想：我自精彩，天有安排。百鸟之王的“凤凰”与九五至尊的“皇帝”，应该是有联系的。今天下三分已定，如此祥瑞并现，岂不是意味着登基称帝的时机已到吗？于是，孙权黄袍加身，欣然登上皇帝宝座。并取东龙西凤，龙凰呈祥之寓意，以武胜门为界，将此山分为东西两段，东段山体定为黄龙山（即螃蟹岬），西段山体定名为凤凰山，以此作为吴国的龙脉所在。凤凰山因孙权武昌称帝而得名。

北宋元符三年（1100年），陈友谅与朱元璋争战，陈友谅中流矢身亡而败，张定边辅助其子陈理在武昌称王。朱元璋征战陈理至武昌城下，背水一战。朱元璋在此山架炮攻城，在一坡地亲身擂鼓助威。从此，此地又留下“炮架山”和“鼓架坡”两个地名。陈理投降后，刘伯温在此察看天象，认为武昌确有王气，而龙脉所在正是螃蟹岬。明洪武四年（1371年），江夏侯周德兴扩建武昌古城时，为防后患，至螃蟹岬跨山而筑，将其一部分切在城外（即城内九分、城外一分，龙头置城外），借以斩断龙脉，破坏武昌的王气。由于沧桑巨变，人们逐渐淡忘了两段山体的来历，仅将城外山体称为螃蟹岬，而将城内山体（真正的螃蟹岬）误称为凤凰山。

凤凰山还有一个动人的传说。三国时期，吴国有一个孝子，姓孟名宗，是江夏地方人。幼年失父，母子俩相依为命。孟宗一直很孝顺母亲，对母亲侍奉有加。渐渐地母亲年事已高，体弱多病。有一次母亲病重，常想吃鲜竹煮羹。这时正值寒冬季节，哪来的竹笋呢？孟宗无可奈何，跑到山上竹林中抱竹泪满双襟，不觉号啕大哭起来。孟宗这种至真至诚的孝心，感动了天地，一会儿地面裂开了，露出了尖尖竹笋。孟宗破涕为笑，喜出望外，于是采回竹笋，制作笋羹，其母吃下这笋羹，病居然痊愈了。后人有诗云：

泪滴朔风寒，萧萧竹数竿。

须臾冬笋出，天意报平安。

这就是凤凰山著名的“孟宗哭竹”的典故。

传奇的凤凰山，还以武昌城之军事要塞而著称。据1925年版的《武昌要览》记载：“山在城北，此处筑有炮台，为武昌要塞。”凤凰山北临武胜门，门外有一处因凤凰山而定名的应山湖。山是武昌城之门户，有“欲制武昌，先制蛇山；欲制蛇山，先制凤凰山”之说。在军事上，至关重要。凤凰山和蛇山之间有一块广阔的平地，清代的贡院、县学宫、县署、都察院等皆坐落在这里，故此地是武昌历史上政治、军事、文化的中心，所以说凤凰山也是武昌城的重要门户和要塞，实不为过。

四、枕秀花园山

花园山位于武昌古城北部，在凤凰山南，螃蟹岬西南，胭脂山、蛇山以北。全长0.9公里，最高点海拔45.8米。此山原名崇府山（又名崇福山）。明永乐年间（1403—1424年），崇阳靖简王朱孟炜曾建王府于此。清代有刘姓居士，于乾隆五十八年（1793年）在明王府旧基上建有“霭园”，俗称刘家花园。其后人刘宝臣有一幅霭园图，题名“崇岗枕秀”收入《江城花册》。后此山有花园山之称。当时有个叫刘锡嘏的粮道官，对花园山和花园有过生动的描写：“地距岗峦，门临空翠，凤凰（指凤凰山）翼然而右抱，黄鹤（指蛇山）翩然而左翔，高观大别（汉阳龟山），拱立相向，凭高四望，疏畅洞达，近则大江之环流如带，芳洲（鹦鹉洲）之春草如袍，远则夏口武昌，七泽三湘，当日群雄角逐之场，骚客行吟之地，而若隐若现，犹恍惚于耳目之前。园之广不逾十亩，中间为堂、为轩、为亭、为榭，一花一木，五步十步，名随其宜，具有幽致。”园内设有花神祠，以供花神，以护百花。园内奇花异草，四时缤纷。花神祠有门联一幅：

五百年为园主人，高台曲池，点缀江城如画里；

十二月催花使者，如风甘雨，氤氲香国得春多。

用百花装点花园山，名副其实，点题确切，名不虚传。

花园山是一座具有悠久历史的名山，是具有光荣革命历史的圣地。1903年春夏之交，清末革命党人吴禄贞曾在花园山附近的李廉方公寓设立秘密机关，史称花园山聚会。这是湖北最早的资产阶级革命机关，其核心成员有吴禄贞、李步青、宋和中等人，吴禄贞为领导人。该机关以聚会的形式开展革命活动，派遣同志潜入新军，散发革命书籍等，在湖北军学两界造成很大影响。外省市的仁人志士慕名前来聚会，参加人数达 400 多人。花园聚会后，因张之洞釜底抽薪而风云流散。1920 年 4 月，陈独秀住在花园山下的文华大学，在学校礼堂为学生们作民主科学思想的演讲。该礼堂后来为华中大学图书馆，20 世纪 90 年代拆毁。

花园山宗教文化植被深厚。明清时期武汉佛教四大丛林之一的正觉律寺，就坐落在花园山南麓候补街，也是我国汉传佛教地区少有的大型律宗佛寺之一，由大和尚无念律师创建于明代洪武年间。20 世纪 50 年代初以前，该寺与武昌宝通寺、莲溪寺和汉阳归元寺合为武汉佛教四大丛林。清雍正年间，该寺进行了一次大规模维修扩建，成为武昌城内最大的佛寺。同治元年(1867 年)官府利用该寺内的空地，创办湖北官书局。晚清时期，该寺既是佛教丛林，又是著名书局，在湖北宗教和文化方面留下了不可磨灭的印迹。1958 年，该寺的毛巾纺织机和僧众相继迁走，成一座空庙。后被改建为民办工厂，最后被改建为集贸市场。

1862 年，意大利天主教方济各会湖北代牧区主教明位笃，在花园山购入大片土地，修建鄂东代牧区主教公署。1889 年继任教主，意大利籍传教士江成德在主教公署左侧建造主教座堂。1928 年，美国天主教武昌教区美籍主教艾原道，在花园山创办“武昌花园山育婴堂”。1951 年 6 月由武汉市人民政府接管，办“武汉市育幼园”。1993 年 12 月 30 日，该园与当年在此山修建的占地 23 亩、建筑面积达 1.7 万平方米的“武汉市儿童福利院”合并。

花园山天文台

20 世纪初，意大利传教士在花园山天主堂后面建了一座天文台，为武汉市最早的天文台。1938 年，日寇占领武昌，将天文台内的仪器洗劫一空，只剩下残垣断壁。

如今创建于清同治七年(1868 年)的湖北中医院，设在花园山山麓。该院为全国首批三甲医院和全国九大中医科研基地之一，弘扬祖国传统医药的精髓，让全省及周边其他省的广大患者受益。

第二节 江城秀水

江汉朝宗,其流汤汤。

大江滚滚东去,汉水滔滔西来,两江交汇,汹涌澎湃,一派壮观景象。“扼束江汉,襟节吴楚,自东晋之后,谈形势者,未尝不以武昌、夏口为要会”。“荆楚之有汉,犹江左之有淮,唇齿之势也,汉亡江亦未可保”。这是清人顾祖禹《读史方舆纪要》谈武汉及武昌关系长江中下游形势决定江淮及中国东南之命脉的精辟论述。

武汉这座因水而兴、缘水而盛的美丽江城,以其独拥龟蛇锁江、两江交汇、怀抱百湖的滨水特色,显示着深厚的文化底蕴。

三镇鼎立的江南武昌,感天地之造化,河流纵横,湖泊众多,港汊塘堰和沟渠星罗棋布,不仅水域辽阔,水资源丰富,而且以依山傍水的地理优势和临江抱湖的自然景观,独领风骚,尽显风流。

一、龟蛇锁江

茫茫九派流中国,沉沉一线穿南北。
烟雨莽苍苍,龟蛇锁大江。
黄鹤知何去?剩有游人处。
把酒酹滔滔,心潮逐浪高!

毛泽东一首《菩萨蛮·黄鹤楼》词,生动形象地描绘了武汉江南(武昌)江北(汉阳)龟蛇锁江,中流砥柱的人文地理,抒发了“吞吐江河,扼控九州,睥睨天下”的博大胸怀。

武昌蛇山和汉阳龟山,夹江对峙,形成控接湘川,襟带吴越,挡北引南,承东接西的独特地理优势。浩浩万里长江,冲决巴蜀群峰,接纳潇湘云水,在这里与滔滔汉水风云际会,一路欢歌,奔腾向东,其雄浑之势与玄武之象,惊天撼地。

武汉位居长江中游的中心,长江武汉段有145公里。长江从汉南区入境至向家湾出境,整个江段被龟蛇二山分割成两截。武汉长江大桥等跨江大桥,像缀在江上的一条条飘带。长江在张家墩、金口、沌口形成三个节点,像一枝藕的三个藕节,对奔腾的长江起着调节作用,一张一弛,景观更富于变化。待到龟蛇之间,长江宽度便束约在1060米左右。江流闯过了这束腰的飘带之后,一抑一扬,扬波放荡,至青山境域江面骤然开阔,面宽达3880米,为龟蛇间距的三倍。人们站在蛇山或龟山上看长江的水景,向上游看长江千军万马,向武汉奔腾而来;向下游看,洋洋洒洒依依而去。“孤帆远影碧空尽,唯见长江天际流”。李白对这里的景观吟得如此准确生动!

龟山蛇山，天下闻名。这两座名山的来历，不同凡响，充满神话色彩。相传，治水的大禹，三过家门不入，长年累月带领百姓开山辟水，誓把江河开通。大禹的诚心感动了玉皇大帝，于是派龟蛇二将下凡，助大禹一臂之力。可是龟蛇两位大将历来不和，各自狂妄自大，经常吵架。有一天，龟将操起宝剑，蛇将挺起长矛，打了起来，搅得龙宫波浪翻滚。龙王大怒降下旨来，派了两位太子将他们捆绑起来，一个镇在汉阳岸边，一个镇在武昌岸边，从此他们便化作龟蛇二山，隔江对峙。受了处罚的龟蛇二将，互不服气，都想将山头向江中延伸，妄图比试高低。如此一来，长江水道越来越窄，上游来水宣泄不畅，泛滥成灾。吕洞宾在蛇山阁内一觉醒来，恼羞成怒。为阻止他们拦腰阻断大江，便化作一采药老者，肩扛锄头，来到蛇山中部，举起银锄挖断蛇腰筋骨。其蛇疼痛难忍，赶紧将头缩在武昌岸边。吕洞宾又过江到了汉阳召集能工巧匠，一夜之间在龟山上造了一座“禹王庙”（今禹稷行宫），请来大禹住在庙里，镇住龟将。龟将被压得浑身麻木，只好龟缩在汉阳岸边。从此，一座“缭绕如伏蛇”的蛇山，一座“若巨鳌浮水上”的龟山，“雄踞江之东西，势若龟蛇环卫”。龟蛇二将让开了水道，长江滚滚而一泻千里。

由于龟蛇二山夹江对峙形势险要，江面狭窄束锁了上游来水，制约了大江翻滚的激流，限制了沙洲涨没的范围，使武汉地区有了长期不变的深水港。然而，这里的江深流激，是一道不可逾越的天堑，阻隔南北交通。清咸丰元年（1851 年），以洪秀全为首的太平天国起义军转战南北，势如破竹。次年 12 月，起义军由湖南岳州兵分水陆两路直逼武汉，先占领汉阳，继而攻占汉口，但武昌古城依山负隅，城墙坚固，又以长江天堑为屏障，易守难攻。洪秀全为了使长江南北起义军联成一体，集中优势兵力攻克武昌，作出了在长江上架设浮桥，在武昌城下挖掘地道的决定。12 月 24 日晚，起义军在灯笼火把的照亮下，连夜施工，将大批船只直驶江中，用铁锚固定船身，用铁索将船只首尾相连，将木板铺垫在船面。次日早晨，江面上架起了两座浮桥：一座由汉阳南岸嘴到武昌大堤口，一座由汉阳鹦鹉洲至武昌白沙洲。这两座浮桥为起义军攻打武昌发挥了巨大的作用，这两座浮桥也是武汉长江段历史上最早的桥。这也是龟蛇第一次“携手”，共同突破长江天堑。

“一桥飞架南北，天堑变通途”。新中国成立后，在万里长江修建了第一座大桥——武汉长江大桥。由于龟蛇锁江的有利地势，奠定了大桥的基础，最终选址于此。1955 年 9 月动工，1957 年 10 月 15 日正式建成通车。大桥像一道凌空而起的彩虹，横跨在武昌蛇山和汉阳龟山之间，将武汉三镇联成一体，极大地促进了武汉的发展。粤汉铁路与京汉铁路从此全线贯通，形成了完整的京广线，成为连接我国南北的交通大动脉。桥上火车、汽车风驰电掣，桥下游轮、货轮劈波斩浪，雄伟壮丽，气势恢宏。大桥图案被入选为第三套人民币正图。

“龟蛇锁江”是武汉城市永久的名片。闻名中外的黄鹤楼巍峨辉煌，万里长江第一桥——武汉长江大桥雄伟壮观，被誉为“亚洲桅杆”的龟山电视塔，直插云霄，成为武汉的旅游景点和城市地标。

二、夏水入江

“武汉居天下上游，夏口北倚双江，又为武汉屏蔽。龟蛇二山，遥遥对峙，岷江东下，汉水西来，均以此为枢纽，地势成三角形，屹为中流鼎峙。余服官鄂渚，适英美水师提督乘兵舰来谒，谓游行几遍地球，水陆形势之佳，未有如此地者，推为环球第一，不仅属于中国奥区，窃兴观止之叹。”这是曾任清代直隶总督兼北洋大臣的陈夔龙（1855—1948年），对汉水（夏水）入江口优越地理态势的深刻和生动的描述。

夏水，可称为汉水的一部分。汉水名汉江、襄河，古称沧浪。据《水经注》，夏水故道从湖北荆州沙市区东南分江水东出，流经今监利县北，折东北至今仙桃市治附近入汉水。自此以下的汉水，也兼称夏水。故武汉境域的汉水，亦可称为夏水。汉水发源于秦岭山麓（即今陕西省宁强县），途经江汉平原腹地，穿过武汉西南境地，蜿蜒流淌1532公里，东至汉阳南岸嘴汇入长江。

也许有人要问：夏水入江口本在汉阳，怎么列入了武昌的景观呢？

历史这样回答：三国时期，东吴孙权筑夏口城于武昌蛇山上。正因为城堡与汉阳夏水入江口相对，故名夏口城。夏口城“周二、三里”，西临长江。东吴开辟的水师基地，正与曹魏占据的汉阳对峙。所以司马懿说“夏口、东关，贼之心喉”。因夏口城的命名，故夏口之名由汉阳移至武昌。正如汉水改道后汉水北岸的兴起，汉口之名也从汉阳移至今汉口镇一样。当然，从武昌观汉水入江，也是一种很奇妙的景观。

唐朝初年，改江夏郡为鄂州，州治仍在江夏，另在江北设沔州，州治则在汉阳。自此，武昌、汉阳两城隔江对峙。一曲“双城记”上演了整整900年。

“一瓢舀起两江水，半杯清茶三镇香”。大自然的鬼斧神工，刻画出了武汉“两江三镇”的格局和万里长江与千里夏水交汇于此的奇特地貌。夏水入江之口形成了雄浑（大江水）与清澈（汉江水）的“泾渭分明”的水上奇观。这是世界上罕见的景观，更是上苍赋予江城的一大福祉。

夏水入江之处在古代是一个天然的避风港口。江城发展到了唐代中期，江夏成为当时的水陆交通枢纽，长江中下游最大的货物集散地，商贾辐辏，百货汇集，大批的货物从长江进夏口溯汉水转运北上。这里千帆竞发，百舸争流，帆樯林立，商旅云集，昼夜不息，极其繁华。唐代诗人王贞白在《晓泊汉阳渡》诗中描写汉阳渡到武昌岸边的景色。诗曰：残灯明市井，晓色辨楼台。

夏水入江口虽然在汉阳，但汉阳“只缘身在此山中”。近距离观察两江交汇处的往来船只及水军情形，在古代受条件限制，不一定是最佳观察点，而在对岸的武昌就成了观察瞭望两江交汇点形势的绝佳位置，于是有了名垂千古之黄鹤楼。也由于龟蛇夹江对峙的特殊地理环境，加之频繁的战乱，这里历来是兵家必争之地，夏口也成为重要军事港湾。赤壁大战后，吴主孙权在蛇山筑城建戍楼（黄鹤楼），城为战守，楼为瞭望，居高临下，观察两江过往的水军和军事船只的出没动态。夏水入江之口，船来船往，鱼龙混杂，自然成为瞭望的重中之重。

如今的汉水入江口，由于历代的整治与修建，成为江城的一道靓丽的风景。晴川桥像一道绚丽的彩虹，横跨在集家嘴和南岸嘴之间；被誉为“中国第一角”的南岸嘴，建成了“汉阳造”文化产业创意园；龙王庙扩建成了以龙文化为主题的龙王庙公园。站在江南的武昌，眺望这两江交汇处，一幅“双江送浪波光涌”的东方水都画尽收眼底，一种“怅寥廓”“极目楚天舒”之感油然而生。夏水入江之口，成为大武汉的黄金口岸和著名旅游景点。

三、驿渚巡司

驿渚，即巡司河入江口的古地名。《水经注·江水》：“江之右岸，当鹦鹉洲南，有江水右迤，谓之驿渚，三月之末，水下通樊口水。”

巡司，即巡司河。因明代在此河北岸置鲇鱼口巡检司得名。又名里河。

巡司河由发源于江夏区八分山北麓的数条溪流汇成。巡司河南起自江夏区境内的汤逊湖，在武昌区内流经长虹桥、武泰闸、新桥、解放桥至鲇鱼套注入长江，全长16公里，是汤逊湖水系及武昌城区以南渍水注入长江的主要通道。巡司河西南，原另有水道，名陈公套（已没）。古时，陈公套在巡司口注入长江。两江入江处，江水潆洄，形成很大旋涡，状如鱼口，故此处俗称为鲇鱼口；巡司河与陈公套相夹的陆地则称鲇鱼套。亦有说此处地势弯曲，形似口大腹大长尾的无鳞鲇鱼而取其名。巡司河上流自河源到汤逊湖，沿途多低山丘陵；中游自汤逊湖西北端出口到武泰闸，地势平缓，昔多为农田；下游至河口，到20世纪90年代成为地下河，上覆盖水泥板为巡司河路。

每条河流都有自己的自然特点，为人类文明的发生和发展提供物质条件和人文条件。巡司河是古武昌城南护城河外的一条河，是武昌城南的天然屏障。武昌古城城南呈现“双河”并立的护城水域，可谓固若金汤，使进犯之敌望而生畏，故巡司河与武昌的发展变化息息相关。

古巡司河，是长江的分江水道，水面宽阔，水流形状介于江、湖之间，是樊口至夏口的水路捷径。约在先秦时期，巡司河基本成河，南北朝时期俗称其为里河，其入江口为鲇鱼口。

早在战国楚怀王时期，鄂君启的商船从鄂城出发，由樊口经巡司河鲇鱼口穿长江，巡司河便成为江夏（鄂州）入武昌的重要航道，从此开启了巡司河的商贸文化。唐广德年间（763—764年）渐渐发展为商贸都会，即著名的南市。巡司河上游的龙泉山（古称灵泉山）因临梁子湖西通金口，东连樊口，北通夏口，形成了“灵泉古市”，巡司河便承担起了连接“南市”和“灵泉古市”两个繁华市场的功能，河内舟楫穿行，一片繁忙。

巡司河处于武昌城之南，是武昌古城南城墙之外的第二条护城水域，亦是水路拱卫武昌的军事要津。孙权筑夏口城“因武而昌”，开启了巡司河的军事文化。三国时期，东吴军师黄盖曾屯兵于鲇鱼口，演绎赤壁风云。其后，南朝梁武帝萧衍攻郢州，明末张献忠据武昌称帝，清代太平军据守武昌，清湘军曾国藩进援武昌，民国北伐军攻取武昌，都是以巡司河的鲇鱼口为重要战略支点。

几百年来，巡司河不仅承担着商贸水运、军事要津的功能，而且流淌着悠久的古文明和楚文化。爱国诗人屈原泽畔行吟，开启了楚文化的新纪元，“乘鄂渚而返顾兮，欸秋冬之绪风……子交手兮东行，送美人兮南浦”……屈原的吟唱，几千年来一直在巡司河畔回荡。“鄂渚”即武昌的沙洲。有专家认为，“南浦”即为鲇鱼口。“南浦”成为了长亭送别的代名词。其后，无数文人墨客以“南浦”和“武昌柳”为题，写下了无数辞彩绚丽、流传千古的诗篇。祢衡与碧姬一见倾心，在这里上演了一曲鹦鹉绝恋；韦皋与玉箫在这里演绎了两世姻缘……巡司河是一条历史悠久、人文荟萃的河。

由于城市的发展，自长虹桥至鲇鱼套一带的巡司河周边地方大多被填平，建成了居民小区。由于人口增多，巡司河曾经一度垃圾遍地，臭水熏天。2010年，武汉市政府开始对巡司河的整治，力争使巡司河成为“两型社会”建设的范围。规划将巡司河分段治理，分别建成武泰闸历史游园、巡司河风情公园、巡司河湿地公园等三大主题公园，成为武汉的生态地标，均已开始建设。

四、九湖秀水

“绿荷红莲，乌梢青柳，亭台水榭，倒映水中，水乡风情，秦淮不及”。说的是旧时的武昌城山多湖也多，“开门见山，出门遇湖”。翻开一百多年前的武昌古城图，方方一圈古城围墙，蛇山以南城区，大大小小的湖泊从东南往西北隐隐一道流动的水系，形成大大小小的一串湖，这就是城内“九湖”。它们分别是司湖、西川湖、宁湖、都司湖、西湖、歌笛湖、教唱湖、长湖和紫阳湖。此外，还有武昌城之南的南湖和城之东的东湖、水果湖等。湖泊纵横交错，星罗棋布，像一块块翡翠，一件件碧玉，一面面明镜，镶嵌在武昌境内，组成了一幅风光旖旎的风景画。由于长期雨水、泥土在湖中的淤塞和武昌城市建设的发展，武昌旧城的9湖，至今已有7湖湮灭，只有紫阳湖和都司湖幸存下来。紫阳湖变成紫阳湖公园，成为城中难得的休闲娱乐场所。都司湖则隐于武汉音乐学院校园内。

司湖

司湖又名藩湖、都抚湖。位于古城北端，湖面横跨都府堤和解放路。以都府堤为界，堤东为大司湖，堤西为小司湖，堤湖都因靠近清代藩署而得名。此湖西北通古城外的筷子湖。据民国王庭桢(原武昌知府)《江夏县志》载:“藩湖在旧藩署后、旧抚署前,一名都抚湖,为县学外泮,夏则渠荷所殊,幽芳袭人。”1936年新建中山路(今解放路),北段穿大司湖而过,又将小司湖分割为东西两部分,解放后均已淤没。此湖为建新华村宿舍楼群所用,今仅留有都府堤和青石桥的街名。

西川湖

西川湖在司湖以东,原与司湖相连,后已填没。

晚清,西川湖逐渐淤塞,形成街巷。至抗战时期,被日本侵略军的飞机轰炸,成为废墟。后在这片废墟上建起了“新华村”。据早期中共党员回忆,西川湖5号曾经是中国共产党早期的革命机关之一。

武汉音乐学院(2007年摄)

宁湖

宁湖又名菱湖、明月湖。湖上有桥叫明月桥。此湖在武昌古城平湖门内,现在已湖平桥毁。据民国王庭桢《江夏县志》载:“宁湖,一曰明月湖,在平湖门内。”宁湖遗址在今解放路人民电影院西侧,文明路东南,武汉音乐学院以北。此湖穿花堤街出江,南经武汉音乐学院与都司湖相通,东南经人民电影院穿解放路通西湖。

都司湖

都司湖为武昌最古老的湖之一,是古时两湖书院的内湖,位于今解放路以西,花堤街以东,紫阳湖以北,武汉音乐学院与湖北中医学院附属第一医院之间。武昌解放前后,该湖面积2.83公顷,北经武汉音乐学院通宁湖。19世纪末,都司湖为两湖书院的内湖,绕湖均有走廊,并有水阁、凉亭、柳荫、草坪。张之洞在此开设“两湖书院”,培养了黄兴、谭嗣同、杨锐等仁人志士。近年来,武昌区对都司湖进行了综合治理,建设了亲水设施,恢复了都司湖的湖泊生态,风景较以前更好,凸现出这里的自然生态和历史人文景观。

西湖

西湖位于今解放路武昌公安分局东侧,紫阳湖以北,长兴路以西,读书院以南。此湖西北穿解放路通宁湖,南穿紫阳路通歌笛湖,东南穿复兴路通紫阳湖。湖中旧有湖上园,绿树成荫,在城市中如入林野,为良好的修养处所。此湖现已不存,遗址应在今湖北省人民医院范围内。

歌笛湖

歌笛湖谐音锅底湖。因该湖长期为楚王府种芦取膜为笛簧,故有此名。湖在紫阳路以南、复兴路以西、解放路以东、水陆街以北。建国初期,湖面约33亩,但多被淤塞。1956年,武昌造船厂力争将此湖土地作为堆料场地,其他单位也在沿湖使用了一部分。至此,此湖不存,湖北岸仅存有歌笛湖街巷名称。现今街巷旧式建筑全部拆除,正另行建设中。

教唱湖

教唱湖又名校厂湖。昔日为楚王府教授歌伎的采坊。位于今水陆街以南的巡回岭和清真寺街附近。湖址已填没。

长湖

长湖位于今武珞路以南,省武昌体育场和省楚剧团以东,长湖南村以西,紫阳桥以北,与紫阳湖一桥之隔而相通。此湖在紫阳湖以北的湖面约30亩,由于长年淤塞,湖底抬高,湖面干涸,野草丛生,湖水水道仅成一条明沟。现全部湖面土地用来建设长湖小区住宅楼群,为长湖南村。

紫阳湖

紫阳湖又名滋阳湖、墩子湖、南湖,在今紫阳公园内。是武昌古城内诸湖中面积最大的淡水湖。此湖原系武昌南湖的一部分,南湖被今解放路相隔而今成两湖,其北为长湖。湖中有墩,随水消长,俗称墩子湖。后来为了寓意吉祥,改名为滋阳湖,又因谐音为紫阳湖。详见本书本章第三节“四、妩媚秀美紫阳湖”。

南湖

南湖古名南浦、赤栏湖,位于武昌城之南。原泛湖区域面积640公顷,与长湖相通。南抵狮子山,北连龙王嘴、刘王嘴等自然村,东为石头村。部分水域在江夏区、洪山区境内,呈东西分布。北岸较曲折,属河流壅塞湖。古时,南湖水域包括宁湖、都司湖、西湖、歌笛湖、长湖。夏季景色甚美,犹以荷花、芰菱见长。北宋著名诗人黄庭坚在《鄂州南楼书事》中描写南湖美景:

四顾山光接水光,凭栏十里芰荷香。
清风明月无人管,并作南楼一味凉。

昔日南湖地区不仅景色优美,而且

中央军事政治学校武昌分校

是培养人才的摇篮。清末，武昌陆军第三中学堂、民国的武昌陆军第二预备学校、中央军事政治学校武汉分校、西湖学兵团、中央陆军军官学校武昌分校、中国人民解放军军械士官学校均坐落在南湖附近。中央军事政治学校武汉分校培养了叶挺、张发奎、薛岳、邓演达、唐生智、耿丹、万耀煌、贺耀祖、何键、刘文岛、韩德勤、顾祝同、黄绍竑、张治中、白崇禧、何应钦等一大批军政要员。清末，张之洞的湖北新军南湖炮队、南湖马队均驻营于此。北伐时叶挺的部队攻打武昌、平定夏斗寅叛乱的时候，也曾驻扎在此。

今日的南湖，紧靠武昌火车站，现已开发建成南湖花园城，是武汉市新兴大型社区。商住楼、绿化休闲广场、大型购物广场、宾馆酒楼、影院剧场等彰显着社区居民的幸福指数。今日的南湖，正朝着风景名胜区、现代宜居新城区、旅游休闲度假区、生态文化新景区的目标迈进。

东湖

东湖位于武昌东郊，整个风景区面积约为 105 平方公里，其中湖水面积占 33 平方公里，是杭州西湖的 16 倍。东湖原来是一个敞水湖，濒临长江，经青山港与长江相通，是一个受长江水位的涨落的天然湖。后来由于青山武丰闸的建成，变成了由人工控制的内陆湖。东湖曾经是一片水乡泽国。被誉为“东湖之父”的著名银行家周苍柏，开辟为“海光农圃”。1950 年 12 月 2 日，武汉市把东湖公园(海光农圃)改名东湖风景区。1982 年 11 月 8 日，国务院将东湖风景区审定为首批国家重点风景名胜区。现为武汉市最为重要的旅游观光胜地。详见本书第八章第一节秀美东湖。

水果湖

水果湖古名水口湖，位于洪山以北，属于东湖湖汊，东接东湖，西临中山路，南至八一路，北抵东湖路，水域面积 16 万平方米。水果湖之名与水果没有直接关系。昔日的水果湖是一片泽地、野草丛生，沟壑纵横。每逢下雨荒丘野岭的渍水汇集在这里，由此出口流入东湖，人们把这个湖汊称为水口湖。后因谐音变为水果湖。

早在 5000 年前的新石器时期，我们的先祖最先落籍在此湖岸边的放鹰台。相传唐代诗人李白曾经在此观看放鹰捕鱼，并写下了优美的诗篇。1952 年在水果湖周围填土建房，辟路行车，建新型居民区。现泛指水果湖地区。中共湖北省委和湖北省人民政府及省直机关现驻此。

晒湖

晒湖为古南湖的一部分，自古经巡司河通长江。古南湖因年久日渐淤塞，形成紫阳湖、晒湖、今南湖等分列湖泊。晒湖虽名曰“湖”，但实际起着排水渠道的作用，具备调蓄武珞路、丁字桥、长虹桥、中山路围合地带水势的功能，这一带也就称为晒湖地区了。

晒湖虽大,但只是渍水时大,水去后仍是一条长带形湖湾,故在习惯上没有把它看成湖,而是看成一条排水渠,称晒湖明渠。所以很多地名书籍对它没有记载,唯独1923年的武昌市地图上标明为晒湖。晒湖排水系横跨洪山、武昌两区。洪山段东至丁字桥,西至武昌火车站,南至晒湖,北达楚雄大街,汇水面积0.055平方公里,排水管道长965米。

1998年大水后,为根治水患,武昌区政府着力改造了晒湖地区的排水体系。该项工程位于长虹桥附近,是武汉电气化铁路建设和长虹桥铁路立交的市政配套工程。从省劳改大队至巡司河,沿晒湖明渠,改造成4.5×2.2米的砖混结构的排水箱涵。工程于1998年11月动工,1999年7月竣工,总投资6500万元。

沙湖

沙湖又名余家湖。该湖因长期为楚王府种芦取膜制笛簧而得名。此湖位于紫阳湖以南,复兴路以西,解放路以东,水陆街以北。清末湖北道员任桐极爱沙湖之美,曾自封"沙湖居士"。他还在沙湖仿《红楼梦》中的大观园,修建了一个具有现代特征的游乐公园。园内按四季造景,春有花柳塘,夏有荷塘,秋有月榭,冬有梅岭,为当时聚居武汉名士的必游之地。康有为曾为之作联:

琴谱茶经,轮换风雅;
园花池月,悟彻禅机。

据1923年任桐著《沙湖志》载:"沙湖,旧名东湖,又名歌笛湖。方三十七里,在武昌南阜东。明楚藩种芦取膜为笛簧处。浙之西湖有六桥,三桥多桃柳宜于看。沙湖有三桥。九峰本多芦,琴补种芙蓉,宜于秧地……"谓湖上东园近城登览之胜,今莫知其所在。昔此湖交通不便,游人皆视为畏途,故成荒僻处所,人迹不到。琴父从沟口商阜辟一路至引胜桥为琴园路,由引胜桥至待驾山为湖山路,于待驾山建歌笛村,湖山第一,为游人憩息之所。自是湖光山色顿易旧观,车马往来始称便利。"沙湖又有余家湖之名。据《江夏县志》载:"余家湖在县东北五里。"明代后,沙湖风光优美。《沙湖志》记载有"天地一沙鸥"、永嘉别墅、琴堤、引胜桥、水心亭、浴鸥亭、白鸥亭、羡荣亭等风景名胜和琴堤水月、雁桥秋影、寒溪渔楚、金冢桃花、东山残碣、九峰晨钟、虎岩山啸等"沙湖十六景"。清末后,沙湖有了极大的变迁。修筑粤汉铁路时,铁路从沙湖穿过,沙湖自此一分为二,铁路西侧称为小沙湖,又名内沙湖;其东侧称大沙湖,又名外沙湖。小沙湖已大部分湮灭,今沙湖主要指铁路东侧大沙湖。另据1987年《武汉市地名志》(内部资料)载,积玉桥办事处东部有内沙湖(又名小沙湖),是蛇山之北的城市下水道片水和雨水汇集之处。解放后内沙湖辟为鱼塘、藕田,原湖滩之地逐步成为居民区。

今沙湖位于武昌东北部,东邻中北路,南至小龟山,西抵武昌至大冶的铁路线,北达徐东路。内沙湖残存实有面积0.134平方公里;外沙湖实有面积3.197平方公里，是今武汉市仅次于汤逊湖、东湖的第三大城中湖，建有两座沙湖公园和内沙湖公园。沙湖边已高楼林立。

第三节 古城名胜

武昌古城不仅是一座拥有丰厚文化底蕴的历史古城，更是一座山水风景旖旎迷人的景观城。武昌的山千姿百态，铺锦叠翠；武昌的水波光潋滟，灵动秀美……

美丽的山光水色与几千年的文化积淀遗留下来的亭台楼阁、名胜古迹融合在一起，相得益彰，彰显着无尽的魅力，给人以无限的诱惑。

一、白云悠悠黄鹤楼

唐代诗人崔颢的千古绝唱《登黄鹤楼》，想象丰富，气势磅礴，烟景绚丽，感情挚热，让诗仙李白连称“绝妙”搁笔止兴，致使黄鹤楼传颂千古，闻名天下。

但凡著名的诗文与著名的建筑有着不解之缘，号称“中国江南三大名楼”，都是诗文因楼传世，楼以诗文扬名。湖北的黄鹤楼以崔颢的“诗”而闻名，湖南的岳阳楼以范仲淹的“记”而传世，江西的滕王阁以王勃的“序”而著称。

黄鹤楼“号称天下绝景”，名贯古今，蜚声中外。黄鹤楼、滕王阁、岳阳楼“三大楼阁”中，黄鹤楼“尤著特色”。据传，有四川、湖北两地人谈各自家乡风貌，四川人曰“四川峨眉山，离天只有三尺”。湖北人则曰“峨眉不及黄鹤楼烟云缥渺，半截插在天里头”。两人相视曰“峨眉山好，黄鹤楼更好”。黄鹤楼兀立江头，高出云表，楼借山势，江汉滔滔，“遥连瀛海三千界，似接神仙十二楼，满眼帆樯飞漠漠，一天烟树晚悠悠”。实乃“奇伟绝特之观”。

黄鹤楼之名，既寓山水之情，又极赋神话色彩。宋初文学家张栻撰《南轩集》称“黄鹤楼以山得名”。山即黄鹄山，“鹄”与“鹤”古字相通，黄鹄山又称黄鹤山，今称为蛇山。“黄鹄山蛇行而西，吸于江，其首隆然”。其山形山色，就像一只黄鹤扑向江心，即称“黄山鹄立”。《黄鹄山题词》讲述了黄鹤楼“仙楼飘渺隔蓬莱”的神话：“红尘不到，羽客翩翩，曰王曰费，荀仙吕仙，梅花三弄，响遏云边，骚人韵士，翰墨结缘……此山此楼，终古岿然。”其中的王、费、荀、吕各代表了一段神仙故事。

史籍记载，黄鹤山、黄鹤楼均与黄鹤仙有关。其一，“其山断绝，无连接，昔有仙人，控鹄于山，因以为名。黄鹤从天而夜响是也”。其二，“黄鹄山，起城东而达于西隅，黄鹤楼枕焉。山旧名紫竹岭，以有黄鹄腾紫竹间，故名黄鹤”。其三，“黄鹤楼在黄鹄矶上，仙人子安乘黄鹤过此”。哪个仙人乘黄鹤，有说仙人姓王，有说仙人姓窦，有说仙人是费文伟，有说仙人是荀叔伟。而明代黄鹤楼的神话，则被“八仙”之一的吕洞宾所代替。吕洞宾常游“湘潭鄂岳间”，在黄鹤楼留下一些故事传说。此后黄鹤楼与吕洞宾互为传奇，津津乐道。

黄鹤楼始建于三国吴黄武二年（223 年），是孙权所建夏口城的军事性质哨所（瞭望江汉水师、船只状况）之类的楼阁。到了唐代，军事哨所的功能减退，才发展成为登临观赏的风景楼。从此黄鹤楼的兴废，标志着时代世景的盛衰。

唐代作为风景楼的黄鹤楼，已是“楚会胜概”了。唐永泰元年（765 年）阎伯理在《黄鹤楼记》中描绘黄鹤楼“耸构巍峨，高标巃嵸，上倚河汉，下临江流，重檐翼舒，四闼霞敞，坐窥井邑，俯拍云烟”。另外，从王维、贾岛、李白、白居易、李群玉等咏诵黄鹤楼的诗文中可以看出，那时的黄鹤楼，耸立于断岸危矶之上，高峻险要，前临江水，后接鹄山，下有重台，上倚江汉，高槛重瞻，势如飞翼，朱栏粉堞，彩绘斑斓，山水大观，楼台点缀，达官显要，文人骚客“游必于是，宴必于是”，很快赢得了“楚会胜概，悉钟于此”的盛誉。

清同治七年（1868 年）的黄鹤楼

南宋时，黄鹤楼圮毁不存。陆游在《入蜀记》中说：“黄鹤楼号为天下绝景，今楼已废。”到北宋靖国元年（1101 年）至宣和七年（1125 年）之间，黄鹤楼得以重建。从宋代留下的一幅画看，当时的黄鹤楼是一组建筑群，雄峙于城墙高台之上，有主楼，有配亭，游人循曲栏，登台阶，过小轩，穿曲廊，上主楼，眺望滔滔江汉，满眼风云，有步移换景之妙。“重重轩槛与云平，一度登临万想生”。

元代虽仅历经 97 载，可黄鹤楼至少重修了 2 次。有两幅画勾勒了当时两座楼的形制。一幅为元永乐宫壁画，表现吕洞宾在黄鹤楼前“货墨”的故事，这可能是元代初的黄鹤楼：主楼分两层，斗拱重瞻，楼前有观景高台，台与楼有旱桥连通，背景饰以高山茂林，彩云瀑布，烘托出“神仙缥缈楼”的形象。另一幅楼图出自界画家夏永之手，为元代后期的黄鹤楼：主楼亦是两层重檐，前有厅门，后有远山，山上有一座浮屠，似是洪山宝塔，楼四周护以人工山石和花木。元代文人丁鹤年有《登黄鹤楼》一诗，可见当年楼之风貌：

半空金碧何代楼？仙人鹤驾曾一游。
雕槛看云楚山晓，珠帘卷月湘江秋。

明代黄鹤楼遭三次火烧，有两次重修。明永乐宣德年间（1403—1435 年）画家安正文有传世作品《黄鹤楼雪景图》,较细致地描绘了当时黄鹤楼建筑群:入口处一座牌坊,两侧锁以粉墙,松石回护,水绕云横。由此拾级而上,主楼立于高台正中,台周曲槛游廊,曲折有致。主楼为两层,风格清秀,形态幽雅,为风景楼之佳作。明代文学家何孟春作《黄鹤楼赋》,不惜重彩渲染:“山川大会,古今英称……绕虹霓于梁栋,挂斗柄于檐楹。功成瑰异,高压崚嶒。超红尘之百尺,入丹霄而几层……尔其突立乎危矶,横吞乎巨浸……群宫却伏,万宇仰承。”

清代历经 267 年,其间黄鹤楼有 5 次重修,4 次毁于火。乾隆皇帝为黄鹤楼题写“江汉仙踪”匾额。由于留下了较多的照片、绘画和文字资料,了解考查研究黄鹤楼也极为方便。清代黄鹤楼虽几次重建,但形制改动较少,保持了宝塔式的基本风格,只有角多角少之分,完全突破了唐宋元明四代黄鹤楼的规制。有一张清同治七年(1868 年)的黄鹤楼照片,可以看出:楼三层,呈四角形,又削除 4 角增补而成 12 角,层层檐角上翘,上有攒尖顶,屋顶骑楼系荆楚建筑风格特色;高楼兀立矶头,八窗洞开,视线角度可变换;高楼外观四望如一,“嵌空玲珑,胜甲三楚”,是一座孤高雄伟的风景楼。

历代物华天宝的黄鹤楼,集中了千古建筑艺术的精华,是中华民族的瑰宝,是古城武昌最具标志性的建筑,亦是武汉人民乃至荆楚人民的骄傲。登黄鹤楼,“享天下绝景”,“极目楚天舒”,不尽长江滚滚来,三镇风光眼底收,“心潮逐浪高”,无与伦比。

1884 年前的黄鹤楼

黄鹤楼在 1700 多年的历史长河中,历经唐、宋、元、明、清各个朝代的更替,屡建屡毁,屡毁屡建,饱经沧桑,历经磨难。直至光绪十年(1884 年),清代最后一座黄鹤楼被大火焚为灰烬。1907 年,在黄鹤楼旧址上建起的奥略楼,被人们误为是黄鹤楼。1981 年黄鹤楼再造,1984 年新黄鹤楼竣工。

兴废交织越千年的黄鹤楼,自古立黄鹄之矶,控龟蛇对峙,扼江汉合流,渊临鹦鹉洲,俯瞰晴川,气势雄伟,巍峨壮观。

今黄鹤楼坐东朝西,楼分 5 层,高 51 米,外形平面为折角正方形,四望如一。大柱拔地而起,翘角层层凌空,琉璃黄瓦富丽堂皇,楼顶为四方攒尖顶,楼群由主楼、配亭、轩廊、牌坊组成,总建筑面积 3219 平方米。

黄鹤楼主楼周围还有 60 多处配套景致:亭台楼阁、塔坊廊轩、苑馆池园、雕壁、

今黄鹤楼

石刻等，错落有致地分布于山石花木之中，与黄鹤楼相得益彰。

曾经有人这样评价黄鹤楼：“长江没有她，江水会黯然失色；武汉没有她，历史将缺少一页。”的确，黄鹤楼雄浑巍峨的“天下绝景”，号称“江南第一名楼”，武汉才有“江城白云黄鹤”之美誉，是武汉的人文之魂，是武汉人的骄傲，更是武昌人的骄傲。

古往今来，面对黄鹤楼如此壮观胜景，曾引多少骚人墨客、政要、名士诗兴大发，鸿篇迭出。自崔颢《黄鹤楼》成名后，历代吟黄鹤楼的诗词歌赋、记、文、楹联，灿若星河。李白、白居易、孟浩然、王维、顾况、贾岛、韩愈、刘禹锡、杜牧、李商隐、曾巩、苏轼、苏辙、黄庭坚、秦观、辛弃疾、王十明、范成大、陆游、岳飞、张居正、王世贞、袁宏道、张献忠、林则徐、张之洞、黄遵宪、康有为、毛泽东等一连串闪光的名家，以及他们的诗文题赋，为黄鹤楼增添了异彩。历代黄鹤楼的诗、词、曲、联、文、赋，其神韵之美，数量之多，流传之广，影响之大，作者阵容之强，恐怕海内没有任何一座名楼能与之媲美。黄鹤楼诗词脱胎于斯楼，便转化为斯楼之灵魂，让人们的脑海中有一个诗情画意、巍巍峨峨、悠悠邈邈的精神不朽之黄鹤楼。

二、河洲之首鹦鹉洲

鹦鹉洲这个看似普通的江中沙洲，千万年来几乎与黄鹤楼齐名而驰名中外，位居中国五大河洲之首。

古老之鹦鹉洲，位于武昌黄鹄矶与鲇鱼口之间的长江中心靠近武昌江面，全洲长 2500 米，宽约 800 米，是白沙洲尾的一个沙洲。东汉文人祢衡曾在此写下了著名的《鹦鹉赋》，死后并葬于此洲，洲因赋而得名。

东汉末年名士、辞赋家祢衡，博学多识，才华横溢，性情刚傲。被好友孔融表奏皇帝。汉献帝又以付曹操。曹操想辱祢衡却反被其所辱，这就是“击鼓骂曹”的典故。曹操不愿负杀才士之名，将祢衡“荐”给荆州牧刘表，刘表又把祢衡“荐”给江夏太守黄祖。然而，黄祖之子黄射与祢衡成了好朋友。一日，黄射大宴宾客于洲上。当时有人献鹦鹉，黄射请处士祢衡作赋。参加宴会的美人碧姬听后马上挽起袖子磨墨，祢衡欣然命笔，笔不停辍，文不加点，一气呵成写下了著名的《鹦鹉赋》：“唯西域之灵鸟兮，挺自然之奇姿……嘻游高峻，栖跱幽深。飞不妄集，翔必择林。绀趾丹觜，绿衣翠衿。采采丽荣，咬咬好音，虽同族于羽鸟，固殊智而异心。配鸾凰而等美，焉比德于众禽……”好一篇托物言志、寓意丰富、抒情含蓄、结构精巧、文字形象、脍炙人口的名赋。写完后，又把鹦鹉赠给了碧姬，以表达同病相怜的情意。后来这篇鹦鹉赋被黄祖看见了，他怕祢衡得志后对自己不利，就借故把祢衡杀害了，葬于此洲上。碧姬身穿重孝，带着祢衡赠给她的鹦鹉，哭倒在祢衡的墓前，表示愿意随他的灵魂一起飞去，哭够之后便一头撞死在墓碑上，上演了一曲鹦鹉绝恋。后来，历代文人泊舟鹦鹉之洲，纵观大江景色，留下了很多优秀诗篇。崔颢“晴川历历汉阳树，芳草萋萋鹦鹉洲”；李白“烟开兰叶香风暖，岸夹桃花锦浪生”；孟浩然“昔登江上黄鹤楼，遥爱江中鹦鹉洲”。这些名诗佳句，被人们千古传诵。

古鹦鹉洲，头枕鲇鱼口、尾接黄鹄矶，与武昌的江岸的夹江地带形成水道。从东汉至宋代，此洲面积宽广，地势颇高，每到长江枯水季节，远望如小山，成了重要的军事驻点和当时的商贸重地。

古鹦鹉洲隶属武昌，原是武昌十大风景点之一。江夏（武昌）人张中绘制的《鹦鹉洲古图》注明：“鹦鹉洲面对黄鹄矶，洲上有祢正平墓（即祢衡墓）、正平祠、岩头寺、鹦鹉寺、玉箫墓……”随图附有题词：“黄鹄矶前，头陀寺外，有鹦鹉之芳洲，与鹤楼兮相对，秋红叶而著绯，春芳草以如带……”古鹦鹉洲不仅是一个游览佳境，还是一个军事要地。江夏太守黄祖把此洲作为自己的重要军事据点，常常在此有数以万计的屯兵。据《水经注》和《舆地纪胜》记载：洲南端在武昌鲇鱼口，北端在黄鹄矶前，南北长约七里半。另据《元和志》、《太平环寰记》等文献推算，洲东西宽约二里，总面积约十五平方公里。它像一艘稳固停泊在武昌、汉阳两岸之间的大船，很容易形成一个集贸市场。唐代，这里开始为商舟辏泊、百货云集的商贸之地，并有相当数量的船民定居于此。宋代，由于南市的空前繁荣，与南市夹江相望的鹦鹉洲也日趋繁盛。范成大在《吴船录》中说：“鹦鹉洲前南市在城外，沿江数万家，尘闬甚盛，列肆如栉，酒垆楼栏尤壮丽，外郡未见其比，盖川、广、康、荆、襄、淮、浙贸迁之会，货物之至者无不售，且不问多少，一日可尽。”说明这一带是商业集贸中心，人口在十万人左右，“西渚可屯兵，南堂可校射”，“远望如小山”。元末这里竟成为“鼓角沉雄遥动地，帆樯高下乱维舟”的江心巨埠。明代，因大水频繁，鹦鹉洲曾先后两次从水面消失。最后一次沉没是在清雍正年间。到了清乾隆三十四年（1769 年），在原洲不远处，靠汉阳岸边又出现了一个新淤积而成的沙洲，初名为“补课洲”，后为存古迹，经朝廷批准改名为鹦鹉洲。此后，新鹦鹉洲承载古鹦鹉洲厚重的历史文化，依然为武汉著名的风景名胜。

三、城中之城楚王府

武昌历史上长期为省、府、县治的所在地。武昌古城内官署并立、衙门众多，其中最为显赫的是藩王之署楚王府。

明洪武四年(1371年),江夏侯周德兴拓建武昌城修建楚王府,以迎接朱洪武第六子朱桢就藩武昌居住。

按照中国的传统,王者居中方显其之尊。楚王府便选址于蛇山中峰高观山南麓,坐北朝南,背依高观山,西临大朝街(今复兴路),右侧为长街(今解放路),左侧为阅马场,地处古城最中央的武昌城核心地带。

历时八年(1371—1379年)的修建,一座崭新的武昌城展现在世人面前,一座富丽堂皇,气势恢宏的楚王府在城中央巍然耸立。楚王府以砖石垒砌城垣,东西宽2里,南北长4里。正门称镇楚门,俗称公衙门(约在今张之洞路武汉大学人民医院一带),市民称"王府口"。史籍文献对楚王府记载不多,加上楚王府已于明末毁于战火,从后世的一些零星记载中,我们可以看出当年楚王府的一些风貌。整座王府分为极似京师之前三殿(承运殿、圜殿、存心殿)、三宫(前、中、后宫)、五门(正阳、端礼、东华、西华、后宰)和两坛(社稷坛、山川坛),其他宫室池馆也甚多,有所谓宁安殿、毓凤宫等名目,宫殿宫室达800余间。府内还有梳妆台、金鱼池和专门蓄养歌姬的御菜园,有求神礼佛的长春寺、五圣庙等,简直就是一座缩小了的帝王皇城。王府门前有歌笛湖,湖水碧透,芦苇茂盛,这是专供楚王种芦取膜制笛簧的。王府周围有种植湖南武冈榛子的榛子园、楚王祭祀神灵的武当宫、方便楚王狩猎的"老人桥"、楚王藏冰备暑的藏冰台等建筑。此外,武胜门外有供楚王厨膳专用的养鱼池。城东有一座楚王别墅"桃溪小隐",出城东20里有楚王护军屯田的"广埠屯",城东南60余里的灵泉山(今江夏区覃庙)有历代楚王及王妃的陵墓群。武昌城内的省、府、县各级衙署,都环绕楚王府而建。楚王府占据整个古城的核心,一片显赫繁华之景象。

洪武十四年(1381年),王府除专设宫吏外,朱桢另置亲王护卫指挥司。从朱桢开始,先后共有九代楚王住在楚王府,他们的子孙还有15人封为郡王。郡王的封地虽然散在湖广各地,但楚郡王多未离亲王而别城他居,诸郡王王府仍筑武昌城内。如永安王府、崇阳王府、岳阳王府、景阳王府在武昌府治东二里,寿昌王府在武昌府治西半里等。在明代200多年的岁月里,武昌城一直是楚王府把持的天下,成为镇守湖广的藩雄。与秦、蜀、周三藩并称为明代富甲天下、声名最为显赫的四大藩王。

崇祯十六年(1643年)张献忠领导的起义军纵火焚烧了楚王府,存世共262年之久的楚王府及建筑群被付之一炬而繁华落尽。楚王府的辉煌虽然已是过眼云烟,但它却留给了武昌城一段厚重的历史。

四、妩媚秀美紫阳湖

紫阳湖,又名滋阳湖、墩子湖、南湖,在今紫阳公园内,是武昌古城内九湖中幸存下来的、面积最大的淡水湖。此湖原系武昌南湖的一部分,南湖被长街(原名长堤,今解放路)相隔而分成的两湖,其南为长湖。长湖在明清之际,仍保持了历史上以荷花为主要格调的旖旎风光,还形成了一个每年六月二十四日为荷花做生日的传统习俗。当时寄居在武汉的知名诗人画家，在这一天都集结湖边，吟诗作画，为荷花祝寿。清人王汝玉在《小集长湖为荷花做生日》的叙事诗中写道：

树绕亭台水绕廊，迎轩恰借午风凉。
有番韵事君知否？今日荷花分外香。

明万历年间，湖上筑了一座桥，名曰滋阳桥，长湖则适用于桥北的一片湖区，后湖区淤塞成陆地，然后变成住宅区。桥南湖中有墩，俗称墩子湖。又相传，元末白莲教起义失败后，有教徒母子二人躲入湖内莲荷中溺死。此处长出一块土墩，如一片巨大的莲叶浮在湖上，成为一处绝好的风景点。此后，人们称此湖为墩子湖。后依滋阳桥改名为滋阳湖，最后因滋阳桥改名为紫阳桥，滋阳湖亦改为紫阳湖。

清人刘日普有《长湖歌》诗，记录了长湖的变迁：

长湖自昔长，春水渺远岸。
侧闻居人说，今仅余其半。
束腰横大道，波光忽中断。
夹岸筑庐舍，楼榭纷以乱。
始信呼吸间，竟作沧桑换。

紫阳湖波平如镜，湖荷岸柳，花木扶疏，“夏以荷胜，可资游赏”，为历代达官贵人所向往，文人墨客多会于此。宋代诗人陆游、黄庭坚都曾经泛舟湖上，望着眼前“卷荷舒欲倚，芙蓉生即红”的美景，分别留下了“十里亭阁菱荷香”、“凭栏十里芰荷香”的佳句。宋代祝穆称紫阳湖“外与江通，长堤为限，长街贯其中，四旁居民蚁附”。《入蜀记》则云紫阳湖“荷叶弥望……其上皆列肆，两旁有水阁极佳”。至明、清两代，紫阳湖声名远播，趋之者众。明末农民起义领袖张献忠攻克武昌，明朝礼部尚书贺逢圣及全家投湖自尽。督学高世泰后来改紫阳湖为亚相湖。但民间一直习惯称之为紫阳湖。清代湖广总督张之洞则于湖中建湖心亭，设茶座、酒亭，用曲桥与湖岸相连，常在此接待官员同仁，观赏湖光荷色。每年端阳佳节或中秋月夜，紫阳桥上游人如织。清咸丰时期江夏（今武昌）人王景彝在《琳斋诗稿》附注中记述了一则有趣的故事：“吾鄂风土旧闻者称紫阳桥多玲珑石，每年中秋节，妇人以暗摩石窍，谓可生子。时人做竹枝词讥以‘就使摩沙真应手，生儿也带一分顽’。”

1911 年 10 月 10 日，震惊中外的辛亥革命——武昌首义在紫阳湖边工程营打响了第一枪，革命军很快攻占了起义门。从此，点燃了遍布全国的革命火种，结束了历史上两千多年的封建专制统治，以不可磨灭的功绩载入史册。民国元年，在公园中立有“民国起义国庆纪念碑”。人世沧桑，园内古迹大多不存在了，仅有紫阳桥和公园西北角的霸王井，见证着紫阳湖的历史变迁。

1952 年，武汉市政府将紫阳湖辟为公园，由时任武汉市市长吴德峰题写“紫阳公园”匾额。这是当时武昌古城范围内唯一一处自然湖公园，水陆面积共 30 多公顷。1958年修通环湖道路，并在湖岸修建一座水榭和两座方亭。水榭与两亭以长廊相结，形成一组濒湖建筑。后因自然灾害和“文化大革命”的影响干扰，停园整顿，关闭20年。1981年为纪念辛亥革命武昌首义70周年，公园内设施全部进行维修，新建一座钢混结构“迎水台”，将紫阳桥侧的“民军起义国庆纪念碑”移至胜利亭中。1982年建成大型人工假山1座，园内环境面貌得以进一步改善。1984年，将大门外“霸王井”移至门内（相传饮此井水者力大无穷），并建成“聚景园”，1984年10月1日正式对外开放。如今的紫阳公园，湖岸曲径，亭阁相望，桃红柳绿，花卉簇拥，湖水荡漾，相映如画，成为市民游览、休闲、娱乐的水上乐园。

五、英雄丰碑鄂王庙

“怒发冲冠，凭栏处，潇潇雨歇，抬望眼，仰天长啸，壮怀激烈。三十功名尘与土，八千里路云和月……”

这是民族英雄岳飞脍炙人口的《满江红》，感情激荡，风格豪放，气势磅礴，流传千古。

这首千古名词就写在鄂州（今武昌）。岳飞在武昌屯兵时间最长，达七年之久。有4次从鄂州（武昌）出发北伐，32岁时被封为“鄂国公”。其帅府设在武昌古城司门口（岳楼），校场设在小东门沙湖畔，中军营设在大东门晒湖旁，马军设在马蹄营，水师培训基地设在古城外的岳家嘴。他在镇守武昌时，写下了《满江红·怒发冲冠》和《满江红·登黄鹤楼有感》两首名词。

岳武穆遗像亭

岳飞是我国古代著名民族英雄，他十分重视人民的抗金力量，提出和贯彻“连接河朔”的战略方针。主张黄河以北的游击队和正规军互相配合，夹击金军，以收复失地。他所率领的队伍是一支钢铁之师，威武之师，势如破竹，无坚不摧，连金军也感叹“撼山易，撼岳家军难”。然而，岳飞大举北伐、抗击金军、收复失地、还我河山的计划，遭到了宋高宗及宰相秦桧等人的反对，于是朝廷取消了北伐计划。岳飞怒发冲冠，上书言事，反对宋廷降金乞和的行径，遭到了投降派的仇视，被秦桧等人诬陷为谋反，以“莫须有”罪名，惨遭杀害。

岳飞冤案昭雪后，鄂州（今武昌）首先请求为岳飞建庙。南宋乾道元年（1170年），恢宏庄严的岳飞庙落成于武昌大东门外五里处，即东起今武珞路大东门路口，西至岳飞像首义路口，南靠紫阳湖，北临武珞路。这是南宋孝宗皇帝诏令修建的全国第一座、也是最大的忠烈庙。孝宗皇帝还御赐“忠烈庙”匾额；同时，拨款 4000 贯，赐香火田 1000 亩。嘉泰四年(1204 年)南宋宁宗皇帝追封岳飞为鄂王。后来，武昌的群众称“岳鄂王庙”。鄂王庙的形制、内设物不详。据《江夏县志》载，武昌曾修建过两座岳飞忠烈庙，庙中有秦桧夫妇绑跪像。南宋乾道元年(1170 年)以铁铸成。相传凡有疾病者，以石击铸铁像，验为去病。解放初期在城市建设过程中拆除鄂王庙残存时，发现庙中有“乃武乃文”匾，系江夏人、同治年间翰林院编修何金寿题写。

清末以来，岳氏宗族举行重大活动时，形成了南在湖北武昌“忠烈庙”，北在河南汤阴岳王庙的格局。1938 年日寇占领武昌后，武昌忠烈庙被炸毁。此后，庙址和黄土坡岳氏坟山都纳入中南财经政法大学首义校区为宿舍楼。现遗址仅存岳王台。

岳飞一生戎马倥偬，抗金救国。他武略非凡，文才横溢，虽然以“莫须有”罪名含冤而死，虽然鄂岳王庙只剩下残砖断瓦，但是，他“还我河山”的呐喊，浴血奋战的气概，精忠报国的精神，像一座巍巍的英雄丰碑永远矗立在我国各族人民的心中。

在武昌的岳飞名胜遗址还有：蛇山中部山顶上有一座“岳武穆遗像亭”和其西的“精忠报国”牌坊；宝通寺所在的小洪山，有岳飞松遗址；岳飞母灵堂所在地——忠孝门(小东门)。岳母姚太夫人随军在武昌不幸逝世，岳飞披麻戴孝扶柩经过忠孝城门送往九江安葬。

“精忠报国”牌坊(位于黄鹤楼公园)

六、洞天福地长春观

长春观位于武昌大东门，是道教著名的十方丛林。历史上的长春观面积十分庞大，有“屋宇千间，道友万数”之说。长春观背靠双峰山，风景清幽。殿宇依山而踞，金碧辉煌，素有“江南洞天福地”之美誉。为历代道友活动场所。

长春观坐南朝北。整座宫殿从下而上，层层依山递进。为首的灵官殿，供奉道教护法大神王灵官。灵官殿旁是一个小院，院中有两棵一雄一雌的银杏树。院正中是太上老君像，慈眉善目。他一手指天，一手指地，意即“天上地下，唯我独尊”。老子生于古楚国，他母亲百岁时将他生在一棵李树下，出生时长有白须，能说话。他指着李树说“以此为我的姓”。因为他长耳，故名李聃。老子的《道德经》建立了以“道”为最高范畴的思想，汉代后被神化为道教的始祖——太上老君。老子为道教的始祖，曾骑牛过函谷关。应他的门徒之邀，曾来江南“施教”。《长春观志》记载：老子“赴江南鄂城，未居，而西入长松之岛、双峰之山、湖港之乡，即江夏焉。施教设先农坛、神祇坛。”那长松岛、双峰山就是今武昌洪山与蛇山的土山，即长春观所在地。这里曾有先农坛、神祇台、老君宫等老子留下的“圣迹”。

长春观（20 世纪 60 年代摄）

长春观始建于元代，为邱处机之门徒所建。元朝前期，元太祖成吉思汗召见邱处机。邱处机率弟子 8 人跋涉万余里，历时 8 年，会见成吉思汗。成吉思汗问如何治理天下及长生久视之道。邱说：“敬天爱民为本，清心寡欲为要……欲统一天下者，必在乎不嗜杀人。”成吉思汗尊其为神仙，邱处机一言止杀，挽救了成千上万人的生命。邱处机还曾去松岛（故称双峰山为“松岛”）老君宫（相传长春观建之前这里曾有光农坛、神祇台老君官等老子留下的“圣迹”）“养真”（修炼），自称“长春子”。《湖广通志》说：“长春观，宋真人邱处机结庵处。”邱处机死后，元世祖忽必烈封他为“长春全德神化明应主教真君”。后来，他的门徒为了纪念这位长春真人，便在他修行的地方，修建了这座以邱氏道号命名的长春观。清乾隆皇帝曾为长春观御题联句颂扬邱处机：

万古长生，不用餐霞求秘诀；
一言止杀，始知济世有奇功。

明清时期，长春观多次进行维修和扩建。清同治二年（1863 年），道人何合春率道友募捐重建了紫微殿、玉皇阁、三皇殿、四官殿、来成殿、客堂及殿后登山石级等主要建筑，设施日臻完善。全观有殿堂、楼阁、廊庑、亭台、客堂、道房共 200 余间。长春观与北京的白云观、西安的八仙洞并称全真龙门派三大祖庭。

位于大东门的长春观（2007 年摄）

长春观全盛时期“仙真代出，为湖北丛林特著，屋宇千间，道友万数，香火辉煌”。每年农历正月十九，长春观必行盛大的邱祖会，为天仙真人祝福。三镇道众云集长春观，以冀仙会。这一传统民俗称之为“迎春会”或“燕九节”。

长春观藏有被视为道教珍宝的《正真道藏》，清代名士前往长春观阅藏查经之人接踵而至。清同治四年（1865 年），北京白云观主持传戒的律师张耕云，应长春观之邀，来此开坛说戒；1925 年天门县（今天门市）龙镇（观）出家的 22 代龙门正宗传戒律师刘嗣授，携手侯永德开坛说戒，受戒道众 454 人。武汉军界、商界大员云集长春观，座无虚席。黎元洪赠匾“大愿圆满”，萧耀南赠匾“道岸同登”。

长春观地处武昌要冲，观宇屡毁屡建。清末太平军与清军曾经三次争夺武昌城，长春观饱受战火后成为残垣断壁。清同治三年（1864 年），龙门第十六代宗师何合春从武当山来此发愿，得到江南提督军门李世宗捐助，进行大规模修缮，使长春观“庙貌森严，回复旧观”。全观分左、中、右三路而进，中庭有四进。首进是灵官殿，绕巨鼎经“五龙捧圣”而上是太清殿，殿后侧左右是太上老君的弟子南华真人和尹喜真人塑像，东西殿壁上绘有以孔子问礼、老子修真为题材的大型彩色壁画。穿阆苑、蓬壶月门直上九真殿，殿内供有全真教创立者王重阳的七弟子，分别代表七个不同教派。出殿后登石阶而上“地步天机”，由左右分级而上即会仙桥。再上攀则是三皇殿，殿内供奉着华夏祖先伏羲氏、神农氏和轩辕氏像。

道藏阁(拍摄于20世纪80年代)

1926年北伐军与吴佩孚鏖战于武昌城下，叶挺独立师驻扎在长春观。邓演达在此督战时,衣袖被子弹击穿。郭沫若曾在观内暂住,且作诗挥泪痛悼北伐英雄:

一弹穿头复贯胸,成仁心事底从容。

宾阳门外长春观,留待千秋史管彤。

三皇殿是长春观的最高点。在这里极目俯瞰,四院里建筑宝瓶压脊,单檐舒翼,古树虬蟠,亭榭楼阁,令人赏心悦目。观内来鹤轩,讲述着白鹤闻经声飞来栖于观的故事;慈航大士仪态端庄、手捧净瓶,帮助人们消灾祈福;甘棠摩崖赞美政绩卓著的地方官员;“长春琼矶”、“天皇宝浩”镌刻于功德祠壁;子午种亭显示了十方救苦难的典故,还丹显化了经南修道后游历江湖的吕洞宾。如此这些,会让人们领会我国土生土长的道教神秘之真谛。

七、碧波水泊的汉阳门

茫茫九派流中国,沉沉一线穿南北。

烟雨莽苍苍,龟蛇锁大江。

这是革命领袖毛泽东1927年在黄鹤楼遗址处写下的汉阳门外长江一线的景观。

一座城市的街道,用另一座城市的名称命名并不稀奇,如武汉的北京路、南京路等。但一座城市的城门,用另一座城市的名称来命名,实属罕见。

汉阳门为什么不在汉阳而在武昌呢？追溯其由来,还得从夏口城说起。

吴黄武二年(223年),吴主孙权在武昌蛇山夯土版筑夏口城。这个夏口之名也耐人寻味。此前的夏口,在江对岸的汉阳,即汉水(夏水)的入江之口,新筑的城堡正对汉阳之汉水入江口，于是命名为夏口城。夏口城历经唐、宋、元几个朝代的经营，已发展成为“东南巨镇”。

汉阳门是武昌城的西门，在城西大江边，与西面的汉阳隔江相对。宋代及以后，汉阳门屡见于史籍。元代文学家曹伯启有《良月既望忆仲通宰公兼寄君平察推》一诗：

闲登黄鹤旧矶头，万顷烟波起暮愁。
想象故人心似我，汉阳门外望南楼。

宋人记载的鄂州城门还有“武昌门”一说，后人推定“武昌门”实乃汉阳门。撰于宋代的《溪堂集》卷五载有一《七言绝句》一首，描绘了当时汉阳门外的风景：

武昌门外柳如烟，想见潘侯枕曲眠。
欲借一帆春水去，江边皆是楚州船。

到了明初洪武四年（1371 年），江夏侯周德兴大规模扩建武昌城，将整个蛇山包入城内，并辟有九座城门。其中，重建了这座位于西城垣的城门，面临长江，与江北汉阳隔江相望，故取名汉阳门。

汉阳门是一座临江的水门，自古以来，一直有通往汉阳的码头。汉阳门位于今临江大道中部，西南与平湖门相靠（即武汉长江大桥桥头堡），东与中华路紧邻，南接解放路司门口，西北望长江。1927 年拆除古城垣和城门后，汉阳门仍是这一带的泛指。

明万历二年（1574 年），汉阳门外设置扬子江渡，直达汉阳府。清代设置大江渡，清末至民国建有汉阳门上、中、下码头，以及煤驳、衡善堂等共五座码头，是武汉近代最重要的码头。到了民国，汉阳门成为最早通公共汽车的地方。这里集公共汽车站和轮渡码头于一处，继续承担着武昌水陆交通的功能，日客流量达 30 万人次，是武昌水陆交通的枢纽。

武昌黄鹄矶下汉阳门码头（1940 年摄）

“天下江山第一楼”——黄鹤楼巍然耸立在汉阳门内的蛇山上，显示出武昌与众不同的气质与地位。还有一些名胜在此汇集。今武汉长江大桥武昌桥头堡处，古时称为黄鹄矶，枯水时矶头可现，古黄鹤楼旧址即在此矶之上。南朝宋主刘裕时（420—422 年）所建的头陀寺，是武汉最老的寺庙。元至元年间（1335—1340 年）在此矶上建有胜像宝塔（1955 年迁移）。明洪武初年（1368 年），在今中华路轮渡码头附近建有望江楼。清末被毁。

胜像宝塔（现迁入黄鹤楼公园西大门入口处）

汉阳门的码头与渡口，对武昌城来说至关重要。咸丰三年（1853 年）1 月 13 日，太平军占据武昌城后，东王杨秀清由汉阳门进入城内。2 月 9 日，太平军 50 万人马从汉阳门出城，撤离武昌。在第二、第三次进攻武昌城时，太平军又多次与清军激战于汉阳门一带。辛亥革命武昌首义成功之时，在汉阳门奥略楼上升起了九角十八星旗。此后的历次革命运动，汉阳门一带都是革命群众活动之处。

社会在发展，历史在前进。武昌解放后，汉阳门发生了巨大的变化。万里长江第一桥——武汉长江大桥从汉阳门飞架而过，汉阳门桥头堡吸引了无数的游客；汉阳门外的江滩公园，游人如织，为汉阳门增添了耀眼的光辉；户部巷小吃街，食客盈门，成为一道具有市井气息的风景线。昔日喧嚣的汉阳门码头，现在成为各类艺人表演的场所。北京华联落户汉阳门，推动了当地第三产业的发展。

汉阳门外江中有一种特产，名为“黄鹤鲤鱼”。据清同治《江夏县志》载，武昌黄鹤矶（今武汉长江大桥武昌桥头堡处）出产一种名贵的鲤鱼：“《酉阳杂俎》云：‘鲤鱼脊中鳞一道，每鳞有小黑点。大小皆三十六鳞。’惟黄鹄矶头之鱼三十七鳞，味独鲜美，立冬后腌鱼者争购之。他省呼之曰楚鱼。”原来那里的黄鹤矶头，水流触矶，形成回旋，许多鲤鱼群随江水旋涡游入黄鹤湾处。这里的渔民便用渔网捕捞，春夏多售与餐馆，立冬后腌鱼者竞相购买，供不应求。昔日许多游客在饱览武昌城头（汉阳门一带）风光之后，都要到此处馆子品尝一下驰名的黄鹤矶头的鲤鱼。特别是来省城参加乡试的或进京科考路过的考生，也必到汉阳门食黄鹤鲤鱼，以求“鲤鱼跳龙门”，金榜题名。元末明初诗人杨基有《江上》的诗，写汉阳女子过江买鲜黄鹤鲤鱼的情景：

春风吹雨湿衣裙，绿水红妆画不如。

都是汉阳川上女，过江来买武昌鱼。

诗中的“武昌鱼”，指的就是黄鹤矶头的味独鲜美之鲤鱼。还有市民到汉阳门外黄鹤矶头乘舟钓这种鲤鱼的。有佚名人诗为证：

黄鹤矶头水逆流，朝朝湾泊钓鱼舟。

有钱常买辛家酒，醉后歌声闹不休。

黄鹤鲤鱼，竟给汉阳门带来了如此有趣的景致！

如今的汉阳门，处处散着迷人的魅力。众多的名胜古迹与现代建筑完美地融合在一起，或古朴典雅优美华丽，或雄伟壮观气势磅礴，给人以无限美的享受；长江的雄浑奔放与街道的热烈浪漫和谐地融为一体，使汉阳门的精神内涵体现得淋漓尽致。汉阳门，是一座集大桥文化、古迹遗址文化、水上运动文化为一体的武昌城市文化之门。

八、佛门礼拜宝通寺

宝通寺位于武昌大东门外，洪山南麓。该寺历史悠久，中外驰名，至今已有 1600 多年的历史，占地 11 万平方米。为历世清净佛刹，号称三楚第一佛地，武汉四大丛林之一。1983 年被定为汉族地区全国重点寺院。民国前，宝通寺历代是皇家寺院，在各个朝代都得到了皇家的维护和保养，足显皇家气派。

相传宝通寺始建于南北朝时期，初名为东山寺。后有弥陀寺、东岩阁、崇宁万寿禅寺、洪山寺、宝通寺等名称。

大雄宝殿

现存的宝通寺，为清光绪五年(1879 年)所修。殿宇建筑依山就势。最前面为山门，两旁屏墙高耸，布瓦铺脊。门楣上为佛教居士赵朴初书写的“宝通禅寺”四个大字。门前有一对石狮，形体高大，生动威严。进门后，自下而上为放生池。过放生池上桥十步处为弥勒殿，殿内主尊为弥勒佛，金光夺目。还有守护神韦驮、观音、地藏王塑像及四大天王像。弥勒殿后是正殿大雄宝殿，供三位主尊，释迦牟尼居中，左右为文殊、普贤菩萨，西厢有十八罗汉。左为方丈室，还有客堂、僧寮、斋堂等。再上为铁佛寺、华严洞、华严亭、法界宫。法界宫系为纪念宝通寺前住持持松于1923年由日本留学归来，为了恢复我国密宗，依唐密金刚部五佛曼荼罗而修建。原建筑遭毁，现为维修复原之物。法界宫建筑独具风格，屋顶起亭，造型象征五佛方位。各亭均为镂空大屋脊，飞檐蟠爪，富有民族特色。殿基四周，刻有双层莲瓣。殿前阶下为三孔拱桥，桥外双亭侍立，殿亭相映，景色别具一格。后山多古树。相传为南宋民族英雄岳飞在此驻军时亲手所植，名为“岳松”。至明末，该松树枯萎或被砍伐，已无存。同治年间在原地植松树若干，仍称为“岳松”。现存8株，古木参天。整个建筑布局得当，结构严谨，楼观参差，错落有致。1959年被列为武汉市文物保护单位。

宝通寺的东北方，建有砖石仿木结构的灵济宝塔，俗称“洪山宝塔”，为纪念慈忍大师而建。其塔设计精妙，分七级八方，塔顶高出洪山主峰，为武汉之最。塔顶系6.5吨紫铜铸就，可见建筑者立意久远，企盼永恒。清代武昌府教授、竟陵（今天门市）人熊士鹏作有《灵济塔》诗：

塔势凌嶒尺五天，振衣直上俨飞仙。
潆洄汉水长如带，平远吴山淡似烟。
龙象空门归怖鸽，孙曹霸业问寒蝉。
凌霄入角撑斜日，云影霞光满目悬。

如今，登塔远眺，武汉风光尽收眼底，东湖如镜，长江如练，武钢高炉，喷吐红云，九峰层峦，堆青叠翠，长江大桥飞架龟蛇之间，白云黄鹤翱翔楚天。宝通寺，巍巍殿宇，幽幽廊亭，参天古木，葱茏山林，嶙峋怪石，摩崖石刻，碑光塔影，无不给人极大的乐趣，既是佛门礼拜的圣地，也是武汉市重要的旅游景点。

20世纪初的宝通禅寺·洪山宝塔

位于洪山的宝通禅寺（2007年摄）

九、都府堤下农讲所

中国国民党中央农民运动讲习所，位于武昌红巷13号。根据中共中央农委“在武昌开办农民运动讲习所”的计划，毛泽东于1926年冬，赴江西、湖北、湖南三省党部，提出在武昌合办农讲所的建议，得到三省党部中共党人和左派国民党员的支持。1927年1月，当筹备三省农讲所的工作将告完成时，毛泽东又联合国民党党左派邓演达，进一步取得国民党中央批准，将三省农讲所扩大为国民党中央农民运动讲习所，在全国招收学生。农讲所是第一次国共合作时期一所培养全国农村运动干部的学校。农讲所1927年3月7日正式上课，4月4日举行开学典礼，学生来自全国17个省，共800余人。

农讲所的领导机构是常务委员会，邓演达、毛泽东、陈克文担任常务委员。毛泽东主持全面工作，参与制定教育方针和教学计划。共产党人周以栗任教务主任，夏明翰任秘书，许多著名的共产党人和国民党知名人士如瞿秋白、李立三、恽代英、彭湃、方志敏、陈荫林、于树德、李汉俊、李达等人，曾在农讲所任教。

1926年底，随着北伐战争的胜利，工农运动蓬勃发展。尤其是农村，如火如荼的农民运动极大地震撼了中国社会各阶层。毛泽东决定对当时农民运动最火热的湖南进行全面调查。他深入农村，搜集了大量的材料，在武昌农讲所写下了《湖南农民运动考察报告》的重要著作。毛泽东坚持理论联系实际，教育学生认真学习马列主义理论，亲自讲授《农民问题》《农村教育》等主要课程，组织学生下乡调查，参加社会活动。农讲所培养了一批优秀农民运动骨干。1927年6月18日，农讲所举行毕业典礼，大多数学生被委任为农民协会特派员，随即深入开展的农民运动如星星之火燎原于神州大地。大革命失败后，他们积极投身于各地的农民武装起义。如著名的八一南昌起义、湘赣边秋收暴动、黄麻起义以及参与创建湘鄂西等革命根据地的斗争。在长期艰苦卓绝的革命斗争中，农讲所师生为新中国的诞生作出了不朽的贡献。

毛泽东旧居

农讲所的校舍建于清光绪二十九年（1904年），由四栋砖木结构的房屋组成，中间有一个大操场。农讲所旧址是武汉市唯一现存保护完好的晚清学宫式建筑，占地面积12850平方米，初为张之洞创办的北路小学堂。1927年为中央农民运动讲习所校址。今在此设有农讲所纪念馆，其基本陈列有：农讲所旧址陈列，包括教室、教务处、办公室、大操场等；毛泽东同志旧居陈列，包括毛泽东一家人的卧室，毛泽民、蔡和森、澎湃、毛泽覃、夏明翰住过的房间等。中共五大会址陈列，现已独立辟为专门纪念馆。

农讲所旧址是进行革命传统教育和爱国主义教育的重要基地，许多基层党政组织都不时地组织广大党员和先进群众及青少年学生到此参观，观看实物图片展品，缅怀革命前辈的革命精神，进行红色教育的洗礼。

位于红巷13号的毛泽东同志主办的中央农民运动讲习所旧址

岁月的沧桑，掩盖不了农讲所的重大历史意义。1958年，中共湖北省委决定筹备“武昌农民运动讲习所纪念馆”，周恩来题写“毛泽东同志主办的中央农民运动讲习所旧址”馆标。1963年，旧址纪念馆正式开放。1982年，公布为湖北省文物保护单位。1997年，被中共中央宣传部命名为首批全国百家爱国主义教育示范基地。2001年，经国务院公布为第五批全国重点文物保护单位。

十、海光农圃拓东湖

昔日的东湖，是武昌东郊一个荒芜的水乡泽国，没有什么风景点，更不是什么风景区。象征武汉三镇机械工业开端的周恒顺炉冶坊创始人周庆春之孙、“武汉机器工业先驱”周仲宣之侄、毕业于美国纽约大学的周苍柏，学成归国后，担任汉口上海银行行长。他投入了自己大部分收入兴建了东湖西岸的“海光农圃”。1927年大革命失败后，社会上出现政治腐败、纸醉金迷、醉生梦死的景况，有些市民沉湎于抽大烟、赌博、玩乐。对此，身为“海归”的年轻银行家周苍柏非常痛心。为了挽救颓风，使市民有一个健康、舒心的游览娱乐场所，周苍柏于1929年起陆续筹集资金，在武昌东湖今湖滨客舍靠南一带逐步买得荒址，率夫人董燕梁及子女周德佑、周小燕等，发扬“筚路蓝缕，以启山林”的精神，利用周末，全家去割草辟荒，聘请农业技师规划、实施和管理。至抗战初期，他定名的“海光农圃”已建成风景区、苗圃果园区、农作物和动物养殖区，还设有游泳池、养鱼池、马棚、动物园，附设“四顾亭”“天鹅池”等游览场所。其范围东临东湖，西至老东湖路，南近双湖桥，北至今海洋公园游泳场，包括今听涛景区、东湖宾馆的区域，占地面积达2000多亩。主要功能是为武汉市民提供一个休闲游乐场所，市民可在此锻炼身体，嬉戏游乐，迅速成为极受市民喜爱的城市公园。原计划还有个教育区，周苍柏和女儿周小燕的理想是在这里建一所音乐学校，后因战乱未能如愿。武汉解放后，周苍柏把海光农圃无偿献给国家。中南局领导及时将周苍柏的这一义举报告给政务院。经周恩来总理批准，中南军政委员会第二次会议决定，将海光农圃改名为东湖公园，后又定名为东湖风景区，并成立了以陶铸为主任委员、张执一、郑绍文、周苍柏为副主任委员的东湖建设委员会，负责东湖风景区的建设。

东湖鸟瞰（2007年摄）

周苍柏（1888—1970），湖北汉阳人，1917年留美回国，先后在银行和工厂从事管理工作。1940年出任湖北省政府委员兼湖北省银行总经理。后兼任湖北省平价物品供应处总经理，向社会举办“民享服务”“物物交换”，沟通有无，以稳定社会物价，在全国影响较大。抗战胜利后，任国民政府善后救济总署湖北分署署长。新中国成立后，历任政务院财经委员会委员，中南军政委员会委员兼轻工业部副部长、工业部副部长，湖北省人民政府委员，湖北省第一、二、三届政协副主席，湖北省工商业联合会主任委员，第三、四届全国政协常务委员等职。1970年在北京逝世，安葬于北京八宝山革命公墓。

周小燕（1917—2016），周苍柏之女，为武汉长大的名媛，随父参与建“海光农圃”的小主人，从东湖走出去的歌唱家、音乐教育家，自诩为东湖的女儿。她从小喜爱音乐，1935年考入上海国立音乐专科学校，专门学习声乐演唱。1937年卢沟桥事变爆发后她回到武汉与好友夏之秋组织成立“武汉合唱团”，在武汉三镇街头巷尾、学校礼堂演唱抗战爱国歌曲，在抗战烽火中含泪首唱《长城谣》，打动了无数抗日志士的心，该曲成为她的成名之作。她演唱的《歌八百壮士》《最后的胜利是属于我们的》《义勇军进行曲》《在太行山上》《大刀进行曲》《游击队之歌》《旗正飘飘》也深得民众喜爱。她1938年7月赴法国留学，1945年10月登上巴黎国家大剧院舞台，以精湛的技艺和美妙的歌喉征服了法国观众，被欧洲舆论界誉为“中国夜莺”。1949年新中国成立后，她先后担任上海音乐学院教师、副院长、终身教授，培养了魏松、廖永昌、张建一、高曼华、朱金专等一大批优秀声乐人才，在音乐艺术和声乐教育中作出了杰出的贡献，获中国音乐家协会颁发的中国音乐艺术家最高奖——金钟奖、上海市政府授予的文学艺术特殊贡献奖和2003年全市教育功臣奖等。她对家乡的东湖有很深的感情，每次回汉必到东湖看看。她常说：“东湖是我的家，我是东湖的儿。”2016年3月，周小燕在上海逝世。

周苍柏因创办海光农圃，为之后的东湖风景区打下良好的基础而被誉为“东湖之父”，其女周小燕也因目睹海光农圃建设而被誉为“东湖的女儿”。对创建“海光农圃”，周小燕有一段深情美好的回忆：“在我十二三岁的时候，父亲开始在武昌东湖购买一小块一小块荒地，把它逐步连成大块，打算经营一个供老百姓休憩的正当娱乐场所。每逢周末，父亲总要带上干粮带全家到东湖那荒地上玩一天，谈他的理想和规划。他在东湖经过开发经营，种下了大片瓜果、花卉，饲养了成群的鸡鸭、蜜蜂，制造蜂蜜、蚊烟，还饲养了一些供观赏的动物。他还用一个特大木箱沉在水底，建造了一个简陋的游泳池。暑假我们一群孩子都住在那里，过着有规律的暑期生活，每天游泳、做功课、划船、练琴。”2008年，在东湖听涛景区建成纪念周苍柏的“苍柏园”。园中有海光农圃牌坊、周母桂花林和一组青铜碑像，包括周苍柏铜像，周苍柏、周小燕(女)、周德佑(儿)雕像，周苍柏纪念室等。此前的2007年11月，在东湖可竹轩举办了“周苍柏生平事迹展”，周小燕专程回武汉，为该展揭幕。

东湖风景区是以海光农圃为基础，以大型自然湖泊为核心，以湖光山色为特色，集旅游观光、休闲度假、科普教育为主要功能的旅游景区。由听涛、磨山、落雁、吹笛等六个片区组成。规划为“幽幽曲曲九十九湾”，建成“山山水水二十四景”，华亭双月、泽畔行吟、碧潭观鱼、曲堤凌波、落霞水榭、翠帷蕴谊，朱碑耸翠等景点，宛如珠落玉盘，分布在青山绿水之间，掩映在红花绿叶中。

听涛区是东湖的门户景区，“先月亭”直冲湖中，与武汉大学遥遥相对。亭为六角，名出古语“近水楼台先得月”。“可竹轩”为一组民族风格的建筑，绿瓦白墙掩映在梧桂丛林之中。景区中心圆形小岛上，筑有三层高的行吟阁。其名取自《楚辞·渔夫》“屈原既放，游于江潭，行吟泽畔”。为东湖标志性建筑。阁前竖有中国最早的诗人屈原全身塑像，高 3.6 米，造型清癯飘逸，表现诗人对天长吟的形象。景区北端的九女墩，系太平天国军占领武昌时，不少妇女参加起义，有 9 名女兵惨遭清军杀害，壮烈牺牲，人们以建墩的形式以志纪念。“沧浪亭”依湖岸自然曲线而建，因《楚辞・渔夫》“沧浪之水清兮，可以濯吾缨；沧浪之水浊兮，可以濯吾足”而得名。“湖光阁”建于湖心小岛上，原名为“中正亭”，系 1931 年夏斗寅主鄂期间为纪念蒋介石 40 寿辰而建，后改名为“湖光阁”。阁为三层六面，绿瓦飞檐。登临四顾，东湖山水尽收眼底。

磨山景区位于东湖东岸，三面环水，六峰相连。素有“十里长湖，八里磨山”之称。磨山景区内有楚文化旅游区和植物观赏区。西部山头有朱碑亭，亭内有朱德“东湖暂让西湖好，今后将比西湖强”的诗句石碑。预言东湖的发展会胜过杭州西湖。东湖还有丰富的植物资源，拥有雪松、水杉等各种树木 250 多个品种，植树 270 余万株。其中，梅园占地 500 亩，拥有 300 个品种，定植梅花 5000 株。每当梅花盛开，争芳斗艳，极富景趣。其梅园与南京的梅花山、上海的淀海山梅园、无锡梅园并称为“江南四大梅园”。

东湖湖山秀美，岸线曲折，岛渚星罗，34 座葱郁的山峰紧紧围绕着东湖。优美、恬静的自然风光，曾使毛泽东流连忘返。1953—1974 年，他曾 26 次到过东湖。

现在的东湖已划入禁止开发区，包括自然保护区、风景名胜区、文化自然遗产、森林公园、地质公园、湿地公园和蓄滞洪区等，未来的东湖将会更加美好。

十一、花园艺苑妆古城

武昌古城，山明水秀，景色宜人。唐宋时的黄鹤楼已是园林初现。明万历四十一年（1613 年）崇福山（今花园山）建造崇阳王府花园之后，私家官署花园之风兴起。明清和民国时期，武昌古城建造的花园、艺苑近 20 处，其亭台楼阁、花草树木及小桥流水等布局精巧，具有典型的江南风格，园林造诣达到了较高水平，把古城装扮得多姿多彩，分外妖娆。

熊园

熊园系明代兵部尚书熊廷弼的宅园。熊廷弼（1569—1625 年），原籍江西南昌，寄籍江夏（今武昌），明末抗击后金之统帅。万历四十一年（1613 年）熊被黜回家乡筑此宅园，位于武昌新南门（今起义门）内梅亭山下，紫阳湖之东南。该园以山坡为借景，园内有九曲小溪，每曲建一亭，沿溪两岸百花争艳。清乾隆十八年（1793 年），该园已废不存。

竹园

竹园又称“东山小隐”，系金陵（今南京）人徐子星于清康熙十九年（1680 年）在蛇山所建。徐子星游览蛇山时，步入黄鹄矶东的东观峰（又称东山），登高望远，极目百余里，风光无限。只见大江东去，汉水西来。东西山峦连绵起伏，南北湖泊星罗棋布，顿生建园之念，旋即动工。初盖房屋为竹结构，故名“竹园”。其竹园依山呈阶梯形，隐形于山林之中，又称“东山小隐”。康熙二十一年，陆续兴建了亭台楼轩，先后建成此山、桂实、梅雪、翠微四堂。建在高台上的有郡山、半峰、鹊巢三楼；止山、皆江、吸江、空香四阁；舫、秋、湮三亭；洗梅、语石、花影三轩。

“隐”是园主独具匠心的杰作，巧在融建筑与山势为一体，高低错落，重重叠叠，让人平步而登不知其下有堂；磴折幽邃，花束繁茂，让人不知屋内有园。

霭园

霭园亦名刘家花园、刘园。清乾隆年间，刘姓居士在武昌花园山附近、楚王府的旧址上修建的草堂、亭阁，为隐居之所。江夏府提学使吴白华题“霭园”门额。通州太守刘锡嘏为之作《霭园铭》。当时作为“会城胜迹”，名噪一时。刘姓居士的后人画有一幅霭园图，收入《江城画册》中，题曰“崇岗枕秀”。民间就因此把崇府山改名为花园山。

霭园面积约十亩，因山而构，四周风貌十分壮观，设围墙，有三处园门。第一门西向，直通花神祠、高台曲池；北有供游人小憩的“来鹤”茶社。第二门东北隅南向，有“梅苔荷露山房”“小天台”“白华亭”诸胜。园内最引人注目的是“佳山草堂”，若登高小憩，可坐揽山川之美，眺观江湖之胜。入第三门有一小径，东有“吸江”“青草”二亭。小径尽处有堂三楹，东向楹额书“一池秋水半房山”。堂北面是主人的内室。池榭树荫环绕，避暑极佳。

霭园里有一副楹联，生动地描绘了园外的景色：

挹朝爽西来，杯底岚光飞隔岸；

望大江东去，檐前帆影度遥空。

寸园

寸园是清代武昌城内的一座小巧玲珑的私家花园，遗址在胭脂路 72 号院内。园主张月卿，湖北武昌人，曾在清道光、咸丰、同治三朝为官，直至尚书。因年迈多病，回归故里。购姚氏宅院居住，颐养天年。

张氏利用姚宅南侧一块空地，建成此园。寸园较小，面积不过亩，但张氏精心设计，把庭园建设得既清雅朴实，又富有寓意，淡雅而不瘦削，充实而不臃肿。寸园布局极费匠心，四周有矮墙，以宅院之间所造假山为主景，假山周围种植树木花草。园西建有“晚香亭”，地敞而高，“夕阳既坠，明月飞来，花影缤纷，在人襟袖。左出壁门，柳风桐露，参差交互竹篱间。循廊缓步，拾级凭栏，则东连紫荆一树，花落殆满檐际矣”。寸园建成后，张氏在命园名时曾说：“余固不欲绌寸而进尺，累寸而成丈也，夫亦得寸则寸而已。其用剑南诗意，而以寸名吾园。”该园旧址于 1981 年在旧城改造中被全部拆毁。

湖上园

湖上园位于今武昌解放路与商家巷之间，园址即今湖北省人民医院神经科住院部及职工宿舍区，占地 5.9 公顷，其中湖塘 3.7 公顷。该园为民国初年辛亥首义人士、沔阳人蔡希圣（蔡汉卿）于 1913 年所建。因位于武昌南湖西区，故取名“湖上园”，系私家宅院。有史籍记载：南湖西湖“湖中旧有湖上园，绿树成荫，有小桥导入亭、院，在城市中如林野”。依湖构园，是南湖演变的一大特色，并保持了近 800 年。历代诗人描写这些特色：“远岫低于树，微波媚似花”、“六月芙蓉开，轻风生晚凉”、“丝丝纤柳垂，叠叠浮荷小”，构成一幅“垂柳、荷花、疏篱、茅亭”组合的“烟波山水图”。湖上园的基调即如此。

园内湖东有一座六角亭，三面临水，铁链环护，并筑有长约 30 余米的截流长堤。堤内右侧建有一幢二层楼的别墅，是主人的住宅。由于花园和湖塘面积较大，园内植有茉莉、白兰花等花卉。湖塘养鱼种藕，既可自用，亦可上市销售。

位于紫阳路的武汉大学人民医院

因蔡希圣与北洋军阀有来往，1926 年 10 月，北伐军攻克武昌后将其宅园查封。1930 年，武汉警备区司令夏斗寅据之为宅。1932 年，经湖北省政府调查，确认蔡早年参加过辛亥革命，将宅园归还原主，后被主人变卖。解放后，该园址被改建为湖北省人民医院。

乃园

乃园始建于明洪武年间。改建时为清光绪十二年（1886 年）。该园占地面积 3.34 公顷。园周形似“乃”字，故名“乃园”。为清代臬台衙门的后花园，是规模较大（面积约为三四十亩）的官府园林。

乃园的布局基本上继承了武汉山水园林的传统手法：布局疏朗，视野开阔，充分利用地形的变化布置亭廊，人文景观与自然景致融为一体。乃园内曾有四忠祠、学律馆、七曲长廊、梅林等景点，其山麓景区着眼于田园风光，以小圃（菜园）池塘为主，遍植梅花、枇杷、芭蕉和翠竹之类。圃中点种白色荷花，并建有小亭和假山，达到山水交融，步移景换之妙。自园向西，沿石梯道至见江亭，可远眺鹦鹉洲。再往上达鹤梅亭，附近有 300 余株梅树。登“高观台”之西数十步达“西升亭”，远眺武昌城南风景。其下为射圃台。从射圃台到东坡，又可东眺洪山塔影。然后经竹池、跻绿亭回到学津馆。这样构成的山景，秋冬景色俱佳。

王葆心在《续汉口丛谈》中记载了他所看到的乃园景色："黄鹄山濒臬署一带，中有园亭，桂花最盛，榭名'不如舫'，菜畦十数亩，曲径上山，有黄鹄山堂，可远眺，堂后老树参天，怪石绕道，再上有棕亭名'山远夕阳多'，烟树迷离，江光远照。再登为山顶，有亭'鹤举'，又名'大观'，汉阳山水，深夜明朗，江景倍佳。"可惜"咸同燹后，久不闻矣"。在清光绪年间，由一刘姓臬台主持，对乃园进行了全面的整修和正式命名。

1912—1913 年，乃园拆除了围墙。修建了陈友谅墓，主牌楼两面有"江汉先英""三楚雄风"匾额。1921 年，盖起"汉兴大戏院"，树立"辛亥武昌首义纪念坊"麻石牌楼；1928 年，辛亥首义人士修建了中山纪念堂、孙中山纪念碑和黄克强塑像。1953 年因兴建武汉长江大桥，首义公园内的亭、台、楼、阁均拆迁，"乃园"从此消失。

憩园

憩园兴建于宋代，是岳飞屯兵武昌时的帅府后花园。因岳飞平反后追封为鄂王，故又称鄂王府后花园。憩园面积达 10 亩之多，地势起伏，池水清澈，峋嶙怪石。花卉繁茂，亭、榭、楼、阁错落有致，长廊相连，十分壮观。

到了元、明时期，该园逐渐荒落。清光绪二十二年（1896 年）四月，在鄂王府旧址修建憩园。扩建旧亭，取名"待月榭"作为观赏月景的场所。在临江高阜处建"枕心阁"等。又在园内建长廊，栽植各种花木，成为湖北布政使署的宦署花园。憩园是一座幽静清新的官府衙署花园，以其清幽雅致的格调而名重一时。

光绪二十八年（1902 年），瞿延韶重建憩园，修复长廊，建听秋声馆，周边栽植矮篱，辟花圃，杂植莳花翠竹等，将旧亭移至丛竹中，题名"筠心"；改尾宅为茅草顶；在进园处叠石堆山，植茑萝附其上，使之隐蔽全园；修复"待月亭"，并用树根为拾级，将跨池之桥换做木板；扩池近井边，引井于其中，以防干枯。今惜无遗迹可寻。

琴园

琴园位于武昌徐家棚，东界秦园路，西临湖家路，南靠军区 337 仓库，北界老岸。长约 200 米，宽约 160 米，占地面积 3.75 公顷，是清末官僚任桐的私家宅园。辛亥革命后，任桐移居沙湖，自号"沙湖居士"，别名"琴父"，故名宅园为琴园。

琴园形制迹近方形，四边长约 200 米。园内有水港，内有大小湖塘，可载舟可垂钓游乐。园中有主体建筑"乐乐大厅"，陈列琴、瑟、钟、鼓等乐器。厅前有镜花台，可演出乐舞；后有诗窟，收藏诗书字画。旁有不食鱼斋和十二花神宫，中筑花冢，有泉曰响东，有石曰飞鸿、曰云影、曰听诗叟，拟其声状其形。园内依照四时变换，点缀景色，或楹联，或匾额，各有所托。

该园原在沙湖之西滨，长江东岸。向南入武昌城很便利，自然风光优美。园内设有十六景：琴堤水月、雁桥秋影、寒溪渔梦、金冢桃花、东山残碣、九峰晨钟、虎岩云啸、卓刀饮泉、泉亭松韵、兰岭香风、青山雨夜、石壁龙湫、沟口夕阳、夹山咏雪、梁湖放棹、鸥岛浴波，每个景点都撰有一副楹联相对。园主常有“美不胜收”之慨。

园内部分景点，突出四季景色，以四时造景：春景以“花柳塘”长堤为联景纽带，将桃花溪、鸳鸯亭、留香水阁连接起来，构成一组春意盎然的风景；夏景以荷塘为核心，在池塘中筑2台，分植梧桐组成一幅荫凉的夏景；秋景以月榭和雁荡为主体，沿溪筑广寒亭、香雪亭和平沙水榭，四周遍植桂花、枫树等观赏花木，构成秋色园林景色；冬景以梅岭为中心，建有卧雪轩、冷香移锄月馆、渡春桥、白履山庄、凤霞洞、长生谷、白云深处等多处景点。

1923年的武昌琴园。位于徐家棚(今秦园路)，沙湖西边，长江东岸，是清末武昌商埠局官僚任桐的私家宅园，也供游人观赏。1917年修建，后遭水灾及被日寇摧毁。

琴园造园艺术高超，并曾对外开放，门票大洋5角。1922年，由武昌商埠局专门修建一条由粤汉铁路边通往琴园的马路“琴园路”(今名秦园路)。该园不断维修扩建，园内绕墙造湖宽10米，岸边修船坞，有木制汽艇两艘供游乐，还增设茶楼、戏院、照相馆等设施，开辟苗圃建花房。

1931年，琴园被大水损坏，后被日寇炸毁，园内设施损毁殆尽。今武汉塑料一厂大门，即琴园大门旧址。

曹家花园

曹家花园(原名“种因别墅”)，是武昌“曹祥泰”业主曹琴萱的私家住宅，简称曹园，地处武昌珞珈山南麓的东湖之滨。园区依山傍水，风景秀丽。占地6公顷，呈长方形，长200米，宽150米，环以围墙。1932年筹建，1935年竣工。园主以“种因”为宅名，意在纪念其创业起家曲折不易的经历。

曹琴萱是曹南山次子。他们父子俩都是善于经营的民族资本家。曹南山在明末清初已积有巨资，在武昌以“福、禄、喜”为记开设了杂货店、米店、钱庄和槽坊。1915至1932年，曹琴萱投资工业，先后在汉口等地创办和开辟曹祥泰肥皂厂、曹祥泰百货号、曹祥泰机米厂、铭新纽扣厂、经新针织厂和中新香皂厂，逐步形成曹氏小型工业体系。

园内建有一座二层三开间的大楼和一座小楼，都由曹琴萱自行设计，建筑面积为30平方丈。园内有湖塘，湖岸有一半岛，岛上建有一琉璃瓦亭子，三面临水，建筑精巧；沿塘栽有垂柳，塘内养殖鹅鸭。另有两间小草亭。两幢楼之间有一球场，球场围圈植冬青绿篱。傍垒有3米高的假山，山下有洞。山傍绿荫下设置圆桌古凳，是娱乐活动的场所。园区建有花坛、花房，宅园遍植花木，各种莳花，因季节换植。其中以菊花最多，有数百个品种，最名贵的是绿菊和墨菊。还有盆景，较大的是罗汉松。

曹园的最大特点，是借景于珞珈山的葱茏树色，在园内大搞绿化。无论乔木、灌木和花草都搭配得很好，并注意栽上一些攀缘和爬藤植物，形成一个绿树森森、生机勃勃的自然环境。在浓荫的树下放些石桌石凳之类的，下棋、品茶或闲坐片刻，也很惬意。

曹氏后裔、现代著名书法家曹立庵(1921—1991，解放后曾任湖北省书法家协会副主席)先生，幼年时曾在此寄居，漫游其间，山呼林啸，耳濡目染，亦有所得，常见他笔下生龙，龙飞蛇行。长此以往，受此人杰地灵之熏陶，胸中有大丘壑，大器终成，实乃“种因”也。

抗战时曹家迁往四川，抗战胜利返汉后，仍为曹家住所。1951年以2亿元(旧币，合人民币2万元)整体出售给中南军区，后转为武汉军区第四招待所。

夏家花园

夏家花园位于武昌东湖放鹰台附近，系民初军阀兼官僚、曾任湖北省政府主席夏斗寅的私家宅园。夏斗寅利用军政大权、半买半占营建了“养云山庄”。俗称“夏家花园”，是武汉私家花园中占地面积最大的一个，圈地约67公顷。

花园内曾有一座小山，园跨山南山北，三面临湖。东面由茶馆上山，半山建有澄翠亭。山顶建有三亭：西曰卧龙、中曰绿野、东曰十佳。其别墅也有三处，南为中和村、丰乐园，北有养虎山庄。夏斗寅常住于此。湖中有一小岛，岛上有小亭，湖西有游泳池，花园的西山还筑有“鉴心亭”等景点。

园内花木甚多，湖光山色俱佳，寒来暑往，朝晖夕阳，具有自然风光景色。

首义公园

见本书第八章第五节三、首义纪念性命名中的相关内容。

第七章　古城人文荟萃

第一节　年节风尚

武昌居民岁时节令习俗内容丰富多彩，体现了本地民风社情。本地一年中传统节令习俗，主要有除夕春节（过年）、元宵节、花朝节、三月三、甘蔗节、清明节、天齐会、端午节、磨子会、六月六、乞巧节、中元节、中秋节、重阳节、寒婆婆过江、冬至、腊八节、小年送灶等。本书介绍其中的十一个节令习俗。

一、除夕春节（过年）

农历腊月三十称为“除日”，无腊月三十的年份，以二十九为除日，夜为“除夕”，武昌居民一般称为“大年三十”。

除夕之前要做一些准备，称为忙年、办年货。每年从冬至腌制腊肉腊鱼开始，即拉开了置办年货的序幕。从煮腊八粥开始，就是忙年最紧迫的时候了。旧时武昌殷实的人家在冬月份，年货即已基本置办齐备。其说法是“有钱不买腊月货”，因为到了寒冬腊月，“大雪纷纷下，柴米油盐都涨价”。穷人家只有到年末才能结得到工钱办年货。办年货包括：

一是腌制腊货。每年冬至前后，就开始腌鱼腌肉，还有腌制鸡、鸭、鹅、猪排骨、动物内脏等。这些既是节令食品，也是时令食品，市民“就爱这一口”。

二是炸圆子。几乎是每家过年必备的传统菜肴，因为人们认为圆子象征“圆圆满满”“团团圆圆”，图个吉利。圆子的主料是猪肉，也有趁炸圆子又炸些鱼块、藕夹之类的。还有家家必备的炸翻馓、炸“猪耳朵”、炸薯片等风味食品，除自家人吃外，春节拜年走亲戚，喝茶的桌上是少不了这类点心类食品的。

三是煨汤。过年煨汤也是必须的，一般前一两天煨。武汉人平时就喜爱喝汤，过年则更需要。一般拜年的客人要走几家，如果不是吃正餐（午餐、晚餐）的时候，客人过早、过中或玩晚了宵夜，用汤来待客，既能让客人喜欢，又方便快捷。市民煨汤的品种因主料的不同有：排骨汤、牛肉汤、牛杂汤、猪筒子骨汤、牛骨汤、鸡汤、蹄髈汤、猪肚汤、心肺汤等。武汉人最爱的、最普遍的是（猪）排骨汤。配料有莲藕、萝卜、冬瓜、海带、山药等。由猪排与莲藕搭配的排骨藕汤，为特色品牌。

四是打豆腐。即自制豆腐等豆制品，以近郊农村居多，城区市民也有。一般殷实人家至少打一作（六升黄豆）豆腐。除豆腐外，还有做豆干、千张的，多作卤菜用。过年做蒸豆腐圆子也较普遍。豆腐打得多的，还腌制成“腊豆腐”（武汉人多称“臭豆腐”），作常年家常菜。

五是购买香纸蜡烛、鞭、门神、红纸等。香纸蜡烛为设香案敬祖宗所用，在神龛前设香案敬祖（俗称“烧香”）。如腊月二十四黄昏在灶前设香案送灶神，年饭夜前设香案行跪礼（礼毕后开始吃年饭，正月初一、初二、初三早晚在神龛前“烧香”礼拜等）。除夕前家家户户门前要贴春联，多用红纸，内容为吉庆语。有“白喜事”的家庭，则按年序分别贴白纸、黄纸、蓝纸联，内容围绕“祭、念、孝”用语。此外，厨房和粮囤、鸡鸭笼也贴有针对性用语的春联。烟花鞭炮多在除夕之夜，年饭时直至年夜后，辞旧迎新，家家户户放，场面甚为壮观。也有供小孩玩耍的烟花、鞭炮，每天晚上放，直到元宵节十五日。

六是添置衣帽鞋袜。旧有“小伢望过年”之说。小孩过年有好吃的、好玩的，还可以“穿新衣、戴新帽”。也有为老人添置衣帽鞋袜的，借以尽孝。

此外，购置年货还有许多，如打糍粑，晒阴米，炒米泡，做糖果糕点，购年饭菜等等。“忙年”还有搞卫生，包括掸扬尘、抹家具、洗餐具、洗晒衣被等。

过年一家人吃年饭，是除夕春节最重要的项目之一。吃年饭时全家欢聚一堂，吃一顿丰盛的团年饭。武汉人讲究年饭菜的“全”和“圆”，全有全鸡、全鱼、全鸭，圆有鱼圆、肉圆、藕圆。还有的有三糕，即鱼糕、肉糕、发糕。旧时一般全鱼这道菜是不能吃的，以祈年年有余（鱼）。吃年饭时要做几天的米饭，叫接年饭，因为初一、初二、初三这三天不起火做饭，只吃团年饭时吃剩的饭菜（菜多为卤菜），企盼“有吃有剩”。后来又演变为年头几天家家煮面条、豆丝、糍粑当顿。有的还信不向外泼水、不扫地，以免走了“财喜”。武昌人过年亦以“全”“圆”为主题，团团圆圆的，一家人都围在长辈（几代人的，在最高辈分老人）那里。外地的家庭成员都要在吃年饭前赶回家，阖家团圆、阖家欢乐就是福，一片祥和之气氛。年饭后，全家人围炉喝茶聊天。据说除夕午夜前入睡，鬼魂就会附体，家里的灯都要亮着。等到午夜时，家家鞭炮齐鸣，这叫守岁。

春节拜年是主要习俗。拜年有些讲究，一般正月初一拜自家长辈，拜族人，城里也拜街坊。初二拜外祖父母家（“家家”家），当然要拜舅父母，讲究“舅爷为大”。初三拜岳父母。初四以后不分时序，可拜姑父母、姨父母，以及已出嫁的姐妹和其他旁亲杂戚。穷人家拜年,到初五、初六就逐渐少了。民谣曰"拜年不拜初五六,残酒薄肴吃剩肉"(亦有"请客不请初五六,又无酒来又无肉"之说)。

春节娱乐活动也很丰富。划采莲船、玩龙灯、赶庙会、看戏……五花八门,爱娱乐的人到处赶场子。这期间,男人的娱乐项目还有抹纸牌,打麻将,押宝(如摇单双猜点子),多数带彩娱乐,也有人以此赌博。主妇们主要是招待客人做膳食,闲暇时也有的做针线活、打麻将、押宝、抹小牌,也有很多人到汉阳归元寺去敬香,祈福、求子、数罗汉等。到了初七、初八,做生意的店铺开门营业了(杂货铺等过年期间一直营业),打工的要上班了,年味渐渐散去,但到正月十五又热闹起来。

二、元宵节

农历正月十五为元宵节,亦称"上元节",因为是新一年的第一个月圆日,古称"上元",是夜则称"元宵"。武昌市民则称为"过月半"。因对元宵节较重视,亦有"年小月半大"之说。

玩灯是元宵节活动的重头戏。小孩玩花灯(亦称灯笼),大人玩龙灯,家家门前挂彩灯。元宵节前几天,满街都是卖花灯的,有纸扎的、篾扎的、布扎的各种手提小花灯,晚上小孩都提小花灯出去玩。大街上有很多造型多样的小花灯,如圆筒形的、多边筒形的。特别是十二属相的造型小花灯,最受小孩的欢迎。元宵节晚,公园等公共场所还举行灯会、灯展,开展猜灯谜活动,热闹非凡。元宵节里的玩龙灯,将闹元宵推向高潮(一般从正月十三开始,连续三昼夜),有关团体、艺人组织龙灯队群龙聚舞,锣鼓喧天,鞭炮震地,万人空巷,通宵达旦,热闹之极。还有些个体或几人舞龙舞狮,走街串巷,挨家挨户表演,舞到各家均能得到一定的礼物或礼金。

元宵节的传统食品为元宵(即"汤圆"),寓意团团圆圆、圆圆满满。汤圆有包馅与不包馅两种。元宵节前几日,满大街卖元宵,副食店生元宵卖给居民回去做熟了吃,饮食店则卖熟制元宵供游人当即品尝。武昌城市场上的元宵,多以武汉五芳斋元宵和宁波汤圆为主。在武昌近郊,居民或农民有在元宵节吃"月半粑"的习俗。"月半粑"是将大米粉和好,包上由萝卜丁、藕丁、干子丁、腊肉丁、熟黄豆等馅,捏成拳头大小的橄榄球形的粑,上笼蒸熟,吃时或蒸或烤透即吃。

在武昌黄鹤楼,有"五龙朝贺元宵节"的集会活动。相传在清代最后一座黄鹤楼焚毁以前,每年的正月初七,江夏县(今武昌)的社会名流和绅商照例到黄鹤楼集会,商谈"五龙朝贺"的有关事项。人们把这事作为每年一度的盛典,花费巨资也在所不惜。

"五龙朝贺"即在正月十五午时,黄鹤楼正门前的场地上,摆设香案,两侧站着司仪的"大赞"和"亚赞";五条龙灯并列香案前,黄龙居中,其右为红龙、蓝龙,其左为白龙、黑龙;一对青狮蹲伏在龙灯和香案之间。当"亚赞"点烛、燃香、升表和敲磬之后,"大赞"高声宣布:"吉日良辰已到,执事者各执其事。"随即高呼"奏大乐",顿时锣鼓齐鸣，铙钹迭奏，应和着唢呐"呜哩哇啦"声，煞是热闹。一曲将终，"大赞"继唱"大乐上，奏细乐"，场上于是响起了舒缓的箫声、清亮的笛声和优雅的弦乐声。这时候，人们肃立静听，龙灯纹丝不动，狮子则婆娑起舞。细乐奏罢，"大赞"开始说"迎神彩"，熟极而流的彩词一泻而下："恭迎龙神下天庭，保佑国泰民安宁，五谷丰登六畜旺，春满乾坤福满门……"集会的群众在单双句之间分别垫上"喜呀""喜呀"的帮腔，一唱众和，响遏行云，洋溢着节日欢乐的气氛。与此同时，狮子就地匍匐，摇头摆尾作聆听状；龙灯则在原地掉头，不停地曲折回环起舞。

说完整段迎神彩词，就进行求福的仪式。龙灯原位静立，人们将 25 条不同颜色的绸巾披挂在 5 个龙头上。微风轻飏，绸巾飘拂，龙的眼珠也缓缓转动，好像在欣赏绸巾上写的"寿登期颐""麒麟送子""连中三元"等吉祥词句。有些绸巾上画有"天官赐福""松鹤延年""招财进宝"等喜庆花样。人们献彩时，雅乐再奏，狮子翩翩起舞。"大赞"朗诵求福彩："一贺列位皓首翁，眼明身健耳也聪，天增岁月人增寿，寿比南山不老松；二贺读书诸相公，书中自有千钟粟，十年寒窗饱学后，雁塔题名乐融融；三贺众位店主东，陶朱事业日方中，财如东海长流水，生意越做越兴隆……"在抑扬顿挫的彩声中，人们有的帮腔，有的用升子装着玉米一把一把地向龙撒去，有的向龙灯磕头作揖，有的一串接一串地放鞭炮，整个仪式达到高潮，人们在喜笑颜开中憧憬着美好的未来。

说完求福彩，以鼓乐为前导，依黄、红、蓝、白、黑的顺序，五条龙灯首尾相接，两条青狮殿后，绕黄鹤楼与仙枣亭、涌月台等游行一圈，"五龙朝贺"的典礼即告结束。

清光绪十年（1884 年），一场大火烧毁了黄鹤楼，这种民俗也随之消失。

三、花朝节

农历二月十五为花朝（zhāo）。相传此日为百花生日，俗称"花神节""百花生日""花神生日"，简称花朝。这天人们结伴到郊外游览赏花，称之为"踏青"。武汉地区有的女性穿耳、留发、纳彩（接受男方订婚彩礼），问名（男方托媒人问女方姓名和出生的年月日）或结婚等，选这一日进行，以取其吉利。民国时期，花朝节民俗已在武昌传沿甚少。

四、三月三

农历三月初三，古书上称"三月三为上巳辰"。阳春三月，莺飞草长，百花争艳，人们常在此日踏青、郊游、远足，古人称之为"修禊"。人们还在这一天吃地菜花（荠菜）煮鸡蛋，信吃这种蛋能治头晕。虽然医学并无此说，但人们还是信其有，吃了不会有害处。在文明现代的今日，人们依然这样，此习俗一直延续下来。这一天及其前后几天，卖地菜花的满市场都是。

五、甘蔗节（天齐会）

农历三月二十八，是中国古代神话中的东岳神黄飞虎的生日。东岳大帝，是民间和道教信奉的泰山神。北宋大中祥符四年（1011 年），宋真宗敕封守护泰山的神祇为“东岳天齐仁圣帝”，民间称之为“东岳大帝”或“东岳菩萨”。因此积习相沿，这一天，各行各业的手艺人停业休息，一般寺庙多半要举行“天齐会”。武昌洪山宝通寺，香火颇盛。从早到晚，钟声、鼓声、磬声伴随着木鱼声、念经声，不绝于耳。据 1920 年出版的《汉口商号名录》附录中的《汉口指南》《汉口》载：“三月二十八日为东岳诞辰，以（武昌）大东门外东岳庙香火最盛，男女祀神者，便游洪山。”“天齐会”期间还搭台唱戏。另据清同治《江夏县志》载：“天齐会中，远近居民先期悬榜演剧。届时，土曹燃烛，铙铎步虚声不绝，市中百戏逻陈，观听鹜集。”

在游洪山活动中，民间还有“三月二十八，洪山敬菩萨，有钱吃甘蔗，无钱吃麻花”的说法。说的是来游洪山的人都要买甘蔗吃，以乞求祥福之运的降临。因甘蔗涨价较贵，钱带少了的人只好买麻花吃了。这就是武昌独有的所谓“甘蔗节”。

游洪山吃甘蔗为什么会带来福运呢？据专家考证，武昌甘蔗节源自于元末红巾军农民起义。当时起义领袖徐寿辉在蕲水（今浠水）建都称帝后，便派部将邹普胜智取江夏城（今武昌），约定在城内接应的人，以手持甘蔗为号。邹部官兵入城后，凡家门前有甘蔗渣的概不侵犯。此后，武昌遂流传在这一天吃甘蔗可以免灾的说法。再者，传说洪山的甘蔗质地好，有清火明目的功效。这样，武昌特有的三月二十八甘蔗节得以传承下来。人们在这天手拿甘蔗游洪山，边吃甘蔗边游玩，别有情趣，十分愉快。即使遇到雨天，人们也游兴不减。民国人士素公作有《洪山竹枝词》十首，其中第七首专门描写武昌甘蔗节的情形：

　　较弱难禁趁远途，粉融香汗透罗襦。

　　纤纤贴地金莲小，要买甘蔗当仗扶。

抗战时期的 1938 年 4 月，武汉警备司令部以“国难严重，空袭时闻，为策人民安全起见”，特出告示，停止举行一年一度的甘蔗节，禁止民众游洪山。武汉沦陷后，人民生活在水深火热之中，甘蔗节从此中断。

六、清明节

清明节为农历二十四节气之一。因农历一年的总天数不定，故节气日具体无定日，约在农历二月底三月初。公历一般在 4 月 5 日，有时在前一日即 4 日或后一日即 6 日。清明节是中华民族传统祭祖的日子，在节当日或前后若干天（如“前三后四”）到已故先辈、亲人的坟上焚香烧纸烧祭品（如衣物），放鞭，置饭菜等食物，以志哀思。近郊村塆族人较多的在祠堂集合，吹打唢呐、铙钹、锣鼓等乐器，扎纸花绣球挂在抬盒上随风舞动，沿途人们鱼贯而行，到各自祖坟祭扫，完毕后一起返回祠堂共同进餐。清明节期间，谋生在外的，一般要回来参加祭祖扫墓。

七、端午节

又称端阳节，时为农历五月初五，一般称五月初五为小端阳，五月十五为大端阳。民间过大端阳的极少，几乎没有。民间当日（五月初五）午饭吃粽子、盐蛋，饮雄黄酒，小孩佩戴香囊。各家各户锦堂上挂钟馗像，门上插艾蒿菖蒲。民间认为农历五月为毒月，用钟馗像、雄黄、艾蒿、菖蒲、香囊等可祛邪杀虫。端午节是元宵节后的又一大佳节，这天亲友互相祝贺，亦有送礼。女婿须向岳父母送粽子、芝麻绿豆糕、烟酒等礼品。相传，武昌是屈原行吟之地。端午节这天，市民多组织划龙舟、投粽子、踏青等活动，吊祭屈原。

端午节武昌城人流如织，市场旺盛。这天，武昌曹祥泰副食品店门前买芝麻糕、绿豆糕的人总是排成长队。

端午期间，“取菖蒲浸酒，捕蛇、蝎、蟾蜍取汁备治肿毒”，“取荆条拂帐，以驱蚊蚤”等传统习俗一直沿袭到民国时期。端午节前二三天，菜市场卖艾蒿（菖蒲夹在其间）的很多，市民买几把回家，置于门前或堂厅以驱邪防疫。艾蒿干枯后，适时煎水给皮肤不适者（特别是小孩）洗澡，治疗皮肤疾患。上辈人（多为奶奶、外祖母）精心给小孩缝制形态各异、精美的小香囊（用各色花布制成包，里面装上衣香），挂在小孩的胸前，以芳香驱毒。大人这天要喝雄黄酒，以驱邪避害。

八、磨子会

即杨泗会。杨泗神一名磨子菩萨，系行业供奉的神祇。武昌城外共48坛，城内一般不参与。每坛每起必系各行名目于上，如豆芽菜行所供者曰豆芽磨子，萝夫所供者曰萝夫磨子等。其会自五月朔（初一）起，至望日（十五）止。浩浩荡荡的游行队伍来往穿梭，前导者是伞盖牌扇与锣鼓唢呐，八人抬的若干乘神轿殿后。神轿以极重之木为之，至迎赛之时，或加铁板，或加压磨石，以五百斤为率。所经过之处，有燃鞭炮者，就其门前小驻，以手擎神舆过首，旋转不停，驻时长短，以鞭炮之长短为度。故抬神舆者皆精壮少年，或三四班，或五六班，以便更替。

武昌乃西临长江之港口城市，民间历来供奉水神杨泗菩萨，尤以船夫、渔民及以船为家的水上住户及岸边住户，对其更为崇敬。相传，杨泗为掌管水利的行神，为水神之一。清朝《大清会典》载，杨泗为河南温县人。明永乐元年（1403年）六月初六生，性灵异，未冠成神，以治水功法在民，建庙于张秋镇。明代被封为“将军”，清初被封为“总理江湖河道翼运平浪镇东侯”，同治五年（1866年）又被封为“灵佑杨泗将军”。从此，各地陆续建起了杨泗庙。武昌的杨泗庙建在郊区青菱乡，筑于杨泗矶头上。农历六月初六杨泗将军生日这天，人们到杨泗庙烧纸焚香，祈求杨泗保佑行船打鱼游水平安吉祥，亦称“杨泗会”。

九、中元节

时为农历七月十五，俗称“七月半”“鬼节”。楚剧《百日缘》中有“七月十五是中元，地府开放了鬼门关”之说。民间谚语称“七月初一起，寸步三个鬼”。故中元节民俗是祭鬼神。各家各户在神龛前设香案，燃烛燃纸钱，跪拜祭祖。亦有将纸钱、金箔等装在纸袋里，袋上书写上辈及亲人逝者姓名，然后焚烧，称之为“烧包袱”，故有“中元包袱万家同”之说。中元节原于佛教之“盂兰盆节”，期间，有社会组织（有的地方宗教组织具有政体某些职能，多为庙寺）举办“盂兰会”之俗，多由善堂延请僧众举办，设台道旁，燃灯点烛，击鼓鸣金，放炮奏乐，焚香烧纸，以周济孤魂野鬼。还扎纸牛羊“放焰口”，道士为参会市民许愿、还愿等。中元节祭祖之俗与清明节祭祖的不同在于不像清明节那样要到墓地祭祖（俗称“上坟”或“扫墓”），而是在七月初一到十五中任何一天，从黄昏至晚 12 时前，在房前屋后烧钱冥物。燃烧前，一般就地用白粉笔或石灰画圆圈（一般圆圈留有一小口，口对逝者埋葬之方向，示意让逝者对接，收到所烧之物），纸钱冥物在圈中燃烧，据说以防其他孤魂野鬼掠去。烧冥物时要面对逝者遗骨所在方向，主祭者一般口念“请列祖列宗保佑子孙平安吉祥”之类的祷语。

在武昌，因为有黄鹤楼，而在农历七月十五夜晚上，到黄鹤楼看河灯成为一种民间节令活动。清同治八年（1869 年），黄鹤楼得以重修，此后年年农历七月十五日夜晚，总有人在黄鹄矶上游的江面上放河灯，使在黄鹤楼上看河灯成为武昌乃至武汉市民的一种节令民俗活动。光绪十年（1884 年）黄鹤楼被焚毁后的一段时间，人们失去了看河灯的好场所。过了 20 年，在黄鹤楼遗址上修建了警钟楼，但到夜晚停止开放，看河灯的市民被拒之门外。辛亥革命以后，警钟楼易名纯阳楼并对外营业。每逢中元节这天晚上，人们相继到该楼的上层看河灯。到了 20 世纪 30 年代，人们看河灯多选择在胜像宝塔周围的平台，或者到汉阳门江边。位置虽有所变易，但人们看河灯的习俗延续下来。有一年中元节晚上，对岸灯火通明，天上星月交辉，人们依旧来到汉阳门的江边看河灯。只见：江面上有缓缓移动的航船桅灯，如星星渔火，江岸边一盏盏似有章又无序随波逐流的河灯，闪闪烁烁。黑夜时，无数时明时暗的光点，交织成迷人的夜景。偶尔有几盏河灯遇上了旋流，顿时形成几个急速旋转的光圈，观众人群中会立刻迸发出欢呼声，并争相指点，似乎这些好看的光圈，是他（她）最先发现的。此情此景，堪称绝妙。

清光绪六年（1880 年）十月，署名棣华馆主之人士发表《鄂垣竹枝词》四十首，其中第二十三首描述了“中元节两岸灯河通宵不绝”的盛况：

河灯遍放似流星，映照寒磷分外青。
为问年年修佛事，浮光果否达幽冥。

十、中秋节

农历八月十五乃秋季之正中，故称中秋。武昌市民在中秋节期间素有拜月、赏月、月下泛舟、猜灯谜、摸秋、送瓜、吃月饼等习俗。“拜月”为妇女之活动。入夜，在庭院设案，供置月饼、西瓜、石榴、糖果等，供品宜圆，数宜双，寓“团圆”“好事成双”之意，以此祭拜月神，以月寄情，祈求团聚、康乐和幸福。“摸秋”习俗在民国时期很盛行。妇女婚后不孕，姑嫂于中秋月夜到菜园摸瓜菜，称为“摸秋”，且有“摸到南瓜兆生男，摸到葫芦兆生女”之说。棣华馆主在《鄂垣竹枝词》中写道：

拂拭双狮戏绣球，偏关嗣续许祈求。

怜他妇女情痴甚，争向司门去摸秋。

亦有园主将瓜送亲友中盼生育者家中，取“瓜瓞绵绵”之意，谓之送瓜。1917年11月，鄢少麟作《武昌中秋竹枝词》八首，其中一首形象生动地描述了武昌送瓜之习俗：

莽夫扭捏扮红妆，闹送金瓜兴倍狂。

学尽闺中儿女态，为他人造育儿方。

中秋节为传统节日，亲友之送礼贺节也是重要活动，送礼以送月饼为主。吃月饼赏圆月，寓意家家户户团团圆圆，生活诸事圆圆满满。

中秋节里，武昌城内有一种特有的习俗叫玩荷花灯。相传很久以前，每年夏天武昌紫阳湖里长满了紫色的荷花。八月十五中秋节时，住在这一带的居民，喜欢采集湖里的荷叶，用4根线将荷叶边提起，中间插一根点燃的蜡烛，做成荷花灯。大人小孩提着荷花灯到街上游玩，渐成时俗。关于荷花灯，武昌城还流传一段与白莲教有关的传说。清末，政治黑暗，官吏腐败，老百姓实在活不下去了，就纷纷举行起义。有起义组织称为白莲教，遭官府通缉，一旦被捉拿，即刻被杀头。有母子二人，信奉白莲教，为躲避官府追捕，他们打扮成买卖人，来到省城武昌，住在紫阳湖畔。这一带正在发生一种流行病，恰巧他们带的许多乌梅能治这种病，于是以很便宜的价格把乌梅卖给病人，还对付不起钱的人不收钱给其治病，所以这一带的老百姓都很感激他们。他们一边卖乌梅，一边暗中宣传白莲教。不久被官府发觉了，便派官兵来抓他们。母子二人逃到了紫阳湖，躲在湖里的荷叶中，官兵将紫阳湖团团围起来，母子二人无法脱身，便淹死在湖里。老百姓为了找到他们的尸体，白天找怕官府发现，便在夜里打着灯笼到湖里去找。有人将荷叶做成灯笼，说是给母子照路。年复一年的八月十五中秋夜，人们提荷花灯到紫阳湖，慢慢地就成了时俗。1938年10月武昌沦陷后，玩荷花灯的时俗悄然消失。

十一、重阳节

农历九月初九为重阳节，传统的习俗是登高。所谓“重九登高，效桓景之避灾”。

是日举家或邀友结伴上山，并在山间野炊，以防病避灾。读书人则邀友登高，到山丘饮菊花酒，吟诗作对助兴而乐。郊区乡村塾师是否解馆（解聘）留任，亦在此时决定。重阳日前后三四天（一般称前三后四）常起大风，故有俗语“三月三、九月九、无事莫打江边走”，提醒人们防风受凉。

清同治八年（1869 年）竣工的新黄鹤楼仅有三层，高 27 米，重阳节这天往往要在这里举行登楼比赛。要求：一是参赛者必须年过花甲（60 岁）；二是按时到武昌长春观集合，人到齐后，同时由蛇山的东头步行到西端的黄鹤楼；三是上楼不许用拐杖，不得接触楼梯扶手；四是不以能否上楼去定输赢，而是讲捷足先登者胜。那时的山路窄、高低不平，何况这也不是悠闲的散步，一开始就处于紧张的竞技状态。有些老人免不了有“想赢怕输带着急”的心理负担，匆匆忙忙地赶了 5 里山路，抵达黄鹤楼前时，体力已经消耗得差不多了。如再爬楼梯已无后劲可继，只好望楼兴叹了，腰酸腿软脚疼地认输了。所以有些老人在决定参加此项活动时，往往早几天就杜门不出，在家养脚力。在武昌城，老人虽想在登黄鹤楼时能赢，但也不把胜负看得很重。一则参加这样的活动是令人高兴的事，毕竟秋天人的兴致最高；再者可以此会会老友，是聚一聚的好机会；其三，借此检验一下自己的健康体力状况，真是有益无害。有一则顺口溜较恰当地表达了参赛老人们的心情：“奔到蛇山头，再上黄鹤楼，脚劲有没有，就在这里赌，赢了恭喜你，输了也不丑。”决出胜负以后怎么办？这要看赛前是怎么协商的，或由输者请客，以示“惩罚”；或由胜者做东买单，庆贺庆贺。请客做东或小酌或盛宴，一看经济条件，二看买单者的心情，一天的重阳节就这样有趣地度过了。

黄鹤楼庆典（2006 年摄）

第二节　文化娱乐

一、文庙贡院

文庙贡院是科举教育的配套设施和制度形式。从宋代开始，武昌府及江夏县就建有文庙（府学和县学），武昌府则建有贡院。文庙是清代的称呼，清以前文庙称为“学”，府一级叫府学，县一级叫县学。

府文庙（府学）

武昌府学创于宋代，始设于武昌府治南丰里。北宋康定元年（1040年）十月，由知州王素徙迁于郡城西。明代武昌城为湖广布政司会城，亦是辖九县一州的武昌府府治，还是武昌府附郭的江夏县县治。布政司不设学，故只设府学和县学。府县两级官学为官府的重要机构，均得到不断的维修和扩建。武昌府学于明洪武初得以重建，后有几次维修，直至明末毁于战火，清代起“学”被称为“文庙”，亦有仍称为“学”的。据《湖北通志》载，清顺治十二年（1655年），湖广巡抚林天擎到武昌府祭孔时，学子们反映武昌府学虽为鄂省乡学之冠，但校舍破败。在林天擎的支持下，文庙修葺工程于两年后完成。新府文庙落成后，林天擎记下了两年前学子谒见之事，并发出由衷感叹：“余思惟楚有材，自昔艳羡……”

江夏县学旧址（1931年水灾时摄）

清末，武昌府文庙（府学）在武昌玉带街大成路口（今武汉市第十中学）处。府文庙为祭祀大成至圣先师孔丘的文庙。文庙第一道围墙向南，东西两侧各开一门，门楣上分别刻“道冠古今（东门）和“德配天地”（西门）。围墙正面上截半为石栏杆，称为内泮。两端各竖丈余高的石碑，上刻“官员人等在此下马”。墙外有二三丈宽的走道，道前有一围着石栏杆的方池，称为泮池。进第一道门过场地是第二道围墙，有正门，但不常开。本府有人中状元时才开，故称之为“状元门”。门内有池，池上有桥，池后为场，场上有赑屃（传为龙的九子之一，似龟，好负重）碑2个，分东西排列。场后为大成门，琉璃瓦

武昌府学大成殿旧址（位于武昌原玉带街）

盖顶。入大成门是一片约百余丈的以石板铺成的场地。祭孔活动仪式常在此举行。石板场地后为大成殿，两翼为长廊式厢房，分别称为东庑、西庑。殿内有一大厅为崇圣祠。与第二道围墙并列展开着两所官署，分别称为大学和二学，皆为五进平房。大学第一进为大门，第二进为圣像祠，中立石碑，上刻孔子全身像。第三进为明伦堂，内立木质“圣训”墙一面，上述孔子《大学》一文。

大成殿设神龛多座，皆木质，红底金字，镶以金色雕花。正面最大的为孔子神龛，神龛中立牌位，上书“大成至圣先师孔子神位”。其余六龛分立两旁，东侧第一、第二龛分别为“复圣颜子之神位”“宗圣曾子之神位”；西侧第一、第二龛分别为“亚圣孟子之神位”“述圣子思之神位”。以此合称“四配”。还有两龛，东供子骞、伯牛、仲弓、子我、子贡；西供子有、子路、子游、子夏、子渊，合称“十哲”。

大成殿外两侧的东庑、西庑内，各有一排约六尺高的白石灰衣砖台，上供孔子的学生数十名及汉唐以来被封为“先贤”，准配享孔子的名人。因湖北学子尤重乡贤，则将湖北历代被封为先贤、准配享孔子的屈原、宋玉、令尹子文、张居正、袁伯道等另立楚贤祠。

府学内设儒学。儒学分大学与二学，主持大学者称教谕（府衙专管官员），主持二学者为训导（府衙内位次于教谕的专管官员）。教谕由翰林或举人充任，训导由举人充任。其主要职能是负责丁祭、圣诞祭及儒学活动。丁祭是分春秋举行的祭祀活动，春为每年二月上旬逢丁的日子，秋为八月上旬逢丁的日子。是日凌晨寅时以前举行，事前由教谕负责筹备，到时知府率全府城秀才及礼房职员参加祭祀活动仪式。圣诞祭在农历八月二十七，为孔子的诞辰日。文庙也要举行祭祀活动，形式与丁祭差不多。

教谕和训导的分工是：教谕传达朝廷关于秀才的法令，协助分院评阅秀才试卷、经管膏火费的收支、接纳新科秀才并作面示；训导视察私塾设施、考察塾师品行、管理秀才，对犯有错误的秀才有权训斥，重者可呈报朝廷革除功名后，再由府依法处治。

武昌府的府学在府文庙内，与第二道围墙平列，在“状元门”的两侧。大学与二学的建筑都是五进平房。

县文庙（县学）

宋代以前江夏为郡郭，县学与府学同一学，“不复建学”。北宋初，“止就鄂州学别为一斋”。南宋绍兴（1131—1162 年）后“悉附于州学”。元代沿袭宋代。明代按照“凡附郭之邑皆有学”而设建。初在黄鹄山下，洪武九年（1376 年）移至平湖门归厚坊。因其地与市井为邻，遂于弘治十一年（1498 年）由监察御史王思迁移建于贡院凤凰山下。经一年的修建，新学建成，“轮奂完美，像设显严”。正德丁卯年（1508 年），再葺之。清康熙年间（1662—1722 年），县学又重修。清末，县文庙设在武昌菊湾东街黉巷（今农讲所）处，是生员准备参加科考进修的场所。县文庙制式结构与府文庙（府学）没多大差异，只是规模有所不及。据明代学使陈凤梧《移建江夏儒学记》载：新县文庙“前为棂星门，次为大成门，中为大成殿，东西两庑翼之。殿后为明伦堂，为存诚、至善二斋，而庖廪馔堂附焉。明伦堂外，为师儒廨舍者三。东庑之东，为诸生肄业之舍，凡五十六间……舍之南抵之于通衢，为学门，则直棂星门之东”。

清光绪三十一年（1905 年）废除科考后，尊孔之风日趋淡化，文庙职能渐消。1926 年北伐军入城后，文庙改作他用。

贡院

明代正式将科举考试分为乡试、会试、殿试三级。乡试是由南、北直隶和各布政使司举行的地方考试。武昌城内的贡院，相传始建于明洪武年间（1368—1398 年）。初时规模甚小。清康熙年间（1662—1722 年）扩充，自成一区。东沿得胜桥至戈甲营口，西从菊湾东街到黉巷，南抵青龙巷，北依凤凰山。武昌城内的贡院（即贡士院），为湖北乡试而修筑的专用考场，是科举制度的产物。

武昌贡院旧址（1920 年摄）

武昌贡院形式规范，坐北朝南。大门系木栅构成，门柱高两丈多，门楣上自右向左横悬“惟楚有材”四个白底黑字。进大门即一片园地。园两旁分东西两卷棚，为文武官员停轿之处，过园地为八字形正门。进正门过大天井有一大厅，厅后有平房 20 余间，东西向横列，为评卷人员的办公地和住所。平房后为正厅，为主考官的办公地及住所。正厅两侧有平房数间，为承差（监考人员）和主考官的随从之住所。

贡院严整划一，壁垒森严，建筑布局谨严有序。从大门到正厅两侧，均有围墙与大门两侧的木栅相连并隔开。围墙外依墙而立有考棚数百间，从南至北按东西向排列。既是考场，又是考生寓所。其间内分 10 室，每室 1 人。考生入棚后，饮食起居均限在棚内，不得越雷池一步。

每三年一次的乡试在贡院举行。考官由朝廷委任。当年五月，朝廷礼部提名呈请皇帝审阅委任后即称为某省大主考、二主考，一正一副。他们原为翰林院的无官职品级的寡头翰林，加“钦差大臣”衔后，位高于省。

乡试规定在农历八月十六至十八日三天举行。考生十五日入考棚，十九日离开。晚清时期，湖北每期乡试的应试者数千人，但每次录取（即中举）仅 36 名。

八月二十八日后，由大主考聘请本地翰林入院评卷，评卷人称为“房师”。房师评卷时挑出优等试卷并签署意见后，呈大主考、二主考复审定夺。

九月上旬发榜。榜文规定在深夜二更后开始写，并先从第四名写起，由主考官和房师监督。每写一个名字前点燃一支红烛，写完即灭熄，如此重复燃灭至写完第 36 名后，再将 33 支红烛全部点燃，称之曰“满堂红”。最后写前三名时，红烛只点燃，不熄灭。榜首称经魁，第四名称榜元，第五名及以后概称举人。发榜后，大主考会同制台举行鹿鸣宴，为新举人粘花（挂大红花）。乡试至此结束，贡院又重新关闭，待三年后下一科乡试时开门迎考。

二、书院学堂

书院

中国书院初为藏书之所，后作讲学之用，多为名儒学士所立，清末变迁为官立教育机构。武昌最早的书院建于明代，至清末有书院 13 所，依所建时序为：

江汉书院。以长江、汉水为楚之望而得名。明洪武二年（1369 年）由提学使葛寅亮所建。初址在文昌门内，清顺治年间（1644—1661 年），迁巡道岭（今武汉中学）处。乾隆四年（1739 年）由总督德沛、巡抚崔纪捐资拓地增修，山长（即书院主要负责人，今称院长）夏力恕作记称，江汉书院来学者，乃“十郡之士”，是湖北“当事诸公从来课士肆业之所”，一时书院之兴“唯此为盛”。咸丰初年书院被毁，同治元年（1862 年）重修，同治六年扩建。光绪二十八年（1902 年）并入经心书院。院址于光绪三十二年设武昌支郡师范学堂甲堂和丙堂。

东山书院。明成化年间（1465—1487 年）建于黄鹄山（今蛇山）西端，详情无考。

芹香书院。明成化年间（1465—1487 年）由提学使薛纲所建，但在今鄂州市还是今武昌，尚待查。

濂溪书院。明正德年间（1506—1521 年），由提学高世泰所建，院址在文昌门内，详情无考。

勺庭书院。清康熙五十五年（1716 年，一说为三十九年或五十三年）建于忠孝门胭脂山朱家巷。光绪二十九年(1903年)改为武昌府中学堂,民国期间改为勺庭中学。

大观书院。创建时间应早于经心书院,有的说建于同治初年。院址一说在大观山侧(今蛇山南),一说在大观山之北祝家院一带。光绪三十二年(1906年)改为江夏县初等商业小学堂。

经心书院。清同治八年(1869年)由湖北学政张之洞所建。原址在三道街(今警官学校)处,翌年迁至火星堂(今书院巷),光绪十七年(1891年)又迁回三道街原址,更名经心精舍。光绪二十八年更名为勤成学堂。光绪三十二年,张之洞又在此设全国第一所存古学堂。经心书院为湖北三大书院之一。

高观书院。清光绪十年(1884年)建于宾阳门内高观山。光绪三十二年改为江夏县立高等小学堂。

张公书院和大槐书院。创建年代不详,应早于两湖书院。光绪十六年(1890年)江夏县城镇图上载有这两所书院名。张公书院在武昌城北角, 大槐书院在后宰门东。宣统二年(1910年)大槐书院故址改为民立初等商业小学堂。

两湖书院,清光绪十六年(1890年)由湖广总督张之洞所建,院址在城内营坊口左、老天符庙、都司湖畔以及火星堂经心书院旧址(今武昌实验小学、武汉音乐学院、武汉市第四十五中学及湖北省人民医院住院部一带),光绪二十九年改为文高等学堂,亦称两湖大学院。

两湖书院遗存斋舍

两湖书院(建于1890年)

一年后改办为两湖师范学堂,亦称两湖总师范学堂。因学额逾1200名,故又称为“千师范”,为湖北三大书院之一。

紫荆书院和清风书院,一在忠孝门外,一在清风桥西,只存其名,详情无考。

此外,还有外国教会所办的文华书院、博文书院等,虽名为书院,但与国人所办书院性质有差异。

清末,武昌城内闻名遐迩的书院为江汉书院、经心书院和两湖书院,时称湖北三大书院。三大书院中,以两湖书院的规模、影响、声名最大,其与广东之广雅书院齐名，时称清末（全国）两大书院。湖北三大书院培养了唐才常、黄兴、陈间咸、王葆心、张知本、张继煦、李步青、李书城、黄福、章士钊、万声扬、陈英才等近百名中国近代有影响的人才。

两湖书院的学生来自湖北、湖南，两省各出 100 名，由两省学政负责调录。另有茶商捐助招商籍 40 名，则由书院自己负责招收。课程设置为经史、史学、理学、文学、算学、经济学六门。其中，算学、经济学二门由于种种原因始终未曾授课。书院所聘教员均为当时名流学者，如著名地理学家、书法家杨守敬（湖北宜都人），近代早期教育家、数学家、翻译家华蘅芳（江苏人），浙江进士、音韵学家沈勇植等人，都在两湖书院任过教。光绪二十三年（1897 年），张之洞对书院进行改革，课程改为经学、史学、舆地、算学四门，图书附于舆地。后又将图学改为兵法，兵法又分兵法史略学、兵法测绘学、兵法制造学三类。以后，书院的理工科科目比重逐渐加大，相继增设格致、兵操、地理、数学、博物、化学等学科。书院有严格的招生与管理制度。招收经史之学须有一定根基的二十五岁以下男生入学，每年寒、暑假前大考一次。学习五年期满，择优奖励并录用，或资助出国深造等。不合格者则遣返回原籍。两湖书院十余年，成绩斐然。学生中有相当一部分后来成为创办新式学堂的骨干力量，如我国最早的近代综合性大学京师大学堂首任监督陈间咸（湖北安陆人）等，为我国近代教育事业的发展作出很大贡献。还有的学生后来成为辛亥武昌首义的骨干，如阳夏战争时的民军总司令黄兴等。

江汉书院课程设置为“四书”“五经”和宋明等先儒著作。张之洞任湖广总督后，对课程设置进行了改革，除仍设经史之学外，增设天文、地理、算学、兵法等课目，实际上与一般新式学堂无异。该书院由于建立较早，颇受官府重视，一般由武昌知府具体管理，直至光绪二十八年（1902 年）并入经心书院。

经心书院课程设置为经解、史论、诗赋、杂著等。光绪二十三年（1897 年），张之洞对书院改革后，增设外政、天文、格致、制造四门课目。学员中有愿学西文的，也可自选西文课学习。两年后，课目改为天文、舆地、兵法、算学四科。开始每个学生只学一门，后来四科兼习。后又增设图画、几何、体操等科，体操中尤重兵操。学生所学各科，每月考一次，每科以六分为满分。经心书院由于属省级学政直接管辖，办学条件较好，学生住宿共分四斋，每斋二十人，一室一人。书院后山建有简易天文台一座，置有一些观天象的仪器，供学生实习。

学堂

第二次鸦片战争后汉口开埠，武昌传统的旧式教育开始嬗变。随着张之洞督鄂，武昌教育发生了前所未有的改变。张之洞将“兴学育才”作为他洋务新政的重要举措，以“中学为体、西学为用”为指导思想，对湖北特别是其集中体现地武昌的近代教育发展产生了重大影响。19 世纪末至 20 世纪初，武昌城内设省学务处、学务公所,武昌教育在全国诸多方面居于领先地位。从光绪十七年(1891年)筹办方言商务学堂到辛亥革命前夕的20年里,武昌兴办各级各类学堂达120余所。其中,许多新式学堂的创办堪称全国、全省之始,武昌遂发展成为省级区域文化教育中心和历史文化名城。

张之洞督鄂时期,是武昌教育变革发展的鼎盛期。光绪十三年(1887年)两湖书院实行教育改革,增设地理、数学、博物、化学等学科,为全国最有影响的书院之一。光绪十七年筹办方言商务学堂,为专门培养中外互市后外语人才的重要学堂。光绪十九年开办的自强学堂,为国内最早开办的近代高等学校之一。近代学堂的创办,促进了武昌乃至全省的近代教育事业的快速发展。清末二三十年里,武昌初步形成了从蒙养院到高等学堂,从普通学堂到实业学堂,包括工、农、商、医、师范、军事、铁路、矿业、测绘、外语等门类齐全的近代教育体系。一时间,武昌成为全国瞩目的近代教育发端之地。"当清季兴学令下,各省考察学制者必于鄂,延聘教员者必于鄂,外籍生负笈远来者尤夥"为当时写照。

民国时期,在省教育厅的直接管理下,省立武昌高级商业职业学校、武昌高级中学、武昌实验中学、省立一中、省立一女中等一批在全省有影响的学校先后开办。在新文化运动和五四运动的推动下,一批先进知识分子推进了武昌教育的进一步发展。国立武昌高等师范学校的成立,使武昌定为全国六大高师学区之一。陈宣恺、陈朴生、陈时创办的私立武昌中华大学,开全国私立大学之先河。国立武昌中山大学的组建,是国共两党第一次合作办学的结晶。1927年,国民政府由南京迁至武汉。为适应大革命形势需要,在中国共产党和中国国民党左派人士毛泽东、恽代英、陈潭秋、邓演达、李汉俊、林育南等人的共同努力下,中央军事政治学校武汉分校、中央农民运动讲习所、工人运动讲习所及各类工人学校和董必武、陈潭秋、钱介磐、吴德峰等人创办的武汉中学、共进中学、崇实中学等,为中国革命培养了大批军政和农运工运骨干。这一特色使武昌教育在全国产生了巨大影响和历史贡献,为湖北近现代教育史写下了辉煌的红色篇章。抗日战争至新中国建国前夕,武昌大中学校遭到重创,损失惨重。但武昌教育界的有志之士们,面对日军的侵略和频繁的社会动荡,临危不惧,知难而进,在战火中仍然保住了一批学堂、学校。

湖北规模最大的综合大学——武汉大学,其前身为光绪十九年(1893年)张之洞在大朝街创办的自强学堂。该学堂于光绪二十八年迁至东厂口,改名为湖北方言学堂。1913年,改名为国立武昌高等师范学校。1923年,改名为国立武昌师范大学。次年9月,改名为国立武昌大学。1926年秋,北伐军攻占武汉后,武汉国民政府决定将国立武昌大学、国立武昌商科大学、省立文科大学、省立法科大学、省立医科大学及私立中华、文华等大学概行合并,组建国立武昌中山大学,于1927年2月正式开学。大革命失败后,南京国民政府决定改建武昌中山大学,1928年7月组建国立武汉大学，1932年迁至珞珈山，1949年改为武汉大学。武汉大学初创时，设文学院、理工学院和社会科学院三个学院，下分12个系。至1937年，发展到文、法、理、工、农五个学院，下设15个系、2个研究所，成为一所综合性大学。在校学生1928年为600余名，1937年发展到1000余名。1949年该校设有文、法、理、工、农、医等6个学院，20个系，8个研究所，在校学生达1700余名，教师近300人(其中教授134人)，已发展成为湖北规模最大的全国综合性重点大学。

湖北自强学堂遗址——中国最早的新式学堂之一（1893年办）

全国知名的教会办大学——华中大学。清同治十年（1871年），美国基督教圣公会传教士文惠廉在武昌昙华林创办文华书院，当时仅有5名男童生寄宿。该书院于1903年设大学部，1909年正式成立文华大学。文华大学是一所综合性大学，分文、理二科，各设多种学系，学制为本科四年，美国大学予以承认。并可升入美国大学研究院继续深造，攻读硕士、博士学位。文华大学是晚清时期基督教美国圣公会在中国开办的两所教会大学之一(另一所为上海圣约翰大学)。文华大学于1924年扩建为华中大学，美国雅礼会、复初会将原设在湖南的雅礼大学、湖滨大学迁至武昌并入华中大学。1931年，华中大学设有文学院、理学院、教育学院，共9个学系，学制为本科四年。至1948年，华中大学的在校学生达572名，教师58人，其中教授37人，已发展成具有一定规模的正规综合大学。1951年8月，中南军政委员会决定将私立华中大学与中原大学教育学院合并，改为公立华中大学。1953年10月改名为华中师范学院，1985年8月改为华中师范大学。11月，邓小平为该校题写校名。

武昌文华书院(今中医学院)远处可看见武昌城城墙

中国最早的私立大学

——中华大学。私立中华大学创始者为陈宣恺、陈时父子。陈时是陈宣恺的第三子。1912 年 5 月，陈时利用父亲陈宣恺、伯父陈朴生捐资及家藏书籍 3000 余部，租校舍于武昌府后街周福阶先生故居，创办私立中华学校，并另租校舍于昙华林，设女子部。当年 8 月招生，开办大学预科专门部法政别科、美文专修科，中学部女子部，师范、职业两专科，小学科。该校为中国近代史上第一所私立综合大学，比中国最早的另一所私立大学天津南开大学早 7 年（后两校互为姊妹学校）。因就读学生众多、校舍不能容纳。10 月，黎元洪下令拨粮道旧署为永久校舍。1913 年 4 月，该校呈请教育部改为大学。次年 7 月，教育部派官员视察该校，评语为“学生程度优良，为湘鄂所仅见”，遂教育部准予备案。1922 年新学制正式颁布后，中华大学开办中国文学、教育学、法律学、经济学、数理学等系。当年，梁启超、康有为、黄炎培、李汉俊、张子高、陈映隘、太虚法师等名流应邀到该校演讲，盛极一时。该校办学规模和学术水平在华中地区私立大学中堪称独一无二。中华大学办学历时 40 年，培养学生数以万计，对充盈国力，嘉惠士林起到了一定作用。中共著名政治活动家、早期青年运动领袖恽代英，长征中红四方面军负责人之一陈昌浩，原厦门大学校长、《资本论》翻译者王亚南，中国作协副主席、著名诗人张光年，以及为民主革命牺牲的施洋、林育南等烈士，他们都吮吸过中华大学的文化乳汁。另外，到台湾的严家淦、李焕、沈昌焕、余家菊、陈启天、刘文岛等知名人士，他们或在该校教过书，或在该校读过书。1952 年全国高校院系调整时，中华大学原有的系科分别调入武汉大学和华中高等师范大学（今华中师范大学）。

中国第一所私立大学——中华大学（20 世纪 30 年代位于粮道街）

中国近代第一所设图书馆学专业的学校——武昌文华图书馆学专科学校。1920 年 3 月，韦棣华（英译名为玛丽・伊丽莎白・伍德，文华书院英语老师）在文华大学建立了文华大学图书科（文华图专）。它的建立，是文华公书林的延伸和繁衍，是中国近代第一个图书馆学专业。1930 年，文华图专正式从文华大学脱离出来，成立武昌文华图书馆学专科学校。该专科取得了出色的办学成就，其毕业生在中国图书馆界占有举足轻重的地位。至 1930 年，共计训练和培养了 60 名毕业生，其中 33 名在国内图书馆任职；29 名在中国最重要和最好的图书馆如金陵女子大学、国立浙江大学、北京燕京大学、国立清华大学、国立中央大学、四川大学、上海交通大学、东吴大学、天津南开大学、厦门大学的图书馆和北平国立图书馆等任馆长。他们中的沈祖荣、胡庆生、严文郁、汪长炳、桂质柏、皮高品、王文山、钱亚新、周连宽、张葆箴等，为中国图书馆界赫赫有名的人物。沈祖荣还是1929年罗马和威尼斯第一届国际图书馆联合大会的代表。新中国成立后，该校并入武汉大学。1953年，建立武汉大学图书馆学专修科，1956年改为图书馆学系。1984年，该系升格为图书情报学院，为全国之首创。

20世纪初位于昙花林的文华书院

国内较早开办的教会中学堂——武昌文华中学。清同治十年（1871年）10月，基督教美国圣公会创办了文华书院，为国内较早开办的教会学堂，初为一所类似于私塾的男生寄宿学校。光绪十六年（1890年）发展成为具有六个年级的完全中学。光绪二十九年开始增设大学部，改名为文华大学校。1924年，大学部与中学部分设，中学部改为武昌文华高级中学。1929年，向中国政府立案改为私立武昌文华中学。抗战期间，加入鄂湘教区联合中学，辗转于广西、云南、贵州等地，坚持办学。抗战胜利后，于1946年1月迁回武昌原址。1951年7月由中南教育部接管，改为公立武昌文华中学。1952年改为华师附中，迁至粮道街中华大学原址。1956年改为武汉市第三十三中学，1962年被确定为武汉市重点中学，1985年10月复名武昌文华中学，与武汉市第三十三中学名称并用。该校为武昌重点新式学堂。在戊戌维新前就开设了国文、算术、历史、地理、英文、格致（自然科学）和体操、军操等现代教育课程，课外活动亦甚为活跃，学校有笛鼓军乐队、铜器军乐队、足球队、篮球队、田径队，还办有剧社和校刊。光绪二十七（1901年），该校成功举办了武汉市第一次校际运动会。该校治学严谨，教学质量较高。1930年毕业生开始参加全省会考，连续九年获全省个人第一。抗战期间参加全国统一高考，1939年能升入大学考生居全国第三，1940年居全国第一。该校培养了很多知名人士，如宦乡、曾宪九、杨兰田、石之春、董辅礽、潘际銮、夏之秋、王佐良、向欣然、夏雨田等。该校管理严格，纪律严明，学生

十四中前身“省一中”校门

一律住校，两星期才有假回家一次。学校除安排专职教师管理学生纪律和生活外，还实行“学生领班”制度。1912 年，该校教师严家麟创办了中国最早的童子军。

湖北省最早的公立普通中学堂——第一、第二文普通中学堂。文普通中学堂创建于光绪二十九年（1903 年），以原自强学堂旧址为校址。该学堂为湖北省公立普通中学堂之始。学堂以科举童子试录取的秀才为招录对象，年龄一般在 20 岁以内，不公开招考。开设课程有 12 门，其中外语课开英、日两个语种，学制定为四年，学生全部寄宿，伙食和生活、学习用品全由学堂供给。初创时，学堂设提调（省学务公所的坐堂监督）1 人，监督 1 人，监学 1 人，职员 10 余人，教师 20 余人。学生由两湖、经心、江汉三大书院生员改充，共 100 名。光绪三十一年，学生增至 240 名，来源以鄂、湘两省为主，另有张之洞家乡直隶（河北）南皮县和监督纪香聪家乡直隶河间县两县的学生。他们都不是童子试秀才出身，单设一班。当年学制改为五年，数学课中增加代数、立体几何和弧三角的内容。光绪三十三年七月，毕业生 51 名，其中最优等毕业生 23 名。宋教仁、董必武等曾就读于该学堂。光绪二十九年，张之洞创办东路小学。宣统元年（1909 年），东路小学堂原址改办第二文普通中学堂。1912 年，湖北省教育厅将第一文普通中学堂并入第二文普通中学堂，成立湖北省第一中学。1937 年西迁恩施，1946 年迁回武昌，更名为湖北省立第一初级中学。1952 年政府将省立高级中学和私立文学中学合并，组建为湖北省武昌第一中学，1955 年更名为武汉市第十四中学。1962 年被确定为湖北省重点中学。该校为中国革命和建设培养了大批人才，其中知名人士除上述宋教仁、董必武外，还有何功伟、杨学敏（2 位为省委书记）、娄敏修、刘季良、王达强、陈以文（4 位为烈士）、

位于昙花林的武汉市十四中学

陈潭秋（中共早期领导人）、黄侃（国学大师）、李四光（地质学家）、赵紫阳、胡克实、刘西尧、沈辛荪、江华、黄正夏、黎智（7位担任过重要领导职务）、赵宝恒（物理学家）、胡正寰（工程院院士）、张光年、黄纲、严文井、金敬迈（4位著名作家）、聂华苓（美籍华人作家）等曾在该校就读。

私立武汉中学（拍摄于20世纪80年代）

具有光荣革命传统的学校——武汉中学。1920年，董必武、陈谭秋、李汉俊等中共早期领导人为传播革命真理，唤起民众，培养革命人才，在粮道街279号创办私立武汉中学。1922年，因校舍不够用，又在武胜门外彭杨公祠设立二部。1928年被桂系军阀封闭。1965年秋在旧址上复建，1978年被列为湖北省重点中学。该校是一所具有光荣革命传统的学校。学校一开办便在省城里独树一帜，大开社会风气之先，率先实行男女生同班，率先在国文课中讲授白话文，率先降低学生报考费和学费标准，率先组织学生深入社会、接触民众。1920年秋，在该校任教的董必武、陈潭秋、张国恩等发起成立了湖北第一个共产主义小组。董必武、陈谭秋于1921年代表武汉共产主义小组出席中共第一次全国代表大会后的次年，首先在武汉中学师生中发展党员、团员，建立党、团组织，组织学生利用寒暑假到工厂农村开展宣传发动革命工作。“在董必武、陈潭秋、陈荫林、刘子通等老师的教诲下，培养了一大批立志献身中华民族、报效祖国和人民的仁人志士。”（伍修权《董必武与武汉中学·序言》）1927年中国革命史上著名的“黄麻起义”10名领导人中，就有潘忠汝、王志仁、汪奠川、王秀松、刘文蔚5名是武汉中学的毕业生。据不完全

位于粮道街的武汉中学

统计，大革命时期，该校先后发展中共党员 37 名，为革命牺牲的烈士达 32 名。

武昌最早的官立新式小学——五路高等小学堂。清光绪二十九年（1903 年），张之洞在省城武昌开办五路高等小学堂，为武昌最早的官立新式小学。7 月设南路高等小学堂于豌豆湖边（今烈士祠后），堂长田吴炤。11 月，设中路高等小学堂于南楼首（今曹祥泰商店附近）。12 月，设东路高等小学堂于昙华林（今武汉市第十四中学处），堂长陈间咸。翌年 5 月，设西路高等小学堂于宫门口（今黄鹤楼小学处），堂长萧宗湘。8 月，设北路高等小学堂于北城角（今农讲所纪念馆处），堂长陈毓华。初定各学堂学生额 100 名，招 11 岁至 14 岁文理粗通少年入学，课程有修生、读经讲经、中国文学、算术、中国历史、地理、格致、图画（以上各科每周 2 节）、体操（每周 3 节），学制四年。宣统二年（1910 年），五路各学堂共开设 31 个班，共有学生 1272 名。辛亥武昌首义后，五路高等小学堂各堂或易名或停办，堂址改作他用，原各路学堂之名不复存在。五路高等小学堂的毕业生中，有不少为政界、军界、科技界、知识界名人。如东路有李四光，西路有李春萱、刘赜，南路有郭祺泰、王世杰、陈家岩，范熙绩等。

中国第一所幼儿园——湖北幼稚园（1903 年开办）

中国第一所幼儿园——湖北幼稚园。光绪二十九年（1903 年），湖北巡抚端方在张之洞兴学之风的影响下，在武昌阅马场创办湖北也是全国第一所近代幼儿园——湖北幼稚园。该园全套办园方法仿学日本，连“幼稚园”名称也是从日本移植过来的。还聘用了 3 名日本女师范生为该园的保育员。湖北幼稚园落成后，以端方的名义贴出告示，招收四岁至六岁幼儿入园。当时由于幼儿园对人们来说是一个新生事物，不被理解和接受，一般人家宁愿送子女入蒙学馆，也不送进幼儿园。由于幼儿园免收学费，且幼儿服装、图书、用品均由官备，所以最初入园的多为一些家境贫寒，上不起蒙学馆的穷人子弟。该园的办园宗旨是“专辅小儿自然智能、开导事理、涵养德性，以备小学堂之基础”。设立七项保教课目：行仪、训话、幼稚园语、日语、手技、唱歌、游戏，采用日本教材。幼儿在园采用半日制，上午入园，中午放学，不备饭食。因为是官办，经费充足，园内设施齐全，设有开诱室、训话室、游戏室、图书玩具等，开辟有幼儿户外活动场所，建有游戏山、游戏亭等。初设 2 个班，入园男性幼儿 80 名，一年制毕业。后在园内附设女子学堂,招收十五岁至三十五岁的女子学习幼儿师范课程,此为我国最早的幼师专科学校。次年元月,清政府颁布《奏定学堂章程》,将幼儿园定名为“蒙养院”,禁止在蒙养院中附设女子学堂。这样,该女子学堂在刚创办不久就被封建势力扼杀了。女子学堂停办后,园内又增设一所小学堂。辛亥首义后,这所小学规模不断扩大,逐渐变次为主,但幼儿园一直坚持办。1938 年武汉沦陷后,该园被迫停办。1952 年,湖北省武昌幼儿师范学校附属幼儿园在此创办。后该园改名为湖北省实验师范幼儿园,为省教育厅直管的全省唯一一所幼儿园。

三、馆藏图书

清代以前,武昌有官署、书院及私家藏书,一般不向社会开放,藏重于用。清光绪三十年(1904 年),湖北省图书馆在武昌正式创立,为全国较早建立的省级公共图书馆之一。宣统二年(1910 年),称为“文华公书林”的文华大学图书馆正式建立,是近代中国第一座新型公用图书馆。此后,武昌城内陆续建有湖北省通俗图书馆,一些高校、中小学也建有图书馆、室。1930 年,武昌城内有图书馆 13 座,即:湖北省立图书馆,湖北省立第一、第二、第三、第四、第五、第六通俗图书馆,国立武汉大学图书馆,文华公书林,佛学院图书馆,博文书院图书馆,湖北省民政厅图书馆,湖北省财政厅图书馆。至解放前夕,武昌城内图书馆增至 19 座(增减变化后的实有数),即文华公书林、世界佛苑图书馆、武昌博文图书馆、省立图书馆、省民政厅图书馆、省立实验民众教育馆图书部、省教育厅图书室、武汉大学图书馆、武昌华中大学图书馆、武昌中华大学图书馆、武昌大学图书馆学专校图书馆、武昌艺术专校图书馆、省立女子高校中学校图书馆、省立第一乡村师范学校图书馆、省立师范学校图书馆、省立职业学校图书馆、省立一中图书馆、省立女子师范学校图书馆、省立第九中学图书馆。据不完全统计,上述图书馆共藏书 62 万余册。其中文华公书林 14.8 万余册(每日阅读人数 200 余人),世界佛苑图书馆 15 万余卷册、省立图书馆 13 万余册(每日阅读人数 300—400 人)、省教育厅图书馆 1 万余册、武汉大学图书馆约 10 万册、武昌大学图书馆学专校图书馆 3 万余册、省立师范学校图书馆 1.3 万册、省立一中图书馆 2.5 万册。

中国近代第一座新型公用图书馆——文华公书林。1903 年,美国基督徒韦棣华女士开始筹办文华大学图书馆,亦称文华公书林。1910 年,文华公书林正式建立,为近代中国第一座新型的公共图书馆。中国历史上不乏名扬天下的藏书楼,但均以藏书为主,服务于少数达官贵人和文人墨客,而真正将图书馆作为一种服务大众的社会事业,则从文华公书林开始,这里的“公书”显然区别于以往“藏书”。1920 年,文华大学以其图书馆之优势,开办文华大学图书馆学专科学校,则是近代中国第一个图书馆学专业。

1899 年 5 月,年近 40 岁的韦棣华首次来华探望在武昌文华书院(文华大学之前身)任职的弟弟韦德生,不久便受聘于书院教授英语。她很快发现该校图书贫乏,教师无参考资料,学生无参阅书籍,便在校内设图书阅览室。阅览室陈列了她四处收集的各种书刊,供教师学生阅览。此后,她又感到文华书院和武汉均需要有一座真正意义上的新式公共图书馆,为此她专程返美攻读图书馆学,欲将西方的新式公共图书馆引进中国。其间,她四处筹措建设图书馆的资金。1903 年,韦棣华学成重返武昌,利用在美的筹款,建文华书院藏书室。1910 年 5 月,文华书院图书馆主体建筑建成,命名为"文华公书林",寓"公之于众"而非文华书院独享之意。遂以三种方式为社会提供服务:其一,为武汉和其他大学、中学派遣流动图书馆,用书箱装书运至汉口、汉阳、开封、北京、长沙、沙市等地供读者阅读,并推进"巡回书库";其二,分别在武昌三个地方设公共阅览室,即增设了三个分支馆;其三,每周六、日在文华公书林举办系列讲座,宣传图书馆的功能,以吸引读者,扩大影响。1914—1916 年间,公书林与基督教青年会全国协会合作,从武汉到上海、南京、杭州、开封、太原等地巡回演说,达到了"远道之来请益者日众"的效果。因此,文华公书林引起我国知识界,特别是图书馆界人士的关注和广泛好评。著名教育家蔡元培在 1913 年《文华图书科季刊》上撰文称:"文华公书林于众图书馆中,乃知老成先进,弥乎众望。"这个评价是很公允的。1921 年后,又经韦棣华多方筹款,文华公书林得以扩建,文华公书林达到最兴盛期。馆藏图书更为丰富,拥藏书达到中文书籍 12 万余册,外文书籍、杂志 2.8 万册,另有古矿物、校本等千余册。

文华公书林对武汉乃至中国早期图书馆学教育,也作出了重要贡献。1915 年,公书林派沈祖荣到美国纽约公立图书馆所属的图书馆学校学习,随后又把另一位叫胡庆生的也送到美国学习。沈胡二人学成回国后,于 1920 年协助公书林创办了文华大学图书科,这是我国第一所也是民国时期仅有的一所图书馆学专业学校。新中国成立后,文华图书科加入武汉大学,成为武汉大学图书馆系。1984 年,改为武大图书情报学院。"文化大革命"前,我国各地大型图书馆的主要学术人才几乎都出自"文华图专"。历经近百年的风雨,公书林大楼还屹立如旧,现为湖北中医药大学的大礼堂。

国内较早的省级图书馆——湖北省图书馆。自清光绪三十年(1904 年)由湖北巡抚端方倡议、武昌知府梁鼎芬创办,集中武昌各书院藏书约 4 万册,利用兰陵街博文书院改建为湖北省图书馆,为国内建立较早的省级图书馆。当年《湖南官报》记载:正月二十八日"图书设馆"委任武昌府太守梁鼎芬督办其事。六月二十二日"纪鄂垣图书馆"称,原湖北巡抚端方为筹设湖北省图书馆曾派人到上海、日本购书。七月十日记"图书馆开办"等等。1926 年,湖北省图书馆是中共举办的革命文化图书馆的所在地。北伐革命军政治部抵达武汉后即着手筹备,筹备人员多为共产党的有关负责人,如钱介磐、李汉俊等。该馆于 1927 年 1 月 1 日开幕,第一任馆长为中共创始人之一、著名理论家、后任武汉大学校长的李达。革命文化图书馆设有2个阅览室、一个阅报室和一个特别参考室，藏书3000余册，尚存放在广州待运的图书未包括在内。革命政府在武昌首义公园、湖上园前门、抚院街、孤老院和武胜门外等处开办了六座通俗图书馆，以“便民众阅览图书，扩大党的宣传”，每馆有编制4人，六馆共24人。革命政府还在各系统办有图书馆、室，如妇女会图书室、儿童图书室等。与此同时，湖北省图书馆仍从事文化科学知识的普及与研究，虽有明令其与革命文化图书馆合并，但名称与业务仍是两摊子。汪精卫叛变革命后，革命书刊被禁止，人员被搜捕，革命文化图书馆与六座通俗图书馆在“整顿”的口号下被逐一解散撤销，最后被“民众教育馆”所替代。湖北省图书馆解放路馆址很小，没有发展余地。1933年有人倡议建新馆。次年2月，省政府决议筹建，推李书城、沈祖荣、谈锡恩等负责，以昙华林第五医院对面的1800余平方米土地换取原属夏斗寅（湖北省政府主席）的1118平方米土地，并按公地每平方米8元，夏地每平方米40元的价格成交。其中差额3万余元夏未领受，受到湖北省政府表扬。湖北图书馆新址建设于1934年动工，1936年底完工。不久时逢抗战爆发，新馆未投入使用，馆舍被军队占住。1938年10月武汉撤守，图书馆西迁恩施，重要图书随迁。武昌馆址为汪伪省立图书馆和警保处2家占用。以湖北省图书馆留下的8万余册普通书刊，加上临时搜罗的书刊，汪伪省立图书馆就这样开张了。1946年8月，湖北省图书馆从恩施返迁武昌，除留部分图书充实恩施地区图书馆外，其余图书全部运回武昌新馆，并接收汪伪省图书馆藏书、版片和刊物，计图书16万册，版片3万余片。不久内战全面爆发，图书馆工作被搁置，工作人员仅十余人，购书经费少，读者寥寥。新中国成立后，湖北省图书馆得到前所未有的发展。至2000年，藏书总册数已近400万册，馆藏文献中近50个学科领域达到或接近研究级水平。主要业务工作实行自动化管理，辟有各类阅览室，全年365天对外开放。当年，被国家文化部授予“读者喜爱的图书馆”称号。

湖北省图书馆（1936年建）

四、“游乐大街”民主街

清末，美国旅行家威廉·埃德加·盖洛曾多次游览考察武昌城的蛇山、长街和民主路及昙华林街区。在他著的《中国十八省府·武昌》中写道：“在蛇山西端一个叫花山的地方，有一座漂亮的三层塔（指胜像宝塔），让我们想起西藏的圣骨冢。城市现代脊柱（指蛇山）的北面，有一条东西向的大街，街上有7000多家店铺，堪称武昌的百老汇。”百老汇原本是美国纽约的一条大街，其历史可追溯到19世纪的初期，是闻名世界的戏剧、艺术和娱乐业的活动中心。在武昌旧城，民主路这条大街亦是全城的娱乐场所、演出场所和游乐场所，其繁华和闹市的场面不亚于美国的百老汇。

民主路位于蛇山之北，东西走向，西起汉阳门江边，东接中南路北段，全长4122米。该路为古城武昌交通干道。汉阳门有轮渡可到汉阳、汉口，在司门口与长街（今解放路）交叉，南可到解放桥，北可到中山路。在胭脂路与武昌路相交，南可到阅马场，北可到湖北中医药大学。在小东门与中山路相交，南可到大东门，北可到积玉桥，武黄铁路从小东门跨线桥通过。民国中期的1935年，民主路叫胡林翼路，再往前溯，该路则为四条路，且各有路名，汉阳门江边到司门口一段，名为汉阳门正街；司门口到横街头一段，名为察院坡；横街头到胭脂路，名为抚院街；胭脂路口到民主路482号（结核病防治所），名为龙神庙街。1935年将上述四条街串通扩建，命名为胡林翼路。胡林翼在清末曾任湖北巡抚，因他是镇压太平天国的刽子手，新中国成立后将胡林翼路改名为民主路。该路处武昌城中部，沿蛇山北麓东西延伸。历史上它是唯一贯通武昌水陆两个城门（汉阳门到忠孝门）的大街，因而是武昌的闹市中心。自宋代起，蛇山北即民主路及往北一带是密集的万家民房，书院也大多聚集于此，南来北往的人，摩肩接踵。古黄鹤楼在汉阳门西面，游人如织，因此汉阳门正街亦是一条最繁华的街道。在司门口与解放路十字交叉处，是宋代岳飞的鄂王府，明代为布政使司衙门。清咸丰三年（1853年）太平军第一次占据武昌城时，成为杨秀清的东王府，后为著名的私人花园“憩园”。清武昌政府曾在汉阳门内（今民主路小学西侧）。清末察院坡一段，新旧书业在此集中，形成三镇最早的文化街。

位于昙花林的湖北中医学院（2007年摄）

民主路是武昌历史上第一条现代大马路。20世纪20年代初，武昌城墙坍塌多处，缺口处也成为“通道”。在武昌城所有10个城门中，汉阳门是最低矮的，但过往行人最多，城西的居民都要经汉阳门去江边挑水。行人（过往武昌、汉口、汉阳乘船上下的人居多）、人力车、挑夫在城门洞里争相夺路，拥挤不堪。门洞内长年泥水淤积，如水田一般，过往人叫苦不迭。1925年石瑛（字蘅青）任武昌大学校长时，邀请吴稚晖、胡适、马寅初等来校讲学，经过汉阳门时极不方便。吴稚晖提着衣襟和裤脚走过汉阳门时笑道："蘅青，为何叫我钻'狗洞'？"但是，拆除这个"狗洞"却并不容易。早在1919年，湖北省议员有62人提出拆武昌城墙的议案，理由是为了城市建设和经济发展。此议案遭到许多人的反对。自那时起，拆与不拆的争议一直持续不断。1926年10月，湖北省政务委员会终于作出了拆除武昌城垣的决定，拆后要修建包括汉阳门在内的8条进出城区的道路。但拆除汉阳门，修建汉阳门大马路，拆迁工作遇到了麻烦。居民们笃信风水，不愿意拆迁。身为省建设厅厅长的石瑛亲自出马，挨家挨户动员居民们拆迁。他向居民们说：大家相信风水，这是从老辈人那里传下来的，也没有什么对错可说的。我要说的是，所谓"风水宝地"，能自己长出稻米来吗？所谓风水好的店铺，不用心经营就能发财吗？糠能变成米吗？还是得靠人用心操持。等大马路修好了，人气旺了，你们的生意就好做了。如果讲风水，这才是你们的好风水。这番话让人们眉开眼笑。特别是大家知道他是省建设厅厅长"石老头子"（亦是湖北三怪之一）之后，更为感动，拆迁的居民们都很快地搬了家。石瑛主持修建了这条武昌历史上的第一条现代大马路，它仍是去码头出城西去的必经之路，一条依然繁华之路，一条闹市游乐之路。

民主路一带是武昌著名的娱乐场所。美国旅行家盖洛把纵贯该街旁的蛇山称为"花山"，亦是指以汉阳门临江黄鹄矶头上的黄鹤楼为圆心的一带，是一处浑然天成的游览娱乐场所。其时的黄鹤楼虽自光绪十年（1884年）被火毁，仅存遗址，但圣像宝塔、涌月台、吕祖阁、禹碑亭、古碑廊等名胜古迹仍存，黄鹤楼遗址亦是人们登高游览的胜地和大众休闲活动的好场所。那时黄鹤楼旧址上及附近的空场上有三多：民间艺人多、打卦算命的多、小吃摊点多。由于民间艺人汇集，茶社茶馆应运而生，最著名的有品江茶楼、黄鹤楼茶社、象棋茶棚等。这里成为名副其实的民间文艺阵地，被称为"民众娱乐宫"。

民主路一带是民间文艺演出的"热闹窝子"。自唐代以来，历代名人来此地登临游览，行吟作歌。李白有"黄鹤楼中吹玉笛"，刘禹锡有"商声五音随指发"，郑东华（清末江夏官员）有"轰轰烈烈汉阳门""黄会馆，听瑶琴""何方歌舞闹盈盈"等诗句。反映了吹、奏、弹、舞，歌舞升平的场景。在黄鹤楼四周的空场上，有许多艺人在这里"撂地"献艺，挣钱谋生，演出的种类有湖北评书、小曲、渔鼓、三棒鼓、相声、戏剧、武术、杂耍、棋弈等。提起棋弈，自古流传着一段有趣的传说。相传古时很多人喜欢到黄鹤楼周边一带下棋，一位弈棋手便在这里开了一家弈棋斋。斋主棋术不错，但傲气十足。一日，有老汉牵着一头毛驴到斋屋来，要与斋主对弈。斋主见是一乡下打扮的老头,便有些不快,挥手让他走开,岂料老者执意要与斋主比输赢。斋主敲着棋子道:“你要真想下,也可以,我输了给你五两银子,要是你输了呢?”老汉道:“就依了你,我输了便把毛驴给你如何?”斋主点头同意,又说:“我的弈棋斋有个规矩,南来的我让车,北来的我让马。听口音你是北方人,就让你一马吧。”说罢,二人楚河汉界杀将起来,不到二十回合,老汉乱了套,输了棋,于是道声“领教”便留下毛驴走了。不料次日老汉又来了,肩上还多了条褡裢,对斋主笑道:“昨日蒙教,今天我又拿来了50贯钱,还想下一盘。输了我把钱留下,赢了我牵毛驴走。”斋主又点头同意,准备让马。老汉却说:“不必了,输要输得光彩。”双方遂摆子对弈。又是二十个回合,斋主便败下阵来。老汉道:“昨日我有事,骑驴不方便,谢谢你给我的驴饮水喂料。”说罢骑驴飘然而去。斋主半天才回过神来,方知天外有天,人外有人,再也不夸海口了。这里声名远播,外地民间艺人也纷至沓来,主要有耍猴人、皮影木偶戏、拆字打卦等,夹杂其间。算命先生为招徕生意带有的乐器和器具达十来种。各类特色演艺的内容,主要是历史故事和现实生活中的人和事。由于通俗易懂,形式贴近观众,观赏性和娱乐性强,到此观光者从早到晚熙熙攘攘,川流不息,被武汉人称为“热闹窝子”。

民主路一带是武昌古城文化服务之街。察院坡(司门口到横街头)是旧武汉的三条文化街之一(另两条街为汉口的交通路和华商街)。美国旅行家盖洛说这里有“7000多家店铺”,足以说明民主街文化服务业的繁盛。据历史文献记载,明清两代的湖北巡抚、藩署、盐署、武昌府衙及藩照厅、藩经厅、藩库厅等都设在这一带,鄂地官员进城、京城官员来鄂,大都经过这里,送往迎来,都要应酬交际,自然带火了这里的商机,司门口、斗级营一带酒楼、茶馆、店铺(礼品、烟酒)、旅馆、澡堂、戏院等铺满整条街道。蛇山上的南楼、黄鹤楼茶园(剧院的前身、辛亥革命后称共和大舞台,即黄鹤楼剧场)成为宦官们游宴娱乐之所和艺人展示戏曲艺术的据点。到了清末,司门口又形成了:北面的户部巷是小吃店,东面的青龙巷是扎彩店(专供娶亲迎新之用的花轿、唢呐、铜管洋号乐器等),西面鼓楼洞附近的翠丰巷、新街是古玩珠宝市场,南面的横街头是文化街,商机火爆,逛游者如织,据说曾与北京的琉璃厂齐名。清末科举未废时,城内设有举行全省乡试的贡院。为适应考生的需求和那些进士出身的官员文化消费的需要,加上武昌古城书院及新学堂的兴办,给古旧书业带来了空前的繁荣,因此聚集了众多经营古旧书刊、文献典籍、文房四宝、传统书画、碑帖尺牍、历史年画及古玩的店铺,最盛时达30余家。最著名的是亚新地学社,编印的各种地图,行销海内外。有的书店出售评弹鼓词、戏曲唱本、绣像小说,最受艺人们的青睐,成为他们献艺的脚本和再创作的重要参考依据。还有街东段的殡葬用品店铺等,亦形成规模经营。凡此种种,均凸显了鲜明的文化服务特色。

新中国成立后,民主路依然古风弥漫,文化氛围浓烈。特别是黄鹤楼故址武汉长江大桥武昌桥头堡沿江地区和大桥纪念碑一带，每天各类戏剧、艺术演艺班子圈地演出，专业剧团演员和戏曲文艺爱好者竞相表演。看戏听歌的观众少则千余人，多则二千余人，加上沿江数十家固定的歌厅场所，可以说不减当年武昌旧城“百老汇”之风貌。

第三节　名流古迹

一、屈子传说

《楚辞·渔父》：“屈原既放，游于江潭，行吟泽畔。”在武昌，世代相传：屈原曾在武昌行吟泽畔。

屈原是我国最早的大诗人、思想家、政治家。曾任楚国三闾大夫，主张整顿内政、发展国力，在外交上则主张联合齐国对抗秦国，遭到一些大臣的嫉妒和诬陷。据有关学者考证，屈原可能到过武昌一带（见本书第一章第一节三之相关内容）。

屈原两次被逐出楚国都城，但他始终“眷顾楚国”。他在流放期间，徘徊于长江汉水之滨，披发行吟于湖泽之畔。《九歌·哀郢》反映了他流放时的心理状况，真实地记叙了他离别郢都、流放途中的沉痛心情，抒发了他热爱故乡、同情人民的深厚感情。他站在江汉之交处，远望楚国国都，看到百姓到处流亡：“皇天之不纯命兮，何百姓之震愆？民离散而相失兮，方仲春而东迁。去故乡而就远兮，遵江夏以流亡。”其大意是：老天爷真是反复无常啊，为何使百姓在动乱中遭殃？民众妻离子散、家破人亡啊，才早春二月就要迁往东方。离别家乡到远处去啊，沿着长江与夏水到处流亡。从歌辞里也可以看出屈原到过武汉，不然怎么能看得见百姓沿着长江和夏水到处流亡呢。

“举世皆浊我独清，众人皆醉我独醒。是以见放。”见放即被放逐。从诗里表现出屈原虽被放逐但志行高尚，不与卑俗之人同流合污。为了国家利益，为了人民安居乐业，奋力抗争，决不妥协，表现出伟大的人格和高尚的品质。

屈原一系列关于武汉的咏叹，应当可以说明屈原途径过武汉，甚至是徘徊流连。当然，关于郢渚是否确指武昌，行吟是否就在东湖之畔，学术界历来看法不一。但这些并不重要，武汉人民怀念伟大的爱国诗人、历史纪念世界文化名人屈原是永恒的。武昌历代都设有清烈公祠，祭祀屈原，端午节人们纪念屈原，东湖听涛景区建“行吟阁”、立屈原像，均表明武汉人民对屈原的崇尚和怀念。

二、孙权筑城

赤壁大战后，曹操企图统一全国的尝试宣告失败，退回北方，但他仍拥有很强的势力，且占据了以襄阳为中心的湖北北部大片地方。由于形势的变化，此时孙权与刘备的联盟已经淡漠，而且吴蜀之间的摩擦时有发生。刘备向孙权借得荆州，占据湖北的中、西部地区，并以此为根基向四川发展，不肯归还荆州给吴。民间依据这一情况形成了歇后语：刘备借荆州——有借无还。且以荆州为其东方之门户，遣大将关羽把守。孙权则占据着以武昌（今鄂州市）为中心的湖北东南部地区。魏、蜀、吴三方各自占据着湖北的一部分，而三方鼎立的临界点正是地处长江中游、江汉交汇处的军事战略要地——夏口。

孙权正是基于对夏口这一重要性的深刻认识，为钳制魏、蜀势力的进一步扩张，于魏黄初二年（221 年）在鄂县（今鄂州市）称帝建都（武昌）后的第三年，即东吴黄武二年，在今武昌蛇山东隅构筑了拱卫都城的军事城堡——夏口城。该城背靠蛇山，面向长江和沙湖，为版筑土石城，因其面对江北夏水（汉水）之口，故名夏口城。明末清初思想家、学者顾炎武《肇城志》谓其“依山负险，周回仅二三里”。这是今武昌历史上出现的第一座城。城范围不大，但雄踞长江边黄鹄矶头，处于战略要地，且东吴以重兵镇守。北魏地理学家、散文家郦道元注《水经》，盛赞孙权所筑的夏口城：“依山傍江，开势明远，凭墉借阻，高观枕流。”为掌握夏口及两江上的军情，确保夏口城之安全，孙权还在夏口城黄鹄矶上建一登高凭眺的瞭望台，这就是名扬天下的黄鹤楼最初形制。唐宰相李吉甫指出：“吴黄武二年，城江夏，以安屯戍地也，城西临大江，西南角因矶为楼，名黄鹤楼。”夏口城和黄鹤楼的始建，最主要的是军事作用，城为战守，楼为瞭望，都是为适应当时军事战争的需要而构筑的。孙权还在夏口城设都督，屯兵戍守。担任夏口都督的，多为东吴孙氏宗室，后接替周瑜任东吴大都督的鲁肃也曾任夏口都督，足见夏口城在孙权心中的重要地位。从此，孙权以武昌（鄂州）、夏口（今武昌）为根基，向曹魏统治的汉阳地区频频发起攻击，故而司马懿有“夏口、东关，贼之心喉”的说法。东关为今濡须口一带，即安徽省无为县濡须山与七宝山之水口。

夏口城和大江对岸的却月城，建立在军事目的之上的城港一体化，奠定了今武汉三镇的初基。

孙权（182—252 年），三国时吴国创立者。吴郡富春（今浙江富阳）人。少有才智，随军征战，继承父兄东吴大业，结纳世家大族，在江东扩充势力。东汉建安十三年（208 年）攻杀刘表所属的江夏太守黄祖后，据有会稽（治所在今浙江绍兴）、吴（治所在今江苏苏州）、丹阳（治所先后在今安徽宣城和江苏南京）、豫章（治所在今江西南昌）、庐陵（治所先后在今江西吉水东北和江西泰和西北）、江夏（治所在今湖北武昌）等六处。同年，曹操大军南下荆州，逼降刘表之子刘琮，声威甚盛。在东吴许多文武大臣主张降曹的情况下，采纳鲁肃、周瑜主战之议，与刘备结成联军，大败曹军于赤壁，迫使曹操离开荆州，退踞北方。建安二十四年，夺取荆州。当曹丕、刘备称帝后，东吴的文武百官亦劝孙权立国称帝，但孙权认为称帝要等待时机。魏黄初二年（221 年），当孙权自公安而东，与鲁肃、周瑜在鄂县虎头山议论迁都时，适逢“夏口武昌并言黄龙凤凰见”（《三国志》卷 47“吴主传第二”）。出凤凰、起黄龙，恭逢吉兆，乃决定以鄂州为都。也因“凤凰来栖黄龙见”之预兆，孙权便于吴黄龙元年（229 年）春，正式称帝，号吴大帝。至此，三国鼎立之势正式形成。有趣的是，孙权登基，让夏口（武昌）有了以祥瑞称名的凤凰山和黄龙山（即今螃蟹岬），凤凰山、黄龙山成了东吴的龙脉所在。也因此，武昌城北的城墙沿凤凰山和螃蟹岬之北麓而修筑。

三、名楼传说

历代史志典籍、诗词文赋、戏曲话本都载录有黄鹤楼的神话故事、传说轶闻等，层出不穷，异彩纷呈。唐文学家、思想家刘禹锡、北宋文学家、书画家苏轼，曾在《武昌老人说笛歌》《李公择求黄鹤楼诗，因记旧所闻于冯当世者》等诗作中，记述有关黄鹤楼的神奇故事，足见黄鹤楼轶闻传说影响之深远。这些代代相传、充满浪漫情趣的传说故事，恰好从文化学、民俗学、社会学等层面映衬出民众心中的黄鹤楼，亦是一部完整的黄鹤楼史中不可或缺的珍贵的组成部分。黄鹤楼的逸闻传说在武汉民间不是一个小数目，限于篇幅，仅撷取其中的五六篇载录。

子安跨鹤

很久很久以前，蛇山西头伸向长江有个光秃秃的大石崖，叫黄鹄矶。一对年轻夫妻在此安了家，驾船捕鱼为生。后来，丈夫因病去世，妻子辛氏只得卖掉小船，开了一个小酒店，人称“辛氏酒店”，本小利薄，勉强糊口。一天，辛氏早起收拾店铺，见一个白胡子老道站在门口，就请他进店用酒。老道摇摇头说：“我身无分文。”辛氏为人善良，就笑着说：“不要紧，先喝了再说。”从此，老道成了酒店的常客，风雨照旧，每天总是第一个进门，喝完一壶酒就走，从不付钱，辛氏总是笑脸相待。过了好久，老道对辛氏说：“我云游天下，四海为家，明天就要往别处去了，今日特来道别。”辛氏忙添了几样菜为老道饯行。道士一连喝了三壶酒后说：“我常来贵店打扰，没什么酬谢的，就给你留个画吧。”说着，就从桌上捡起一块吃剩的橘皮，在墙壁上画了一只黄色的仙鹤，说：“你只要向黄鹤拍三下巴掌，它就会从墙上飞下来跳舞，招徕顾客。”说完，道士就不见了。辛氏酒店墙上的黄鹤会跳舞的消息很快传遍了武昌城，酒店的生意也随之兴隆起来，辛氏常将盈余的钱救济周围的贫苦邻居。后来，酒店奇事被一个京城来的钦差知道了。他想：我若将这黄鹤弄到手，奉献给皇上，定会加官晋爵。于是，他令随从对辛氏说：“这酒店我们老爷买了。”并限期三天答应。辛氏无奈，只好焚香跪求神灵保佑。到第三天凌晨，老道出现了。他对辛氏说：“事情我都知道了，你现在拿着积蓄的钱去安度晚年吧。”只见老道从身上抽出一根银笛吹奏起来，墙上的黄鹤听了悠扬的笛声，飞下墙壁，老道跃身骑上鹤背，向天边飞去。黄鹤飞走了，钦差老爷令手下的兵丁捣毁了辛氏酒店。后来，人们在酒店的废墟上盖起了一座金碧辉煌的黄鹤楼，形成了武昌乃至全国有名的胜景。

另有传说认为，黄鹤楼是仙人子安(《列仙全传》认为子安为费文伟之字)跨鹤登仙之处。而《太平寰宇记》则把黄鹤楼登仙之事附会到费祎(三国时蜀汉，民间传为江夏人)的身上，说："昔费祎登仙，每乘黄鹤于此憩驾。"

吕仙吹箫

很早以前，八仙之一的吕洞宾云游四川峨眉山之后，身挂宝剑顺江而下，来到武昌城，兴冲冲地登上了蛇山顶，顿时被江汉合流、龟蛇对峙的雄伟壮观形势迷住了。心想，如果能在此修座高楼，临窗把盏，随时浏览江山胜景，实属仙界一大佳趣。

可是要在山高坡陡的蛇山顶上修楼，也不是件轻而易举的事。吕洞宾左思右想，决定请八仙中的其他大仙来帮忙。大仙们听完吕洞宾的想法，何仙姑第一个表态："我会描龙绘凤，但对修楼不内行。"铁拐李哈哈一笑："你要是头昏脑热，我葫芦里有灵丹妙药。要在这山顶修楼，我看不太实际。"张果老更是边拍毛驴边摇头："我还是倒骑毛驴看唱本——走着瞧吧。"

蛇山顶上风大，吕洞宾眼看大仙们各自打道回府，自己也凉了半截，修楼之事看起来多半要泡汤了。

正在这时，他忽然听到半天云中传来一阵奇怪的鸟叫。他抬头望去，鲁班大师正笑呵呵地骑着木鸢朝他飞来。鲁班听完他讲的修楼计划，走下木鸢，看看山高，测测地势，随手从山坡上捡了几根树枝蹲在地上架了拆，拆了架，拍着后脑壳说："我们明天早上再过细商量吧！"

第二天一清早，吕洞宾慌忙火急地爬上蛇山，只见一座飞檐高耸、雕梁画栋的高楼已端端正正地竖立在山顶。他一口气爬上楼顶，哪里也找不到鲁班的影子，只有一只满身黄色羽毛的木鹤瞪着又黑又大的眼睛望着他。吕洞宾高兴得不得了，一会摸摸楼上的栏杆，一会望望楼下的江水，口里不住地说："太好了，不简单，鲁班大师。"

当他情不自禁地拿出洞箫吹奏时，那只木鹤却一下子变活了，随着曲子的节拍翩翩起舞。吕洞宾跨上木鹤，立刻腾空飞升，绕着这座高楼转了三圈，长啸一声，带着吕仙钻进蓝天白云之中去了。

后来，人们为了纪念吕洞宾和仙鹤，就称这座高楼为黄鹤楼。黄鹤楼也因此好多年一直供奉着吕洞宾的神像呢。

崔颢题诗

崔颢(？—754年)，唐代诗人。汴州(今河南开封)人。开元进士，官至司勋员外郎，故称崔司勋。性格浪漫，虽有才气，但仕途坎坷。曾在东北边地从军，归来后宦游武昌时，作《黄鹤楼》诗。

清人顾景星《黄鹤楼诗集序》略称"黄鹤楼唐前不甚著名，崔司勋作七律诗未有激赏者，李白天才俊放，见颢咏搁笔，去金陵凤凰台，拟其体，然后颢诗名，而楼益著。”当时崔颢“游武昌，登黄鹤楼，感慨赋诗”。诗曰：

昔人已乘黄鹤去，此地空余黄鹤楼。
黄鹤一去不复返，白云千载空悠悠。
晴川历历汉阳树，春草萋萋鹦鹉洲。
日暮乡关何处是，烟波江上使人愁。

想象丰富，气势磅礴，烟景绚丽，感情挚热，情调优美，的确是一首好诗。后来李白登楼时，也诗兴大发。当他在楼中发现崔颢之诗，连称：“绝妙！绝妙！”相传李白写了四句“打油诗”来抒发见崔诗的感怀：“一拳捶碎黄鹤楼，一脚踢翻鹦鹉洲，眼前有景道不得，崔颢题诗在上头。”就搁笔不写了。据说当时有个少年丁十八讥笑李白：“黄鹤楼依然无恙，你是捶碎不了的。”李白辩解道：“我确实捶碎了，只因为黄鹤仙人上天哭诉玉帝，才又重修黄鹤楼，让黄鹤仙人重归楼上。”天真豪放的李白就是这样煞有介事，神乎其神。后人乃在黄鹤楼东侧修建一亭，名曰“李白搁笔亭”，以志这段佳话。李白极爱黄鹤楼，可以说到了无以复加的程度。他高亢激昂地连呼：“一忝青云客，三登黄鹤楼。”山川名胜人文，相互倚重，黄鹤楼之名更加显赫，且远播全社会。崔颢《黄鹤楼》诗，经李白以这种方式推崇，震惊诗坛，被后人推为唐诗题咏黄鹤楼第一名篇。从唐代芮挺章《国秀集》以来的一千两百多年，凡唐诗的总集或选本，几乎没有不收入这首千古佳作的。为纪念崔颢，黄鹤楼公园内建有《崔颢题诗图》浮雕。

蛟龙和笛

三伏天的一个夜晚，武昌城像个火炉，暑气难消，只有黄鹄矶头江风阵阵，黄鹤楼上灯光点点，黄鹤楼前场地成为百姓们消夏纳凉的最佳场所。

一中年汉子扛着竹笛，想做夜市生意。他面对围拢来的市民夸海口说：“各位父老，我这个竹笛做工精细，音质举世无双，你们如果不信，先听我吹奏一曲。”说着就呜哩哇啦地吹了起来。笛声和着江涛声婉转回荡，清脆悦耳。一曲终了，赢来一片掌声。

突然，人群中有个古稀老人摸着胡子说：“你这笛子的确不错，但恐怕不能算天下第一。”卖笛汉子不服气地反问：“莫非老人家有更好的笛子能与我比一比？”

老人笑着边点头边慢吞吞地从腰间抽出一支短笛，送到嘴边吹响。那声音宛如天籁，美妙动听。不久，夜空中飘来一朵朵祥云，在黄鹤楼上缭绕飞扬。接着，又看见楼下江水中游来蛟龙，和笛起舞，江面上金光灿灿，鳞甲闪闪。沉浸在这仙境仙乐中的市民们，也禁不住手舞足蹈起来。

猛然间，笛声戛然而止，鹤楼上下复原如初。卖笛汉子扑通一声跪在老人面前，口服心服地要拜师。老人把他扶起来并告诉他，这支短笛是江南胜地岩石上经百年风霜的孤竹制成，是自己在蕲州驻访时用名贵貂皮换来的。他拍着卖笛汉子的肩膀和和气气地说：“人上有人，天外有天。还望小弟以后说话留有余地，千万莫再瞎夸海口哟。”说完在爽朗的笑声中飘然而别。

唐代著名诗人刘禹锡曾为这件事专门写了一首诗，名为《武昌老人说笛歌》，一直流传至今。

武昌老人七十余，手把庾令相问书。
自言少小学吹笛，早事曹王曾赏激。
往年镇戍到蕲州，楚山萧萧笛竹秋。
当时买材恣搜索，典却身上乌貂裘。
古苔苍苍封老节，石上孤生饱风雪。
商声五音随指发，水中龙应行云绝。
曾将黄鹤楼上吹，一生占尽秋江月。
如今老去语犹迟，音韵高低耳不知。
气力已微心尚在，时时一曲梦中吹。

刘禹锡（772—842 年），字梦得，唐代文学家、哲学家。洛阳（今河南洛阳市）人，自言系出中山（今河北定州市）。唐贞元（785—804 年）进士，官监察御史。参与王叔文永贞革新，失败后遭贬，后招还，官至检校礼部尚书。游览黄鹤楼时写下了《武昌老人说笛歌》《出鄂州界怀表臣》等诗。

白云黄鹤

白云黄鹤（2006 年摄）

“黄鹤一去不复返，白云千载空悠悠”。唐代诗人崔颢的《黄鹤楼》诗，是最早将“白云”与“黄鹤”联系起来的。作者虽是写实景，但却在借“白云”“黄鹤”抒发游子的思乡之情。崔诗一出后，宋、元、明、清历代诗人竞相题咏。从此，“白云”“黄鹤”这两个本无多大联系的词在武昌粘合在一起了，成了武昌及武汉的代名词，武汉暨武昌即有白云黄鹤之乡的美誉。

“黄鹤”一词造就了黄鹤楼。“白云”亦不是无中生有。据史籍记载及气象观察，武汉每年万里无云的晴天不多，每个月平均仅三天左右。大凡晴天，多有白云相伴，所以“白云千载”并非诗人的杜撰或偶遇的现象。武汉如此多的白云天空，与其所处地势平坦，境内江河湖泊众多，空气湿度大有很大关系。正是这些因素造就了多云的空间环境，云在风的作用下，呈现出形状不一、千姿百态的模样。它们时而如奇峰林立，袅娜轻盈；时而在低空洁白色明，飘荡游弋；时而在高空卷曲叠层，纤细走丝；时而在阳光下晶莹透亮，绚丽纷呈。

在这里，文学巨匠笔下的“白云”“黄鹤”，既是景物的真实写照，又赋予其浪漫传奇。

贱三续联

武汉是名副其实的长江三大火炉城之一，夏季最热时气温在40℃左右。这时，只有临江而立的黄鹤楼上清风阵阵，是个避暑乘凉的好去处。

这一年江夏县县太爷为收买人心，扩大影响，预备于三伏天在黄鹤楼顶层举办个西瓜会，邀请三镇的文人雅士参加，以显示自己体谅民情、礼贤下士之姿态。这事被汉阳的贱三爷（本名健三）晓得了，他决定不请自到，要出出这些老爷们的洋相。

西瓜会开始时，县太爷盯着破衣烂衫的贱三爷对众人说：“本官今天恭请诸位先生到黄鹤古楼品瓜纳凉，聊表仰慕之心。不过为了助兴，特出了一个上联请诸位对下联，对上之后即可随意品瓜，不知诸位意下如何？”在座的都是识文断字之人，自然一致同意。

那县太爷干咳了几声之后，随即念出一个刁钻古怪的上联来：“思前想后看左传，书往右翻。”念完摸着胡子等人应对，摆出一副学富五车的样子。一屋的人苦思冥想了半天，硬是想不出对这“前后左右”四字的好下联来。整个楼上鸦雀无声，只有贱三爷不管三七二十一，拿起桌上的西瓜津津有味地大吃特吃。

县太爷心想：这多秀才文人都对不出来，未必你贱三爷这个睁眼瞎比他们还有板眼吗？于是指名道姓地将贱三爷一军：“健三，你的下联可能已经想好了，不然怎么一个人先吃起来了。”

贱三爷接着吃完三块西瓜才把嘴巴一抹，不慌不忙地回答：“这样的对子我们塆子里的放牛娃都会对，有么事蛮难吵。”县太爷听了火一冒，气急败坏地说：“你要是对得好，在座的认账，不光这一桌子的瓜归你吃，我外加十两纹银。”贱三爷哈哈一笑，摇头晃脑地张口对出下联：“坐北朝南吃西瓜，皮向东甩。”说着顺手把西瓜皮丢到了县太爷的脚前。满场的人虽说有些不服,但这北南西东对前后左右实在是太贴切了。

原想讨好文人雅士的县太爷不仅出了他们的洋相,还自贴了十两银子,像个泄了气的皮球瘫倒在座椅上。

贱三爷是流传于湖北武汉的汉阳机智人物。旧时,人们称汉阳人是“汉阳来的贱三爷”。传说贱三爷是明代中期的汉阳县人物,其姓已不可考,只知他单名“健”,因排行老三,人称“健三”。贱三爷因与贫苦人打交道不怕吃亏,被老爷财主们称作“生得贱”,健三也乐意人们叫他贱三爷。贱三爷是武汉版的阿凡提,是下层劳动人民智慧的化身,他虽出身贫苦,但有豁达、爽快、机智、幽默、勇敢、聪慧的特质,能舍己为人(当然是为穷苦人),扶危济贫、富贵不淫、贫贱不移。民间流传他的故事很多,被列为武汉首批非物质文化遗产名录。

四、李白放鹰

在武昌东湖西岸今环湖路与水果湖畔,有一座高约20米的小土丘,以青石台环砌,呈古城墙状。上下两层,栏杆为汉白玉,巍峨如宫阙,这就是武昌著名的放鹰台。放鹰台坐西向东,与东湖北之磨山遥遥相对。台半腰石壁上镌刻“放鹰台”三个大字。平台中央矗立着唐代大诗人李白的铜像,高约2丈许,宽袍峨冠,身体前倾,一只手在背后,一只手高擎头上正欲放飞一只苍鹰。铜像把诗仙描绘得栩栩如生,也把李白浪漫不羁的性格刻画得淋漓尽致。且铜像与苍松古木、浩渺湖水相映成趣,相得益彰。2006年,法国总统希拉克访问武汉,路过此地时,专门下车瞻仰李白塑像,并让中国领导人转达他对雕塑家的致意。

相传李白曾在此放鹰吟诗,以颂苍鹰凌云翱翔,寄托豪情壮志。李白的《观放白鹰》二首诗即在此吟诵而成:

其一

八月边风高,胡鹰白锦毛。

孤飞一片雪,百里见秋毫。

其二

寒冬十二月,苍鹰八九毛。

寄言燕雀莫相啅,自由云霄万里高。

据说李白在湖北安陆入赘成家后,本想在官场求功名,建功立业,四处拜谒名人高官,因处处碰壁而心情沮丧。相传,唐肃宗上元元年(760年),李白来到江夏(今武昌)寻访东郊洪山西麓李邕故居,见中堂悬挂有李邕草书“学我者死,似我者俗”的字幅,字体气势磅礴,意境不俗,李白十分欣赏。得知李邕生前书法虽名震一时,且曾任高官,但生性耿直,不事权贵而遭责难,晚年因家境贫寒而死(李邕墓在武昌东郊九峰山西南的盘龙山下)。后其子到梁子湖畔的龙泉寺出家为僧,不胜唏嘘感慨，心生难过。他便离开故居，信步沿洪山北麓向东走去。走到东湖之畔，看见一只小鹰被猎人下的网子套住。李白睹物思情，心生爱怜，旋即解开套子，小鹰立刻冲向蓝天，绕他盘旋两周后飞向远方。望着越飞越远的小鹰，李白诗兴大发，吟诵出上述两首诗。诗中，李白借称颂苍鹰的凌云飞翔，寄托自己的豪情壮志。从此，李白游历海内，长吟狂歌。从诗中可以看出：一首写“八月”之景，一首抒“十二月”之情，那是否说明李白来过两次。两次也不奇怪，李白在安陆十年，曾多次来武昌和汉阳游览会友，远不止两次呢。

此后，人们便称此地为放鹰台。该地还是一处重要的文化遗址，系距今6500—5000年前的新石器时期，为武昌先民聚族而居之地。1959年，被列为武汉市文物保护单位。1998年，省政府改造水果湖地区生态环境，在此地建起一座高台，上塑李白放鹰雕像，为武昌建设了一处人文景观。

五、鄂王抗金

北宋末年，北方女真贵族政权金国向中原地区发动了大规模掠夺战争。北宋政权灭亡后，新建的南宋朝廷在投降派秦桧等人的把持下，避敌南逃，金军乘势大举南下。岳飞在民族危难之际，投入到抗金的伟大斗争之中。绍兴三年（1133年），岳飞收复了襄、邓等失地后，高宗先后加授岳飞为清远军节度使，湖北路荆、襄、潭州制置使，封武昌开国侯，屯兵鄂州（州治江夏县，今武昌）。至绍兴十年，岳飞共有7年屯兵武昌，武昌成为岳家军驻扎和北伐的基地。绍兴四年五月初一，南宋朝廷授予岳飞镇南军承宣使、江南西路舒蕲州制置使兼黄州、复州（今天门市）、汉阳军、德安府（今安陆）制置使，还把荆南镇抚使司的军马全部拨归岳飞，增强岳家军的实力，军马全部驻屯鄂州（武昌）。入夏，岳家军从鄂州出发，首先围攻郢州（今湖北钟祥），经过3个月的战斗，破金与伪齐联军，克复郢州、襄阳府、随州（今属随州市）、邓州（今河南邓县）、唐州（今河南唐河县）和信阳军（今河南信阳市）。岳飞自承宣使晋升为节度使。第一次北伐胜利，给了金伪军以沉重打击。之后，岳飞率大军返回鄂州，担当长江中上游的防务。

绍兴五年，南宋朝廷特封岳飞为武昌郡开国侯，加封检校少保，还任其为湖北襄阳府路招讨使。次年，岳飞进行了第三次北伐。绍兴十年二月，岳飞奉命由江州进屯鄂州，坚持“戮力练兵”，同时在襄阳屯兵屯田。绍兴六年三月，岳飞之母姚氏病亡于鄂州军中，其灵堂所在地后被命名为忠孝门。岳飞不俟报，解官而去，扶榇至庐山，奏请守孝终制，诏不允。宋廷下诏起复岳飞“移孝作忠”，于六月进屯襄阳，八月再次出师北上，收复虢州卢氏县、商州及西京长水县。次月，因孤军无援，还军鄂州。此时，他写下了千古绝唱《满江红》词：

怒发冲冠，凭栏处，潇潇雨歇。

抬望眼，仰天长啸，壮怀激烈。

三十功名尘与土，八千里路云和月。
莫等闲，白了少年头，空悲切！
靖康耻，犹未雪。
臣子恨，何时灭！
驾长车，踏破贺兰山缺。
壮志饥餐胡虏肉，笑谈渴饮匈奴血。
待从头，收拾旧山河，朝天阙！

绍兴十年，岳飞负责中路，由荆襄北进，负责措置光、蔡、陈、许诸州之地。六月一举收复蔡州。闰六月，岳飞开抵京西南、北两路中心地带，并收复颍昌（今河南许昌）。二十四日收复陈州、郑州。岳家军一直打到开封附近的朱仙镇。但朝廷奸相秦桧则害怕抗金的胜利破坏了他的议和计划，削弱自己的权势。宋高宗听信谗言，对这位功高盖世的名将也产生了猜忌之心。秦桧等人便先后用十二道金牌把岳飞从前方撤下来，然后罗织莫须有的罪名，于次年 12 月将岳飞杀害于杭州狱中。

岳飞从鄂州（今武昌）出发，进行了 4 次北伐。"却归来再续汉阳游，骑黄鹤。"岳飞与武昌、汉阳结下了深厚的历史渊源。岳家军"将和士锐，人怀忠孝"，"冻死不拆屋，饿死不掳掠"，深得鄂州人民的爱戴和支持。岳飞死后，即使在南宋朝廷的高压政策下，鄂州一带十有九家把岳飞英雄的绘像挂在家中，晨昏予以奉祀。绍兴三十二年（1162 年）孝宗即位，立刻给岳飞冤案平反，诏令为其在武昌修建全国第一座忠烈庙，武昌人习惯称忠烈庙为"岳鄂王庙"（或称岳王庙）。

在武昌蛇山中部，有一座岳武穆遗像亭，简称岳飞亭。1937 年卢沟桥事变后，武昌抗日群众团体在清理倾圮的岳王庙时，从瓦砾中发现一尊明万历十年（1582 年）四月镌刻的有岳武穆遗像和云南太和（今大理）人张翼先所撰四言像赞诗的青石碑，于是众人推举辛亥首义同志会的胡赉负责筹措资金建亭，置碑于亭中。后于 1981 年又对该亭重新修整。同在蛇山中部，离岳飞亭不远处立有岳飞铜像，塑像通高 8 米，重达 16 吨，乃青铜铸造。岳飞像扶鞍勒马，神态英武，正气凛然，目光如炬，似在远眺祖国的大好河山。塑像旁有一块长达 25.6 米的青石浮雕，再现了当年岳家军驰骋沙场，大败金兀术的历史场景。浮雕上还镌刻有岳飞书《满江红 · 登黄鹤楼有感》手迹。此外，在宝通寺院后山上还有相传由岳飞手种植的松树，名为"岳松"。明末被砍伐，清同治年间在原地又植松树多株，长成后仍称为岳松，现尚存八株。

六、纪昀跳江

纪昀（1724—1805 年）字晓岚，清代学者、文学家。官至协办大学士以总纂主撰。《四库全书》，是中国文化史上有重大贡献的学者。他年轻时血气方刚，才华横溢，乾隆帝对他甚为宠信，他们间发生过很多有趣的事。据传，某一天，乾隆想拿纪昀开心，便问道："纪卿，什么是最大的忠孝？"纪答："君要臣死，臣得死，这是大忠；父要子亡，子得亡，这是大孝。”乾隆说；“好，我现在就要你去死。”纪昀从容答道；“臣遵旨！”乾隆接着问纪昀如何死法，纪说去投长江。乾隆说黄河不是更近吗，为何舍近求远？纪昀认真地说，俗话说“跳到黄河洗不清”，臣生来磊落，死也要死得清白，乾隆点头认可。乾隆想，这次看这个机灵鬼如何解这道难题。几天后，纪昀浑身透湿地跑来“复命”。乾隆厉声地问他为何没有死，是不是想抗旨！纪昀说，皇上见臣这副模样，就知道臣没有抗旨。只是臣在武昌黄鹤楼下投江被屈原大夫硬推上了岸，说我死了才是最大的不忠。乾隆不解此话之意。纪昀说，屈大夫讲，楚王是个昏君，他才投了江。说我生逢清明盛世，若是死了，岂不玷污了当今圣上的名声。我之所以没有死，是怕连累了您。乾隆哈哈大笑，亲手把纪昀扶起。

七、康氏登楼

清光绪十五年(1889年)十月，32岁的康有为为游遍全国各地，溯江而上，游览了武昌、汉阳，登临黄鹤楼故址，上奥略楼，北望中原，忧虑国家前途，写下了一首七律《登黄鹤楼》，全诗如下：

浪流滚滚大江东，鹤去楼烧矶已空。
巫峡云雨卷朝暮，汉阳烟树带青红。
万家楼阁随波远，百战江山扼势雄。
极目暮天帆影乱，中原万里对西风。

康有为写这首诗，是在他上年(光绪十四年)再一次到北京参加顺天乡试，借机第一次上书光绪帝，请求变法，因受阻未上达的背景下写的，是一首典型的以景抒怀诗。诗的开头两句“浪流滚滚大江东，鹤去楼烧矶已空”是“情动于中而形于言”的真实写照，不仅鹤去楼空，连矶上之楼也已消灭，这是何等的遗憾，又是何等的惆怅！联想去年的上书求变法，未到达就受阻，连光绪帝的影子都未见到，自己与黄鹤楼的命运又是何等相似。遗憾的还在后头：“巫峡云雨卷朝暮，汉阳烟树带青红”，这是何等的沧海桑田：巫峡云雨没日没夜地翻卷，汉阳树也不是这时深秋层林尽染的枫叶红，这虽与唐代诗人崔颢登黄鹤楼所看的景色没多大差异，但因心情不同，其写法就大相径庭。“万家楼阁随波远，百战江山扼势雄”，只有站在这里才感觉到万里长江的气势，一座座船上“楼阁”随波远去，诗人的心中忽然开阔了很多。这处在险要扼喉位置的黄鹤楼，见证了身经百战、草木枯荣的国家民族历史的场面和过程。诗人笔锋一转，对前面的铺垫，写出了自己对国家民族的命运和前途改变的结论：“极目暮天帆影乱，中原万里对西风”，朝廷这么腐败无能，天下这么乱，还是得变法，用西方的民主(具体为君主立宪)来拯救我们的国家和民族。

康有为(1858—1927年)，中国近代维新派领袖、思想家，后为保皇派首领。原名祖诒，字广厦，号更生。广东南海人，人称“南海先生”，光绪进士，授工部主事。面对民族危机深重的中国，他第一次上书光绪帝，提出“变成法，通下情，慎左右”三项建议。不久，他又提出“富国、养民、教士、练兵”四大策略，以图中国之富强。光绪二十四年(1898年)，在北京成立保国会，在翁同龢、徐政靖等人的支持下，受到光绪帝召见，促成“百日维新”，9月戊戌政变发生，逃亡国外。1927年2月，康有为在青岛赴广东同乡会宴会时，因食物中毒而逝世。康有为这首《登黄鹤楼》诗，实际上他登的是奥略楼。该楼原拟名为风度楼，张之洞亲自改为现名。奥略指谋略深远。该楼是张之洞的部下和故旧为颂扬张的功业而聚资兴建的。康有为在该楼上表述情怀，可见其远大胸怀，正合奥略之意。

八、惟楚有材

据史载，武昌城的楚材街早在宋代就设有府学、县学(清代后分别称为府文庙、县文庙)，明清时期在此设贡院。贡院为湖北、湖南二省“乡试”之唯一场所(亦称试院)，即开科取士的地方。街的北端连着西卷棚(今火炬街)，是官员落轿的地方。清乾隆五十八年(1793年)《江夏县志·贡院图》载：贡院坐北朝南，有三座门楼，系木棚构成，门柱高约两丈多。三座门楼中，第一门题“辟门吁俊”，第二门题“文云天开”，第三门题“朱衣点首”。武昌为湖广行省治所，每逢三年一次的乡试，各府学子麇集武昌。考试期间，城满道塞。清咸丰八年(1858年)，湖北巡抚胡林翼以江夏县署旧址并买民基，新建一万一百余间考棚。清末最后一次武昌乡试(即在光绪二十九年)，入围诸生达10600名，各州府考生提篮曳屣，在书童簇拥下，穿过“惟楚有材”牌坊，迈进贡院考栅，开启儒林圆楚之旅，既神圣又壮观。

《湖北通志》载：清顺治十二年(1655年)，湖广巡抚林天擎到武昌府文庙(即武昌府学)祭孔时，学子们反映武昌府文庙为鄂省乡学之冠，但校舍破败。在林天擎的支持下，府文庙得以修葺，并于两年后落成。林天擎记下了两年前学子谒见之事，并发出由衷感叹：“余思惟楚有材，自昔艳羡。”康熙年间(1662—1722年)，此语题于凤凰山麓贡院牌坊。雍正十年(1732年)，巡抚王士俊称“楚材号天下久矣”，并希望“从此楚材辈出”。的确，自古以来，荆楚大地人杰地灵，出现了不少文人才子，如中国最早大诗人屈原，战国辞赋家宋玉，西汉著名和平使者王昭君，唐诗人孟浩然，北宋发明家毕升，北宋画家米芾，明代文学家袁宏道，他的哥哥宗道、弟弟中道均为公安派创始人和主将，明朝政治家张居正，明代医药学家李时珍，清朝体仁阁大学士叶名琛，民国总统黎元洪，地质学家李四光，诗人、学者闻一多，剧作家曹禺，无产阶级革命家、党和国家卓越领导人董必武，中国无产阶级革命家、军事家、政治家、中国共产党和中华人民共和国的领导人李先念，等等，不胜枚举。

太平天国战乱时，武昌贡院遭毁，牌楼也未能幸免。咸丰八年(1858年)，湖广总督官文、湖北巡抚胡林翼重修贡院和牌楼，并请晚清名臣曾国藩重题“惟楚有材”牌匾。牌楼系全木质结构，坊脊及坊檩全由原木组成。粗大的四柱为牌坊承重主体建筑，基部南北各用两短柱支撑，以其稳固。20世纪初，武昌实验中学在贡院旧址

位于火炬路的湖北省武昌实验中学

兴建，牌坊立于校门之前。中、美、英三国在重庆建立的宣传机构幻灯电影供应社，于 1942 年创办了《联合画报》。在该画报 1948 年第五期上有一组名为《历史名城武昌市容》的摄影报道，收录了这座牌楼的照片。照片上的牌楼造型清晰可见，四柱三门，飞檐翘角，坊上漆痕斑驳，有的地方呈现原木质本色，“惟楚有材”四字历历如初。据 1984 年《武昌实验中学校史》载：“惟楚有材”牌楼高约 3.5 米，宽约 8 米，四柱三门双层飞檐角琉璃瓦，主体为木质，北面书“惟楚有材”，南面书“辟门吁俊”，为红底斗大金字。相传八字书写者为清代曾国藩。

清初，武昌楚材街竖立“惟楚有材”牌楼后，衍生出一些传说故事。相传，光绪年间，朝廷派来了一位江苏籍考官主持湖广乡试，来到贡院一眼看见“惟楚有材”牌坊，心中顿生不快。他想，自顺治三年开科 112 年，录取状元百余人，其中江苏独占 40 余人（据有关资料统计，废科考前，全国共出文状元 357 名，江苏占 60 名），也未说“惟苏有材”呀，这“惟楚”之“惟”有些过了。于是他要看看楚才们有多大能耐，当即决定以对楹联来考楚才们的人文底蕴和语言功底。翌日，这主考官就地取材，以汉口“九千年”老字号药店为题出了上联：“九转炼仙丹，活人济世。”要求考生当日对出下联，并须以“千”字起头，年字收尾。不一会，荆州考生徐明对出下联，“千山寻良药，益寿延年。”主考官马上点头称赞。但心仍不以为然，想再找个难题。不一会，他以贡院侧“得胜桥”街为题，上联为：“得之不喜，失之不忧，富贵等浮云，真伪只争开幕后”，亦要求当日回下联，须以“胜”字冠顶，前句必须是相关成语。当日午后，汉阳府考生余孟雅对出下联：“胜也何荣，败也何辱，英雄原本色，是非单看下场时。”主考官才赞许地点头，承认鄂省确有人才。但他心中仍觉得“惟”字太过分了，心想这些秀才会对对子，不足为奇。于是他又考考布衣百姓，看湖北市民的整体文化素质。便当街出了上联：“磨大眼小齿磷磷，吞粗出细。”要求三日内对出下联，否则，便要拆除“惟楚有材”牌坊。第三天上午过去了，仍无人应对。下午，这主考官便洋洋得意，准备差人拆坊。此时走来了一个带秤小贩，只见他手中秤往上一提，随口对出下联：“秤直钩弯星朗朗，识重知轻。”主考官大惊叫好，称小贩都可以对出如此巧妙的下联，真正谓“惟楚有材”。

另有一则传闻与古黄鹤楼有关。古黄鹤楼的正门两侧，各有一尊用麻石雕刻的狮子，门楼上有块木制匾额，上刻“惟楚有材”四个金光闪闪的大字。一般游客到此只是一晃而过，不大注意这匾额。某日，一伙从湖南搭乘木排来到武昌的玩客，早闻湖北有座黄鹤楼名胜，特前来参观。他们参观完黄鹤楼，在留言簿上就匾额上的“惟楚有材”提出质疑，认为湖北人太狂妄，敢言天下无人才，惟湖北独有。于是以门前的两座石狮作上联：“门前两狮子睁眼望谁”，限七天内作对，如果下联对不上，他们要将这匾额夯起走。言过之后，这几位湖南人每日来看。时间到了第七天早上，正值洪水暴发，江水流急，忽然江中冲来了一具浮尸，顺水从黄鹤矶头过。黄鹤楼上一居民眼见这般，脱口而出：“江上一死尸伸手要啥”，这一句恰好与所出上联相吻合。对答之后，这几个湖南人向黄鹤楼上的居士们一哄而笑，翘起大拇指说道：“湖北的确是楚之人才地，名不虚传。”

1958年，“惟楚有材”牌楼因多年遭白蚁蛀蚀腐朽，在大风大雨中倾覆。1993年，武昌实验中学修建了两座门楼，第一座为正门楼，第二座门楼建于老校门外，门楼上镌刻有湖北书法家陈义经题写的“惟楚有材”“辟门吁俊”八个字。2010年10月6日，“惟楚有材”牌楼在凤凰山麓武昌实验中学大门数百米外重立。这座“惟楚有材”牌楼为黄色木柱，灰瓦飞檐，宽10米，高8.7米，牌楼正面匾额依然是“惟楚有材”，背面亦是“辟门吁俊”，门楼以印尼菠萝格木建造。

曾国潘(1811—1872)，为清末洋务派和湘军首领。原名子城，号涤生，湖南湘乡白杨坪(今属双峰)人。道光进士。曾任内阁学士兼礼部侍郎等职。同治二年(1863年)，率湘军攻击太平军，夺取武昌和田家镇，后升任两江总督，次年镇压捻军，后战败。与李鸿章等创办上海江南制造总局等近代军事工业。同治七年，授英武殿大学士，调任直隶总督。有《曾文正公全集》，今辑有《曾国藩全集》。咸丰八年(1858年)，湖广总督官文与湖北巡抚胡林翼请曾国藩题写“惟楚有材”匾。可能是因为曾国藩是楚籍(湖南亦属楚)重臣，而一向谨慎从事的曾国藩题匾可能是家乡父母官之请，不好推辞，究其何原由，有待进一步考证。

东湖风景区磨山景区有楚才园，人称之为“惟楚有材”景点。该园以楚国八百年历史长河中有作为的明君、名相、事业有成的名人故事的某一断面为背景，以圆雕、浮雕和高浮雕(共25组、总长252米)的表现形式予以展示。历史上曾有“楚材晋用”“楚材秦用”之说，楚国人才辈出也是史家众望的事实。在该园中，长近200米，高5.75米的圆雕《鬻熊》头像拔地而起，根状的胡须像一道道山陵、一垅垅沟壑，寓示楚民族的茁壮与伟大。鬻熊是楚国的祖先，他80岁时为周文王之师，辅佐文王安邦治国，功勋卓著，后人亦受荫被封侯授爵。高5.5米的铜雕《庄王出征》，展现楚庄王率军沿山岗俯冲而下、气势磅礴的场面。还有《熊泽守燎》《次非斩蛟》《卞和抱璞》等浮雕，表现出楚人“筚路蓝缕，以启山林”的艰苦创业和奋发图强、不畏强暴、勇于拼搏的精神。楚才园于1995年初建成开放，占地面积30亩。进园的编钟门上悬

"惟楚有材"四字匾，字摹自楚简。该园以其主体直观性强的雕塑艺术和磅礴气势而独具风格，堪称东湖楚文化建设的经典之作。

九、孙文自荐会总督

清光绪二十年（1894 年），28 岁的孙中山从日本留学回国。有一次路过武昌总督府，想会见湖广总督张之洞，他不顾年龄悬殊（张当年已 57 岁）和地位悬殊（孙中山只是一个"海归"学生，而张之洞乃一品官职），用纸写了一张要求见张之洞的便条，让守门官递了进去。张之洞见条子上写的是："学者孙中山求见张之洞兄。"便问当差的："什么人？"当差的答："回禀大人，是一个书生。"张之洞很是生气，提笔在便条上写道："持三寸帖，见一品官，白衣竟敢称兄弟？"守门官将条子交给了孙中山。孙中山一看，又在便条上写道："行千里路，读万卷书，布衣亦可傲王侯。"守门官又将便条传了进去。张之洞一看，"啊"了一声，连忙说："请！"随即在府门迎接了孙中山。尽管孙中山与张之洞存在上述的两个"悬殊"，但他们丝毫没有交流障碍。二人相谈甚欢，从读书谈到人生，又谈到"西学为用"、洋务运动、富国强民等。通过谈话，张之洞发现孙中山有胆有识，绝非等闲之辈。张之洞的判断没有错，孙中山后来成为中国民主革命的伟大先行者，中华民国临时大总统。

十、武昌首义

清末，面对清政府的专制与腐败无能，以孙中山为代表的革命党人在"驱除鞑虏，恢复中华，创立民国，平均地权"的口号下，努力推翻满清封建王朝政府。

早在 1910 年 11 月，部分革命党人在日本东京商议回国举义地点，大多数主张在西南边省，唯来自湖北的同盟会员杨时杰力排众议，主张在武昌。他认为以前几次的边陲起义，都是旋起旋灭。而武昌为九省通衢，有兵工厂、楚望台军械所可资军械，有新军和军校可充中坚力量，有官钱局、造币厂、商场可资军饷。腹心暴动，必然震动全国，推倒清廷。次年 9 月 16 日，居正、杨玉如乘船赴上海报告武昌准备发动起义的情况，希望举事后能得到全国响应。宋教仁、谭人凤对居正的陈述将信将疑。孙中山远在海外筹款，黄兴也在香港活动。但黄兴接到有关湖北情况的报告后，认为起义应"以武昌为中枢，湘粤为后劲，宁、皖、陕、蜀亦同时响应，以牵制之，大事不难一举而定"。他在给谭人凤的回信中还赋诗说：

吴楚英豪戈指日，江湖侠气剑如虹。
能争汉上为先著，此复神州第一功。

1911 年即清宣统三年，旧历称为辛亥年。这一年，清政府以铁路国有化为名，将民办川汉、粤汉铁路收归国有，并以铁路修筑权为抵押，向英法德美四国银行团借款，激起川、鄂、湘、粤各省人民的抵制与反抗。四川成立"保路同志会"，举行请愿活动，遭到镇压，后发展为各县人民的武装反抗。清政府派端方从湖北率新军入川。

在同盟会的影响下，早已在湖北新军和会党中积蓄力量的“文学社团”和共进会，决定乘清军赴川后鄂驻军虚弱之机，于10月6日起义。因计划未妥，改期10月11日发动。9日，共进会领导人孙武制造炸弹失事受伤，在汉口的机关被破坏。文学社领导人蒋翊武闻讯，改定为当夜发动。又因送信人未能到达炮营，号炮未响，各营未动，而武昌的起义指挥部机关又被破获，彭楚藩、刘复基、杨洪胜三人遇害。蒋翊武被迫出走。10日上午，湖广总督瑞澂和第八旗统制张彪按名册捕革命党人。形势紧迫，革命党人暗中联络在当晚起义。

晚7时，城内工程第八营的士兵程正瀛向正与士兵扭打的排长陶启胜开枪射击。该营革命党人代表熊炳坤赶来，也朝陶打了一枪，并击毙了前来阻拦的军官，然后率队扑向楚望台军械库，该库士兵鸣枪响应。熊炳坤便以总代表名义，宣布起义部队为湖北革命军。此时，武昌起义军陆续进至楚望台，将推出的10余门大炮安置在楚望台、蛇山和凤凰山等制高点上。起义士兵推举工程八营左队队官吴兆麟为临时总指挥，负责攻打总督署。当工程八营起义时，辎重营同在城北塘角点燃信号，发动起义，并向城内进发。当各部兵马竟夜总攻湖广总督署时，在南湖炮队架设于蛇山的大炮支援下，熊炳坤率领敢死队向总督署猛攻。湖广总督瑞澂见大势已去，在督署后墙破洞而出，再从文昌门下到兵舰上逃至汉口。八镇统制张彪见势不妙，也慌忙逃往汉阳。革命军遂占领了总督署。后经过一夜的苦战，武昌城总督署以下各官衙、各城门均为革命党人所控制，于是宣告武昌首义胜利。长江北岸汉阳的革命士兵在11日晚占领了汉阳兵工厂和汉阳铁厂以及制高点龟山，清兵即刻遗逃。12日清晨，汉阳宣布光复。与此同时，汉水北的汉口革命士兵于11日晚在居仁门发难，在汉阳革命军的支援下，于12日宣布光复。

武昌首义胜利后，革命党人推新军协统黎元洪出任湖北军政府都督，发表宣言，号召各省起义，湖南、陕西、江西等省相继响应，形成全国规模的辛亥革命。

武昌首义打响了推翻清朝专制统治的第一枪，并把以孙中山为代表的全国各地革命者发动的革命暴动推向了最高峰。武昌首义后，中华民国湖北军政府在武昌成立，第一部具有共和宪法雏形的《鄂州约法》，以及第一个具有民主性质的临时议会在武昌诞生。在中华民国南京临时政府成立之前，武汉被公认为是全国革命的中心。在此后不久的阳夏保卫战中，以武汉军民为代表的民军以血肉之躯和劣势的装备，与装备精良的清军战斗数十天，虽以失败告终，但胜在时间上和牵扯清军力量上，为全国其他各省的纷纷起义与全国革命政权的建立赢得了必要的时间和空间。

后来人们总结出“首义精神”，包括五个方面：敢为人先的创新精神，不竞声华的实干精神，振兴乡邦的爱国精神，通力协作的团结精神，不计生死的牺牲精神。这是武昌城不朽的首义文化精髓和宝贵的精神财富。

第八章　古城景物新貌

第一节　秀美东湖

一、秀美东湖

东湖因位于武昌城东而得名，但其名曾几经变更。古时由于东湖、沙湖、白洋湖相通，它曾被称作“沙湖”。清同治时期，文人任桐曾撰《沙湖志》。此后，有一时期被称作“郭郑湖”，直到1948年定名为东湖。现东湖属东湖风景区，亦称武汉东湖生态旅游风景区。东湖景区面积105平方公里，其中湖面面积33平方公里，平均水深2.21米，最深处达6米，湖岸线长112公里。东湖曾是中国最大的城中湖，2014年后，因武汉中心城区扩大，汤逊湖纳入城区范围而成为第一，东湖遂成为中国第二大城区湖。东湖风景区1982年被国务院列为首批4A级旅游景区，2013年升级为5A级旅游景区。2008年，成为全国第二批15个全国文明风景旅游区之一。2015年，东湖游客接待量为761万人次。2016年1月，东湖景区入围国家生态旅游示范区名单。东湖还是毛泽东主席解放后除中南海外居住时间最长的地方。

东湖风景区由最初的“海光农圃”逐步扩大建设而成。1927年大革命失败后，武汉籍民族资本家周苍柏亲眼目睹社会政治腐败、纸醉金迷的现状，对武汉一些市民沉溺于鸦片和赌博的状况十分焦虑，决定兴建一处供市民休闲娱乐、强身健体的场所，便选址东湖西岸兴建“海光农圃”。

20世纪初期，东湖湖上、湖岸一片荒凉，蒿草蓬生。民国初期，随着武汉私家花园的兴起，东湖之滨相继建设了一些别墅和山庄，但多集中在东湖西北岸和珞珈山一带。其中，有曾任伪汉口市市长石星川在洪山营造的“官园”，湖北省主席夏斗寅在珞珈山营造的“夏家花园”。1931年，夏斗寅于蒋介石40寿辰时，在东湖湖心岛上修建中正亭（今湖光亭）。1932年，民族工商业者曹琴萱在珞珈山南麓兴建“种因别墅”(今珞珈山宾馆)。此外,东湖便无其他建筑和风景点。

东湖 · 梨园(2007 年摄)

1929 年起,41 岁的周苍柏拿出自己的积蓄,先后在东湖边购置了多块小荒地,开始实施他把东湖办成“湖北花园”计划,让广大群众有一个四季景色优美的旅游休闲胜地。日积月累,周苍柏的购地逐渐形成三面环水、形同半岛的一大片地方,并建设成有游泳池、养鱼池、马棚、动物园,植有林木花卉,附设“四顾亭”、“天鹅池”的游览场所“海光农圃”。1937 年 8 月《湖北南湖余家湖公产清理处关于海光农圃重新丈量补价的报告》显示,海光农圃 4 区占地面积 600 亩。1949 年初,周苍柏决定把海光农圃无偿献给国家。同年 9 月,中共中央中南局将此事报请周恩来总理批准后接收海光农圃,并更名为东湖公园。1950 年 12 月,又将东湖公园定名为东湖风景区,并成立以陶铸为主任委员,张执一、郑绍文、周苍柏为副主任委员的东湖建设委员会。此后,东湖风景区逐步扩大修建。

东湖山水秀美,景观别致,风光迷人。湖光山色,浑然一体,水碧如蓝,浩如烟海,澈若明镜;山青如黛,秀似柔波,媚若瑶琴。万顷碧波中,水鸟出没,渔舟汇漾,港汊交错,有“九十九湾”之称。湖中筑堤,一条 19 公里长的环湖路,堤岸相连。在长堤绿荫中缓行,呼吸湖面吹来的清风,会有一种如临大海的感觉。阳光下,东湖水面金光四射;东风吹来,湖面洪波涌起,气象浩渺;湖畔松竹与波涛交响,让人神清气爽。临湖远眺,碧波与蓝天相接,天水一色。尤其晨起临湖观日出,霞光映“海天”,交相辉映;而夜间漫步于长堤,则水泊岸堤,别有情趣。东湖之景,四季如画。春雨潇潇,柳絮飘舞,长堤卧波吞烟浪;群山嫩如青玉,春水软如鹅黄。夏日荷风,十里清香,浮光跃金,飞舟曳银;碧波万顷击水,白帆千点逐浪。秋山净朗,鸥鹭翔集,渔舟晚唱;层林尽染映长天,银波如镜透底莹。冬云苍苍,薄雪似霜,红梅傲放;朔风轻舞暗香浮动,冬霜傲首胭脂翠。

东湖名胜遍布,人文荟萃,寓事于景,情景交融。屈子诗赋悬日月,楚王台榭控山丘。凤翥之传承，楚辞光焰；九歌之音韵，离骚绝唱。东湖梅岭有饮马池，相传为鄂王筑池饮马之所。九女墩后有楚王墓，传为鄂王之葬陵。东湖磨山长咀的清桥与鼓架山，传为春秋五霸之一的楚庄王击鼓督战平息叛乱之处。唐代建弥陀寺于洪山，相传鄂国公尉迟敬德读书于此；山上有东岩石刻“几处稻粱喧鸟雀，数声钟磬启渔樵”之诗句；山之西南麓有唐代著名文人李北海之故居，李白曾作诗凭吊，并在水果湖之西岸放鹰（今有放鹰台）；元代在洪山建灵济塔，“洪山宝塔”至今屹立。明楚藩王曾在东湖喻家湖南种植芦苇，取簧制笛，吹笛山及吹笛景区由此得名。东湖西北岸有九女墩，系太平军九位女兵为抗击清兵捐躯之合葬之墓……

东湖·沙滩浴场（2007 年摄）

东湖风景区依据自然环境与民间传说，沿湖依次规划为听涛、落雁、磨山、吹笛、白马、珞洪六大景区，规划在“曲曲幽幽九十九湾”，建成“山山水水二十四景”。现听涛、磨山、落雁、吹笛四景区已对外开放，有泽畔行吟、碧潭观鱼、曲堤凌波、落霞水榭、翠帷蕴谊、朱碑耸翠等 100 多处景观点，120 多个岛渚星罗，环湖 34 座山峰绵延起伏，1000 多亩山林林木葱郁，湖水如镜，山体如屏，景色如画。山清水秀，鸟语花香；水上泛舟，清爽宜人；红叶满山，丹桂飘香；踏雪赏梅，候鸟竞翔。一幅幅四季景色画卷，诱人驻足，流连忘返。

2015 年 12 月起，东湖风景区生态保护和系统修复的核心工程——东湖绿道工程开工建设。2016 年 12 月 28 日，东湖绿道建成开通。东湖绿道全长 28.7 公里，分为湖中段、湖山段、磨山段和郊野段 4 大主题绿道，可串联起磨山、听涛、落雁 3 个景区，涵盖了“水道、花道、林道、夜道”的绿道共设有 25 个驿站（含 4 个一级驿站、9 个二级驿站和 12 个服务点），游客可在绿道上徒步、骑行，还可乘坐电瓶车一览东湖的无限风光，感受“人在画中游”的美感，途中还可以在驿站中冲冲澡、喝喝咖啡。

东湖绿道是一条世界级的绿道，其设计标准严格，可承办各类相关国际赛事；路况信息全部上网，游客漫步其中，只需使用手机，就能实时了解周边交通情况和停车站、租用自行车等信息；采用“渗、滞、净、用、排”等多种生态措施，使整条湖岸线犹如“海绵体”，最大限度地发挥其调蓄作用，促进东湖及周边生态系统的修复与提升。

湖中道，全长 6 公里，从梨园广场至磨山北门，途经湖光序曲、九女墩、长堤杉影、湖心岛、沙滩浴场、湖光阁、鹅咏阳春、观楚台等 8 处景点。

湖山道，全长 6.2 公里，从风光村经封都山、八一游泳池到梅园，途经全景广场、枫多山 2 处景点。

磨山道，全长 5.8 公里，从磨山北门进入，围绕磨山景区展开，途经磨山挹翠、林间探微 2 处景点。

郊野道，全长 10.7 公里，从鹅咀至磨山东门，途经雁聚佛脚、稚趣园、曲港听荷、鹄梦回塘、田园童梦、塘野蛙鸣、湖山在望、荻芦泽畔、落霞归雁等 9 处景点。

一、听涛景区

听涛景区位于东湖最大的湖泊郭郑湖的西北岸，与武汉大学遥遥相对，是东湖风景区的核心景区之一，也是东湖风景区第一个开放的景区。前身为民族资本家周苍柏的私家花园“海光农圃”。现该景区植树树种繁多，四季常青，亭阁相望，湖岸线绵长，景区由堤线连接的多个半岛组成。湖滨平坦的草地与广阔的湖面互为景色，置身其间，令人视野开阔、心胸坦荡，环顾四周碧水，平滑如镜，蜿蜒凹凸的港汊，游鱼成群，水鸟争飞。景区内有以纪念屈原为主体的景观——行吟阁、屈原纪念馆，橘颂亭、沧浪亭和先月亭、可竹轩、听涛轩、楚风园、九女墩、湖光阁、水云乡、濒湖画廊、碧潭观鱼、沙滩浴场、长天楼、落霞水榭、鲁迅广场、苍柏园、寓言雕塑园等。

东湖 · 行吟阁（2007 年摄）

行吟阁：位于东湖西北岸中部的小岛上，1955 年修建。小岛四面环水，由荷风、落羽两桥与陆路相连。阁名出自《楚辞 · 渔父》：“屈原既放，游于江潭，行吟泽畔。”屈原（前 340—前 278），名平，战国时期秭归人，是中国最早的伟大诗人，杰出的政治家。初辅楚怀王，曾任三闾大夫。他主张对内实行“举贤授能”的进步政策，对外实行“联齐抗秦”的战略方针，使楚国雄踞南方，一度强盛。后遭奸臣谗言离间，楚怀王将屈原放逐汉北。相传屈原在放逐流亡期曾到过湖北武汉，行吟于江汉河湖之间，这在他的诗中亦有所反映。公元前278年，秦国攻破楚国都城，已流放二十年的屈原目睹国破家亡，满怀悲愤，于农历五月初五，投汨罗江而死。行吟阁为东湖标志性建筑之一，系钢筋混凝土仿木结构，高22.5米，平面呈正方形，三层四角攒尖顶，古色古香，雄健俏丽，颇富民族风韵。阁前立屈原全身塑像，像高3.6米，基座高3.2米，造型端庄凝重，翘首问天，款款欲步，彰显伟大诗人之气质。

屈原纪念馆位于行吟阁之北，为20世纪50年代兴建的国家二级纪念馆。在国家领导人董必武和郭沫若的直接关怀指导下，为众多知名艺术家争相贡献的精品之作，曾在国内及亚洲有较大影响。该馆为民族古典建筑形式，主体建筑为二层，馆名由董必武题写。馆内所设展室陈列有关屈原的文献资料及纪念屈原的书画艺术作品。馆门大厅有横额为“日月争光”下的屈原半身铜像，配有屈原的生平事迹简表、版画及屈原生活时代的青铜器、兵器、乐器、玉器、礼器、漆品等复仿品。除行吟阁、屈原纪念馆外，纪念屈原的景点还有橘颂亭、沧浪亭等。

位于东湖风景区的屈原纪念馆

长天楼：是一座具有民族特色的宫殿式建筑，1956年修建，楼名由湖北籍中共创始人之一、国家代主席董必武题写。为砖木结构，分上下两层，面阔七间，进深两间，翠瓦飞檐，气势雄伟。全楼可容纳千人同时就餐品茗。游人凭窗远眺，碧波万顷，顿生“落霞与孤鹜齐飞，秋水共长天一色”之感。党和国家领导人毛泽东、周恩来等，曾偕国际友人在此楼休憩。

楚风园：位于梨园广场以北150米、渔光村东南沿湖一侧，占地4.2公顷，建有“五十一兽屏”、鸳鸯豆、乞天求雨等楚文化雕塑。植有荷、橘、桑、薇等湖北乡土植

九女墩

物，是集观光、休闲、娱乐于一体的主题公园。园内小桥流水，绿荷摇风，篷船泊岸，似一幅山明水秀的江南水乡图。

九女墩：位于东湖西北小山丘上，距楚风园偏东北200米，是为纪念太平天国九位女英雄与清军激战时壮烈牺牲于东湖边而建的墓地，由当地群众把她们合葬于此。为避清军破坏，即称为“墩”而未称作墓。1952年，武汉市政府建墓立碑。碑为花岗岩砌成，高8余米，顶端悬挂着6只铜铃，风吹铃响，犹如烈士英灵奔驰战场金戈铁马的激战声。碑的正面、侧面有董必武、宋庆龄、郭沫若、何香凝、张难先等题写的碑文。为湖北省文物保护单位。

碧潭观鱼：位于听涛景区中部，濒湖画廊北面虎岭湖畔，依山傍水。亭榭呈品字布局，再现楚国喜好临水筑榭的特色，为一组以自然湖池贯以曲桥亭廊相连的园林建筑群。21世纪初，用净化技术建造了若干清水鱼池，饲养了大量锦鲤和百斤大青鱼供游人观赏。这里水碧潭清，游人观鱼嬉戏，趣味横生，形成东湖最靓的一处观鱼佳境。盛夏之时，碧潭观鱼内荷花争芳吐艳，“出淤泥而不染，濯清涟而不妖”，与邻近行吟阁、屈原纪念馆交相辉映。

东湖·观鱼台（2006年摄）

听涛轩（亚洲棋院）：位于听涛景区中部临湖的狭长山丘上。建于1958年，为古建筑长廊式凉亭。廊顶琉璃闪烁，廊内宽敞明亮，四周通透，可容百人小座。在临湖石砌的护坡上,镶嵌着宋代文豪苏东坡字迹的“松坡”二字。拾级登临,望东湖辽阔水面,长风阵阵下溅出层层浪花,波涛拍岸之声不绝于耳,故有“疑海听涛”之意境。伫目远眺,对面磨山如海中蓬莱仙岛,在水光云雾中若隐若现。湖中长堤如九曲回肠,湖之浩渺,烟海萦绕眼前,引人遐思连连,心旷神怡,洗涤心智,尘嚣远去。听涛轩与亚洲棋院贯通。亚洲棋院前身为听涛酒家,现为二层楼房,建筑面积2400平方米,设有围棋对局室,可承接在湖北举行的国际、国内各类围棋赛事。还设有包房、餐厅,亦具有饭店功能。毛泽东主席曾亲临此处品武昌鱼,留下“才饮长沙水,又食武昌鱼”的佳句。

可竹轩:始建于1958年,轩名出自北宋代文学家、书画家苏轼有“宁可食无肉,不可居无竹”之语。轩后植修竹百竿,临风摇曳,四周绿草如茵,香樟合抱,声韵可听。登轩可南望珞珈书香,东赏磨山晨曦,北览湖光浮阁;朝晖夕霁,近湖远山,气象万千,有步移景异之妙。轩内亭台错落,回廊曲折,小桥流水,古色古香。为纪念东湖风景区的开拓者、我国著名爱国民主人士周苍柏,在此设立了“周苍柏纪念室”,图文并茂地介绍了周苍柏生平以及为东湖风景区建设所作出的不朽贡献。

鲁迅广场:为纪念中国文化巨匠鲁迅,在长天楼左侧辟有鲁迅广场。广场临岗处立有鲁迅半身座像。四周苍松翠柏环列,四季鸟语花香,一派肃穆庄严的景象。广场草坪开阔,是青少年、中小学生的爱国教育基地,也经常举办大学生游艺活动,各种青年联谊活动异彩纷呈。鲁迅广场与南边的行吟阁遥相呼应,古今相衬,一边是纪念古代伟大的最早的诗人,一边是纪念现代新文化运动的主将,令东湖人文景观大为增色。

苍柏园:占地60余亩,原为周苍柏所创建的“海光农圃”的一部分。为纪念东湖的开拓者周苍柏,东湖风景区在此修复“苍柏园”,于2008年国庆期间与游客见面。该园在海光农圃的原址——今听涛景区可竹轩至寓言雕塑园一带,为一狭长的地带,即是东湖风景保护得最好的地区之一。整治和建设苍柏园,是充分挖掘东湖人文资源,形成东湖风景区珍贵人文景观的重要举措。苍柏园由牌坊、纪念铜像、纪念室、纪念林等组成。

寓言雕塑园:简称寓言园。1986年兴建,占地百余亩,建有寓言雕塑23组,内容全部取材于中国古代寓言故事,是国内第一座以中国古代寓言故事为题材的雕塑园。其中以毛泽东主席手迹“愚公移山”命名的浮雕,长40米,宽6米,采用摩崖、高浮雕与浅浮雕相结合的手法,以草青石雕刻而成,浑然天成,气势恢宏,是全园的主体雕塑。“盲人摸象”“猎人争雁”“三个和尚”等寓言雕塑,曾获20世纪80年代全国“十大雕塑”的大奖。园中石雕以大方块为主,人物多具变化,以垂直线和平行线刻画细部纹样,人物造型千姿百态,肖像栩栩如生,布局高度参差有序,错落有致,与景致相得益彰。

二、磨山景区

磨山景区三面环水，六峰逶迤，总面积12平方公里，犹如一座美丽的半岛。“半岛”上有充足的雨量与光照，可供观赏的树种达250多种，共200余万株，在武汉有“绿色的宝库”之誉。还有梅园、水生花卉园、盆景园、杜鹃园、樱花园、荷花园、桂花园、蔷薇园、松柏园、山茶园、竹类园等13个集科普、观赏、游览于一体的植物专类园。其中，梅园居全国四大梅园之首，樱花园为世界三大樱花园之一。这里是花的海洋，四季常香，有“夏荷冬梅、春鹃秋桂”之说。磨山海拔118米，“十里长湖”与“八里磨山”的湖光山色，天然成趣，景色别致。在磨山登高峰而望清涟，踏浪以览群山，能体味到山水之精妙。秀丽的山水、丰富的植被、浓郁的楚风、别致的园中园，是磨山景区的四大特色。

东湖·楚城(2007年摄)

磨山景区是全国最大的楚文化游览中心。楚文化是中国周代(公元前11世纪晚期—公元前223年)楚人在荆楚大地上经过近千年的历史所创立的特色地域文化，是长江文化的重要组成部分，是中国古代文明史上的一朵奇葩。楚文化游览区主要景点有雄伟壮观的楚城门，楚人进行商贾贸易的楚市，楚之始祖祝融塑像，媲美江南三大名楼的楚天台，比泰山的“天下第一碑”更为壮观的《离骚》碑刻(此碑采用毛泽东1931年以正楷字体手抄屈原《离骚》的全文，堪称一绝)，全国最大的“惟楚有材”石雕园和南国哲思园等。这些景点生动直观地显现了古楚国经济、文化的博大精深与辉煌灿烂。

楚城门依楚人喜欢临水居高筑城的特点，按照郢都故城形制而建。楚城门由城楼、城墙、烽火台、水城门组成，均以红砂石构筑，全长105米，城楼高23.4米(城墙高11米、望楼高12.4米)。城门分为水门和陆门，均为一门三道，城墙一端沿陡壁蜿蜒上山，接高处烽火台；另一端伸入水中，与水面固守的水城门相连，形成独具楚地水乡特色的雄关险隘。

楚天台位于磨山第二主峰，是楚文化游览区的标志性建筑。仿古楚国章华台“层台累榭、三休乃至”的形制而建，层阶巨殿，依山傍水，高台耸立，可与江南三大名楼（南昌滕王阁、武汉黄鹤楼、湖南岳阳楼）媲美。整楼面积2260平方米，外五层内六层，高35.26米，楼正面墙上镶有用600多块天然大理石拼成的“楚天仙境丹凤朝阳”图案，为楚天一绝。曾有定时表演编钟乐舞，展出楚国出土的大批文物仿制品、工艺品，还有蜡像展。其楼顶高出山顶6米，登楼四顾，秀丽的山水尽收眼底。

东湖·楚天台（2007年摄）

刘备郊天台又名刘备郊天坛。其古遗址位于磨山西峰。据《大清一统志》《湖北通志》载：“郊天台，在县东十五里磨儿山。相传汉昭烈帝祭天于此。”历史学家、华中师范大学教授王玉德考证认为，刘备郊天坛就位于东湖磨山。相传赤壁大战刘备攻取荆州后，孙权和周瑜想伺机夺回荆州。东汉建安十三年（208年），刘备夫人（甘夫人）亡故，孙权许诺以其妹为嫁，企图以此把刘备诱到南徐（今镇江）困住。在诸葛亮的谋划下，刘备将计就计，乘船南下，船至今武昌，心情不安，赵云等人劝刘备上岸骑马散散心。刘备一行人骑马来到了今东湖，沿途观光赏景，只见岛屿星罗，湖港纵横，风光旖旎。刘备心旷神怡，不觉来到一座山下。不料一阵怪风，吹得刘备马失前蹄，帽子吹走得无影无踪。刘备大惊，攀上山顶，在东山头搭台祭天。仪式过后，天空转晴。刘备继续东行，到达东吴，顺利娶孙权之妹为妻，并且在她的帮助下，摆脱了孙权的控制。2003年，在刘备郊天台原址上，重建了现台。刘备郊天坛高104.5米，分广场、神道、祭坛三部分。广场正对山头轴线立有东汉四阶顶成壁影，正中立有高4.5米的铸铁香炉。神道石阶共360级，以应天数之吉。祭坛其上为圆坛，下为方坛，以应天圆地方之说。天台里供奉有道教的神和佛教的菩萨。该台所在的东一峰，三面环水，风景优美。东面隔湖，可远望落雁景区；西面与楚天台相邻，山脚下是磨山新三景：清河桥、烟浪亭、摩崖石刻（刻宋代诗人袁说友《游武昌东湖诗》），被誉为“观日上佳,赏月绝妙,瞰景最全,祈福甚灵”之地。

祝融观星台:建于 1992 年 7 月。在磨山顶筑青石圆台,台中有九层圆形踏步。九级圆形台阶象征九重天，九重天上筑有 1.5 米高的花岗岩基座，座上立有重 6.5 吨、底座高 1.5 米、身高 5.5 米的铁铸祝融像。他一手持 28 星宿图纹,一手持甲骨文天象记载;脚踏日月,怒目鼓腹,腰带下垂,喻示生命力旺盛和生殖崇拜。平台边 28 个石墩寓意 28 个星宿,以东、南、西、北各七个星座分布,划四方,定四季。其正面为人性,背面为凤灵,上书“南方月彜,东方日晰”,意为:“南方的月亮渐渐落下,东方的太阳渐渐清晰”,体现了楚人崇火、拜日月的习俗。2010 年 2 月。“祝融观星”雕塑获 “新中国城市建设成就奖”。该奖面向建国 60 年来城市雕塑代表性作品评奖,全国共评奖 60 项,湖北获奖 2 项。祝融,姬姓,系沃土荆源人,为楚人之始祖,帝喾高辛氏之士,以功列五祀,居火正(火神),职责是观象授时,确定农耕,指导人们生产、收获,历为楚人所崇拜。

楚人崇凤尚黑,凤是楚人图腾,是真善美的象征。根据楚人崇凤的风俗,在楚天台 299 级踏步的始端,建有 440 平方米的凤标台。两只各高 7.5 米,共重 15.8 吨的大型铜质凤凰站在虎脊之上,正振翅欲飞。这是游人领略楚文化的重要景点。

楚辞轩位于磨山第二峰与第三峰之间的翠谷之中,轩内有屈原、宋玉等人的塑像。

楚才园:建于 1955 年,占地 30 亩,以刻石、铸铁、铸铜作圆铸 33 尊,平均高度 5 米,浮雕 25 组,总长 252 米,宛若一长幅历史画卷,表现古代楚国的名人、重大事件和重大成就,集中展现了楚国 800 年的开拓史、民族史、内政史、外交史、法制史、军事史、经济史、科技史、交通史、学术史等等。编钟门上悬“惟楚有材”。该园几乎囊括了楚国的所有英才,气势磅礴、形象生动,美观传神,以直观性强和史实丰富而独具风格,堪称楚文化建设的经典之作,让人从中感受到楚文化的博大精深。

朱碑亭:位于八里磨山第一峰上,筹建于 1978 年,1982 年落成。系纪念朱德元帅为东湖题词的纪念性建筑。亭系钢筋混凝土仿木建筑。主亭高 21 米,二层四角攒尖顶,绿瓦单檐,红漆圆柱,二层四周有凭栏,建筑面积为 157 平方米,亭正面额上悬现代文豪郭沫若题写的 “朱碑亭” 匾额。其附属建筑为游廊、展室,共有面积 311 平方米。亭前立有镌刻朱德元帅的题词:“东湖暂让西湖好,今后定比西湖强。东湖有很好的自然条件,配合工业建设,一定可以建设成为劳动人民十分爱好和优美的文化区和风景区。”题词以大理石上刻字,字碑镶嵌在不规则的红工塑石上。碑高约 3.5 米。亭下的兰草室满室生香,回味悠长,反映朱德元帅一生爱兰、养兰及心洁如兰的高尚品德。1954 年 3 月,时任全国人大常委会委员长、三军总司令的朱德视察湖北。他登临磨山之巅,纵览东湖美景,挥毫题词,表达了对东湖的深爱之情和美好祝愿。

东湖磨山樱园：位于磨山景区南麓，占地 26 亩，有樱花 1 万余株。园内种植的第一批樱花，由日本前首相田中角荣赠送给邓颖超，再由邓颖超转赠东湖。绝大部分樱花树，是中日双方于 1998 年共同投资栽种的。东湖磨山樱园与日本弘前樱花园、美国华盛顿樱花园并称为世界三大樱花园。东湖樱花园是全国垂枝樱花数量最多、最集中的地方，其中雨晴垂枝、八重红垂枝等是樱园中的珍品。全园采用日式庭院设计，颇具日本特色。园中有“七十八樱花亭”，植有樱花 78 株，系时任全国人大常委会副委员长的邓颖超在 1979 年访日时，日本前首相田中角荣赠送的 78 株日本樱花。这 78 株樱花象征周恩来享年 78 岁，以示深切的怀念之情，同时也为纪念 1978 年缔结中日友好条约。1982 年又增建“蕴谊亭”，以纪念武汉市与日本大分市结为友好城市。

东湖磨山梅园：始建于 1956 年，现有面积达 800 余亩，定植梅树 2 万余株。为全国四大梅园（另三座梅园为南京梅花山梅园、无锡梅园、上海淀山湖梅园）之首。为中国梅花研究中心、中国梅文化馆所在地，亦是全国著名的赏梅胜地。梅花是武汉市市花。这里建有全世界最大的梅花资源圃，培育种植珍贵梅树品种 320 余个，是全球梅花品种最多、最全的培育基地。其珍贵的品种主要有：龙游梅、美人梅、多子玉蝶、雪海宫粉、金钱绿萼、黄香梅、复瓣跳枝、红千鸟、谈丰后、红台垂枝、照水梅、算珠台阁等。东湖梅园之景号称“十景”：梅花观止、古梅园、缘、冷艳亭、三友、梅雪争春、梅友、芳溪、一枝春馆、中国梅花馆。

东湖荷园：位于磨山南麓，现为中国荷花研究中心的品种资源圃与实验基地。总面积约 3 万平方米，建有 830 多个荷花品种池，种植荷花品种 700 多个，睡莲等水生花卉 200 余种。其中，荷园品种资源为全国乃至全球最多，且品种特点各异，色彩纷呈，号称“东湖荷花十最”：世界上最大的荷花“舞妃莲”、世界上最小的荷花“小精灵”、世界上花瓣数最多的荷花“千瓣莲”、世界上花色最多的荷花“翠盖华章”、世界上最“黄”的荷花“秣陵秋色”、世界上最古老的荷花“中国古代莲”、世界上最早开的荷花“金珠落玉盘”、美国名品荷花“伯里夫人”、日本名品荷花“明媚莲”、独特的皱叶荷花“皱叶洒锦”。

磨山杜鹃园：始建于 1985 年。现占地 175 亩，建有杜鹃花海、雾森溪流、水花广场、观花栈道、景石拱桥等园林景观。园中遍布 80 余个品种的杜鹃 3000 余株。每当杜鹃花开，满园春色，呈现出“珍品杜鹃齐争妍，漫山春花红艳艳”的花海盛景。园内还有小桥流水，曲径通幽；成片楠竹，青翠欲滴；古树名木，锦上添花，并常年展出根雕艺术精品。

磨山盆景园：坐落在磨山西南台的东湖之滨，占地面积 46 亩，为湖北最大的盆景园。园内珍藏有各类盆景近万盆，并常年展出花卉盆景。园内建筑风格和庭院布置融合了南北园林艺术之精华。

三、落雁景区

落雁景区因景区内有落雁岛而得名。相传落雁岛因春秋时期楚庄王征战东湖时，由一只被叛将射伤的大雁带路消灭叛军而被命名。该景区北依白马景区，南与磨山景区隔湖相望，东临青王公路，规划用地面积为 10.24 平方公里，其中陆地 5.92 平方公里，水域 4.32 平方公里，是经国家有关部门批准建设以生态休闲旅游与楚文化民俗风情为特色的游览区。自 2000 年起，开发建设落雁景区自然生态园，有清河古桥、鹊桥相会、雁洲索桥、赵氏花园、芦洲古渡、古树奇观、雁栖坪沙、芦洲落雁、乌龙潭、乌龙井等十大景点。自然生态园总面积 345 亩，由四个伸向水中的半岛组成。该园植被茂盛、风动林涛，港汊交纵、水鸟众多，得天独厚的自然风光造就了秀美的生态环境和景观。园中还集中修建了一批体现楚地民俗文化历史的雕塑和建筑。2005 年，落雁景区正式对游人开放。1994 年，建成落雁岛“岛屿游乐世界”，有垂钓村、水上人家、农家茅舍度假村、游乐区、吟波楼、情侣楼、吹笛桥等楚色楚香景点及快艇、野炊、篝火晚会等游乐项目。

四、吹笛景区(马鞍山森林公园)

东湖风景区吹笛景区原名马鞍山森林公园，位于东湖风景区南部，南界珞瑜路，北濒东湖，东止九峰港，西临喻家湖，以优美的自然风光取胜。公园成立于 1993 年，两年后正式对外开放，总面积 713 公顷。园内有大小山丘 17 座，森林覆盖率达 80%，绿化覆盖率 91%。主峰马鞍山海拔为 136.02 米，中间凹陷，两头突起，状若马鞍，故名。

民间传说，春秋战国时期，立志成就霸业的楚庄王率兵与秦国军在此会战，留下了“擒贼先擒王”“百步穿杨”等成语故事。另传姜太公、赵子龙、朱元璋等曾在这里留下足迹和美丽传说，其“太渔山”“吹笛山”因此而得名。唐贞观年间，太渔山上有云岩寺，与宝通寺、九峰寺齐名。云岩寺规模宏大、香火旺盛，惜于太平天国年间毁于战乱。

公园突出森林和湿地两大特色，体现“自然、生态、清新、野趣”之宗旨。园内森林树木由以马尾松为主的针叶林和以樟树、枫香、女贞为主的阔叶林混交植成，滨湖湿地还有大片杉林。自 1993 年建园以来，形成了有梅花、桃花、竹林、杜鹃、紫薇及红叶李等 6 大专类风景观赏地块，建有景致优美的滨湖湿地保护区，以踏青探春为主题的“晓塘春色”游乐项目。猴山散养了 100 多只猴子，在武汉仅此一家。另有自助烧烤、林中滑索、碰碰车、弯月飞车、森林赛车、镭战等休闲游乐项目，素有“武汉后花园”和“天然氧吧”之美誉。公园年均接待游客达 60 万人次。

2006 年 8 月，马鞍山森林公园整体作为东湖风景区之吹笛景区，并从市园林局划归东湖风景区管理。至此，吹笛景区包括九峰森林保护区和马鞍山森林公园，把九峰山和马鞍山“二山”和九峰国家森林公园、马鞍山森林公园、石门峰名人文化园等“三园”连为一体，总面积达 33 平方公里，新的景区于当年 10 月 1 日对游客开放。

五、珞洪景区与白马景区

珞洪景区（包括珞珈山和洪山地域）即以武汉大学校区为主，该校掩映在山林之中。古朴典雅的校园建筑，错落有致地分布在珞珈山等山林中。武汉大学即被称为中国最美的大学、“世界最美大学之一”。洪山亦是林木葱茏，古迹甚多，以有宝通寺、洪山宝塔、无影塔（洪山小塔）而著称。1960 年，政府在洪山南麓辟有洪山公园。洪山四周环境也极为优越，东有名胜卓刀泉，东北有风景秀丽之珞珈山，南临名刹莲溪寺，西连大东门外的长春观及东湖游览胜地听涛景区。

白马景区因景区有白马洲而得名，位于东湖风景区之东北角，是一个未完全开发出来的景区。该景区水域辽阔，芦荻连绵，大小水洲、渔舍遍布景区。其中，汤菱湖水域面积达 5.081 平方公里。园区白马洲四面环水，面积约百亩。洲上原有白马冢，其白马是三国时期著名军事家、战略家、政治家和外交家鲁肃的坐骑。据《三国志》载：为使孙刘联合抗曹，鲁肃亲赴夏口（汉阳）与刘备联络，便骑上一匹白马，沿长江西奔。白马驮着主人跋山涉水，日夜兼程，铁马掌磨破了，肚子饿瘪了，依然奔波不止。至黄昏，不料湖水挡住了去路，白马冲向湖中，不幸陷入湖滩，动弹不得，直至倒下累死。鲁肃将白马厚葬于荒洲。后人为纪念此马，命名该洲为白马洲。白马冢今已不存。洲旁有白马桥遗址。现白马洲开发成“花果洲”，洲上的橘子园占地 50 余亩。

白马景区还有另一景点北洋桥，见本书第四章第二节中的专门介绍。

依据规划，白马景区定位为“保健康复旅游区”，将建设成为以开展康复旅游、健身休养活动为主的休憩游览区。

第二节　长江首桥

在中国，人们渴望和设想在武汉修建长江大桥的历史，长达 100 余年。早在清咸丰二年（1852 年），太平天国军就在长江武昌江面架设有 3 座浮桥，其中一座位于武昌蛇山与汉阳龟山之间的江面上。清末，清廷邮传部曾拟出修建武汉长江大桥的计划。民国时期，孙中山在《建国方略》中也提出了“以桥或隧道联络武昌、汉口、汉阳为一市”的设想。1913 年，中国铁路工程专家詹天佑，请北京大学德籍教授乔治·米勒带领 13 名土木科毕业生，来汉测量长江大桥桥址。1929 年，国民政府铁道部请美籍顾问华德尔博士来汉勘测，计划沿武昌蛇山至汉阳凤凰山线过江建桥。1934 年，中国桥梁专家茅以升主持的钱塘江桥工处，对武汉长江大桥桥址作测量钻探，并请苏联驻华莫利纳德森工程顾问团拟订了一建桥计划，桥址拟在武昌黄鹤楼至汉阳莲花湖北刘家码头的江面上。这些设想和计划，均予后人建桥以启示与借鉴。

新中国成立初期，京汉、粤汉两铁路列车均用轮渡过江，无法满足全国南北交通畅通之需要，严重影响国家的经济发展。且由于长江、汉江的天堑阻隔，武昌、汉口、汉阳三镇长期分割，交通联系极为困难，人力、财力、物力、时间等诸方面浪费和损失惊人。1950 年，中央人民政府指示铁道部筹建武汉长江大桥。1954 年 1 月，政务院会议讨论通过《关于修建武汉长江大桥的决定》，批准其初步设计和工程概算。1954 年 7 月，以西林为首的苏联专家组到汉，帮助大桥的技术设计和施工建设。1955 年 6 月，武汉长江大桥技术设计完成，7 月设计获批准，9 月进入正式施工阶段。

武汉长江大桥全部建设工程除大桥本身外，还包括大量的配套工程：汉水铁路桥、大桥联络线、由丹水池站经江岸西站至汉水铁路桥头的汉口迂回线（今京广线铁路区线）、江岸站至江岸西站的联络线、江岸西编组站、汉西站、汉阳站等设施。其中，汉水铁路桥和长江大桥正桥及其引桥工程由铁道部武汉大桥局负责施工，其余铁路及跨线桥工程由铁道兵施工。铁路从粤汉铁路武昌南站起，以主体交叉跨越武珞路、中山路、武昌路、解放路，沿蛇山至黄鹤楼处，横跨长江；过江后，沿龟山以立交跨越汉阳月湖正街，至阮家台处过汉水，又跨越张公堤及仁寿街至玉带门站与京汉铁路接轨。早在进行大桥设计规划的同时，作为武汉长江大桥配套工程之一的汉水铁路桥，于 1953 年 11 月 27 日率先动工兴建，两岸铁路联络线工程也同时开始进行，并于 1954 年 11 月 12 日建成，于 1955 年 1 月 1 日正式通车。而汉水公路桥于 1954 年 10 月 30 日开工兴建，1955 年 12 月建成通车，并被命名为“江汉桥”，毛泽东亲书桥名。

武汉长江大桥

当然，武汉长江大桥本体建设是整个工程的重中之重。长江大桥桥址处江面窄、水流量大、流速急，地质情况十分复杂，其基础施工是大桥建设遇到的最大难关。在其初步设计中，水中 8 个桥墩均采用气压沉箱基础。后来发现按此法桥墩建设周期长（最短得 3 年，远远超过总工期要求的期限），防硫化物（毒物）困难。为此，苏联专家西林和中国专家技术人员共同研究并进行科学实验后，创议采用大型管柱结构基础。苏联政府获悉后，于 1955 年底派出以运输建设部部长科热夫尼科夫为首的代表团来华，参观大桥施工。不久，中国铁道部与苏联运输建设部签订协议，对大型管柱施工技术作出了正面评价。大型管柱钻孔基础为世界首创，它的采用，使水中桥墩得以全面施工，并大大提前了工期，到基本完成仅用了一年零一个多月的时间。大桥的钢梁是靠铆钉来连接固定的。1956 年 6 月大桥钢梁铆到两个月后，工人发现有的铆钉不能全部填满眼孔，有松动的问题。大桥局立即决定停止拼装施工，迅速开展技术攻关。直至 10 月，试验铆钉完全填满眼孔，并高出国家指标 5%，拼装施工重新进行，又开展劳动竞赛，抢回了延迟的时间。1956 年 10 月，大桥各桥墩下沉管柱和从管柱内向江底岩盘钻孔的工作全部完成。1957 年 3 月 16 日，大桥桥墩工程全部竣工，旋即对三联九孔跨间支梁进行安装，并使用平衡悬臂拼装架设法，从武昌、汉阳两端分别同时向江中推进。1957 年 5 月 4 日，大桥钢梁顺利合拢。大桥建设施工期间，毛泽东主席给予了极大的关注和关心。1956 年 6 月，毛泽东从长沙到武昌，开始他建国后的第一次游泳横渡长江。当时大桥已初见轮廓，他即兴写下了《水调歌头 · 游泳》一词，其中以“一桥飞架南北，天堑变通途”描绘了大桥的气势和重要作用。1957 年 9 月 6 日，毛泽东第三次来到武汉长江大桥工地视察，并从汉阳桥头步行到武昌桥头。

武汉长江大桥选址在龟蛇两山之间，由于“龟蛇锁江”，江面较窄，建桥长度最短。大桥正桥为公路、铁路双层连续钢桁梁桥。公路在上层，路面宽 18 米，可并行 6 辆汽车；铁路在下层，双线轨，南北列车可同时对开。正桥长 1156 米，2 台 8 墩 9 孔，桥跨结构采用 3 孔一联等跨的平弦菱形连续钢桁梁，共 3 联，每孔跨度为 128 米。全桥总长 1670 米，汉阳岸引桥长 303 米，共 17 孔。武昌岸引桥长 211 米，共 12 孔。连接正桥与两岸引桥的桥台为 8 层楼式桥头堡，第八层在公路桥桥面两侧各设一对仿古式双檐小角亭，成为桥头附近武昌黄鹤楼与汉阳晴川阁的联结点。桥头堡内自底层至 6 楼设有电梯，亦有直通各层的人行楼梯。正桥两边设铸铁栏杆，以中国民族铸造精美细巧的丹凤朝阳、孔雀开屏、雄鸡报晓、鸟语花香、菊黄蟹肥、石榴结籽、猕猴摘桃、鱼跃荷香等花式栏板装饰其间。桥体及各部分足显大桥雄伟壮观、华丽气派。

除大桥本身为一观赏体外，特别在武昌桥头蛇山东麓建武汉长江大桥纪念碑与观景平台广场，与大桥一并建成，是武昌岸边观赏大桥及周边自然风景的重要景点及场所。碑高 6 米，重 20 余吨。碑文记载了大桥建设的历史过程，特别提到了如何运用管柱钻孔法的经过，以及原苏联参与大桥建设的以西林为组长的 28 位专家的名字。共近 1800 字碑文的书写者，为著名书法家王南舟，其刚柔相济、清秀洒脱的书法风格，给纪念碑的艺术魅力增色不少。碑北面刻有“武汉长江大桥建成纪念碑”11 个鎏金大字，南面镌有毛泽东主席手书“一桥飞架南北，天堑变通途”之词句，深刻反映了大桥兴建的飞快速度与大桥凌空的雄伟形象，以及大桥贯通大江南北交通大动脉的历史意义。观景平台则是游人看大桥、赏长江的最佳位置。站在平台上远眺汉阳晴川阁、龟山、莲花湖、龟山广播电视塔、古琴台……近观蛇山、黄鹤楼、首义公园、彭刘杨路、司门口、解放路……绵亘连接，相得益彰，组成一幅绚丽的风景名胜长卷，美不胜收。众多旅游者在这里游览留影、欣赏国人首次征服长江天堑的标志性建筑。正如大桥纪念碑碑文最后所述：“江水悠悠，长桥如画，楚天凝碧，艳阳似锦，爰为之记，以至永久。”

武汉长江大桥夜景

武汉长江大桥建设在武昌的用地面积达 17 万平方米。桥头用地（包括建桥工地及联络线）需全拆或部分拆除街巷达 14 条。除迁移蛇山西头原黄鹤楼公园众多古建筑外，还需拆除房屋 731 栋，搬迁居民 862 户，工商企业 78 家，机关单位 19 家。为完成这项意义重大、涉及面广、工作难度大的拆迁紧迫任务，武昌区于 1955 年 4 月成立区支援大桥建设委员会，组成工作专班，在调查摸底、宣传发动、组织拆迁、评估费用以及拆迁还建、征用土地、安置拆迁户、处理纠纷、协调矛盾等方面做了大量细致的工作。至年底，完成武汉长江大桥武昌工地（包括大桥联络线）、第三发电厂等 93 家建设单位的征用土地和房屋拆迁工作，协助基本建设单位征用土地 1190 亩，拆迁民房 1868 栋，搬迁居民 2877 户、9262 人。拆迁地段的机关、企事业单位和居民群众，积极为国家重点工程建设作贡献，识大体，顾大局，舍己为国，给予积极配合和支持，为武汉长江大桥的修建提供了良好的施工条件和建设环境。

大桥建设工程总投资预算为 1.72 亿元，大桥本身造价 6581 万元。主要工程量为：混凝土 91500 立方米，直径 1.55 米管柱 6000 米、直径 0.55 米管柱 22400 米，钢梁安装 21420 吨，铸钢支座 516 吨等。

1957 年 10 月 10 日，武汉长江大桥铁路和公路正式通车，国务院副总理李富春主持了通车典礼。典礼甚为隆重，有 5 万人参加。10 月 20 日，大桥上再次人潮涌动，有 50 万人从桥面涌过，争相一睹万里长江第一桥的风采。

从此，京汉、粤汉铁路告别了依赖轮渡过江的历史，武汉三镇告别了依赖渡划、小轮渡江的时代，分隔的三镇变成了一体的武汉。武汉人民、武汉乃至全国的经济建设受益于大桥带来的三镇一体和水陆联通，武昌更是直接受益，武昌客运通达、货畅其流的交流条件更加凸显，经济发展更具优势。大桥还为武昌造就了一大景观，大桥与蛇山及后重建的黄鹤楼，形成绝无仅有的天下奇观。

第三节　最美武大

位于珞珈山的著名学府武汉大学，被誉为中国最美的大学，“世界最美丽大学之一”，是武汉一道亮丽的风景。

20 世纪 30 年代的武汉大学

武汉大学溯源于清末光绪十九年（1893 年），湖广总督张之洞奏清廷并获准创办自强学堂。1913 年，由国民政府改建为国立武昌高等师范学校，1923 年改名为武昌师范大学，1924 年 9 月更名为国立武昌大学。1927 年北伐军占领武昌后，武汉国民政府决定停办私立大学，将武昌文科大学、商科大学、法科大学、医科大学合并于武昌大学，组建武昌中山大学。南京国民政府成立后，决定彻底改组武昌中山大学，组建国立武汉大学。关于武汉大学的筹建，最初由湖北省教育厅提议省办，遭到时任国民政府大学院院长蔡元培的坚决反对。蔡元培主张新建大学必须避免地域性，学校要明确为国立。1928 年 7 月，大学院正式决定筹建国立武汉大学。

国立武汉大学筹建时，其筹备委员会委员、著名地质学家李四光，看到原武昌东厂口校址狭窄，于是大胆提议应在武昌郊外另选新校址，修建新校舍，得到了筹委会其他委员和蔡元培的赞同。1928 年 8 月，蔡元培提议并任命李四光为新校舍建筑设备委员会委员长。李四光和著名农学家叶雅各慧眼独具，以科学家的严谨、教育家的谋略和艺术家的素质，选定了山明水秀的落驾山（亦称罗家山）作为武大新校址。武大新校址的选定，既参照了国外著名大学校园的理想模式，同时也遵循了中国古代书院选址、相地的优良传统以及“仁者乐山，智者乐水”的传统理念。在山明水秀、风光旖旎的自然环境中营造高等学府，堪称中国现代大学校园建设的经典之作。武大新址选定后，湖北籍著名学者、国立武汉大学首任文学院院长闻一多，将落驾山（罗家山、落袈山）改为珞珈山。珞是指石头坚硬的意思，珈是指古代妇女戴的头饰。“珞珈”与“落驾”谐音，珞珈寓意当年在落驾山筚路蓝缕、劈山建校的艰难，亦与后来建起的武汉大学恢宏壮丽的建筑群，显得很贴切且文雅。

位于珞珈山的武汉大学（2006 年摄）

珞珈山新校舍建设于 1930 年 3 月动工，1937 年大部分工程竣工，主要建筑有文、法、理、工、农（部分）5 个学院大楼和图书馆、体育馆、学生宿舍、教师住宅、学生饭厅及礼堂（俱乐部）、实验室、工厂、校门牌坊、珞珈山水塔等。校园占地 3200 余亩，建筑面积共计 78596 平方米。1932 年 1 月新校舍一期工程竣工。3 月，武汉大学开始由东厂口正式迁入新校舍。5 月 26 日，武大举行隆重的新校舍落成典礼，蔡元培在典礼上发表了热情洋溢的讲话，称赞武大在短时间内有了长足的发展，还赞誉新校舍工程设计新颖，是国内最漂亮的大学建筑。武大新校舍建设，把荒凉的珞珈山建成为富丽堂皇、光彩夺目、初具规模的世界最美丽的大学校园之一。当代大文豪郭沫若曾在《洪波曲》中以诗人的眼光称赞武大为“物外桃源”。他写道：

“武昌城外的武汉大学区域，应该算得是武汉三镇的物外桃源吧。宏敞的校舍在珞珈山上，全部是西式建筑的白垩宫殿，山上有葱茏的林木，遍地有畅茂的花草。山下更有一个浩渺的东湖。湖水清深，山气凉爽，而临湖又还有浴场的设备。离城不远，坐汽车只消二十分钟左右，太平时分在这里读书，尤其是教书的人是有福了。在校舍之外，有不少的教员宿舍，点散在山上，大都是三层楼的小洋房，有良好的卫生设备、冷热水管，电气电话一应俱全……有人说，中国人在生活上享受不如外国人。但如到过武汉大学，你可以改正你的观念：在这地方，在生活享受这一点上，那些擘画者们，至少是把外国人学到了。”

武汉大学早期建筑群是20世纪上半叶中国大学中惟一进行一次性完整规划设计并一气呵成的校园建筑，其设计思想之先进，建筑风格之新颖，开中国大学校园建设之先河。这些中西合璧式的宫殿式建筑群古朴典雅、巍峨壮观，堪称“近现代大学校园建筑的佳作与典范”，26栋早期建筑被国务院列入全国重点文物保护单位。这些早期建筑群包括武大牌楼、工学院、周恩来故居等13处，1930年至1936年建成，总面积达5.4万余平方米。

武汉大学原工学院（2007年摄）

新中国建立后，武大进一步加强校园建设，拥有一批富于时代气息和风貌的现代建筑。如1990年11月20日竣工的人文科学馆，由香港著名实业家邵逸夫捐款和国家科委拨款而建，为当年武汉十大名建筑之一。清华大学教授宋泽芬，称赞其为“全国最美大学校园里的最美的一栋建筑”。2008年建成的文科楼群，成为珞珈山历史建筑群延伸和发展的标志性建筑，也是武汉市标志性建筑群之一。再如基本上与文科楼群同时建成的杨家湾理科和新兴学科楼群，形成武大在新世纪里最富有时代特色和现代化气息的标志性建筑群。武大校园内还先后建有六一纪念亭、闻一多先生纪念塑像、鲲鹏展翅雕塑、李达塑像、爱因斯坦塑像、阿兰·佩雷菲特塑像、李四光塑像、王世杰塑像、孔子铜像等人文景观。

至 1949 年，武大设有文、法、理、工、农、医等 6 个学院，20 个系，8 个研究所，在校学生 1700 余名，教师近 300 人（其中教授 134 人）。新中国时期，武大加大学科建设，至 1990 年，发展到 33 个系（部分系分属法学院、经济学院、管理学院、图书情报学院、外语学院），67 个专业，专任教师 2000 余人，其中正、副教授 800 余人，在校学生 11.8 万人。2000 年后，武大与武汉测绘科技大学、武汉水利电力大学、湖北医学院合并，共同组建为新武汉大学。至 2015 年 9 月，武大共有 4 个校区，设有人文科学、社会科学、理学、工学、信息科学和医学六大学部，35 个学院（系），开设有 124 个本科专业，有专任教师 3700 余人，其中正、副教授 2700 余人，有 9 位中国科学院院士，8 位中国工程院院士，属中央部署高校，教育部直属重点综合性大学，国家“985 工程”、“211 工程”重点建设学校。武大校园占地面积 5167 亩，建筑面积 252 万平方米。拥有大型现代化的教学楼、实验楼、体育馆、田径场、游泳池、档案馆和一座拥有 20 多万件珍贵动物标本的标本楼。图书馆藏书 520 万册，居全国高校第二位，是国家“211 工程”全国高校文献保障体系华中地区中心。

武汉大学图书馆（2007 年摄）

武大濒临东湖，环抱珞珈，满园苍翠，桃红樱白，鸟语花香。武大校园坐落在东湖西南岸三面环水的半岛上，在东湖还有临湖线 2.4 公里，为第一批国家级重点风景区东湖风景名胜区的重要组成部分。从武大东望东湖磨山，群峰逶迤；西观洪山宝塔，古朴灵秀；南眺三国遗迹卓刀古泉，怀古思今；北览万顷湖水，烟波浩渺。正如武大校友，云创数字科技公司董事长何五元在《珞珈赋》中写的："珞珈有山，雄峙东湖之南，遥踞大江之阴。东湖碧水，磨山依稀弄影；西起洪岳，宝塔巍然可登；南极通衢，达中南之枢纽；北揽湖光，仰屈子之行吟。"美丽的武大也宛如一颗璀璨夺目的绿宝石，镶嵌在浩瀚的东湖之滨，交相辉映，相得益彰。

武大校园内有珞珈山、狮子山、火石山、笔架山、乌鱼岭、小鱼山、侧船山、半边山、团山、扁扁山、廖家山、郭家山、陈家山等 10 余座山丘。珞珈山方圆 540 亩，挺立校园中央；狮子山静卧校园西北，与珞珈山相向增色，其他小山簇拥其周围，共同构成蜿蜒起伏、错落有致、湖光山色、独领风骚的自然风光。

武大校园内木林葱茏，四季常青，花香流溢。校区绿化面积 2300 余亩，绿化率达 68%。1993 年，武大被评为"全国绿化 300 佳"单位。1998 年，被评为湖北省首批园林式校园。校区内有种子植物共 141 科、582 属、1000 余种。其中，属于珍稀濒危植物 11 科 17 种，古树名木 13 株。还拥有面积达 1.5 公顷、亚洲极为稀有、全球高校校园罕见的具有亚热带特征的壳斗科常绿阔叶林——青冈栎林。曾有植物学家惊叹，武大是一个天然的植物园。

武大学生生活区以各自集中栽植的特色花木的名称命名，分别为樱园、桂园、梅园三大本科生宿舍区，枫园为研究生和外国留学生生活区，东湖边则为湖滨宿舍区。被誉为科学加艺术的校园，呈现出缤纷斑斓，四季花香的自然美：春日，玉兰闪烁，樱花烂漫；夏季，莲荷绽放，绿荫蔽日；秋岁，丹桂飘香，层林尽染；冬天，群山素裹，寒梅傲雪。武大诸花以樱花最为出众。有樱花城堡、樱花大道、樱顶、珞珈广场等相关景点。樱园内以日本樱花为主，集有早樱、晚樱、垂枝樱等 6 种 10 余佳品的樱花。全校有各种樱树 1000 余株，花色丰富，绚丽多彩。每年 3 月中旬樱花盛开之时，吸引数百万的游客前来赏花，在樱花的海洋中，如痴如醉，流连忘返。其间，校方举办樱花节，一时间观者如潮，一票难求，有"三月赏樱，唯有武大"之说。

进入二十一世纪后，武大绿色环境建设步伐加快。校园内的珞珈广场、世纪广场、友谊广场、电力广场、医学部广场、文科广场相继建成。珞珈广场占地达 5.9 万平方米，古树参差、碧草青翠，无论是规模还是风景，均为全国高校绿色广场之最。此外，还有已建成或正在建设的中心湖环境景观、梅园整体绿化环境、枫园绿化、文明绿化住宅小区建设、老图书馆前庭环境绿化、东湖南路校园绿化、医学部"拆墙透绿"、工学部高层建筑绿化小区、信息学部"星湖"绿化环境整治等工程建设，对于充分展示和光大武大的自然生态特色和人文景观特色，为创建世界一流高等学府打下坚实的基础。

第四节　重建鹤楼

重建黄鹤楼的提议始于新中国建立之初的1950年。当年，武汉市筹划修建武汉长江大桥。按照大桥筹建方案规划，黄鹤楼旧址所在的黄鹄矶头正是长江大桥江南引桥基础，因而重建黄鹤楼的问题被提上议事日程。1951年6月，武汉市文化局指示武汉第一文化馆就近查勘黄鹤楼风景区。1955年4月29日，市人民委员会（市政府）召开第一次行政会议，讨论拆让桥头工地问题，同时决定重建黄鹤楼。次年，武汉市黄鹤楼重建委员会成立，武汉城市建筑设计院接受委托，开始进行黄鹤楼重建设计方案。但到了1958年，由于“大办工业”，全市主要设计、施工力量大都投入关山工业区重点工程建设，重建黄鹤楼工作趋于停顿。

20世纪70年代中期，重建黄鹤楼旧事重提。1975年，武汉市革命委员会（市政府）决定做好重建黄鹤楼的施工准备工作。次年，武汉市黄鹤楼筹建领导小组及其办公室成立，在武汉市各设计单位中广泛征集方案，反复筛选后，1980年初，湖北省政府确定了建筑师向欣然的设计方案，并决定：第一，黄鹤楼主体按高五层、攒尖顶、四望如一、层层飞檐方案进行设计。第二，先建西区（即主楼区），后建东区（即服务区）。第三，东区可与人防工程、辛亥革命纪念碑、公园建设统一规划设计。规划由规划局、园林局控制，不再安排别的建设项目。1981年10月22日，重建黄鹤楼工程正式破土动工。

黄鹤楼（1985年重建于蛇山）

黄鹤楼主楼结构采用现浇钢筋混凝土框架体系，仿中国传统木构架的营造方式。其建筑平面布局，一层平面72根圆柱，其中28根直达屋顶，其余抵达不同楼层。主楼楼面采用先铺设预制平板和空心圆孔板，然后在楼板上整体浇筑细石混凝土层。中央大厅井字梁则采用交错方向铺设预制平板，使双向井字梁受荷载重较均匀。各层飞檐由檐柱挑出3

米远，采用预制钢筋混凝土椽子与现浇板叠合浇成整体。整个大楼总重量 1.3 万吨。

重建黄鹤楼工程动工后，武汉市控制爆破站迅速完成主楼台座地基岩石的控制爆破。至 11 月底，“三通一平” 工程完工。至年底，完成主楼台座挡土墙和基础工程。至 1982 年 10 月，主楼第一层梁柱、楼梯以及翼角的混凝土浇筑顺利完成。11 月，完成第二层 44 根圆柱的浇筑。1983 年 4 月，完成主楼第三层圆柱、楼梯和框架连续梁以及飞檐翘角的浇筑。至 9 月，分别完成第四层飞檐翘角、框架连续梁、楼梯（包括圆柱）的浇灌和第五层飞檐翘角、楼顶的混凝土浇灌。工程标高达 45.85 米。1983 年 9 月 28 日，黄鹤楼封顶，结构工程完成，全楼共灌注混凝土 3817 立方米。1984 年，黄鹤楼重建工程开始转入装修阶段。装修工程第一个项目是安装宝顶。宝顶底径 4.4 米，中部最大直径为 2 米，高 5 米，自重约 4 吨。造型与同治年间的黄鹤楼铜顶相仿，但尺寸要高、大些。宝顶里面用钢架支承，外面由 200 块特制的黄色玻璃瓦拼装而成，至 3 月 2 日，宝顶装修顺利完工。此后，装饰阶段的各个项目进展顺利，整个屋面用琉璃瓦达 10 多万块，油漆面积达 18.274 万平方米。1985 年，重建工程进入收尾阶段。5 月，武汉市创全优工程办公室组织省市有关专家、工程技术人员，按国家标准对工程进行了全面质量检查，认为其技术资料全部达到全优样板工程要求。1987 年 11 月，经全国评审委员会审定，重建黄鹤楼工程被中国建筑业联合会授予首届全国建筑行业工程质量的最高荣誉——建筑工程鲁班奖。

1985 年 6 月 10 日，黄鹤楼重建落成典礼在新黄鹤楼前隆重举行。省、市、党政领导和各民主党派、人民团体负责人以及群众代表共 2000 余人参加了庆典，武汉市市长吴官正在庆典上讲话。6 月 11 日，黄鹤楼正式对外接待客人。

新黄鹤楼以清代“同治楼”为原型设计。坐落在海拔 61.7 米的蛇山顶，基座为三层花岗岩平台，四周有石雕栏围护。楼高五层，高度为 51.4 米，楼体四望如一，建筑平面为折角正方形，建筑面积 3219 平方米。整座楼层层有飞檐，每层飞檐有 12 个翘角。72 根圆柱拔地而起，宛如磐石，雄浑稳健。60 个翘角凌空舒展，恰似黄鹤展翅腾飞，呈现出飞动、挺拔的动态美。屋面用黄色琉璃瓦覆盖，与“黄鹤”之色相同。其他梁柱

黄鹤楼 · 千禧吉祥钟

门窗饰以赭红油漆，配以檐下淡雅的青绿彩画。在蓝天白云的映衬下，既色彩绚丽，又雄奇多姿。

楼的造型分上中下三段处理。第一段为底层，长宽各 30 米，层高 12.3 米，其间 6 米高处为跑马廊及接待厅。四周以门廊环绕。二、三、四层为第二段，均直通向上，不逐层收缩，每层长宽各 22 米，二层高 7 米，三、四层各高 6.6 米。第三段为顶层，长宽各 18 米，顶部空间为水箱间和电梯机房。各层均设有大厅、回廊，不仅可供游人凭栏远眺，而且使高大的楼体更显轻盈灵活。

黄鹤楼鸟瞰

屋顶为“攒尖顶”上托着葫芦形的宝顶。基座为荷叶边式样，中部宛如宝葫芦，四面各突起一座“歇山顶”的骑楼。骑楼下的两块博风板间，分别悬挂一大匾，每块匾长 5.5 米，宽 2.7 米，正面（西面）的一块正对大江，遒劲有力的“黄鹤楼”3 字，是时任中国书法家协会主席、“舒体”创立者、被毛泽东誉为“党内一支笔”的舒同的字迹。南面的“南维高拱”4 字，为湖北省书法家协会名誉主席李尔重所写。东面原为“远举云中”，后改为“楚天极目”4 字，由辛亥革命老人喻育之所书。北面的“北斗平临”4 字，则为著名水利工程专家陶述曾所写。

全楼各层分别布置有大型壁画、诗人绣像、楹联、诗词、文记等。楼前有胜像宝塔。在配亭、轩廊、牌坊等辅助建筑的映衬下，黄鹤楼拔地而起，翘角层层凌空，显得更加雄伟壮丽。登楼远眺，“极目楚天舒”，江城风光尽收眼底。黄鹤楼公园主要景点除主楼外，还有白云阁、胜像宝塔、古碑廊、奇石馆、落梅轩、千禧钟等。

黄鹤楼内部，层层风格各不相同。底层为一高大宽敞的大厅，其正中藻井高达 10 多米，正面壁上为一幅巨大的“白云黄鹤”陶瓷壁画，两旁立柱上悬挂着长达 7 米的楹联：

爽气西来，云雾扫开天地撼；

大江东去，波涛洗净古今愁。

二楼大厅正面墙上，有用大理石镌刻的唐代阎伯理撰写的《黄鹤楼记》。此记为现存最早介绍黄鹤楼的文章，它记述了黄鹤楼的兴废沿革和名人轶事；楼记两侧为两幅壁画，一幅是“孙权筑城”，形象地说明黄鹤楼与武昌城相继诞生的历史。另一幅是“周瑜设宴”，反映三国名人在黄鹤楼的活动。

三楼大厅的壁画为唐宋名人的“绣像图”，如崔颢、李白、白居易等，也摘录了他们吟咏黄鹤楼的名句。

四楼大厅内置有当代名人字画，供游客欣赏、选购。

顶层大厅有《长江万里图》等长卷壁画。

黄鹤楼是古典与现代的熔铸，诗化与美意构筑的精品，处于山川灵气动荡吐纳的交会点，享有“天下绝景”的声誉。黄鹤楼现为国家5A级景区，是湖北武汉的主要标志性建筑物和著名的景点。自1985年6月重新开放，至2010年6月25年间，累计接待游客4800万人次。此后每年接待海内外游客约700万人次。

第五节　首义名胜

首义名胜既是首义文化的重要载体及风貌的展现，也是武昌历史文化游览纪念的重要景点，包括首义遗址、首义纪念性建筑和首义纪念性命名。

一、首义遗址

首义遗址有：花园山聚会会所、科学补习所故里、日知会旧址、文学社社舍、共进会武昌机关办公地、工程营遗址、楚望台及军械库、蛇山炮台、起义门、武昌起义军政府（红楼）等。

花园山聚会会所

花园山聚会会所原址在花园山天主教堂附近的孙森茂花园内，系学生李廉方（步青）租住的寓所。花园山聚会是清末主张资产阶级革命的一批志士仁人筹划革命活动，而在花园山内进行的聚会。花园山聚会的领导人为吴禄贞。他早年留学日本，入士官学校学习骑兵，后回国从事革命活动。光绪二十九年（1903年）春，他开始借李廉方寓所与李廉方、耿伯钊、万声扬等进步学生聚集畅谈革命，全国各地志士仁人也慕名来此聚会。因当时尚未建立革命团体，故称其为花园山聚会。聚会活动很快引起了湖北当局的注意，一年后聚会被迫解散，以吴禄贞为代表的主要骨干成员被调离武昌。花园山聚会虽然没有成立组织，但因其规划了湖北革命的方向，聚集了一批宝贵的革命力量，被视为湖北革命团体的源头。

历经百年沧桑，花园山聚会会所旧址，在昙华林湖北中医药大学附属医院内的第15栋楼，为二层砖木结构，面阔7间，深5间，总建筑面积438平方米。

科学补习所遗址

科学补习所原址在阅马场东厂口某处，后为武昌多宝寺街的时象晋家和武昌魏家巷1号欧阳瑞骅寓所，曾先后作为科学补习所的机关。科学补习所是湖北第一个资产阶级革命团体，成立于光绪三十年(1904年)7月3日，吕大森被推为所长，胡瑛为总干事，曹亚伯任宣传，成员共约40人。科学补习所成立伊始，就与孙中山领导的全国革命运动发生了联系，其所实行的运动新军方略及为响应华兴会起义而制订的计划，对湖北革命运动产生了深远的影响。

日知会旧址

日知会于光绪三十二年(1905年)5月在武昌花园山南麓的高家巷(今崇福山33号，一说为41号)成立。光绪三十一年，刘静庵(原名大雄，字贞一，湖北潜江人)在武昌新军管带黎元洪营中任文案，暗中在新军进行反清宣传鼓动和组织工作。科学补习所遭破坏后，他因被黎怀疑而辞职，避入武昌美国教会"圣公会"。次年，圣公会会长胡兰亭在高家巷设名为"日知会"(取"日知其所无，月无亡其所能"之意)，陈列新书刊，以开通民智。刘被聘为日知会司理。他借教会暗中从事革命活动，秘密从事革命联系和组织工作。一些新军官兵、知识分子和爱国群众，成为日知会阅览常客。刘、胡则借日知会名义办补习班，每星期天讲"谋革命以救国"等，促成很多读者转向革命。光绪三十三年(1906年)5月，日知会正式召开成立会，到会者达百余人。刘静庵任日知会总干事，辜天保、李亚东等任干事。日知会得到同盟会会员的指导，发展很快，成员一时达万余人。12月26日，日知会成员在汉阳伯牙台(古琴台)集会时，被叛徒告发，其成员刘静庵等9人被捕入狱，史称"丙午之狱"。日知会自此瓦解。

1938年7月，日知会"丙午之狱"同人张难先、梁钟汉、殷子恒及前同盟会会员吴昆等在日知会旧址建纪念亭，刻碑纪日知会事迹。现该亭仅余基座，石碑藏于湖北省博物馆。

文学社社舍

文学社设机关于武昌小朝街(今紫阳湖村)85号，汉口、汉阳另设分支机构多处。文学社是清末时湖北的革命团体，其前身先后为群治学社和振武学社。宣统二年(1910年)12月，蒋翊武等党人决定改振武学社为文学社。次年1月30日(辛亥年大年正月初一)，文学社在原黄鹤楼旧址处风度楼召开成立大会，分别推举同盟会员蒋翊武、詹大悲、刘复基为社长、文书部长、评议部长，后又推举王宪章为副社长、张廷辅为总务部长。文学社拥戴孙中山为总理，以中国同盟会之纲领为社纲领，在新军各标、营、队中推举社代表，借"研究文学"之名，在湖北新军中秘密开展革命宣传和组织工作，不到半年，文学社社员由成立时的800人发展到3000余人。当年9月24日，在中国同盟会的帮助下，文学社与共进会联合组成准备起义的指挥机关，10月10日发动了震惊中外的武昌起义。起义胜利后，文学社社员全体加入了同盟会。

文学社武昌机关旧址今已不存。

共进会武昌机关

共进会武昌机关是共进会的分支机构，是其在武昌活动的联络中心，其机关地址在武昌胭脂巷 11 号。

共进会于光绪三十三年（1907 年）九月在日本东京成立，发起人为湖北、湖南、四川、江西、贵州、云南、安徽、浙江、广东、广西等省的同盟会员及留日学生代表。其主要领导人为同盟会会员孙武（湖北）、焦达峰（湖南）、张百祥（四川）。共进会自称为同盟会分派，拥戴孙中山为领袖，采用同盟会的纲领和誓词。

宣统元年（1909 年）三月，共进会设总部于汉口，总机关在鸿顺里 34 号。1911 年为策应广州起义，孙武等人又设总机关于汉口宝善里 14 号（今胜利街楚善里 28 号）。

共进会主要在会党、新军和学堂中发展会员，共有会员约 4000 人。1911 年 9 月 24 日，共进会与文学社合并成立起义机关，联合会会议在武昌机关会址举行，推举孙武为起义总参谋长，刘公为总理，准备起义的总指挥部设在此。武昌起义爆发时，共进会的九角十八星旗成为革命军使用的旗帜；民国成立后，又被定为陆军之旗。1912 年，共进会多数领导因其他派别筹组政党活动而解体。

工程营旧址

工程营原址在紫阳湖东侧，解放初尚存有 3 栋平房，解放后按原貌重修，其中两楼改修。1987 年 10 月 10 日，武汉市政府在此立纪念碑。碑高 4 米余，麻石砌成，正面刻“辛亥武昌起义工程营发难处”，两侧为九角十八星旗，阴刻碑文记述工程营发难经过。被列为湖北省文物保护单位。

辛亥革命武昌起义工程营发难处

工程营全称为清朝新军湖北陆军第八旗工程第八营，其驻地是打响武昌起义第一枪的地方。10 月 10 日晚 8 时，革命党工程营代表熊秉坤在准备起义时的危急时刻，当机立断，打响第一枪，在工程营首先发难。随即带领该营士兵 40 多人冲上楚望台，占领战略要地，与响应的士兵和学生军一起攻占总督府，取得了武昌首义的胜利。

楚望台军械库遗址

楚望台又称楚王台，位于梅亭山（梅家山）北麓，中和门正街北段之西，今武汉船舶设计研究院内。明太祖朱元璋第六子朱桢被封为楚王驻武昌后，相传他在此筑台望京都南京，故名楚望台。清军军械库设于此。楚望台及军械库原建筑已毁，遗址处为长方形土阜，面积约4200平方米。旧址上立有高2米、宽1.2米的砖石混凝土砌筑的文物保护标志碑，题“辛亥革命楚望台旧址”，1956年被列为湖北省文物保护单位。

清末，湖北新军军械库由武昌三佛阁迁至楚望台，库存有德国、日本和“汉阳造”步枪5.9万支，大小炮124门及大量弹药，为当时国内甚至远东最大的军火库之一，由工程八营守卫。

1911年10月10日夜，工程八营革命党人代表熊秉坤首先在工程八营营房鸣枪发难，随即带该营士兵40余人冲上楚望台，会合守库士兵，占领军械库，抢出武器弹药，与聚集而来的各标、营士兵、军事学堂的学生兵，以楚望台这一军事战略制高点为据点，用猛烈的炮火攻击总督府，为武昌首义之胜利拉开了辛亥革命的序幕。辛亥革命元勋居正认为“此举实为首义之要着”。

蛇山炮台遗址

蛇山炮台遗址位于蛇山西部山顶，1993年重修，面向南，红砂石砌，呈三层式圆台状。第一层圆台依山势南侧建有半圆城墙垛，高3米，上嵌青灰色大理石，阴刻“首义炮台”四字。第二层圆台为炮台主体，高3米。顶部为实体平台，条石铺地，直径约15米，沿南侧半圆状城墙垛面向西南方的清湖广总督署，列5门复制大炮。第三层为观测台，位于第二层圆台中偏北，高3米，直径7米，其南侧嵌有青灰色大理石的平台，上刻辛亥革命首义功勋熊秉坤之子熊辉所撰的首义炮台碑文。

1911年10月10日晚武昌起义时，起义军打开中和门(今起义门)，接应驻扎在城外的南湖炮队进城。炮队迅速在中和门、楚望台和蛇山顶架设炮位，向湖广总督署发起猛烈炮击。在激战中，蛇山炮火有效击中总督署，起到克敌制胜的关键作用。炮击形成巨大火光，指引起义军迅速攻克总督署。

起义门

起义门原名中和门，位于首义路起义街。1911年，革命党人制定辛亥武昌起义战略部署，考虑到中和门是城内与南湖炮队、马队驻地的通道，决定首先攻占中和门。10月10日，湖北新军工程营起义后，迅速控制中和门，南湖马炮营得以从此门入城，在蛇山等制高点炮轰总督署，掀开了中国近代史新的一页。为纪念辛亥武昌起义的胜利，1912年将中和门改名为起义门。段祺瑞督鄂时，曾改称原名“中和门”。解放后，恢复为“起义门”。

起义门城楼解放前已倾废。1981年该城楼在原址修复。2011年，依古城墙图纸，原样恢复重修了333米城墙，同时增加辛亥革命碑林、风雨长廊、楚望亭、首义烽火石刻内，扩大为革命旅游景区。2013年，起义门被列为全国重点文物保护单位。

今起义门

武昌起义军政府(红楼)旧址

红楼原是清末为“预备立宪”而设立的湖北咨议局所在地,位于阅马场北端,紧靠蛇山演武厅绿营会所旧址。始建于 1909 年, 1910 年 9 月落成, 占地约 30 亩, 耗银 10 万两,是当时武昌最气派的建筑。

红楼系一组按中国传统庭院排列的仿西方国家议会大厦的建筑群。占地 18694 平方米,建筑面积为 6139 平方米,主体建筑为咨议局议场,是一幢砖木结构的两层红色楼房,故称“红楼”。整个楼房设计考究,工艺精湛,门窗线条流畅、精巧,楼上楼下地板均由杉木小块精心嵌拼而成。屋顶铺以红瓦,其正中耸有一教堂式楼,在当时周围低矮的房屋群中显得特别挺拔。这个院落的正面装有铁栅的矮墙,矮墙的正中为铁铸的院门,院门两侧各有一间四坡尖顶的门房。院内东西两侧,各有一排平房。背面是一层灰色的二层楼房,为咨议局议员寄宿的公所。红楼是整个院落的主体和中心,它仿照西方国家议会大厦的建筑风格,以花岗岩砌台基,并刻有“谘议局”三个大字。红楼分上下两层,面阔 73 米,进深 42 米,砖木结构,坐北朝南,上层顶端正中有教堂式的望楼,呈西欧古典建筑风格。会堂呈方形,演讲台坐北朝南,台下设 118 个座席。红楼内墙均以白灰粉刷, 顶棚和壁间饰有复线纹或双回纹, 整幢建筑气派非凡。

议员公所位于议场后 24 米处, 紧靠蛇山, 由四幢二层红色楼房组合连接而成, 长约 110 米,宽约 40 米,约略相当于一座由楼房组成的四合院,其建筑风格与议场(红楼)基本协调,只是做工稍为粗糙些。

湖北谘议局迁入红楼后，开展了约13个多月的活动，推进了湖北的宪政、自治运动。议员们就兴办教育、惩治贪官、兴办实业等方面提出许多议案。尽管在晚清腐朽政权的统治下，绝大多数议案不可能得以实施，但谘议局敢于揭露封建统治的黑暗面，并提出发展资本主义的设想和措施，无疑有一定的进步意义。

1911年10月10日，在孙中山民主革命的旗帜下集结起来的革命党人，蓄势既久，敢为天下先，勇敢地打响了辛亥革命“第一枪”，一举光复武昌。次日，革命党人在此设立湖北军政府，后改为鄂军都督府，推举湖北新军协统黎元洪为都督，宣告废除清朝宣统年号，号召各省响应武昌起义，推翻满清王朝，建立中华民国。2000余年的封建统治，在武昌起义的枪声中土崩瓦解。武昌被誉为“首义之区”。

辛亥革命博物馆（原为湖北咨议局，1909年建）

1911年11月3日，湖北军政府都督黎元洪在此登台拜将，任黄兴为战时总司令。黄兴立即奔赴前线，指挥旨在保卫首义之区武昌和第一个革命政权的阳夏保卫战。故此有“拜将台”。1912年4月，孙中山先生在这里发表重要演说。因其在辛亥革命中的重要地位，红楼被誉为“民国之门”。1926年，北伐军攻占武昌，国民革命军总政治部和国民党湖北省党部均设在红楼内，红楼在一段时间内成为全国革命中心，为国内所瞩目。1949年5月16日武汉解放后，中共湖北省委曾在此办公。

1961年国务院公布红楼为全国文物重点保护单位。1979年3月，国家名誉主席宋庆龄亲笔题写“武昌起义军政府旧址”。1981年，红楼被辟为“辛亥革命武昌起义纪念馆”。

红楼纪念馆开放陈列的有：军政府大厅、军政府礼堂、黎元洪住房和会客厅、谋略处、秘书处、黄兴召开军事会议的会议室、孙中山会见湖北军政人员处和展品文物真迹、历史图片、美术作品以及图表、模型和场景等。共收藏有文物3万件，历史照片1.2万张，图书资料近万册。馆藏文物主要有辛亥人物手迹、辛亥革命文献、共和纪念瓷器，其他共和纪念物品、广告画月份牌、湖北咨议局文物等。除馆址本身是国宝级建筑外，其他的镇馆之宝还有：熊秉坤的“勋五位”证书证章、1912年孙中山访鄂时民国政要彭汉遗赠孙中山的花盆、同盟会湖北分会会长余诚日记、民军敢死队队长黄祯祥在阳夏战争中穿过血染的衣服、孙中山手迹“博爱”等。

位于阅马场的湖北军政府旧址

2013年，辛亥革命博物馆完整复原了1938年毁于日军炮火的议员公所旧址，使武昌起义军政府旧址得以完整的面貌呈现在世人面前。建馆35年来，共接待观众达1000多万人次，近几年的年观众量在70万人次以上。该馆也是全国百家爱国主义教育基地之一、全国青少年教育基地。2013年。该馆举办的《为天下先——辛亥革命武昌起义史迹陈列》，次年获评国家文物局“十大陈列精品”优秀奖。人们通过纪念馆陈列的大量历史文物资料，了解辛亥革命武昌起义的基本史实，受到民主革命和爱国主义教育。

二、首义纪念性建筑

武昌城内的首义纪念性建筑，主要有：拜将台纪念碑、三烈士亭和烈士塑像、总理孙中山纪念碑、武昌孙中山铜像、辛亥首义烈士祠、胜利亭、辛亥革命首义纪念碑、武昌首义人物群雕像等。

拜将台纪念碑

拜将台纪念碑位于今武昌首义广场（阅马场）南端，北向，与鄂军都督府旧址红楼隔武珞路遥相呼应。

1911年11月3日上午，鄂军都督黎元洪仿汉高祖刘邦拜韩信为将之典故，在此筑台，为黄兴举行隆重的登台拜将仪式，授黄兴为“战时总司令”，全权指挥阳夏战役。这在客观上为稳定军心民心、联合各派反清力量起到了重要作用。

当年的拜将台是用木板临时搭建而成的，用后即拆掉了。1928年，辛亥首义同志会在旧址上修建了一八角形木亭，亭中立柱形石质纪念碑。该亭因年久失修于1948年倒塌，但亭基和石碑仍存。1955年，武昌区政府将拜将台遗址改建为一座殷红色的水磨石纪念碑。碑基占地30平方米，碑高4.1米，为方锥形，远看似箭，直刺苍穹。基座高2.7米，八角形麻石构成。碑面上方竖刻“拜将台”三个大字，下方的小字分两行竖刻“辛亥首义鄂军都督黎元洪任黄兴为总司令在此授印”。1956年，拜将台被公布为湖北省文物保护单位。

拜将台纪念碑(1955 年建)

三烈亭和三烈士塑像

辛亥革命武昌首义彭刘杨三烈士亭(1931 年建)

三烈亭位于今武昌解放路南端武昌造船厂东门内(原清湖广总督署东辕门前),系为武昌首义烈士彭楚藩、刘复基、杨洪胜而建的纪念亭。

三烈士塑像位于今首义广场西南角彭刘杨路东端,1991 年 10 月 8 日落成。

彭楚藩,湖北鄂城人,武昌起义前任军事筹备员和革命党人宪兵营中的代表。刘复基,湖南常德人,起义前任参议和军事筹备员,被称为革命军中的智囊。杨洪胜,湖北谷城人,起义前负责运输弹药。武昌起义前夕,汉口宝善里共进会机关炸弹事件后,10 月 9 日晚,武昌小朝街 85 号的起义军总指挥部亦遭到破坏,刘复基、彭楚藩被捕,杨洪胜在向工程营运送炸弹时也被捕。在当晚的刑讯中,三人痛斥时政,慷慨不屈。次日凌晨,三人就义于湖广总督署东辕门前。三烈士的遇害成为武昌起义爆发的导火索,当晚武昌起义取得成功。

武昌起义后，为纪念彭楚藩、刘复基、杨洪胜三位烈士，湖北军政府在三烈士就义处树立了纪念碑。1931 年，又将原湖广总督署前的街道更名为“三烈士街”（今街名不存），并于原主碑处建纪念亭，名为“三烈亭”。亭为木结构，八柱八角，攒尖顶，亭楣匾额题“三烈亭”三字。亭中央立花岗石碑，正面刻“彭刘杨三烈士就义处”九个大字，背面刻《创建武昌首义三烈亭记》，记有三烈士生平并缅怀其革命精神。三烈亭为湖北省文物保护单位。1991 年，为纪念辛亥首义 80 周年，三烈士塑像落成。塑像为混凝土浇筑而成，深红色，高 4.8 米。三烈士面向大江，仰首直立，表现出视死如归的英雄气概。

在武昌还有纪念三烈士所命名的路——彭刘杨路，为从平湖门至阅马场的东西行道路。

总理孙中山先生纪念碑

总理孙中山先生纪念碑位于蛇山南麓，与辛亥首义英雄烈士雕像相邻。1928 年 10 月 10 日，孙中山先生逝世三年后，辛亥革命武昌首义同仁为纪念孙中山的革命伟绩，在蛇山西段建“总理孙中山先生纪念碑”与纪念堂。碑坐北面南，碑顶为中国传统的盝形，碑体以花岗岩砌成，呈方塔形，通高 7 米，碑身正面镌“总理孙中山先生纪念碑”大字，碑座左右两面为花圈挽带浮雕图案。1955 年因建武汉长江大桥，首义公园整体迁移时，该碑曾移至武汉长江大桥武昌引桥南侧。1994 年，被重新移至蛇山东部的首义公园内。该碑被列为武汉市文物保护单位。

孙中山先生纪念碑（1928 年建）

武昌孙中山铜像

武昌孙中山铜像位于鄂军都督府旧址，今辛亥革命博物馆大门正前方。铜像于 1931 年 8 月建成，通高约 6 米，像高 2.4 米。像座占地约 20 平方米，系麻石砌成，四周嵌有长方形汉白玉石，正面原镌“精神不死”四字，其他三面刻有“像赞”铭文。20 世纪 50 年代后期，文字皆被磨平。60 年代初，在正面镌刻“孙中山先生之像”七字。孙中山铜像着中式长袍马褂，左手拄杖，右手执礼帽自然下垂，双目平视前方，表情凝重沉静，庄重肃立。

孙中山先生毕生追求的建立民主共和国的理想，最早是随鄂军都督府的建立开始实现的。他分别于 1912 年 4 月 9 日、10 日、12 日三次莅临鄂军都督府，调查战线，凭吊忠魂，发表演说，阐述思想的主张。

孙中山先生逝世6年后，湖北各界为缅怀他对辛亥革命武昌起义的指引，在这个具有纪念意义的地方，为他塑像，以示崇敬，供后人瞻仰。

以孙中山先生铜像为中心，周围绕有辛亥革命武昌起义军政府旧址、黄兴拜将台、清新军第八镇工程营旧址、楚望台、起义门、辛亥武昌首义纪念碑、彭刘杨三烈士亭等辛亥革命历史遗迹，象征着孙中山在武昌辛亥革命中的旗帜作用。

位于辛亥革命博物馆前的孙中山铜像

辛亥革命首义烈士祠

辛亥革命首义烈士祠原位于紫阳路(张之洞路)155号，系湖北军政府为纪念彭楚藩、刘复基、杨洪胜等辛亥革命烈士所建。原建筑已毁，现仅存牌坊。牌坊为混凝土结构，四柱三门双层正檐，琉璃瓦覆顶，额书“辛亥首义烈士祠”七字。

位于紫阳路155号辛亥首义烈士祠

此处原为明代楚昭王朱桢的王宫遗址南辕。清康熙四十三年(1704年)在此建“万寿行宫”(皇家御用行宫)，同治时(1869年)改为“朝贺祝厘之所”(府城官绅向皇帝朝贺、祝厘、行礼的地方)，光绪初年改称“皇殿”(用于为当朝皇帝祝寿)。殿为砖木结构，琉璃瓦，歇山顶，面阔18米，进深13米，宏伟壮观。1911年10月武昌首义成功后，彭楚藩、刘复基、杨洪胜三烈士遗体曾暂厝于此，供人祭吊。1911年11

月9日，武昌首义三烈士彭、刘、杨就义一月后，鄂军都督府特遣孙武、蒋翊武等人为代表，在皇殿致祭三烈士，并改皇殿为辛亥首义烈士祠，供三烈士遗像及诸烈士灵位于内。1912年10月，武昌举行第一次国庆大典的主会场设于此。20世纪30年代，湖北省主席杨永泰曾委托辛亥志士喻育之主持，对其进行修缮。

据不完全统计，除彭刘杨在起义前牺牲的烈士外，首义军民在武昌起义及阳夏战争中牺牲的人数在1万人以上。他们分别安葬在今汉口解放大道球场路口的辛亥首义烈士陵园、汉口利济路北段的辛亥首义烈士公墓和汉阳扁担山的辛亥铁血将士公墓。辛亥首义烈士祠与将士公墓，成为人们缅怀首义先烈，追思首义先辈事迹的场所。2011年，武汉市文物部门将位于蛇山南麓、湖北省图书馆东侧的表烈祠依照原样重新修复，更名为烈士祠，并把武汉抗战和辛亥革命武昌首义的烈士和武汉抗战牺牲的将士牌位一并移入，专门安排了武汉抗战和辛亥革命彭刘杨三烈士和武汉抗战牺牲将士的事迹展厅，重新规划布展，已经成为国家级的在武汉抗战中牺牲的将士和辛亥首义烈士祠。

胜利亭

胜利亭位于紫阳公园东侧。1912年，中华民国临时政府参议院决定，以武昌首义爆发的10月10日为中华民国国庆日。当年10月10日为第一个国庆，中华民国政府在首义之区武昌举行国庆大典，会场设于辛亥首义烈士祠。武昌起义开启了划时代的民国之门，胜利来之不易。为纪念武昌首义胜利和庆祝首次盛典，遂在此地建胜利亭。该亭为木质结构，六柱六角，琉璃瓦，攒尖顶，亭额书“胜利亭”三个大字。亭内立一汉白玉石碑，刻“民军起义国庆碑”七字。

辛亥革命武昌首义纪念碑

辛亥革命武昌首义纪念碑位于蛇山中端南麓，东近抱冰堂，西邻梅廊。始建于1981年10月，由湖北省暨武汉市辛亥革命武昌首义70周年纪念大会筹备领导小组主持修建。碑以大理石砌筑，高11米，底座面积近13平方米。碑体呈盝形，正面镌刻叶剑英元帅题写的“辛亥革命武昌首义纪念碑”碑名，背面刻有“辛亥革命武昌首义七十周年纪念大会”字样。碑座刻有赞颂孙中山与辛亥革命的碑文。两侧饰稻穗、彩带等浮雕图案。该纪念碑被列为武汉市文物保护单位。

辛亥革命武昌首义纪念碑（1981年建）

武昌首义人物群雕像

武昌首义人物群雕像位于蛇山南麓半山腰广场，辛亥革命武昌首义纪念碑东侧，始建于1993年，1995年落成。群雕像为一组大型浮雕，其像高3米，底座与背景通高5米，宽20米，分四组共有15位辛亥首义人物，居于群像中央者为孙中山、宋教仁、黄兴；左侧第二组从左到右依次为刘公、孙武、蒋翊武、刘静庵、吴禄贞；右侧第三组为刘复基、熊秉坤、吴兆麟、蔡济民、詹大悲；第四组为黎元洪和汤化龙，居于第一组和第二组之间稍后的位置。

辛亥革命武昌首义群雕(1981年建)

群像背嵌21块黑色大理石，从右至左竖刻署名武汉市人民政府的《辛亥首义人物群雕记》，另刻《群雕人物简介》。

三、首义纪念性命名

武昌首义纪念性命名主要有：首义广场、首义公园、首义文化区、首义园和起义街等。

首义广场

首义广场位于阅马场，始建于2000年，占地面积3万平方米。以武珞路为界分南北两个部分，北广场有鄂军都督府旧址及孙中山先生铜像，南广场有拜将台、彭刘杨三烈士像、空中花园、音乐喷泉等主要景点。

阅马场原为武昌城内蛇山南麓的一块空地，明清时期曾是演武之地，即马队操练之处。清代先是清军演武的校场和举行武举考试的考场，场内设有演武厅。后来演武厅又成为清廷的绿营兵营。清康熙二十七年(1688年)，绿营军起义(史称“武昌兵变”)，在此设“总统兵马大元帅”府。咸丰三年(1853 年)，太平天国军在此宣讲革命道理，举行进军仪式。1910 年 9 月，湖北省谘议局(红楼)在广场北端落成。1911 年 10 月，辛亥革命武昌起义成功，鄂军政府在红楼建立。当年 11 月 3 日，鄂军都督黎元洪在此设坛拜将(1928 年建拜将纪念碑)。“五四”运动后，成为群众举行反帝反封建游行集会的场所。1927 年 3 月，湖北省农民协会第一次代表大会在此召开，并有各界群众 30 余万人在此举行盛大的庆祝活动。“四一二”反革命事变后，各界在此举行声讨蒋介石的大会。大革命失败后，却成了反动派屠杀革命志士的刑场，不少烈士临刑前在此宣传革命道理，高呼革命口号。1931 年 8 月，在红楼前竖立孙中山铜像一座。在近 300 年的革命斗争中，这里留下了许多光辉的史迹，因而又有革命红场之称。解放后，经过规划建设，这里已形成一座占地 4.8 万平方米的纪念性广场，场内红楼巍巍，巨像昂然，丰碑丛立，松柏苍翠，是人们瞻仰游憩的圣地。1996 年，在阅马场西南角建彭刘杨三烈士雕像。因其有着浓厚的首义文化特色，故命名为首义广场。

2005 年，武汉市、武昌区政府启动首义文化区建设。首义文化区位于武昌旧城，地处蛇山与紫阳湖之间，东接首义路、西邻复兴路，北起蛇山，南至津水路，核心区面积 107 公顷。由北至南，分为蛇山、首义、紫阳湖三大板块，融合山水自然特色与首义文化精华。

2006 年至 2010 年，为迎接辛亥革命一百周年，武汉市和武昌区政府对原首义广场及周边道路进行改造，拆迁近万户居民及相关单位，在广场以南区域新建 14 万平方米的绿化广场和辛亥革命博物馆，使首义广场及周边地区联为一体，武汉长江大桥至武珞路过往车辆走广场地下隧道。改造后将新建广场与原广场合并，统一命名为首义广场。新广场面积由 2001 年的 7.35 万平方米扩大到 21.95 万平方米，范围东临武昌路、楚善路，南至张之洞路，西接体育街，北至黄鹤楼东路，彭刘杨路从广场东部穿过，地下人行通道将南北两个区域连为一体。

2011 年辛亥革命百年庆典之际，首义文化区竣工并开放迎宾。首义文化区将首义文化园(红楼、孙中山铜像、黄兴拜将台、十八星旗花坛)至纪念广场(辛亥革命博物馆、武昌首义人物群雕像)至紫阳湖(八旗工程营、首届国庆纪念碑)至起义门(修复古城墙、新建首义碑林、楚望台)等景观要素，贯穿连成“首义轴线”，构成了独具品牌效应的首义文化景观。至此，首义广场、首义文化区成为全国纪念辛亥革命的重要纪念地和爱国主义教育基地，成为武汉走向世界的闪亮城市文化名片。

首义公园

首义公园园址原在武昌蛇山西端南麓，东起文庙(今武汉第十中学)，西至臬水巷，北抵陈友谅墓，南止于大成路。1921 年由首义人士夏道南倡议，为纪念辛亥革命武昌起义，兼顾首义伤残军人生活，国民政府拨地建设首义公园。1923年开始筹建，齐推夏道南为公园园务主任，后为经理。1924年，修复陈友谅墓，在墓前竖立“三楚雄风”牌坊；于大成路文庙与武当宫之间修建公园大门，花岗岩石砌筑，上刻“辛亥革命武昌起义纪念坊”；还建有共和舞台、游艺社（今黄鹤楼剧场、汉兴大戏院）和修通上山的石阶路。总计耗资65600元（银元），由夏道南个人捐助。《民国时报》1927年7月26日载：“武昌首义公园与黄鹤楼相毗邻，山水花木引人入胜，虽其内汉班剧社不甚佳，而一至夜间，清风徐来，黄鹤楼所不及也，所以来游人甚多，尤其是文人墨士。”公园由首义伤残军人经营，主要依靠捐赠维持。

1928年，为纪念孙中山先生视察武昌（1912年）及其对辛亥革命的指引影响，在今黄鹤楼剧场东侧建“总理孙中山先生纪念碑”，以供瞻仰，游人如织。

1928年9月，湖北省民政厅长严重、建设厅长石瑛提议，将首义公园扩充为蛇山公园，范围从蛇山抱冰堂起至黄鹤楼止，划段分期修理，由市政委员会计划整理。1932年，湖北省政府将蛇山全部辟为武昌公园，首义公园之名取消。1933年，在蛇山西部张公祠附近建“革命先烈黄公克强像”（黄兴铜像，1985年10月移至汉阳龟山东麓）。1935年，复名首义公园。1938年武汉沦陷后，公园被毁。1946年，公园由武昌市政筹备处管理。解放战争时期末，蛇山被国民党军队作为军事要地，壕坑遍地，碉堡林立，公园有名无实。

1949年5月武昌解放后，人民政府对首义公园进行了有计划的整修，将园内的壕沟填平，占地面积18.7公顷前后植树5万余株。1956年为配合武汉长江大桥工程建设，根据历史价值，将园内建筑物有重点的迁移，公园的重点由西端转移到武昌路以东的抱冰堂一带，公园正门设在武珞路，与湖北省图书馆毗邻。园内有孙中山总理纪念碑、孙中山先生铜像、陈友谅墓、陈定一烈士纪念碑、小罗浮、梅岭摩崖石刻、梅廊、抱冰堂、岳飞亭、和平亭、养鱼池等。

“文化大革命”期间，园内许多景点和名贵花卉树木受到不同程度的破坏。中共十一届三中全会后，人民政府将公园加以修缮。1980年，将园内沥青路改为水泥路面。1981年，为纪念辛亥革命70周年，国家拨专款在梅廊与抱冰堂之间修建了一座高达11米的花岗岩纪念碑，碑身正面镌刻有叶剑英元帅题写的“辛亥革命武昌首义纪念碑”碑名，碑座有记述辛亥革命武昌首义的经过及其伟大功绩。

1990年，修建一园中园——绿云山庄，即以兰花为中心的游览景区。1993年，在首义公园蛇山西顶修建首义炮台。1994年，孙中山先生纪念碑迁建竣工。次年夏，辛亥首义人物群雕竣工。1996年，在公园南入口处建成首义枪声铜雕。2000年，首义公园整体移交黄鹤楼公园管理处管理。首义公园是武汉市第一座以纪念辛亥革命为主题的公园，是市民纪念瞻仰辛亥革命标志物的重要游园，也是武汉市对青少年进行革命传统教育的重要基地。

首义文化区

为纪念辛亥革命武昌首义100周年。武汉市政府及武昌区于2005年启动了武昌首义文化区的建设。首义文化区规划方案采用国际征集方式，方案确定即开始实施。

首义文化区位于武昌旧城内，背靠蛇山，面朝紫阳湖，北到京广线，南抵津水路，西临体育路、复兴路，东至楚善街、首义南路。这里是辛亥革命武昌首义发生、发展和历史遗存最为集中的区域。核心区总面积107公顷，整体为“一心、两轴、三大板块”，即以首义文化园为中心，形成南北向的首义纪念景观轴和东西山水生态景观轴，由北至南分为三大板块：蛇山板块、首义板块、紫阳湖板块，融合山水自然特色和首义文化精髓。

首义文化区以挖掘辛亥革命的深刻内涵为主题，充分整合该地区的历史文化和自然山水资源，将其建设成为国家辛亥革命纪念重地，集纪念、旅游、休闲、教育等功能于一体。

辛亥革命武昌首义文化园（2007年建）

蛇山板块面积40.6公顷，北抵京广线，南到武珞路，西达广场北路，东止中山路，在最大限度显山透绿的基础上建设蛇山八景：黄鹤览胜、南楼白云、梅鹤呈祥、林海青音、楚天智海、黄鹄书声、龙华古寺、深山幽林。首义板块面积25.4公顷，在现有首义文化园基础上，扩建辛亥革命博物馆、武昌首义革命烈士墓和战士群雕，其南部为文化、商业街区。紫阳板块面积约40公顷，在张之洞路、复兴路、首义南路、津水路合围范围内，展现滨水风情。同时，在起义门和楚望台遗址上兴建纪念性公园，起义门两侧恢复部分武昌城老城墙，展现当年武昌旧城的雄姿。

到2011年8月，首义文化区各建设工程全部完工。包括：整修红楼和首义公园，使辛亥革命纪念广场与博物馆连成一片；建成辛亥革命博物馆和纪念广场；文化区城市景观工程，投资1.5亿元，对遍布武汉三镇的包括鄂军都督府、辛亥首义烈士祠、起义门城墙、辛亥革命人物旧居等30多处辛亥革命旧址、遗迹、纪念建筑的修缮与维护；黎元洪墓修复工程，等等。

辛亥革命博物馆项目为文化区建设重点项目，总投资达3.3亿元，总建筑面积2.2万平方米。其中，展览面积0.71万平方米，建成后将常年举办《走向共和——辛亥革命历史陈列》。

首义文化区是展现辛亥革命武昌首义历史遗迹和发生过程，缅怀首义“敢为天下先”创新精神的辛亥革命国家级纪念重地，突出独特的山水优势和多元的文化内涵，融历史、文化、纪念、旅游等多项功能于一体的历史文化游览休闲区，服务武昌旧城辐射周边的城市绿化和武昌旧城生活圈的主要节点，进而成为武昌城市建设的新亮点、城市文化新品牌，以及中华民族革命精神的重要载体。

首义园

位于彭刘杨路的首义园

首义园位于彭刘杨路东侧，处首义文化旅游区中心地带，占地面积3万余平方米。园内全部采用清末民初具有浓郁楚韵特色的仿古建筑，集风味小吃、饮食娱乐、康乐休闲、景点游览和购物观赏于一体，可同时接纳3万多位游客，为武汉市城区最大的休闲娱乐园区。于2002年6月建成并正式开园纳客。

该园分为十一个活动区，为游客提供风味小吃、中西餐饮、民间游戏、高雅休闲、广场艺术、舞台表演、旅游购物等服务游乐项目。设有总督路、银元巷、水车里等街市，所有建筑物的外观均仿鄂军都督府旧址红楼的西式风格，建有以十八星旗图案为园标的高大牌坊式园门，上书“首义园”三个大字。在醒目位置陈列有复制的武昌首义时革命军使用的枪炮，悬挂有武昌首义和湖北军政府的巨幅历史图片，首义文化气氛浓厚。

园内集中湖北特色小吃和全国较有影响的小吃品种，以武汉市热干面及欢喜坨等湖北的沔阳三蒸、云梦鱼面等为代表。另外，还有湖北特色曲艺杂耍，也不时在这里亮相。每逢春节期间，这里要举办盛大的赶集庙会。市民们称其为“有楚味的城隍庙”。

起义街

起义街位于起义门外，南起赛宝巷，北止起义门。清代，此街称为中和门外正街。辛亥革命武昌起义时，起义军占领楚望台后，打开中和门，通过中和门外正街迎进南湖炮队，在中和门楼和蛇山，向总督署炮击，为光复武昌城起到了重要作用。因此，于1912年将中和门改名为起义门，中和门外正街改名为起义街。又因同样原因，1931年，将中和门后街改名为起义后街。1967年起义街曾改名为爱武三街，1972年复名起义街，并将郭家街改名为起义前街。

第六节 江滩新景

整治和建设武昌江滩，始于2002年。根据武汉市关于整治美化两江四岸的统一部署，市区开展整治建设武昌临江大道内环线路段，旨在复兴、改善武昌旧城区面貌，共同塑造武汉新世纪滨江（两江四岸）城市形象。建设工程包括沿江从张之洞路至武汉长江二桥江滩，全长8.14公里，包括临江大道路段的江滩、景台、景点、马路及临江立面等，使新的临江大道具有“观光景带”“亲水休闲”“展示文化”“旅游游览”四大功能，聚“洁、绿、亮、美”于滨江亲水一线。

整个工程分五期，即五个时段进行。一期工程自2002年4月至2003年1月，二期工程自2003年5月后，三期工程自2004年至2005年，四期工程自2006年至2008年5月，五期工程自2013年10月至2014年春。施工建设包括以下几个方面：

第一，基本建设。包括完善堤防建设，治理防洪险段。全部堤段（10公里长）防水墙按海拔32米标高建设，将大江之水挡在大堤之外；埋线修路，将原裸露在外面的电源线、电话电信线等管线全部入地，沿江以40米宽的沥青马路取代原有的24米宽水泥的马路；拆除道路沿线及闸口旧建筑2.9万平方米，新建、改建、整新沿江的立面安装兼具景观、照明的灯具，使沿江建筑设施面貌焕然一新。

第二，植树绿化。采用置换景观树，建设花坛、色块、路旁绿化等办法，新增绿化面积14万平方米，堤内的道路绿化带和堤身绿化达5万平方米，在道路与建筑物之间建造乔木林带，以消声减噪和营造景观带，使绿化中有造景。

第三，打造景观。按照具有“观光景带”的总体要求，根据江滩不同段面的特点及观景需要，打造观景平台和景观景点。在汉阳门不远处的江滩新建长1300米、宽6米的观景平台，以大理石或花岗岩镶嵌铺垫，雕塑、乔木、草坪和在节点处建烽火台式游览瞭望台。在大堤口即观江平台中央建“长江观景第一台”。该台长 4.5 米，宽 1 米。在这里望去，两江（长江、汉水）、两山（龟山、蛇山）、三桥（武汉长江大桥、武汉长江二桥、汉水晴川桥）、三镇（武昌、汉口、汉阳）、四岸（两江之四岸）及十余处胜景尽收眼底。

武昌江滩

在武汉长江二桥武昌桥头下方江滩，原有两处低洼地，常年积水，形成水面达 5000 平方米的天然洼塘。当地人称“四美塘”。此次改造，保留这两块自然湿地，在水中种植睡莲、荷花、菖蒲等水生植物，既改善水质又美化水面。两水面以栈道相连，建成了公园。人们走在栈道上，在体验长江滚滚东去的恢宏气势的同时，又可感受到江南水乡小桥流水的韵味。湿地边还有一湾从长江引来水源的约 800 米长的溪水蜿蜒流过，小溪岸边有柳树点缀。柳枝在风中摇曳，小溪缓缓流向池塘，池塘边一些游客正在垂钓，一群活泼的孩子在绿色草坪上嬉耍，好一幅和谐生态的自然画卷。

位于月亮湾江边，即武汉长江二桥下游 1000 米处的铁路货场，占地约 800 平方米，早已停用多年，部分铁轨也被迁走，但还有数十吨重的龙门吊车等等。这里在 50 年前曾是京广线上重要的水上通道，即为货运中转站和集散地。此次改造保留已存的行吊车、铁轨、高架等设施，配之以绿化及辅助建筑等等，因地制宜打造铁路文化纪念元素，建成铁路主题纪念园，供游人参观游览。

将月亮湾意杨防浪林改造为海棠公园。公园绿化面积为 16030 平方米，分为四品海棠、玉堂富贵、海棠诗社三个功能区，引入种植八棱海棠、西府海棠、湖北海棠、垂丝海棠、贴梗海棠、木瓜海棠、钻石海棠等品种共 1200 余株，辅以乔木、灌木、花草，打造景象宜人、四季花开的海棠主题公园。

纵观武昌江滩，除上述景观外，上游有江城仅有的黄花矶烈女渡，中游还有黄鹤矶拍岸百年水文标记和大桥落成纪念碑，下游还有大堤口防洪险段石刻，一纱老码头及办公大楼、粤汉铁路遗址等，使人们在游江滩时充分感受到武昌丰富多彩的历史文化。

武昌江滩——长江观景第一台

第四，建健身运动场所。在铁机路江滩兴建了供市民健身运动的武汉市最大的滨江运动场，占地面积达 3 万多平方米。其中，设有 3000 多平方米的健身场所，两个标准足球场，6 个篮球场。在江滩中段建有儿童游乐场，青年人网球场，老年人健身场所等，为市民提供了环境优越、健身种类相对齐全的运动场所，扩展了江滩的功能。

武昌江滩以武昌百年历史遗迹为特色，以绿色花卉为基调，以亲水为主体，融旅游、休闲、健身、娱乐、防洪于一体，为在长江沿岸建成壮丽多彩的风景线，为繁荣武昌城文化旅游建设作出了贡献。

武昌江滩景观（2006 年摄）

第七节　中都核心

今武昌区仍为湖北省会之区，是今武昌城的核心区，也是武汉建设国家中心城市的核心区之一。武昌区的发展，基本代表了今武昌城（武昌镇）的发展方向。

2016年10月，武昌区出台加快建设国家中心城市核心区的意见。指出要弘扬“敢为人先，追求卓越”的武汉精神，立足自身区位优势、资源优势和核心竞争力，积极承担武汉建设国家中心城市的责任和核心功能，优化“三区两翼”空间布局，强化创新和投资“双轮驱动”，努力将武昌建设成为创新动力强劲、经济实力雄厚、开放能力升级、社会活力迸发、生态文明彰显的国家中心城市核心区。

建设具有全国影响力的科教创新中心。依托区内科教资源优势，充分激活智力资源，建设国内外知名的科教研发基地，构筑中部重要的创新人才高地和完善的创新服务体系，打造全国知名的创新创业园区。

建设具有全国竞争力的现代服务业集聚区。形成以创新高端化为主要标志的现代服务业体系，打造高端总部经济集聚区，建设华中新金融特区与世界工程设计之都，打造全国知名旅游目的地。

建设中部地区对外交往的重要窗口。提升开放型经济竞争力，强化长江文明的对外交流展示，提升城市国际化水平，形成多层次、宽领域的开放新格局，在武汉经济文化对外交流中起重要作用，充分凸现“江流贤胜”的特色，建设长江文明交流展示中心，建成内陆开放型城区。

建设全国社会治理示范区。深化全国社会治理和服务创新实验区建设，打造面向未来的“智慧武昌”，形成党委领导、政府主导、社会协同、公众参与、法治保障的社会治理格局，社会治理精细化水平、服务创新水平全国领先。

建设全国知名的生态文明城区。发挥生态资源优势，打造高品质的山水特色之区，构建便利、高效的基础设施系统，着眼于生活品质，建设环境优美、精神文明、设施完善的精品城区，充分彰显生态人文魅力，建设全国精神文明示范区。

实施“七大行动计划”，率先建成创新型城区。充分发挥省会之区科教资源密集、城市功能完备、生态环境优良等优势，以科技创新核心带动全面创新、以体制机制改革激发创新活力，加大产业链、创新链、人才链、资金链、政策链“五链统筹”的创新生态系统建设力度，实施“大孵化”计划、高新技术产业培育计划、创新型企业加速计划、“新金融特区”建设计划、设计之都计划、“智慧武昌”计划、“武昌英才”计划，基本形成创新要素不断聚集、创新思想自由碰撞、创新成果持续涌现、创新发展成效明显的良好态势，成为全市创新型城市建设的重要功能板块。到2020年，全区高新技术产业增加值，占地区生产总值（GDP）的比重超过25%；全社会研究与试验发展（R&D）经费支出，占地区生产总值的比重达到3.6%；争取组建多家国际研发中心或重点联合实验室，国家高新技术企业突破150家，技术合同交易额达到60亿元以上；建设孵化器，众创空间等各类孵化载体数量达50家以上；建设院士专家工作站5个；集聚20名产业领军人才、10名全国知名创业投资人。努力将武昌区建设成为科教创新策源地、产业创新引领区、创新创业示范区，率先建成创新型城区。

2016年11月17日，中共武昌区第十二次代表大会召开。大会提出：坚持创新驱动，引领转型发展，努力打造经济、城市、民生“三个升级版”，率先全面建成小康社会，努力把武昌建设成为创新动力强劲、经济实力雄厚、文化魅力彰显、社会活力迸发、生态环境优美的创新型城区，为建设国家中心城市核心区而努力奋斗。

建设科教创新领先区。打造1—2个国内外一流的科教研发基地，建设1—2个全国领先的“创谷”、各类孵化载体及多个国内外重要的协同创新和成果转化基地，构筑中部创新人才高地，实现各种创新资源要素的相对集聚与创新环境的不断完善。基本建立创新驱动体系，创新驱动对经济增长的贡献率不断提升，努力建成全市创新型城区。

建设高端服务集聚区。互联网+与现代服务业深度融合，新产业在经济中的比重不断提升。滨江商务区、武昌古城、华中金融城建设取得重大进展，总部经济和金融、文创、商贸、旅游等重点产业发展质量和能级大幅度提升，战略性新兴产业在经济发展中发挥重要作用，现代服务业的竞争能力和服务水平有新的提高，服务业占GDP比重超过90%。

建设文化发展繁荣区。历史文化资源进一步激活，地域文化特色充分彰显。工程设计、文化创意等重点文化产业集群化发展，世界设计之都品牌初步形成。文化消费持续增长，公共文化服务供给能力和水平进一步提高。城市文化品位不断提升，文化影响力不断扩大。

建设社区示范区。打造共治共享社区共同体，基本实现基层社会治理体系和治理能力现代化。社会事业全面进步，公共服务供给能力不断提升，社会保障水平全面提高，立体化、信息化社会治安防控体系更加完善，群众幸福感、获得感进一步增强。

建设生态宜居品质区。重点区域旧城改造基本完成，基础设施、综合交通更加优化，城市管理、环境治理更加精准有效，自然山水、园林绿化更加优美，“智慧武昌”建设更加深入，政务服务更加高效优质，国际交流与合作迈开新步伐，武昌大气、开放、文明、亲和、包容的城市品质充分彰显。